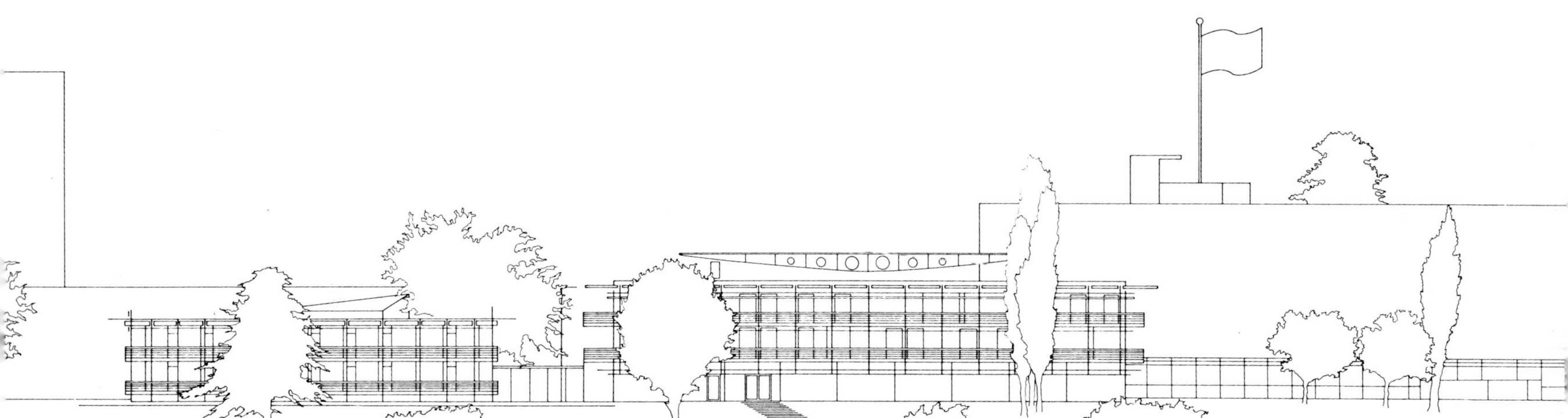

Ingeborg Flagge
Wolfgang Jean Stock

Herausgeber

Architektur und Demokratie

Herausgegeben für den
Deutschen Bundestag
mit einem Vorwort von
Rita Süssmuth

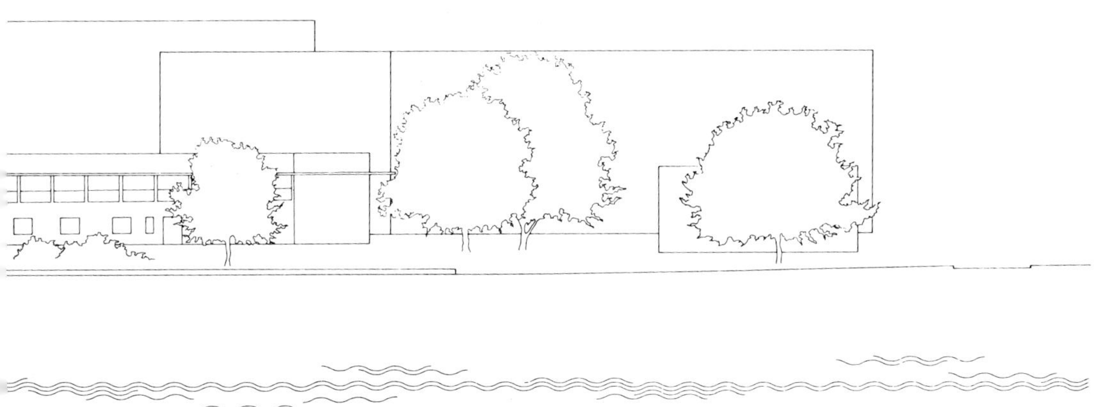

**Bauen für die Politik
von der amerikanischen Revolution
bis zur Gegenwart**

Hatje

Das Buch zur Eröffnung des
neuen Plenarbereichs im Bonner
Bundeshaus, herausgegeben für
den Deutschen Bundestag

Konzeption und Redaktion
Ingeborg Flagge
Wolfgang Jean Stock

Bildrecherche
Rosemarie Paus-Daniel

Gestaltung
Baumann & Baumann
Schwäbisch-Gmünd

Reproduktionen
Reisacher Repro GmbH
Stuttgart

Gesamtherstellung
Dr. Cantz'sche Druckerei
Ostfildern-Ruit bei Stuttgart

ISBN 3 7757 0402 7

Inhalt

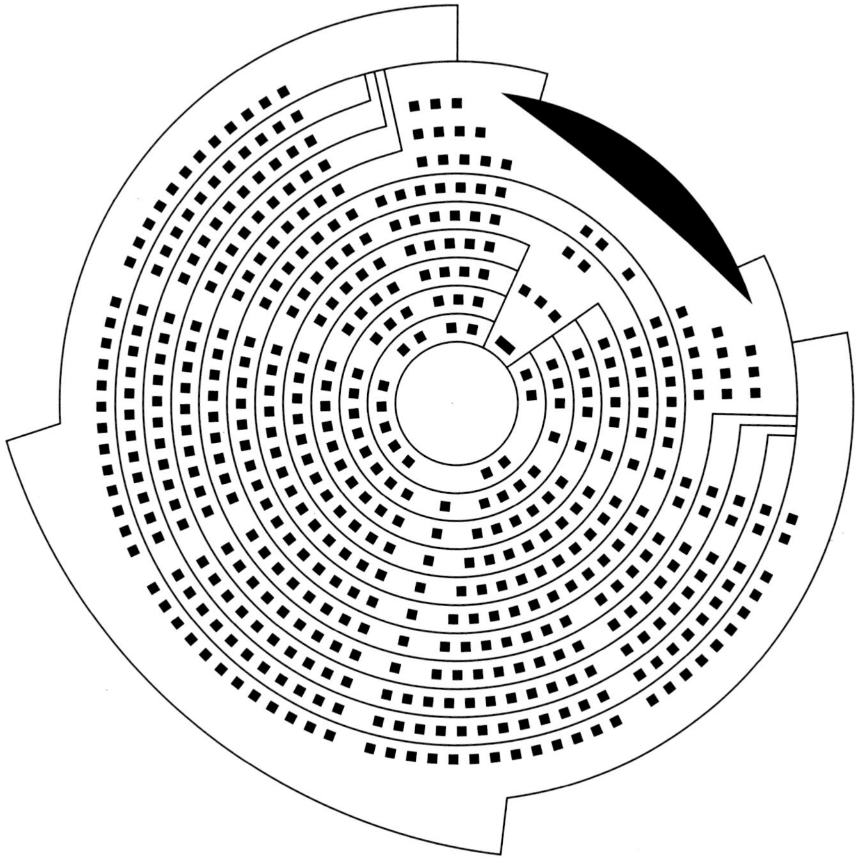

Vorwort

Nach einer Planungszeit von 20 Jahren, wenn man von der Auslobung des ersten Bauwettbewerbs für das Parlament im Jahr 1972 ausgeht, und einer fünfjährigen Bauzeit ist der Plenarsaal des Deutschen Bundestages im Oktober 1992 am Ort des früheren Plenarsaals fertiggestellt worden.
Die Entscheidung für Bonn als Parlaments- und Regierungssitz vor mehr als 40 Jahren war eine Entscheidung für ein Provisorium. Entsprechend erhielt der damalige Architekt die Auflage, daß der Plenarsaal jederzeit in ein 'Konzert- und Ausstellungsgebäude' umwandelbar sein sollte.
Als der Deutsche Bundestag am 7. September 1949 zum ersten Mal zusammentrat, hatte der damalige Plenarsaal noch ein ganz anderes Erscheinungsbild: Es gab z. B. keinen Adler, dafür Wappen der Bundesländer an der Stirnwand.
Dieser Plenarsaal war der Ort parlamentarischer Alltagsarbeit und persönlich ergreifender Debatten. Politische Triumphe und tiefe politische Leidenschaften wurden dort öffentlich erlebt, durchlebt und ertragen.

Schon in den fünfziger Jahren wurde deutlich, wie schnell parlamentarische Anforderungen und damit das Aussehen des Plenarsaals sich ändern können. Dennoch blieb der Plenarsaal damals - und dies gilt auch für den heutigen Plenarsaal - der historische Ort der Wiederbegründung, des Aufbaus, der Festigung und der Bewährung unserer parlamentarischen Demokratie.
Die Stirnwand des alten Plenarsaals mit dem Adler ist im Laufe der Jahre Ausdruck unserer freiheitlichen parlamentarischen Demokratie geworden und hat eine prägende, symbolische Bedeutung gewonnen. Deshalb knüpft der Bundestag bei der Gestaltung des neuen Plenarsaals an diese Tradition an. Unsere Bürgerinnen und Bürger können an der Stirnwand unser Parlament auch weiterhin optisch erkennen.
Mit der grundlegenden Erneuerung des Plenarbereichs - d.h. Abbruch und Neubau des Plenarsaals an alter Stelle - erhält unser Parlament zeitgemäße und funktionsfähige Arbeitsmöglichkeiten.
Mit der kreisförmigen Anordnung der Plätze von Abgeordneten, Bundesregierung und Bundesrat nimmt der Deutsche Bundestag Abschied vom Hörsaalcharakter des alten Plenarsaals.

Die neue Sitzordnung soll symbolhaft das gleichzeitige Miteinander und Gegenüber von Parlamentsmehrheit und -minderheit sowie der Verfassungorgane Bundestag, Bundesregierung und Bundesrat zum Ausdruck bringen.
Auch die Grundkonzeption des neuen Gebäudes und das architektonische Detail haben hohen Symbolwert. Transparenz und Zugänglichkeit des Plenarsaals verdeutlichen demokratische Grundwerte der Freiheit und Offenheit, Vielfalt und Toleranz.
Dem Industriebau entlehnte architektonische Gestaltungselemente vermitteln ein Bild des Plenarsaals als 'Werkstatt der Demokratie'.
In seinem äußeren und inneren Erscheinungsbild knüpft der neue Plenarsaal damit an Vorstellungen an, die schon beim Bau des alten Plenarsaals 1949 Pate standen: ein Haus der Offenheit, eine Architektur der Begegnung und des Gesprächs.
Debatte und Gespräche sind wesentliche Elemente der Demokratie. Das neue Gebäude gibt Raum für parlamentarische Debatten, wird aber auch selbst Diskussionen auslösen.
Letzteres gilt auch die für Werke der bildenden Kunst im Plenarbereich, die Zeichen der Offenheit und Aufgeschlossenheit des Parlaments für das kreative Bemühen der Künstler sind, geistig-künstlerische Gestaltungsspielräume auszudehnen und das visuelle Wahrnehmungsvermögen qualitativ weiterzuentwickeln.

Der vorliegende Band, der die Einweihung des neuen Plenarbereichs begleitet, soll zu diesen Diskussionen beitragen und sie vertiefen. Die Beiträge der verschiedenen Autoren beleuchten aus unterschiedlichen Blickwinkeln das Spannungsverhältnis, in dem das Bauen in der Demokratie steht.
Das neue Parlamentsgebäude ist nicht allein die bauliche Umsetzung von Funktionen und Programmen, sondern vor allem auch der architektonische Ausdruck einer geistigen Idee - oder, wie es der Architekt Hugo Häring ausgedrückt hat: 'Ein Haus legt auch ein politisches Bekenntnis ab, es ist nicht nur ein Gebrauchsgegenstand.'
Ich verstehe es als eine Ermutigung für unsere künftigen Aufgaben, daß der Deutsche Bundestag vor seinem Umzug nach Berlin mit dem neuen Plenarbereich in Bonn ein architektonisches Beispiel für demokratische Gesinnung und Baukultur verwirklichen konnte.
Am Neubau des Parlamentsgebäudes in Bonn haben viele mitgewirkt. Ihnen allen möchte ich meinen Dank aussprechen, besonders den Architekten Behnisch & Partner sowie den Herausgebern und Autoren dieses Bildbandes.

Prof. Dr. Rita Süssmuth
Präsidentin des Deutschen Bundestages

Vorwort der Herausgeber

Die Gründung der Bundesrepublik Deutschland 1948/49 war begleitet von einer baulichen Manifestation. Nach der Erweiterung der Pädagogischen Akademie in Bonn zum Bundeshaus durch Hans Schwippert besaß die zweite deutsche Republik das erste moderne Parlamentsgebäude der Welt. Als sich bei der Parlamentseröffnung am 7. September 1949 die Zuschauer auf provisorischen Tribünen vor den beiden Fensterwänden drängten, um von außen das Geschehen im Plenarsaal zu verfolgen, war auch das nach 1930 errichtete Akademiegebäude rehabilitiert. Von Martin Witte im Geist des Bauhauses entworfen, war es bei seiner Einweihung am 2. Oktober 1933 unter Hakenkreuzfahnen vom Bonner Oberbürgermeister Rickert geschmäht worden, weil es dem 'deutschen Wesen' widerspreche.

Mit einer ebenso eindrucksvollen baulichen Manifestation leitet jetzt der Deutsche Bundestag seine letzten Jahre in Bonn ein, ehe er nach Berlin übersiedeln will. Zwanzig Jahre nach ihren Münchner Olympiabauten haben die Architekten Behnisch & Partner mit dem neuen Plenarbereich des Bundeshauses in der Rheinaue erneut ein großes Werk 'demokratischen Bauens' verwirklichen können. Im Kontrast zum postmodernistischen Zeitgeist verzichtet dieses Haus auf Gesten der Überwältigung, auf strenge Ordnung, 'harte' Farben und dominante Materialien. Es nimmt die Landschaft herein, es steht im Dialog mit der Qualität des Altbaus, es ordnet sich in die Umgebung sensibel ein, doch nicht unter. Der weitgehend transparente Plenarbereich will dem menschlichen Gebrauch dienen: als ein Haus 'einladender Formen', wie der holländische Architekt Herman Hertzberger dieses Ziel genannt hat.

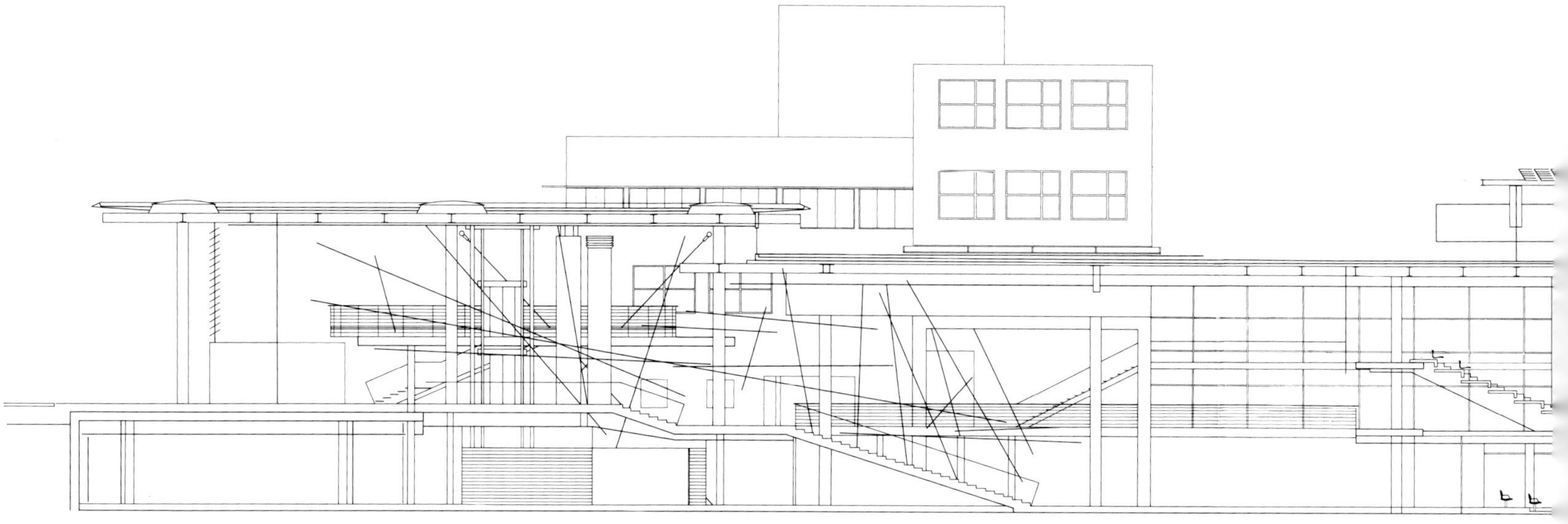

Zugleich dokumentiert seine lange Bauzeit beide Seiten demokratischer Planung: einerseits die intensive Auseinandersetzung zwischen Bauherr und Architekt beim Finden von Lösungen, und das unter lebhafter Beteiligung der Öffentlichkeit, - andererseits die langwierigen Prozesse von Meinungsbildung und Entscheidung. Gerade diese Aufgabe verlangte von den Planern ebensoviel Kreativität wie auch Geduld. Glücklicherweise war sie Architekten anvertraut worden, die ihre Entwürfe bewußt lange 'offenhalten'.
In einem großen Vortrag hat 1960 erstmals Adolf Arndt über 'Demokratie als Bauherr' gesprochen. Über engere Fachkreise hinaus wurden seine Gedanken mit erheblicher Verzögerung aufgenommen. Als am Ende der sechziger Jahre die soziologische und sozialpsychologische Diskussion über die moderne Architektur erneut auflebte, setzte man sich mit vielen Autoren auseinander, nicht aber mit Arndt. Als repräsentatives Beispiel kann die seinerzeit einflußreiche Schrift 'Architektur als Ideologie' von Heide Berndt, Klaus Horn und Alfred Lorenzer gelten. Erst mit dem Rückenwind von Bürgerinitiativen wurde das 'Bauen für die Politik' im demokratischen Staat zu einem Thema, das die Öffentlichkeit bewegte. Dennoch ist es bislang nicht umfassend behandelt worden.
In dieser Hinsicht möchte der vorliegende Sammelband, der sich ebenso an die Fachwelt wendet wie an ein breites Publikum, eine Lücke schließen. Die Beiträge im ersten Teil stecken zunächst den Rahmen ab. Auf Einführungen in die Geschichte der 'politischen Architektur' und des Parlamentsbaus folgen Gedanken zur 'Utopie' öffentlichen Planens sowie Reflexionen von Günter Behnisch zum Bauen für die Demokratie. Als wichtige Quelle der heutigen Diskussion wurde Arndts Vortrag aufgenommen. Der zweite Teil beschäftigt sich mit einzelnen Bauten und Projekten. Von der Frankfurter Paulskirche bis zu den Landtagsneubauten nach dem Zweiten Weltkrieg werden herausragende Stätten des deutschen Parlamentarismus charakterisiert, mit den Bauten der 'Volksdemokratie' in Berlin als ehemaliger Hauptstadt der DDR wird ein weithin unbekanntes Kapitel der zeitweise getrennten und doch gemeinsamen Geschichte aufgeschlagen. Blicke über die Grenzen gelten sowohl den Gebäuden übernationaler Zusammenschlüsse als auch politisch motivierten Stadtgründungen wie Brasilia. Der dritte Abschnitt des Buches befaßt sich mit der Bonner 'Staatsarchitektur' seit Gründung der Bundesrepublik. Den Abschluß bildet eine Dokumentation und erste Würdigung des neuen Plenarbereichs, der bei Redaktionsschluß noch eine betriebsame Baustelle war.

Wir danken dem Deutschen Bundestag und seiner Präsidentin für die Möglichkeit, diese Sammlung von illustrierten Aufsätzen herauszugeben. Gewisse Überschneidungen waren nicht zu vermeiden, die Vielfalt an Meinungen war gewollt. Zu danken haben wir auch den Autoren, die das Projekt nicht zuletzt durch ihr Engagement bei der teilweise mühsamen Bildbeschaffung unterstützt haben.

Ingeborg Flagge
Wolfgang Jean Stock

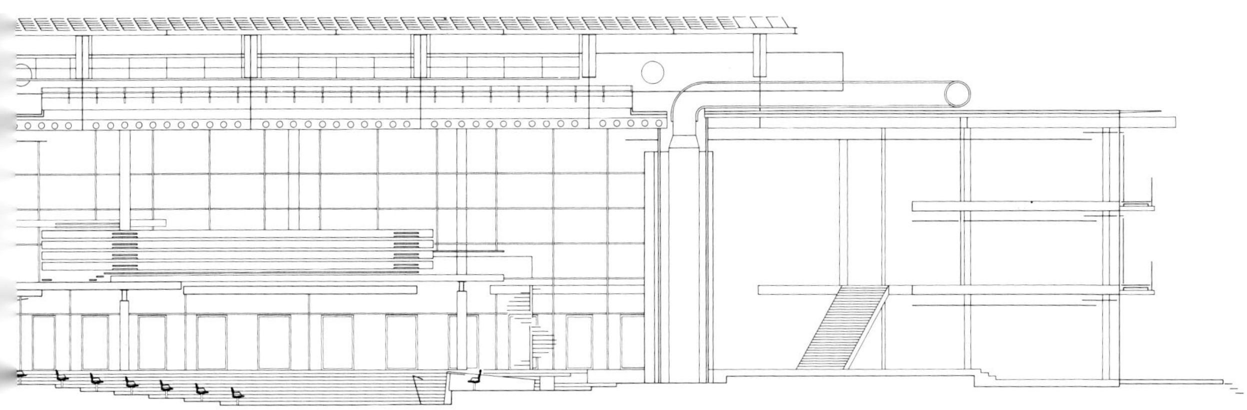

Winfried Nerdinger

Politische Architektur

Betrachtungen zu einem problematischen Begriff

Ambrogio Lorenzetti
Gute und Schlechte
Regierung, Wandbild im
Palazzo Pubblico in Siena,
1339 (Ausschnitt)

Die sich auserwählt hündisch benahm:
Altägyptens verstaatlichte Schande -
Schmückte Leichen mit allerlei Kram,
Ragt als Nichts pyramidisch im Sande.
Ossip Mandelstam, 1937

Gute Regierung in der Stadt (Ausschnitt)

In dem berühmten Gedicht aus den 'Woronescher Heften' vergleicht Ossip Mandelstam den Stalinismus mit Ägypten, Pyramidenbau und Totenkult. Der Pyramide als Zeichen eines menschenverachtenden Systems setzt er anschließend die Gotik als Organismus und lebendigen Körper entgegen.[1] Pyramide und Kathedrale stehen somit stellvertretend für Unterdrückung und Freiheit. Auf ähnlich assoziative Weise regten die Tempelanlagen in Karnak Gustave Flaubert zur Schilderung der antiken Grausamkeiten in seinem Roman 'Salambô' an oder benützte Stanley Kubrick in 'Paths of Glory' absolutistische Schloßarchitektur als architektonisches Pendant zu Militärstaat und Disziplinierung im Ersten Weltkrieg.[2] Architektur als Abbild oder Symbol eines idealen oder konkreten politischen Systems durchzieht die gesamte Literaturgeschichte von der 'Hure Babylon' und Platons 'Staat' über Rabelais' 'Abbaye Thélème' und Goethes pädagogischer Provinz bis zur Großstadtdichtung des 19. und 20. Jahrhunderts.[3] Im Bild von Architektur und Stadt ließen sich offensichtlich politische Ordnung und Macht besonders gut darstellen.

1 Ossip Mandelstam, Schwarzerde, Frankfurt am Main 1984, S. 131, 154; vgl. Ralph Dutli, Ossip Mandelstam, Zürich 1985, S. 272 ff.
2 Gustave Flaubert, Tagebücher, Potsdam o. J., S. 208
3 Vgl. Volker Klotz, Die erzählte Stadt, München 1969; Karl Riha, Die Beschreibung der großen Stadt, Bad Homburg 1970; Andrew Lees, Cities Perceived. Urban Society in European and American Thought 1820-1940, Manchester 1985; Heinz Brüggemann, Das andere Fenster: Einblicke in Häuser und Menschen. Zur Literaturgeschichte einer urbanen Wahrnehmungsform, Frankfurt am Main 1989

Bezeichnenderweise findet sich diese Metaphorik deshalb auch schon in einer der frühesten europäischen Stadtdarstellungen, Ambrogio Lorenzettis 'Gute und schlechte Regierung' von 1339 im Palazzo Pubblico von Siena, wo am Zustand der Häuser die Regierungsform abgelesen werden kann. Ein Motiv, das William Morris ein halbes Jahrtausend später in seinen Sozialutopien direkt verwertete.

Die enge sprachliche Verbindung zwischen Architektur und Politik - der Begriff selbst bedeutet ja Tätigkeit in der Stadt und für die Stadt - führte von alters her zu einem vielfältigen Verweben der Zusammenhänge und Begriffe. Alexander Demandt hat die 'Bilder aus dem Bauwesen', die seit griechisch-römischer Zeit in zahllosen Varianten für Staat und Gesellschaft verwendet werden, in einem großen Kapitel seines beeindruckenden Werkes 'Metaphern für Geschichte' zusammengestellt.[4] Bis heute bestimmt die Baumetaphorik vom festen Fundament bis zum schützenden Dach des Staates, von Parteibasis über Staatshaushalt und Kabinett bis zur Anrede des Parlaments mit 'Hohes Haus' die politische Sprache. Politiker lassen sich deshalb gerne als 'Baumeister des Staates' oder 'Architekten des europäischen Hauses' bezeichnen. Nur aus dem Bereich Natur und Jahreszeiten existiert noch eine ähnliche Fülle von Begriffen, die als Metaphern Literatur und Politik durchdringen.[5]

Aber nicht nur die Sprache legt innere Zusammenhänge nahe. Seit der Antike sind konkrete Hinweise auf die Absicht der Herrschenden bekannt, durch Architektur sowohl ihre Macht als auch ihre Politik auszudrücken. Eines der frühesten Beispiele dafür dürfte die Aufforderung Plinius' d. J. an Trajan sein, durch große (Bau-)Werke seine 'Stellung und Gesinnung'[6] sichtbar werden zu lassen. Bekannt ist die von Jacob Burckhardt referierte Forderung Papst Nikolaus' V., die Kirche müsse den schwachen Glauben des gemeinen Volkes durch die Größe ihrer Bauten stärken, oder die Auseinandersetzung um den architektonischen Ausdruck französischer Königsmacht bei der Wahl zwischen Berninis und Perraults Louvre-Entwurf.[7] Das Bestreben, in Bauten Macht und Politik auszudrücken, ist durchaus auch in Demokratien vorhanden. Ein letzter, allerdings spezifisch bayerischer Ausläufer dieser Auffassung findet sich noch 1991 in der Rede des bayerischen Ministerpräsidenten Max Streibl zum Bau der Staatskanzlei in München. Danach mußte der 200 Meter lange monumentale Bau aus staatspolitischen Gründen errichtet werden, denn 'einen Staat, der sich hinter einer Allerweltsfassade versteckt, würden die Bürger schnell aus den Augen verlieren'[8]. Diese Vorstellung sowohl von demokratischer Repräsentation als auch vom souveränen Volk bleibt unkommentiert.

4 Alexander Demandt, Metaphern für Geschichte, München 1978, S. 277 ff.
5 Vgl. besonders Hans-Wolf Jäger, Politische Metaphorik im Jakobinismus und im Vormärz, Stuttgart 1971; Demandt (s. Anm. 4), S. 124 ff.
6 Plinius der Jüngere, Briefe, hrsg. von Helmut Kasten, München und Zürich 1990, S. 595
7 Jacob Burckhardt, Die Kultur der Renaissance in Italien, hrsg. von Horst Günther, Frankfurt am Main 1989, S. 587; in diesem Kapitel über den 'Monumentalen Sinn der italienischen Architektur' weitere derartige Beispiele.
8 Münchner Abendzeitung vom 19./20. Oktober 1991, S. 26
9 Theodor Fontane, Wanderungen durch die Mark Brandenburg, Berlin und Weimar 1991, S. 595

Da Architektur Funktionen erfüllt, werden üblicherweise Bauten, die politischen Funktionen dienen, als politische Architektur bezeichnet. Das Funktionsgehäuse für Politik ist jedoch noch nicht politisch, genausowenig wie die Architektur einer Schule erzieherisch ist. Architektur kann zur Ausübung von Politik und Macht funktionieren und deshalb einen entsprechenden Eindruck evozieren, wobei zumeist allerdings nur in einer Art Zirkelschluß 'moralische' Kennzeichen der jeweiligen Machtform, wie hierarchisch/zentralistisch, verschlossen/blockhaft oder offen/transparent, auf Architektur projiziert werden.
Die historische und politische Unschärfe dieser projektiv-assoziativen Architekturwahrnehmung bewiesen Testuntersuchungen, die zeigten, daß weder Laien noch Architekten genau zwischen klassizistischer Architektur um 1800 und sogenanntem faschistischem Neoklassizismus unterscheiden können. Je spezifischer die Form von politischer Macht, desto problematischer wird zudem jede Zuordnung. Das zeigt sich besonders an den Versuchen, eine faschistische oder kommunistische Architekturform zu definieren, denn in letzter Konsequenz müßte dann für jede politische Richtung der Gegenwart eine Architekturform zu finden (oder zu erfinden) sein. Mit dem Begriff 'politische Architektur' wird deshalb im folgenden, wie bei der von Fontane so glücklich empfundenen Wendung 'historische Landschaft'[9], nur ein ganz allgemeiner Zusammenhang zwischen Politik und Architektur verstanden.

Schlechte Regierung in der Stadt (Ausschnitt)

Architektur als Machtzeichen ist sicher die geläufigste Form politischer Architektur. Festungen, Burgen, Türme und Bollwerk verbinden sich scheinbar leicht mit den Begriffen Stärke und Macht. Auch Palast- und Schloßbauten sind bis in die Details schon vielfach als Zeichen oder Ausdruck politischer Macht analysiert worden, und das Motiv der Kuppel konnte von E. Baldwin Smith als imperiales Symbol durch die Jahrhunderte verfolgt werden.[10] Als allerdings Bentmann und Müller in ideologiekritischer Fortführung dieser Ansätze versuchten, die italienische Villa des 16. Jahrhunderts als 'Herrschaftsarchitektur' zu interpretieren, kam es zu einem heftigen, bis heute ungelösten Streit in der Kunstwissenschaft.[11]
Der simple Vergleich zwischen monumentaler architektonischer Größe und politischer Macht erscheint dagegen allgemein einsichtig und durchzieht als scheinbar proportionaler Zusammenhang die Architekturgeschichte. Schon in der römischen Antike kennzeichnete die Dimension von Forum und Kolonnadenstraße die Bedeutung der jeweiligen Stadt. Die drei Bauphasen von Cluny, deren letzte den größten europäischen Baukomplex im 12. Jahrhundert darstellt, spiegeln die wachsende ökonomische, aber auch politische Macht des Klosters. Die Ausdehnung von Versailles galt im Absolutismus den rivalisierenden Fürsten als Maßstab, den es zu überbieten galt, und umgekehrt darf bis heute keine christliche Kirchenkuppel das Maß des Petersdoms übertreffen, um den Vorrang Roms auch architektonisch zu wahren und zu demonstrieren. Auch die zahlreichen Kapitol-Kopien in den US-Bundesstaaten von Boston bis San Francisco sind dem Maßstab des Kapitols in Washington untergeordnet, so daß sich im imaginären architektonischen Gesamtbild der Regierungssitze die föderative Struktur der USA spiegelt.[12]

Im 19. Jahrhundert zeigt sich dieser quantitative Zusammenhang zwischen Architekturdimension und Macht besonders deutlich beim Brüsseler Justizpalast, wo die allumspannende Macht des Gesetzes im neuen Königreich Belgien im größten Bauwerk des Jahrhunderts mit buchstäblich aufgesetzter Königskrone vorgeführt wird. Die imperialen Planungen für die beiden neuen Regierungssitze in Canberra und Neu-Delhi führen diese Vorstellung von architektonischer Machtdemonstration fort, die Adolf Hitler dann auf die Spitze trieb, als er von seinem Architekten Albert Speer das gewaltigste Bauwerk des Erdballs als Ausdruck totaler Macht forderte. Der geplante Kuppeldom am Berliner Spreebogen mit 290 Metern Durchmesser und bekrönender Weltkugel sollte nicht nur Macht demonstrieren, sondern als buchstäblich politische Architektur, als 'gebauter Nationalsozialismus' direkt Macht ausüben. Gegenüber Speer erklärte Hitler, nach dem Endsieg solle jährlich durch die Nord-Süd-Achse zum Kuppeldom eine Abordnung aus den unterjochten Gebieten getrieben werden, die dann so beeindruckt von der NS-Herrenmacht in ihre Hütten zurückkehre, daß kein Aufstand je mehr zu befürchten sei.[13]

Ist nun quantitative architektonische Größe wirklich ein Maßstab für politische Größe und Macht, oder ist derartige Architektur einfach 'nur groß', wie Heinrich Tessenow seinem Schüler Speer angesichts der Berlin-Planung erklärte? Steht wirklich hinter jeder dorischen Säule ein blutbefleckter Diktator, wie Herbert Read[14] nach dem Zweiten Weltkrieg meinte, und ist umgekehrt ein kreisförmiges Parlament schon per se die adäquate Hülle für demokratische Politik, wie von Gerhard Weber und Hans Schwippert bis Günter Behnisch in der deutschen Architekturdiskussion der Nachkriegszeit immer wieder behauptet wurde?[15] Letztlich geht es somit um die Frage, ob eine architektonische Form überhaupt eine konkrete, allgemein verständliche Bedeutung ausdrücken kann, ob es sich bei einer solchen 'Bedeutung' um eine jeweils kulturspezifische Übereinkunft handelt oder ob der seit der Antike geläufige Allgemeinplatz 'saxa loquuntur' nur bedeutet, daß sich an Architektur gut Geschichte aufzeigen läßt.
Zwar meinte Gottfried Semper schon 1869, Architektur sei immer 'Symbol der herrschenden religiösen, sozialen und politischen Systeme',[16] aber erst die Architektur- und Kunstwissenschaft unseres Jahrhunderts beschäftigte sich systematisch mit der Frage, wie ein Bauwerk bestimmte Ideen oder gar politische Programme in sich aufnehmen, vermitteln oder ausdrücken kann.

Albert Speer, Große Halle
an der Nord-Süd-Achse,
Planung für Berlin, 1942

Josef Poelert, Justizpalast
in Brüssel, 1866-83

10 Vgl. zum Beispiel Stanislaus von Moos, Turm und Bollwerk. Beiträge zu einer politischen Ikonographie der italienischen Renaissancearchitektur, Zürich 1974; E. Baldwin Smith, The Dome, Princeton 1950; ders., Architectural Symbolism of Imperial Rome and the Middle Ages, Princeton 1956; Albert E. Elsen, 'La arquitectura de la autoridad', in: La arquitectura como simbolo de poder, Barcelona 1975; Kenneth Frampton, 'Architektur und Staat: Ideologie und Repräsentation 1914-1943', in: ders., Die Architektur der Moderne, Stuttgart 1983, S. 181-191; unbrauchbar ist der undifferenzierte Rundumschlag von Helmut Spieker, Totalitäre Architektur, Stuttgart 1981

11 Reinhard Bentmann und Michael Müller, Die Villa als Herrschaftsarchitektur, Frankfurt am Main 1970

12 Vgl. Lois Craig (Hrsg.), The Federal Presence. Architecture, Politics and Symbols in United States Government Building, Cambridge/Mass. 1978; zum Capitol-Bautypus als Bild nationaler Identität und politischer Macht von Chandigarh über Brasilia bis zum Parlament in Dacca von Louis Kahn vgl. Lawrence J. Vale, Architecture, Power, and National Identity, New Haven und London 1992

13 Henry Picker (Hrsg.), Hitlers Tischgespräche im Führerhauptquartier 1941-1942, Bonn 1951, S. 143; Albert Speer, Erinnerungen, Frankfurt am Main und Berlin 1969, S. 147 ff. und S. 174 über 'Satrapenarchitektur'; zu 'gebautem Nationalsozialismus' u. ä. Begriffen vgl. Hildegard Brenner, Die Kunstpolitik des Nationalsozialismus, Reinbek 1963, S. 122 ff.; zu Canberra vgl. K. F. Fischer, Canberra: Myths and Models. Forces at Work in the Foundation of the Australian Capital, Hamburg 1984; zu Neu-Delhi vgl. Robert Grant Irving, Indian Summer: Lutyens, Baker and Imperial Delhi, New Haven 1981

14 Zitat nach Colin St. John Wilson, Gunnar Asplund: 'The Dilemma of Classicism', in: AA files, 18, S. 90

15 Adolf Arndt, 'Demokratie als Bauherr', in: Anmerkungen zur Zeit, 6, Berlin 1961; Peter J. Wilkens, 'Bauen und Demokratie', in: Der Architekt, 1979, S. 511-514; Günter Behnisch, 'Bundesbauten in Bonn', in: Deutsches Architektenblatt, 1979, S. 1507-1510

16 Gottfried Semper, 'Über Baustyle' (1869), in: ders., Kleine Schriften, Berlin und Stuttgart 1884, S. 395-426

Die wohlbegründete Annahme, daß kirchliche Architektur mit Theologie und Liturgie durchtränkt sei, führte seit Josef Sauers Publikation 1924 über die Symbolik des Kirchengebäudes[17] zu einer Fülle von vergleichenden Deutungen. Schon Sauer zitierte als Legitimation für seine Methode aus dem Rationale des Durandus, alles was in kirchlichen Dingen vorkomme, sei 'voll von göttlichen Hinweisen und Geheimnissen', jedoch nur ein aufmerksamer Betrachter verstehe, 'den Honig aus dem Felsen und das Öl aus dem härtesten Stein zu saugen'[18]. Diesen Ansatz einer Architekturdeutung mit Symbol und Metapher nutzten in der Folge aufmerksame Betrachter (und Leser) wie Panofsky, Simson oder Jantzen und parallelisierten gotische Bündelpfeiler mit scholastischem Denken, kosmische und biblische Zahlenverhältnisse mit Grund- und Aufrissen oder die Wirkung aufgeglaster Kirchenwände mit der Diaphanie des Göttlichen.[19] Zur Architekturform selbst ist damit aber wenig ausgesagt, denn das Wesen von Symbol und Metapher ist ja die - zudem mehrdeutige - Übertragung in einen völlig anderen Bereich.

Die Problematik derartiger Deutungen kann auch an einem modernen Beispiel leicht gezeigt werden: Wenn Mies van der Rohe den deutschen Pavillon für die Weltausstellung in Barcelona 1929 mit dem Materialdreiklang von schwarzem Teppich, rotem Vorhang und gold-gelber Onyx-Wand zum politischen Architektur-Symbol[20] der Weimarer Republik erhob, dann ist diese Symbolik einerseits von der Architekturform selbst völlig unabhängig, denn sie hätte genauso an einem völlig anderen Bau oder mit anderen Materialien eingesetzt werden können, und andererseits könnte der symbolische Farbklang genausogut für Belgien stehen (ganz abgesehen davon, daß die deutschen Farben auf eine Blut- und Lichtsymbolik verweisen, während die belgischen Farben Schwarz-Gelb-Rot Flandern und Wallonien vertreten). Selbst wenn der aufmerksame Betrachter Symbole, Metaphern oder gar Allegorien der Architektur in einem genau definierten historisch-kulturellen Rahmen deutet, dient ihm die Architekturform letztlich immer nur als Mittler zur 'eigentlichen' Bedeutung.

Mies van der Rohe, Barcelona-Pavillon, 1929, Innenraum

17 Josef Sauer, Die Symbolik des Kirchengebäudes und seiner Ausstattung in der Auffassung des Mittelalters, Freiburg 1924; vgl. allgemein Nelson Goodman, 'How Buildings Mean', in: Goodman und Elgin, Reconceptions in Philosophy, Indianapolis 1988, S. 33 ff.

18 Nach Sauer, S. 2

19 Erwin Panofsky, Gothic Architecture and Scholasticism, New York and Cleveland 1957; Otto von Simson, The Gothic Cathedral. Origins of Gothic Architecture and the Medieval Concept of Order, New York 1956; Hans Jantzen, Über den gotischen Kirchenraum, Freiburg 1927

20 Wulf Tegethoff, Mies van der Rohe. Die Villen und Landhausprojekte, Krefeld 1981, S. 69 ff.

Aachener Münster, ehemalige Pfalzkapelle, um 800, Innenraum

Architektur als Zeichen

Einen Schritt weiter führt die Methode, die der Architektur unterlegten Deutungen und Bedeutungen im Hinblick auf Konstanz und Wandel durch die Jahrhunderte zu verfolgen. So konnte Richard Krautheimer in einem für die Architektur-Ikonographie grundlegenden Beitrag aufzeigen, wie durch die zahlreichen Wiederholungen bestimmter Architekturtypen im Mittelalter nicht eine Stil-, sondern eine Bedeutungsübertragung vollzogen wurde.[21] Berühmtestes Beispiel ist die Aachener Pfalzkapelle, die als 'Kopie' von San Vitale in Ravenna den politischen Anspruch Karls des Großen auf eine Anknüpfung an das römische Weltreich architektonisch dokumentieren sollte. Wie eine Art Fetisch sollen danach bestimmte Formen Kräfte und Ideen unabhängig von Raum und Zeit übertragen. Der Steigerung dieser magischen Fetisch-Wirkung von Architektur diente die Verpflanzung originaler antiker Bauteile nach Aachen.
In Erweiterung dieses Ansatzes versuchte dann Günter Bandmann in seiner umfassenden und einflußreichen Studie über mittelalterliche Architektur als Bedeutungsträger[22] zu zeigen, wie mit bestimmten Architekturformen eine Fülle von spezifischen Bedeutungen und politischen Ideen transportiert wird, die aus Tradition und kulturhistorischem Kontext decodiert werden können. Die gesamte Architektur wird somit letztlich zu einem umfassenden Zeichensystem, zu einer 'Zeichensprache'[23]. Zusammenhänge zwischen Zeichen und Bezeichnetem können damit zwar historisch abgeleitet sowie Konstanz und Veränderung, Tradition und Innovation verfolgt werden, die Decodierung häuft jedoch zumeist nur das Wissen vom historischen Umfeld auf der Form an, die damit wiederum nur als mehr oder weniger passiver Träger der Information dient.[24]

Der Versuch von Hans Sedlmayr, die Differenz zwischen Form und Inhalt dadurch aufzulösen, daß er die Architektur einfach zur 'abbildenden Kunst'[25] erklärte, daß also beispielweise die Kathedrale das Himmlische Jerusalem abbilde, blieb ebenso unbefriedigend wie die Formel der marxistischen Kunstwissenschaft von der 'widerspruchsvollen Dialektik von Form und Inhalt'. Vollends naiv und unbrauchbar erwies sich der Ansatz Martin Warnkes, aus einer Analyse historischer Quellen eine 'Überleitung zur Form'[26] finden zu wollen. Die Kunst- und Architekturgeschichte bleibt somit bei der Interpretation des politischen oder kulturellen Gehalts von Architektur auf das vage Instrumentarium von Analogie und Vergleich, auf Metapher und Symbol sowie auf Begriffe wie Ausdruck, Spiegel oder Zeichen angewiesen. Überblickt man die Ideen- und Begriffsgeschichte zur politischen Architektur, so finden sich im wesentlichen drei Denkmodelle: 1. die Assoziation zwischen Form und Bedeutung, 2. die Illustration einer Bedeutung und 3. die historische Argumentation.
Die Assoziation bestimmt die Deutung von Architektur seit der Antike. Vitruvs bekannte Verknüpfung von Säulenformen mit 'männlich' und 'weiblich', 'streng' und 'prächtig' sowie die daraus abgeleitete Zuordnung von baulichen Funktionen und Hierarchien führte in der Antike und wieder seit der Renaissance zu einem für Gebildete geläufigen Bedeutungskanon. Mit der Abstufung der drei beziehungsweise fünf Säulenordnungen von dorisch bis korinthisch beziehungsweise toskanisch bis komposit konnte nun zwar ein Gefängnis klar gegenüber einem Palast charakterisiert werden, aber eine politische Aussage war damit allein nicht möglich. Dazu bedurfte es eines bildlichen Dekorationsprogramms.

21 Richard Krautheimer, 'Introduction to an 'Iconography of Medieval Architecture', in: Journal of the Warburg and Courtauld Institutes, 1942, S. 1-33
22 Günter Bandmann, Mittelalterliche Architektur als Bedeutungsträger, Berlin 1951
23 Vgl. Adolf Reinle, Zeichensprache der Architektur. Symbol, Darstellung und Brauch in der Baukunst des Mittelalters und der Neuzeit, Zürich und München 1976
24 Vgl. dazu die treffende Kritik von Otto Pächt, Methodisches zur kunsthistorischen Praxis, München 1977, S. 235 ff.
25 Hans Sedlmayr, 'Architektur als abbildende Kunst', in: Sitzungsberichte der österreichischen Akademie der Wissenschaften, Phil. Hist. Klasse, Bd. 225, Wien 1948; ders., Die Entstehung der Kathedrale, Zürich 1948
26 Martin Warnke, Bau und Überbau. Soziologie der mittelalterlichen Architektur nach den Schriftquellen, Frankfurt am Main 1976, S. 147 ff.

Der wohl erste Versuch, eine konkrete (staats-)politische Idee durch Architektur auszudrücken, verwendet bezeichnenderweise eine neue Verbindung von Bild und Architektur. Beim 1671 ausgeschriebenen Wettbewerb für eine neue nationale Säulenordnung, der 'ordre français', sollte ausdrücklich eine Architektur zur Verherrlichung der französischen Monarchie gefunden werden.[27] Der Sieger, Le Brun, nahm das Symbol des französischen Königshauses, die Bourbonen-Lilie, als Illustration in ein Kapitell auf, so daß der gewünschte Inhalt direkt ablesbar und verständlich wird. Dieser Versuch staatlich-politischer Selbstdarstellung auch in der Architektur läuft bezeichnenderweise parallel mit der Entstehung der modernen Staaten. Ähnliche Erfindungen politischer Architektur-Illustration können dann bis in unser Jahrhundert verfolgt werden, vom amerikanischen Maiskolben-, Baumwoll- oder Tabak-Kapitell über das österreichisch-ungarische Doppeladler-Kapitell bis zum stalinistischen Kapitell mit Ähren, Hammer und Sichel am Theater der Sowjetarmee von 1940.[28] Eine groteske Variante fand diese Idee in dem Versuch des bayerischen Königs Maximilian II., durch einen Wettbewerb 1851 einen neuen Nationalstil finden zu wollen, der den bayerischen Himmel und die bayerischen Berge architektonisch ausdrücken sollte.[29] Nichts von diesen synthetischen Bemühungen um eine politische Architektur konnte sich durchsetzen. Bei den nationalen Säulenordnungen handelt es sich im Grunde um die Illustration eines politischen Inhalts durch ein Bild oder Symbol, mit dem in einem bestimmten kulturspezifischen Rahmen dieser Inhalt allgemein abgelesen werden kann.

Diesen Weg einer Bedeutungs-Illustration oder 'architecture parlante' systematisierten dann erstmals die Vertreter der sogenannten französischen Revolutionsarchitektur.
Die Funktion eines Hauses wird bildhaft-illustrativ an der Architektur ablesbar gemacht, das heißt, das Haus eines Reifenmachers erhält eine Reifenform, der Grundriß eines Bordells zeigt eine Penisform.[30] Im Jahrhundert der Aufklärung sollte aber die Architektur nicht nur sprechen, sondern sie sollte 'natürlich' sprechen und dadurch erzieherisch auf die Menschen wirken. Ähnlich wie der englische Landschaftsgarten, das 'Symbol eines liberalen Weltentwurfs', sollte die Architektur die neuen politischen Ideen 'natürlich' ausdrücken.[31] Diese Ausrichtung nach den 'Emblemen der Vernunft' führte zur Überlagerung von Natur, Politik und Architektur. Dem wohlgeordneten Bauen nach den Gesetzen der Natur sollte die geistige und politische Haltung des Bewohners entsprechen, oder, wie Gustav Vorherr sein Bauprogramm prägnant formulierte: 'Freies Licht, freie Luft für freie Bürger'[32]. Bedeutungsillustration und natürliche oder Natur-Symbolik gewinnen jedoch erst im 20. Jahrhundert wieder an Bedeutung. Berühmtestes Beispiel sind die Fenster der 'Casa del Fascio' in Como von Giuseppe Terragni in der Form stilisierter faschistischer Rutenbündel.

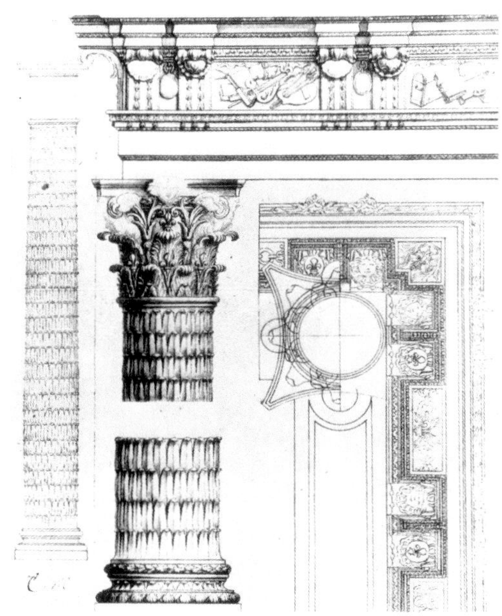

Le Brun, Ordre francais, Beitrag zum Wettbewerb 1671

Giuseppe Terragni,
Casa del Fascio in Como,
1932–36, Perspektive des
Entwurfs

Stalinistisches Hammer-Sichel-Kapitell, Theater der Sowjetarmee, 1940

Benjamin Latrobe,
Amerikanisches Mais-kolben-Kapitell,
um 1810

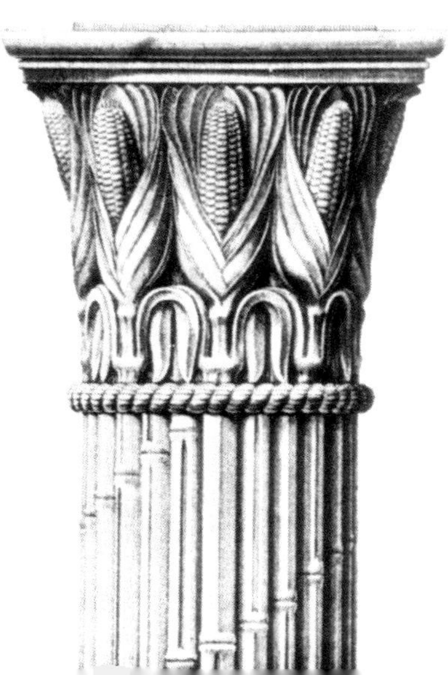

27 Johannes Langner, 'Zum Entwurf der französischen Ordnung von Le Brun', in: Kunstgeschichtliche Studien für Kurt Bauch, München 1967, S. 233-240

28 Vgl. Craig, Presence (s. Anm. 12), S. 34 ff.; Paul F. Norton, 'Latrobe-Klassizismus. Der klassische Stil des amerikanischen Kapitols in seiner Ausprägung durch Latrobe und Jefferson', in: M. Warnke (Hrsg.), Politische Architektur in Europa, Köln 1984, S. 336-352 (das Buch Warnkes ist eine dürftige Nachahmung von Millon und Nochlin, Art and Architecture in the Service of Politics (s. Anm. 39), das Vorbild wird nicht einmal erwähnt); A. Tarchanow und S. Kawtaradse, Stalinistische Architektur, München 1992, S. 72

29 Winfried Nerdinger, 'Der Maximilianstil', in: ders., Gottfried von Neureuther, München 1988, S. 51-62; Eberhard Drüeke, Der Maximilianstil, Mittenwald 1981

30 Vgl. Les Architectes de la Liberté, Paris 1990; Nerdinger, Philipp und Schwarz (Hrsg.), Revolutionsarchitektur, München 1990, S. 17 ff. und S. 43 ff.: 'Von der Wirkung der Baukunst auf die Veredelung der Menschen'

31 Vgl. Adrian von Buttlar, Der englische Landsitz 1715-1760 Symbol einer liberalen Weltordnung, Mittenwald 1982; Hans-Christian und Elke Harten, Die Versöhnung mit der Natur, Reinbek 1989; Jean Starobinsky, Die Embleme der Vernunft, Paderborn 1981

32 Zu Vorherr vgl. Winfried Nerdinger (Hrsg.), Romantik und Restauration, München 1987, S. 337 ff.

Maison carrée in Nîmes,
etwa 40 v. Chr.

Karl Friedrich Schinkel,
Projekt für einen
Freiheitsdom in Berlin,
1814/15, Seitenansicht

Virginia State Capitol
in Richmond, 1785–90,
Entwurf von Thomas
Jefferson

Im geschichtsgläubigen 19. Jahrhundert wird die Diskussion um den politischen Ausdruck von Architektur zunächst von der 'historischen Argumentation' beherrscht. Bei diesem Denkmodell wird eine historische Architekturform mit dem politischen System zur Zeit ihrer Entstehung verknüpft und gilt dann in einer Art von historischem Kurzschluß als dessen architektonischer Ausdruck. So wählte schon Thomas Jefferson beim Bau des ersten Parlaments in Richmond 1790 die 'Maison carrée' aus Nîmes zum Vorbild, um die neue Demokratie der USA mit (mißverstandener) 'römisch-republikanischer' Architektur zu verknüpfen, und noch Anfang des 20. Jahrhunderts wollte sich Wilhelm II. mit einem romanischen Stauferschloß in Posen in die Erbfolge der großen deutschen Kaiser stellen und damit auch Ansprüche im Osten legitimieren.[33] Ein ähnlicher historischer Kurzschluß bestimmt die endlose Suche in zahlreichen Ländern nach einem Nationalstil, das heißt, nach dem Selbstausdruck der Nation durch Architektur.

In Deutschland findet sich schon 1773 in Goethes 'Von deutscher Baukunst' eine Verknüpfung von gotisch und deutsch. In den Befreiungskriegen wird dann das inzwischen auch sprachliche Synonym - gotisch gleich altteutsch - von Caspar David Friedrichs gotischen Ruinen bis zu Schinkels gotischem Freiheitsdom zu einem geläufigen Argumentationsmuster: Die Gotik ist der deutsche Stil, denn sie ist die Architektur aus der Zeit politischer Größe Deutschlands, deren Wiedergewinnung mit der Architektur schon antizipiert wird.[34] Diese politisch motivierte historische Argumentation durchzieht von den Nazarenern bis zu August Reichensperger das 19. Jahrhundert und kulminiert, als politische Demonstration und historische Legitimation, in der Vollendung des Kölner Doms durch das preußische Königshaus. Ludwig I. wählte allerdings zum Entsetzen der Nazarener für die 'Walhalla', sein deutsches Nationaldenkmal, antike Formen, denn er glaubte an eine Verwandtschaft zwischen Griechen und Deutschen. Er ersparte sich damit die Blamage der deutschen National-Gotiker, denen allmählich nachgewiesen wurde, daß die Gotik beim 'Erzfeind', in Frankreich, entstanden war.[35]

33 James Marston Fitch, Architecture of Democracy: Jefferson and Wright, New York und London 1961, S. 31 ff.; Paul Norton, Latrobe, Jefferson and the National Capitol, New York 1977; Craig, Presence (s. Anm. 12), S. 24 ff.; zu Wilhelm II. vgl. Michael Bringmann, 'Gedanken zur Wiederaufnahme staufischer Bauformen im 19. Jahrhundert', in: Die Zeit der Staufer, Bd. V., Stuttgart 1979, S. 581-620

34 Vgl. Werner Hofmann (Hrsg.), Caspar Cavid Friedrich und die deutsche Nachwelt, Frankfurt am Main 1974

35 Vgl. Georg Germann, Neugotik. Geschichte ihrer Architekturtheorie, Stuttgart 1974

Im großen Streit der Historisten um den richtigen und zeitgemäßen Stil zeigte sich dann im Laufe des Jahrhunderts, daß mit historischen, aber auch konstruktiven Argumenten fast jedes politische System mit jedem historischen Stil verknüpft werden kann. So wurde die Gotik von Viollet-le-Duc zum französischen, von Ruskin zum englischen und von Goethe bis Reichensperger zum deutschen Nationalstil erklärt. Von den englischen 'Houses of Parliament' bis zum ungarischen Parlament in Budapest diente die Gotik zur nationalen Repräsentation, parallel dazu ließ sich aber auch die antike Formensprache als vage assoziierter Entstehungsort der Demokratie vom Kapitol in Washington bis zum Parlament in Wien als politische Architektursprache instrumentalisieren.[36]

36 J. Mordaunt Crook, The Dilemma of Style, London 1987, S. 42 ff., 69 ff.; George H. Weitzmann, 'The Utilitarians and the Houses of Parliament', in: Journal of the Society of Architectural Historians, 1961, S. 99-107; zu Wien: Carl Schorske, Fin-de-Siècle Vienna: Politics and Culture, New York 1981, S. 43 ff.; allgemein zu Regierungsgebäuden Nikolaus Pevsner, A History of Building Types, London 1976, S. 27-62; Barbara Miller Lane, 'Government Buildings in European Capitals 1870-1914', in: Hans J. Teuteberg, Urbanisierung im 19. und 20. Jahrhundert, Köln 1983, S. 517-560

Imre Steindl, Parlaments-
gebäude in Budapest,
1885–1904

Paul Bonatz, Landtags-
gebäude in Oldenburg,
1912–14

Theophil von Hansen,
Parlamentsgebäude in
Wien, 1874–83

Da sich eine nationale Charakteristik bei Antike und Gotik aber als relativ unspezifisch erwies, konzentrierte sich ab der Jahrhundertmitte die Suche nach nationalem Architekturausdruck auf die Renaissance. Nach dem deutschen Sieg von 1871 wurde mit beziehungsreichen Vergleichen die deutsche Renaissance zum neuen Nationalstil ausgerufen, gleichzeitig kämpfte Henry Beyaert in Belgien für die flämische Renaissance, Cuypers für die holländische. Das Risorgimento bediente sich natürlich der original italienischen Renaissance, und in Polen wurde nach Motiven vom Krakauer Wawelo eine polnische Renaissance proklamiert.[37] Diese Suche nach einem Nationalstil aus dem Repertoire historischer Stile wurde jedoch zunehmend überlagert von architektonischen Moden, so, wenn Paul Wallot ausgerechnet den Berliner Reichstag, die wichtigste politische Architektur Deutschlands im 19. Jahrhundert, ohne 'deutschen' Bezug, aber entsprechend dem Prunkbedürfnis der Gründerzeitgeneration als neobarocken Block nach dem Typus von Schloßbauten errichtete oder wenn Paul Bonatz den Oldenburger Landtag entsprechend der Repräsentationsmode nach der Jahrhundertwende als mächtigen neoklassizistischen Bau ausführte.[38]

Bei so viel Beliebigkeit und Widersprüchlichkeit verlor die nur auf historische Stile bezogene Argumentation zwar allmählich an Glaubwürdigkeit. Eine Vermengung von historischer Argumentation mit historischer Assoziation blieb jedoch bis weit ins 20. Jahrhundert hinein geläufig.

So wie sich schon die erste französische Republik mit Rom parallelisierte, so beschwor der Faschismus Mussolinis besonders in der Architektur die Größe Roms. Kemal Atatürk ließ einen neuen türkischen Nationalstil aus sumerischen und hethitischen Elementen suchen. Francos neues Madrider Verteidigungsministerium zitiert als Abbild des 'Escorial' das Regime Philipps II., und das moderne Mexiko durchzieht ein Aztekenkult als Abgrenzung zum spanischen Erbe. Überall soll letztlich die neue Staatsform durch Architektur und Geschichte legitimiert werden.[39]
Eine Sonderform historisch-assoziativer, politisch motivierter Architektur ist schließlich die sogenannte Nationalromantik, deren Vertreter seit der Jahrhundertwende aus regionaler Bautradition und heimischen Materialien - vom finnischen Granitkult Soncks und Saarinens über die katalanische Natur-Gotik Gaudis bis zum polnischen Zakopane-Holzbaustil - einen neuen nationalen Architekturausdruck beschwören wollten.[40] In Gebieten, die zur nationalen Unabhängigkeit strebten, wie Böhmen (Jan Kotera, Pavel Janák), Mähren (I. Jurkovic), Polen (St. Witkiewicz), Ungarn (Ödön Lechner, Aladar Arkay) oder Slowenien (Jože Plečnik), entfaltete sich diese Nationalromantik bezeichnenderweise am stärksten, ohne sich jedoch irgendwo durchsetzen zu können. Im neuen Staat Slowenien ziert allerdings seit kurzem Plečniks Entwurf für ein slowenisches Parlament immerhin einen Geldschein.[41]

Lars Sonck, Kathedrale in Tampere, 1899–1907

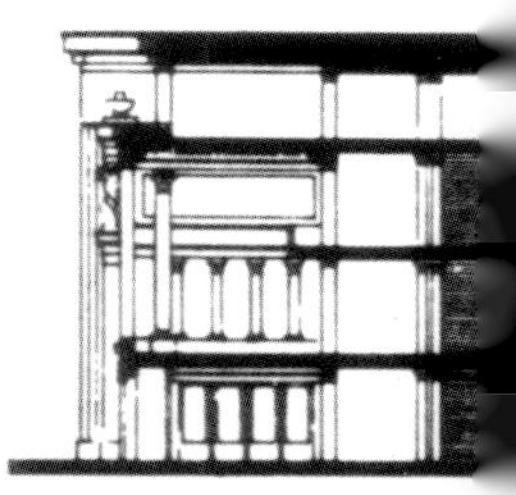

Jože Plečnik, Projekt für ein slowenisches Parlament, 1946, Schnitt

37 Vgl. W. Nerdinger: 'Neorenaissance und Renaissancismus', in: ders., Neureuther (s. Anm. 29), S. 150 ff.; Rottermund Jaroszewski, 'Neorenesans', in: Materialy sesji Renesans, Warszawa 1976 (frdl. Hinweis Jozef Wronski)
38 Zu Hintergrund und Verlauf der Stildiskussion im 19. Jahrhundert vgl. W. Nerdinger, 'Historismus oder: Von der Wahrheit der Kunst zum richtigen Stil', in: Das Abenteuer der Ideen, Berlin 1984, S. 31-42; vgl. auch Heinz Gollwitzer, 'Zum Fragenkreis Architekturhistorismus und politische Ideologie', in: Zeitschrift für Kunstgeschichte, 1979, S. 1-14
39 Vgl. Vale, Architecture (s. Anm. 12), S. 56 ff.; Spiro Kostof, The Third Rome 1870-1950, Berkeley 1973; Diane Ghirardo, 'Italian Architects and Fascist Politics', in: Journal of the Society of Architectural Historians, 1980, S. 109-127; Margit Estermann-Juchler, Faschistische Staatsbaukunst, Wien 1982; Tugrul Akcura, Ankara: A Monographic Study, Ankara 1971; Hanno-Walter Kruft, 'Nationalsozialismus Faschismus Falange. Rechte Diktaturen in ihrem Verhältnis zur Architektur', in: Der Architekt, 1983, S. 181-183; vgl. allgemein Henry A. Millon und Linda Nochlin, Art and Architecture in the Service of Politics, Cambridge/Mass. 1978
40 Sixten Ringbom, Stone Style and Truth. The Vogue for Natural Stone, in: Nordic Architecture 1880-1910, Helsinki 1987
41 Vgl. die Hinweise bei Akos Moravánszky, Die Erneuerung der Baukunst. Wege zur Moderne in Mitteleuropa 1900-1940, Salzburg 1988

Giovanni Guerrini u. a., Palazzo della Civiltá Italiana für die EUR in Rom, 1942

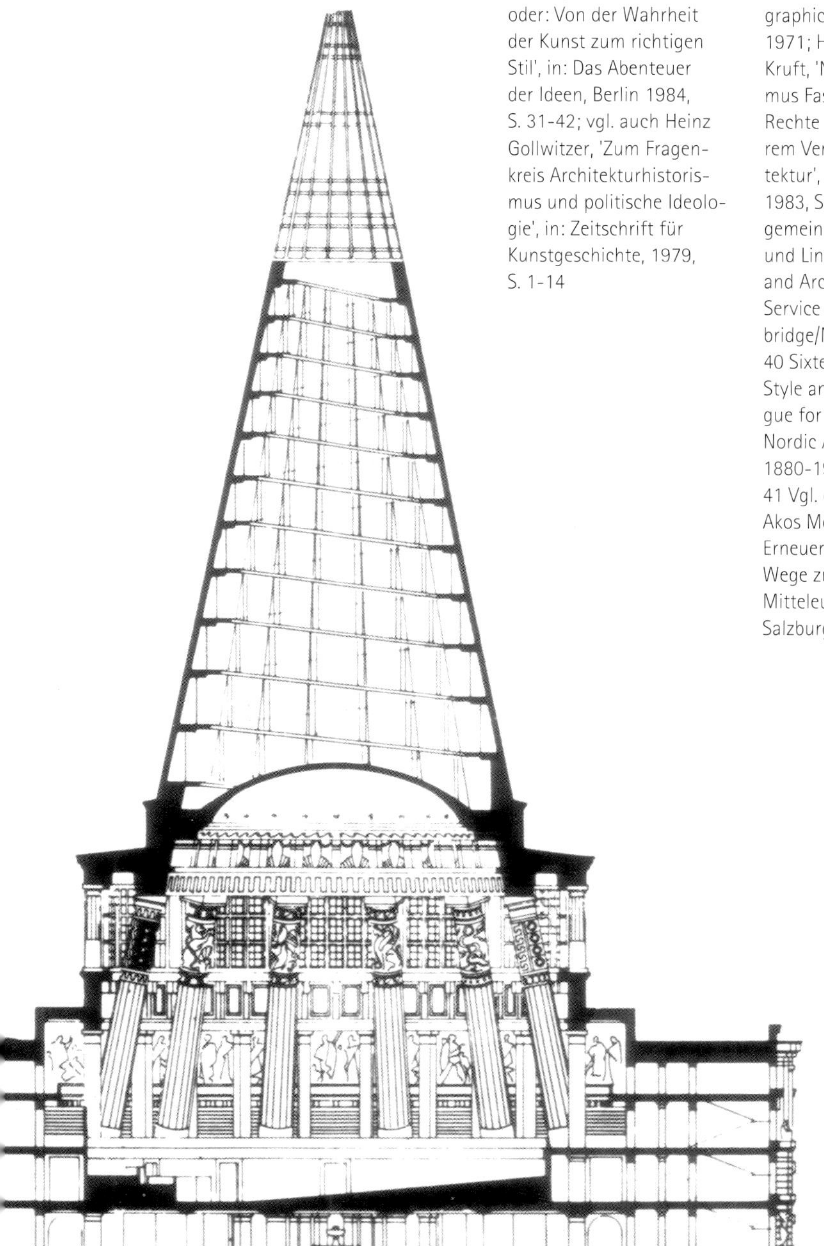

Weimarer Republik

Nach dieser zwangsläufig fragmentarisch-evokativen 'tour d'horizon' können abschließend einige Bemühungen um politische Architektur im 20. Jahrhundert eingeordnet werden. Gegenüber Nationalstilsuche und Nationalromantik lieferten zwei Stammväter der modernen Architektur, Hendrik Petrus Berlage und Frank Lloyd Wright, kurz nach der Jahrhundertwende Anstöße zu einer neuen Betrachtung des Zusammenhangs zwischen Architektur und Politik. Während Berlage wieder das aufklärerische Konzept der Erziehung einer neuen (sozialistischen) Gesellschaft durch Architektur proklamierte,[42] forderte Frank Lloyd Wright eine organische Architektur, die er assoziativ aus der (amerikanischen) Natur ableitete und mit Demokratie verknüpfte - eine Idee zur Nobilitierung Amerikas gegenüber europäischer Kultur, die schon Ralph W. Emerson oder Walt Whitman vertreten hatten.[43] Damit sind zwei Leitmotive der Diskussion um politische Architektur im 20. Jahrhundert vorgegeben: Die Architektur soll mitwirken an der Erziehung des Menschen für eine neue Gesellschaftsform oder ein politisches System, und sie kann assoziativ mit politischen Bedeutungen besetzt werden.
Durch die politischen Umbrüche nach dem Ersten Weltkrieg gewann das architektonische Erziehungsprogramm eine besondere Bedeutung. Zwar versuchten viele moderne Architekten nach der Revolution, ihre politische Gesinnung durch Architektur auszudrücken - Max Berg feierte seine Breslauer Jahrhunderthalle als 'Dom der Republik', Bruno Taut plante ein 'Friedenshaus' im Zentrum neuer Städte, und Peter Behrens bezeichnete selbstkritisch Monumentalität als 'ästhetischen Imperialismus'[44].

Entscheidend für eine neue Form politischer Architektur wurde aber der Versuch der neu zur Macht gekommenen politischen Gruppierungen, durch Architektur ihre Ideale umzusetzen und damit gleichzeitig ihre Politik öffentlich zu etablieren. So entwickelten konstruktivistische Architekten nach der Oktoberrevolution Kommune- und Klubhäuser im Dienst kommunistischer Kollektivideen, und die sozialdemokratisch regierten Kommunen versuchten, durch große Wohnungsbauprogramme die Arbeiterschaft menschenwürdig-egalitär zu behausen.
Von den 'roten Wohnburgen' Wiens über die rot beflaggten Wohnanlagen Amsterdams bis zur 'gebauten Sozialdemokratie'[45] der Siedlungen in Frankfurt oder Berlin entstand in den zwanziger Jahren eine neue Form der Verknüpfung zwischen Architektur und Politik, denn mit Architektur wurde nun konkrete Parteienwerbung betrieben: Bruno Tauts Hufeisensiedlung diente der Berliner Sozialdemokratie als Werbeplakat, die Hamburger Sozialisten plakatierten 'Wir bauen eine neue Welt', der sozial-liberale Frankfurter Magistrat profilierte sich durch die Bauten des 'Neuen Frankfurt' in einer großzügig finanzierten eigenen Zeitschrift, und die örtlichen Bauleistungen zierten die Publikation zum SPD-Parteitag im 'roten Magdeburg'[46].
Umgekehrt profilierten sich allerdings auch die Völkischen und Nationalsozialisten bei den Wählern durch die Forderung nach Abbruch des Bauhauses in Dessau oder des von Julius Streicher als jüdische Synagoge beschimpften Planetariums in Nürnberg, ein Prestigebau des Nürnberger Oberbürgermeisters Luppe.

42 H. P. Berlage, Gedanken über Stil in der Baukunst, Leipzig 1905; zum politischen Engagement Berlages vgl. Manfred Bock, Anfänge einer neuen Architektur, Wiesbaden 1983, S. 297 ff.
43 Frank Lloyd Wright, An Organic Architecture: The Architecture of Democracy, London 1939; ders., When Democracy Builds, Chicago 1945; Walt Whitman, Democratic Vistas, Washington 1871
44 Vgl. zu diesem Themenbereich besonders Iain Boyd Whyte, Bruno Taut. Baumeister einer neuen Welt, Stuttgart 1981
45 Vgl. Helen Searing, 'With Red Flags Flying. Housing in Amsterdam 1915-1923', in: Millon und Nochlin (s. Anm. 39), S. 230-269; Gert Kähler, Wohnung und Stadt: Hamburg/Frankfurt/Wien, Braunschweig 1985
46 Die Rote Stadt im roten Land, hrsg. vom Parteikomitee, Magdeburg 1929; Vorwärts und nicht vergessen. Arbeiterkultur in Hamburg um 1930, Hamburg 1982, S. 61

Werbeplakat der SPD mit
Hufeisensiedlung, 1929

Parallel zu dieser Indienstnahme für parteipolitische Ziele und Interessen entstand eine politisierte Architekturdiskussion. So schrieb beispielsweise der linke Architekturkritiker Adolf Behne eine Einführung für Arbeiter in die Architekturgeschichte, die Bauen und Bauten nach sozialen und politischen Gesichtspunkten erklärte,[47] und umgekehrt stritt Schultze-Naumburgs 1927 gegründeter 'Kampfbund für deutsche Kultur' gegen den sogenannten Baubolschewismus und für eine deutsche, 'rassereine' Architektur. Die konkrete Frage nach dem Ausdruck von Politik in der Architektur wurde allerdings kaum gestellt. Zu den wenigen Ausnahmen zählt eine kurze, aber wenig beachtete Diskussion um die Zulässigkeit von Achse und Monumentalität[48] in der neuen Demokratie anläßlich eines Wettbewerbs zur Bebauung des Ulmer Münsterplatzes 1924/25. Zumeist beschränkte sich der Zusammenhang von Politik und Architektur auf die Assoziation allgemein verständlicher Motive: das Hufeisen von Tauts Siedlung in Britz, der Kreis von Hubert Ritters Siedlung 'Rundling' in Leipzig oder das Quadrat von Karl Schneiders Jarrestadt in Hamburg symbolisieren die neue Gemeinschaftsidee der Weimarer Republik, ohne daß sich daraus eine neue Architekturideologie ergeben hätte.[49]

Hubert Ritter, Siedlung 'Rundling' in Leipzig, 1929/30

47 Adolf Behne, Eine Stunde Architektur, Stuttgart 1928; vgl. auch Albert Sigrist (d. i. Alexander Schwab), Das Buch vom Bauen. Neue Technik, Neue Baukunst, Städtebau in sozialistischer Sicht, Berlin 1930

48 Peter Meyer, 'Achse und Symmetrie', in: Baugilde, 1925, S. 207 ff.; ders., 'Axiale Architektur', in: Baugilde, 1925, S. 1177-1183; sowie diverse Repliken in diesem Jahrgang der Baugilde

49 Fred Forbat, 'Wohnform und Gemeinschaftsidee', in: Wohnungswirtschaft, Heft 10/11, 1929, S. 143 f.; allgemein W. Nerdinger, 'Walter Gropius - totale Architektur für eine demokratische Gesellschaft', in: Jahrbuch des Zentralinstituts für Kunstgeschichte, 1985, S. 343-373; ders., 'Karl Schneider und die Moderne', in: Architektur in Hamburg, Jahrbuch 1992, S. 152-160; historisch unbedarft ist der Vergleich zwischen May und Speer von Barbara Miller Lane, 'Architects in Power: Politics and Ideology in the Work of Ernst May and Albert Speer', in: R. Rotberg und Th. Rabb (Hrsg.) Art and History, Cambridge 1986, S. 283-310

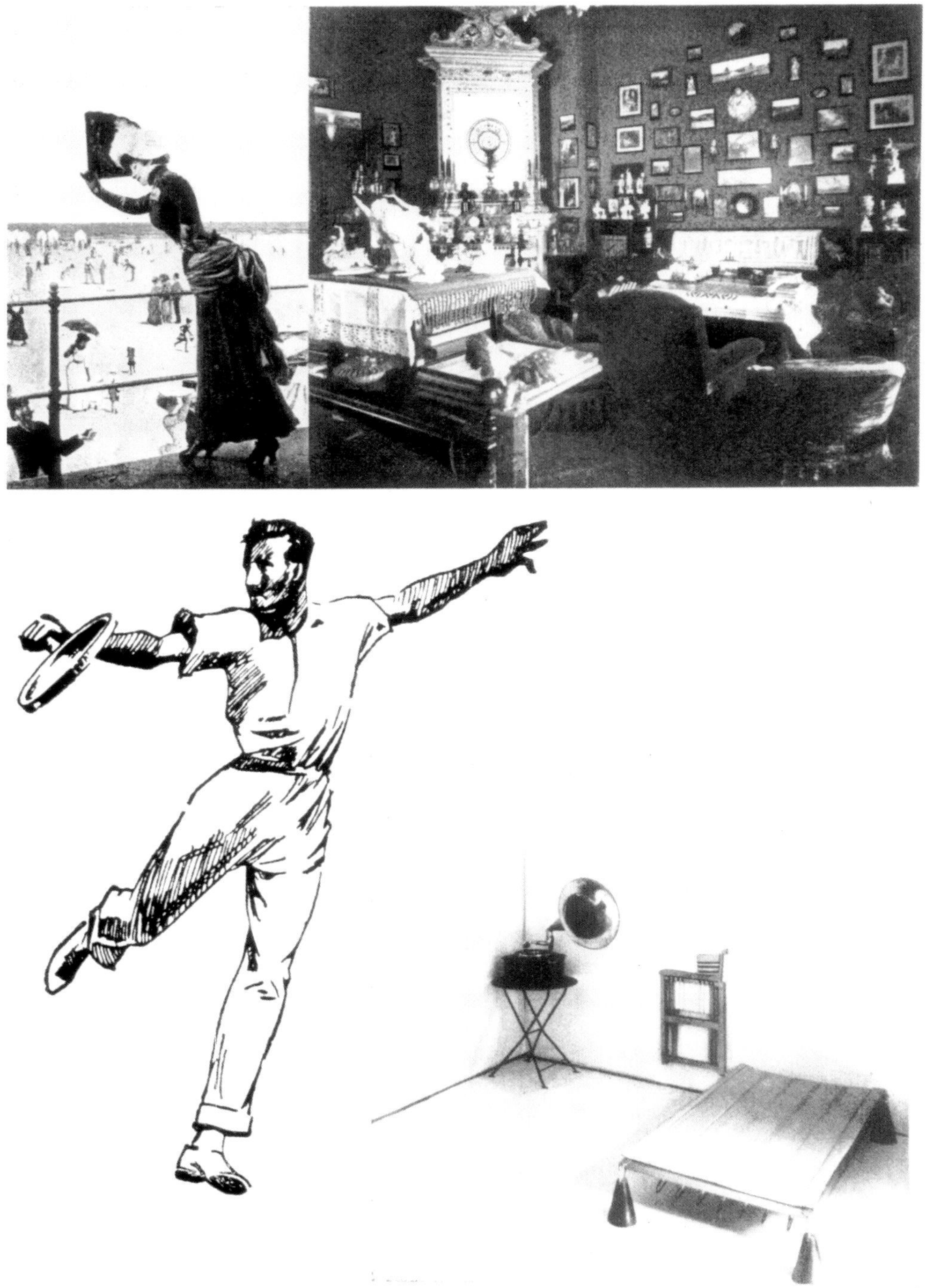

Alte und neue Lebensform, Bildbeispiel aus 'Eine Stunde Architektur' von Adolf Behne

Nur einmal findet sich in der Weimarer Republik eine konkrete architektonische Auseinandersetzung mit dem Problem Bauen für und in der Demokratie. Noch beim Wettbewerb für eine Erweiterung des Berliner Reichstags 1927 blieb diese zentrale Frage von allen Einsendern praktisch unbeachtet. Nur Hugo Häring, der erfolglos am Wettbewerb teilgenommen hatte, setzte sich anschließend privat damit auseinander und legte dann 1929 seine Vorstellungen zu einem neuen demokratischen Forum am Spreebogen vor: Eine neue 'Straße der Republik'[50] sollte von der Alsenbrücke bis zum Kemperplatz 'einen deutlichen und klaren Strich durch die Achse der Herrscher machen', am Spreebogen aber sollte der 'Platz der Republik zu einer großen Manifestation des neuen politischen Willens ausgebaut' werden. Häring plante, gegenüber vom Reichstag eine mächtige offene Tribüne zu errichten, auf der das Volk selbst Platz nehmen sollte. Volk und Volksvertreter, Parlament und Öffentlichkeit wären damit in ein direktes architektonisches Wechselspiel getreten – eine großartige Visualisierung des Zusammenhangs von Architektur und Demokratie.

Gegenüber Hugo Härings kühnem Entwurf bleiben die Bemühungen und Diskussionen der Nachkriegszeit um 'demokratische Architektur', um ein kreisförmiges Parlament oder eine 'offene', transparente Architektur im Bereich der formalen Assoziation, die zudem durch die Wirklichkeit der Absperrungs- und Sicherheitsmaßnahmen für Politiker täglich ad absurdum geführt wird.[51]

Nach so viel Theorie und historischer Betrachtung sei aber nachdrücklich daran erinnert, daß das eigentlich Politische der Architektur in modernen, bürokratisch gelenkten Massengesellschaften in Baugesetzen, Flächennutzungsplänen, Baulinien oder Geschoßflächenzahlen versteckt liegt. Mit der simplen Ausweisung von Wohngebieten zur gemischten Nutzung oder durch die Erhöhung der Geschoßflächenzahl auf Grundstücken verändert sich das Bild einer Stadt entscheidender als durch alle Bemühungen von Architekten um demokratisch-menschliches Bauen.

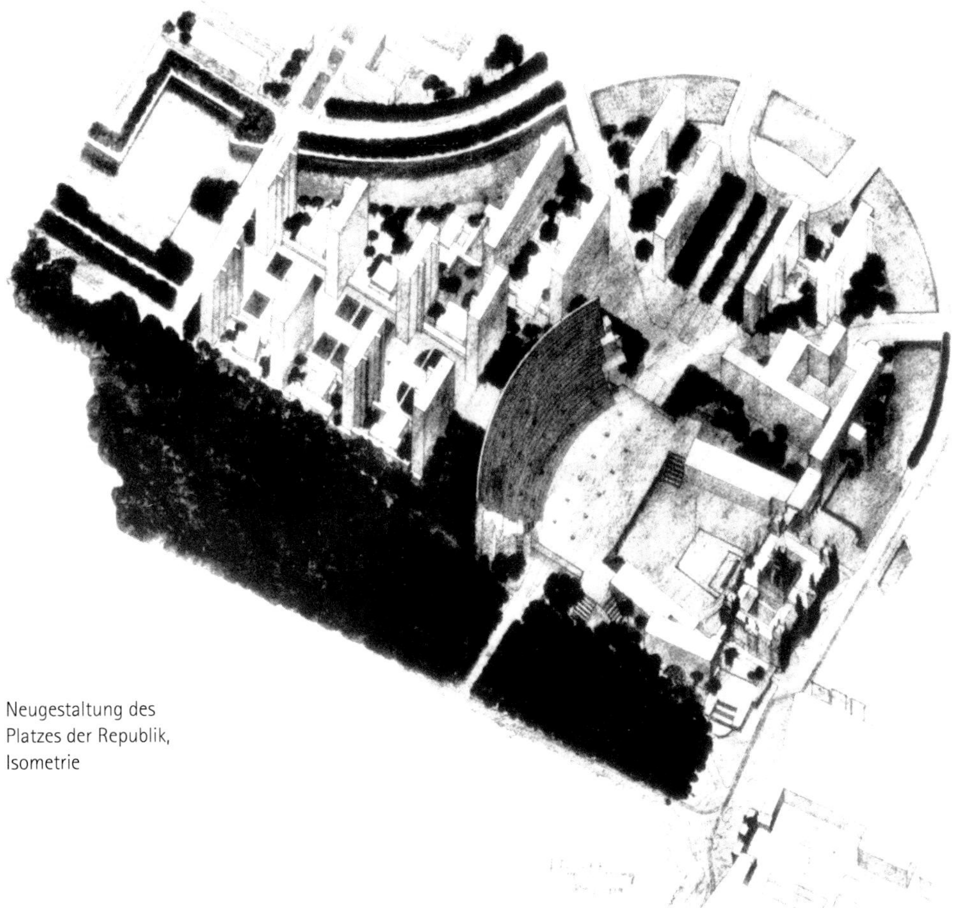

Neugestaltung des Platzes der Republik, Isometrie

50 Hugo Häring, 'Der Platz der Republik. Pläne zur Neugestaltung', in: Das neue Berlin, Heft 4, 1929, S. 70-72, 146 (frdl. Hinweise zur Planungsgeschichte von Matthias Schirren)
51 Vgl. z. B. 'Den Ort suchen, den Ort setzen, Behnisch und Ungers im Gespräch mit Wolfgang Pehnt', in: Bauwelt, 1981, S. 774-779

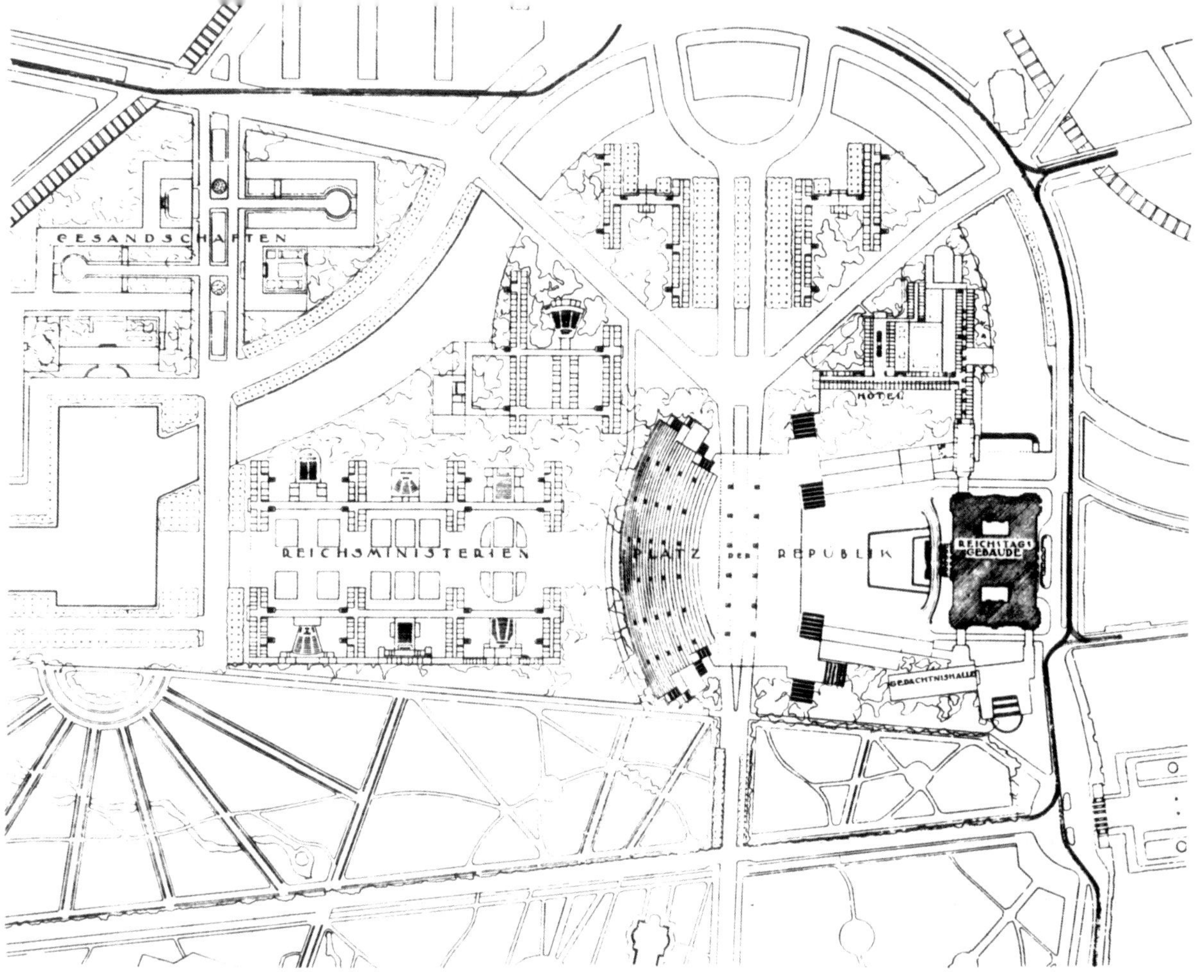

Hugo Häring, Pläne zur Neugestaltung des Platzes der Republik in Berlin, 1929, Grundriß der Gesamtlage

Kapitol in Washington. Nach einem Entwurf von W. Thonton 1793 begonnen, von B. H. Latorbe und Ch. Balfinch 1824 vollendet. Stahlstich, um 1845. Latorbe hatte eine niedrige Kuppel vorgesehen, die das Kabinett aber verwarf.

Klaus von Beyme

Parlament, Demokratie und Öffentlichkeit

Die Visualisierung demokratischer Grundprinzipien im Parlamentsbau

Parlament, Demokratie und Öffentlichkeit - sind das nicht nur drei Aspekte der gleichen Sache? Der Begriff 'Parlament' hat in der repräsentativen Demokratie die Tendenz, mit dem Terminus 'Demokratie' zu verschmelzen. Das Parlament ist der institutionelle Sitz der Volkssouveränität und damit die rechtlich herausgehobenste Einrichtung der gewaltenteiligen Demokratie. 'Öffentlichkeit' andererseits scheint im Parlamentarismus ein Pleonasmus zu sein. Das Wort kommt von 'parlare', sprechen, und ist auf den öffentlichen Meinungsaustausch ausgerichtet. Dennoch sind die drei Begriffe nicht identisch und können in der parlamentarischen Demokratie gelegentlich in Konflikt geraten.

Artikel 42,1 GG verlangt, daß der Bundestag 'öffentlich' verhandelt. In der Geschäftsordnung des Bundestages (§ 59, Abs. 1) wird den Ausschüssen, welche die eigentliche Vorarbeit der Gesetzgebung leisten, erlaubt, 'grundsätzlich nicht öffentlich' zu verhandeln. Immer wieder ist diese Bestimmung für überholt erklärt worden, keineswegs nur von Radikaldemokraten.[1] Man tröstete sich über diesen Widerspruch damit, daß durch die Presseberichterstattung und Anhörung von Interessenten wenigstens eine Teilöffentlichkeit in der Ausschußarbeit hergestellt werde.

1 Wolfgang Zeh: 'Theorie und Praxis der Parlamentsdebatte', in: Hans-Peter Schneider und Wolfgang Zeh (Hrsg.): Parlamentsrecht und Parlamentspraxis in der Bundesrepublik Deutschland. New York 1989, S. 917-937, hier S. 933

Auch das Demokratieprinzip und das repräsentative Parlamentsprinzip leben nicht immer in Harmonie. Repräsentation bedeutet eine Einschränkung des demokratischen Prinzips der Volkssouveränität. In konfliktreichen Zeiten haben Teile des Wählervolkes immer wieder versucht, auf ihre Repräsentanten direkt Einfluß zu nehmen. Artikel 38 GG konstatiert, daß der Abgeordnete an Aufträge und Weisungen nicht gebunden und nur seinem Gewissen unterworfen ist. Dennoch kam es in der deutschen Parlamentsgeschichte immer wieder zu blutigen Demonstrationen vor dem Parlament.
1848 versuchte eine radikaldemokratische Gruppe die Paulskirche zu stürmen. Zwei Abgeordnete kamen ums Leben. 1920 kam es zu Tumulten vor dem Reichstag, als das Betriebsrätegesetz beraten wurde. 42 Demonstranten wurden erschossen.[2] Auch die Weimarer Republik mit der plebiszitärsten Verfassung der deutschen Geschichte zog Konsequenzen mit der Verabschiedung eines Bannmeilengesetzes. Und der Bundestag gibt sich nicht so öffentlichkeitsnah wie der amerikanische Kongreß, auf dessen Stufen nicht selten die Transparente von Bürgerinitiativen entrollt werden.
Die Parlamentarismusforschung hat sich mit den baulichen Bedingungen der parlamentarischen Demokratie nur am Rande befaßt.[3] Die Genesis des Parlamentarismus aus vordemokratischen Ständeversammlungen hat dazu beigetragen, daß der Gesichtspunkt parlamentarischer Repräsentativität den der funktionalen Arbeitsweise überlagerte.
'Demokratisch' im vollen Sinn des Wortes waren wenige Staaten, die sich ein Parlament bauten. Die Schweiz konnte demokratisch genannt werden, als das Bundeshaus von Friedrich Studer 1852-57 gebaut wurde. Ein Minimalkriterium der Demokratie ist das allgemeine Wahlrecht - im 19. Jahrhundert meist noch auf Männer beschränkt. Die Mutter der Parlamente in London realisierte das allgemeine Wahlrecht, wie die meisten Länder, erst nach dem Ersten Weltkrieg. Die USA kamen seit der 'Jackson Revolution' einer modernen Demokratie am nächsten.

Die meisten Parlamentsbauten entstanden im 19. Jahrhundert, als das Repräsentativsystem weder demokratisiert noch voll 'parlamentarisiert' war. Minimalkriterium der Parlamentarisierung ist die politische Verantwortlichkeit der Minister, die zurücktreten müssen, wenn die Parlamentsmehrheit ihnen das Vertrauen entzieht. Deutschland und Schweden erreichten dieses Reifestadium erst gegen Ende des Ersten Weltkriegs. In einem System, in dem der Kaiser von seinem Parlament als 'Reichsaffenhaus' sprach, war man vom demokratischen Parlamentarismus noch weit entfernt. Dennoch ist die rhetorische Leistung des kaiserlichen Reichstags in der Ausübung der Kontrolle der Regierung beachtlich gewesen. Der Kaiser wachte eifersüchtig darüber, daß dem Schloß durch den Reichstag und dessen Kuppel keine Höhenkonkurrenz entstehe. Das Reichsratshaus in Wien, das 1874-83 nach einem Entwurf von Theophil Freiherr von Hansen an der Ringstraße gebaut wurde, entstand ebenfalls in vorparlamentarischen Zeiten. Dennoch hat die Republik Österreich keine Bedenken gehabt, sich in diesem Haus wohnlich einzurichten, während die Deutschen bis heute vielfach Vorbehalte haben, das Reichstagsgebäude für die gesamtdeutsche Demokratie zu nutzen. In Ungarn schließlich war das krasseste Mißverhältnis zwischen dem pompösen neugotischen Parlamentsbau, für den Imre Steindl 1882 den ersten Preis gewann, und dem demokratischen Inhalt der legislativen Versammlung entstanden. Die Geschichte des Parlamentsbaus ist daher eine Geschichte der Adaption demokratischer Parlamente an eine vordemokratische Bausubstanz. Kein Wunder, daß die Frage auftauchte, ob es eine demokratische Architektur überhaupt geben könne.

2 Jürgen Schmädek: Der deutsche Reichstag. Berlin 1981, S. 77
3 Eine löbliche Ausnahme ist die Aufnahme eines langen Artikels im Handbuch von Schneider und Zeh, a.a.O.: Michael Cullen: 'Parlamentsbauten zwischen Zweckmäßigkeit, Repräsentationsanspruch und Denkmalspflege', S. 1845-1899

Parlamentstraditionen und demokratische Bestrebungen

Das Verhältnis der drei Grundpfeiler Demokratie, Parlament und Öffentlichkeit in seiner baulichen Visualisierung muß vier Phasen parlamentarischer Bautätigkeit unterscheiden:

1. Der Umbau alter Palastgebäude zu einem Parlament (Frankreich, Italien).
2. Der Neubau eines Parlaments in Zeiten der Vorherrschaft der Legislative (USA, Großbritannien, Schweiz).
3. Der Neubau eines Parlaments in vorparlamentarischen Regimen (Spanien, Deutsches Reich, Österreich-Ungarn, Indien).
4. Der Neubau eines Parlaments in gefestigten Demokratien (Norwegen, Schweden, Bundesrepublik Deutschland, Niederlande, Australien).

1. Wo die Kontinuität alter Ständeversammlungen wie in England und Schweden in ein parlamentarisches Regime überleitete, gab es einen natürlichen Ort für das Parlament. In England und Schweden war die Beharrungskraft des 'locus' beachtlich. Als der Westminster-Palast 1834 abbrannte, wurde jeder Vorschlag, den Parlamentsneubau an einen anderen Ort zu verlegen, von der öffentlichen Meinung bekämpft, obwohl der alte Ort völlig inadäquat gewesen war. Selbst ein moderner Neubau schien dem 'genius loci' zu widersprechen. Die Reste des abgebrannten Baus zu wahren, war für die meisten Publizisten wichtiger als der Mut zum Neubau. 'Neubau' stand damals im Verdacht, nur 'Plagiate aus Griechenland und Rom'[4] zu realisieren.

Das schwedische Parlament saß in seiner ständischen Epoche auf dem Riddarholm. 1904 kam es zum Neubau auf dem Helgeandsholm. Als der schwedische Reichstag sich 1971 zum Einkammerparlament modernisierte, wurde auch die Unterbringung am Sergel-Platz nicht akzeptiert. Die Mehrheit beschloß, das alte Gebäude und ein benachbartes Bankgebäude zu renovieren, um dem alten Sitz treu zu bleiben.[5] In Ländern, in denen eine Frühform des Parlamentarismus sich auf revolutionäre Weise durchsetzte, gab es dieses ortsgebundene Traditionsbewußtsein nicht. Die Generalstände der Französischen Revolution hatten kein Stammquartier. Sie schworen 1789 im Ballhaus in Versailles, sich nicht eher zu trennen, als bis Frankreich sich eine Verfassung gegeben habe. Der revolutionäre deutsche Parlamentarismus mußte 1848 in Frankfurt eine Kirche umfunktionieren. Das teils revolutionär, teils durch piemontesische Machtpolitik geschaffene Königreich Italien installierte das Parlament in umgebauten Palästen (Montecitorio, Madama), an denen schon einer der größten Baumeister, Bernini, mitgewirkt hatte. Das Werk dieser Großen kam nicht ungeschoren durch funktionale Umbauten davon. Repräsentativität ging jedoch beim Umbau noch immer vor Effizienz parlamentarischer Arbeitsbedingungen.[6]
Diese Traditionsbildung hatte ihre Wurzeln in Frankreich. Palais Bourbon und Palais Luxembourg wurden so oft umgebaut, daß die Tradition eher vorgespiegelt als real war.[7]
Eine der wenigen vergleichenden Untersuchungen von Parlamentsbauten, wie die von Paul Wallot, forderte für den Parlamentsbau einen vielgliedrigen Bau an einem 'großen, auf allen Seiten freien Bauplatz im Herzen der Stadt'.[8] Die französischen Kammern kommen dieser Regel seit Napoleon in etwa entgegen. Die italienischen Parlamentshäuser hingegen waren zwar im Herzen Roms einquartiert worden; von einem großen freien Platz mit guter Verkehrsanbindung, wie Wallot sie forderte, kann jedoch bis heute nicht die Rede sein.

4 Patrick Cormack: Westminster Palace and Parliament. London, 1981, S. 78
5 Michael F. Metcalf (Hrsg.): The Riksdag. A History of Swedish Parliament. Stockholm 1987, S. 251
6 Camera dei Deputati (Hrsg.): Immagini di Montecitorio. Rom 1985
7 J. Marchand: Le Palais Bourbon. Paris 1962, S. 18 ff.
8 Heinrich Wagner und Paul Wallot: Gebäude für Verwaltung, Rechtspflege und Gesetzgebung. Handbuch der Architektur, 7. Halbband, 2. Heft, Stuttgart 2 1900, S. 7 f.

Kapitol in Washington,
Außenansicht, um 1960

2. Die USA waren der erste Staat, der einen Neubau für beide Kammern aus einem Guß vorsah. Das war kein Zufall. Eine bedeutende historische Architektur stand nicht zur Verfügung - nicht einmal in Philadelphia, das als provisorische Hauptstadt gedient hatte. 1793 wurde der Grundstein zum Kapitol gelegt, 1814 wurde der Rohbau von den Briten zerstört. Erst 1867 war der Parlamentsbau vorläufig beendet. Als Washington im Jahre 1800 Washington zum Sitz der Regierung bestimmte, wurden dort gerade 109 Ziegelbauten und 263 Fachwerkhäuser gezählt. Thomas Jefferson hatte von allen Gründungsvätern den stärksten Einfluß auf die Planungen. 'Republikanische Einfachheit' sollte vor allem im Kapitol seine Verkörperung finden. 1791 wurden Jeffersons Pläne übergangen. Washington berief den Franzosen L'Enfant an die Spitze der Planungen. 'Grandeur' überlagerte die Einfachheit. Als demokratischer Baumeister verstand sich L'Enfant nicht. Die selbstherrliche Staatsarchitektenrolle, die er sich anmaßte, brachte ihn gleich in Konflikt mit den lokalen Behörden. Schon im Februar 1792 wurde er entlassen. Erstmals wurde auch in L'Enfants großen Vistas die Gewaltenteilung optisch dargestellt. Die führende Rolle des Parlaments war in den ersten Modellen jedoch keineswegs so augenfällig wie heute, wo eine riesige Kuppel den stark vergrößerten Kapitol-Bau überragt. Jefferson wurde Präsident und nahm erneut Einfluß als Amateurarchitekt. Mit Latrobe berief er 1803 einen 'Supervisor of the Public Buildings', der sich als professioneller Architekt verstand. Sein Plan für das Kapitol wurde nie ausgeführt, weil Jefferson auf dem Plan von Thornton bestand, der den Wettbewerb gewonnen hatte. Jefferson favorisierte eine niedrige Kuppel. Der 'Greek-Revival-Stil', der sich damals in Amerika ausbreitete, wurde von ihm in die Richtung eher römischer Formen gedrängt, die er für demokratischer hielt.[9] Jefferson hat seine Vorstellungen allenfalls in Virginia durchsetzen können. Aber auch L'Enfants Erbe blieb hinter den Visionen zurück. Die Pennsylvania Avenue, die Kapitol und Weißes Haus verband, versank noch jahrelang in tiefem Morast. Immer wieder kam es zu Klagen, daß die Kühe der Anlieger in die bescheidenen Gartenanlagen vor dem Parlament einbrachen. Das Kapitol blieb lange nahezu unbenutzt. Die Gewaltenteilung blieb in ihrer urbanistischen Umsetzung ein Torso. Der Supreme Court, die dritte Gewalt, die schon Montesquieu als 'quelque façon nulle' bezeichnet hatte, blieb ein architektonisches Waisenkind, das bis 1935 Unterschlupf in der Legislative suchen mußte. Das hinderte das Gericht jedoch nicht, auch dem Kongreß kräftig auf die Finger zu schauen, wenn er seine Kompetenzen überschritt. Erst als die 'Mall' geschaffen wurde, besann man sich auf L'Enfants grandiose Planungen. Inzwischen hatten Bauten der Exekutive den Blick zum Teil verstellt. Einige Wucherungen wurden nach dem Bürgerkrieg korrigiert.[10] Wallot lobte die Repräsentativität und Funktionalität des Endprodukts im amerikanischen Parlamentsbau. Daß im Inneren des Gebäudes ein 'sehr lebhafter Verkehr von Händlern, Boten und Leuten jeder Art' herrschte, hat ihn jedoch eher befremdet.[11] Aber gerade dies war das Demokratische am Kapitol - nicht seine Monumentalität.

Beim Neubau des Westminster-Palastes 1834 in London war schon die Ausschreibung, die Berry gewann, stark auf die äußere Repräsentation ausgerichtet. Auch Nichtfachleute konnten sich bewerben, wenn sie sich nur an die Vorgaben hielten, daß der Stil 'gothisch oder elisabethanisch' zu sein hatte.[12] Klassizistische Vorschläge galten als 'unenglisch', während sie in Amerika gerade als 'amerikanisch-republikanisch' galten. Der Parlamentsbau in London war stark auf die sinnvolle ästhetische Gestaltung der langen Flußfront ausgerichtet. Die parlamentarische Funktionalität hatte sich gegenüber dem alten Westminster-Palast nicht wesentlich verbessert. Wallot hielt den Bau trotz der von ihm nicht übersehenen Mängel für eines der 'gelungensten Werke der Neuzeit'. Wie später für Wallots Reichstag, konnte Paul Löbes Bonmot auch für Westminster gelten: 'Viel Raum und wenig Platz'. In einem voll parlamentarisierten System wie in Großbritannien schienen diese Mängel in der parlamentarischen Benutzbarkeit weniger verzeihlich als im halb-autoritären deutschen Kaiserreich. In beiden Systemen resultierten die Mängel nicht zuletzt aus dem Umstand, daß die Parlamentarier sich noch nicht als Berufspolitiker verstanden. Bismarck hatte auf ein diätenloses Parlament Wert gelegt, um die oberen Stände zu privilegieren.

9 Egon Verheyen und Don A. Hawkins: 'Bemerkungen zur Planung von St. Petersburg und Washington', in: 'Klar und lichtvoll wie eine Regel'. Planstädte der Neuzeit vom 16. bis zum 18. Jahrhundert. Karlsruhe, Badisches Landesmuseum, 1990, S. 211-220, hier S. 217 f. - United States Capitol Historical Society (Hrsg.): We, the people. The Story of the United States Capitol. Washington D. C., 1985, S. 19 ff. Louis Craig and the staff of the Federal Architecture Project (Hrsg.): The Federal Presence. Architecture, Politics and National Design. Cambridge, Mass. 1984, S. 22 ff.

10 John Ziolkowski: Classical Influence on Public Architecture of Washington and Paris. New York 1988, S. 95 f.

11 Wagner/Wallot, a.a.O., S. 25 f.

12 Cormack, a.a.O., S. 78

Washington, Apotheose
in der Kuppel

Beim Bau des Bundeshauses in Bern zeigte die Schweiz ursprünglich die Tugenden einer haushälterischen Demokratie. Die Erhebung einer Sondersteuer ist politisch in einer Demokratie immer gewagt. Kein Wunder, daß die Ausschreibung des Wettbewerbs von 1850 die Teilnehmer aufforderte, 'unnütze Pracht und übertriebene Dimensionen' zu vermeiden. Das amerikanische Zweikammersystem war für den Schweizer Bundesstaat ein starkes Vorbild. Die monumentale Kuppel des Kapitols und die gewaltigen Flügelbauten, die in Amerika in Bau waren, hatten jedoch für die sparsamen Schweizer eher abschreckende Wirkungen. Wie in Amerika kam es zum Konflikt zwischen Bundes- und Landesebene. Die Berner Kantonsregierung versuchte, die Gestaltung ihrer Hauptstadt zu beeinflussen. Nach der Revision der Bundesverfassung 1874 forderte der Bundesrat die Berner auf, Arbeitsräume für die neuen Bundeseinrichtungen zu beschaffen. Demokratische Sparsamkeit auch der Berner löste den Konflikt. Sie verzichteten 1876 auf den Besitz des Bundeshauses. Die Zentralregierung entwickelte das Bedürfnis, sich darzustellen. Höhepunkt der Selbstdarstellung wurde das Parlamentsgebäude (1894-1902). Das Motiv des Amphitheaters schien ein auslaufendes Modell. Im Einkammerparlament des Reichstags von Wallot tauchte es nicht mehr auf. Auch der Kapitols-Typ, in Wien und Budapest variiert, geriet in die Akzeptanzkrise. Die Wettbewerbsteilnehmer und die Jury rekrutierten sich vielfach aus Semper-Schülern. Einflüsse aus dem Theaterbau waren daher unübersehbar. Kuppelbau und Prunktreppe nach dem Vorbild der Pariser Oper überspielten das Understatement der Schweizer. 'Die architektonische Inszenierung weist den Volksvertretern die Rolle von Priestern zu, die mit der parlamentarischen Handlung die Nation immer neu zu stiften haben.'[13] Die Schweizer 'Bundeskathedrale' fiel kaum bescheidener aus als das Kapitol, in dem die 'Apotheose Washingtons' von einem zweitrangigen italienischen Maler in der Kuppel inszeniert worden war. Das Mammutbauwerk hatte es - gegen die alten Intentionen - vermocht, die städtischen und kantonalen Bauten Berns in den Schatten zu stellen.

George Washington in
Bronze: Ein Parlament
als sakralisiertes Staats-
bürger-Museum

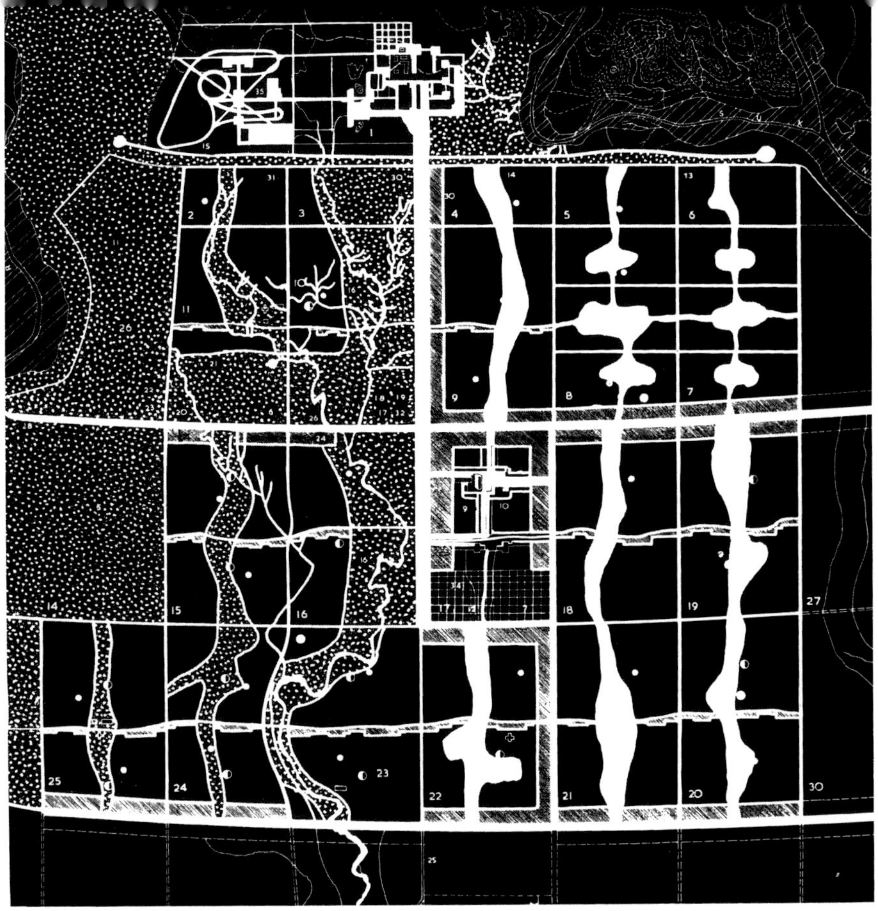

Le Corbusier
Planung von Chandigarh, der neuen Hauptstadt des Punjab, 1952-62. Gesamtplan der Anlage mit Kapitol (1)

3. Auch noch nicht voll parlamentarisierte Systeme hielten sich im Parlamentsbau gern an die Zweikammersymbolik, die Amerika entwickelt hatte. Zwei klar abgesetzte Kammern wurden im Mitteltrakt durch eine Kuppel verbunden, welche die Einheit der Gesetzgebung symbolisieren sollte. Dieses Modell war einflußreicher als die malerische Unregelmäßigkeit des britischen Parlaments. Die Parlamentsbauten in Europa fielen gleichwohl recht unterschiedlich aus. In Spanien wurden die Cortes von Colomer 1842 fernab vom Königsschloß in trockener akademischer Manier nach dem Vorbild italienischer Quattrocento-Paläste aufgeführt.[14] Während die Cortes sich in die Altstadt drängten, hat der ungarische Reichsrat nach britischem Vorbild eine spektakuläre Front am Ufer der Donau gewählt. Wien hingegen war zu wenig auf die Donau bezogen. Die bombastische Ringstraße mußte hier die Kulisse für den österreichischen Reichsrat abgeben. Verglichen mit diesen Lösungen war der Bauplatz des Deutschen Reichstags in Berlin eher 'abseitig' zu nennen. Das von der Stadt abgewandte Gesicht des Baus ist auch von seinem Erbauer nicht als optimal empfunden worden. Die Suche nach einem Bauplatz zeigt bereits die Unsicherheit im Umgang mit parlamentarischen Traditionen in Deutschland. Die Artilleriekaserne am Kupfergraben galt als so langweiliges Bauwerk, daß sie als Bauplatz für das Parlament vorgeschlagen wurde. Aber die Krone war - wie in Spanien - nicht an einem schloßnahen herausragenden Ort für die Kritiker ihrer Macht interessiert. Die kaiserlichen Ressentiments gegen die 'Gefahren der Nachgiebigkeit gegen parlamentarische Versammlungen' traten unverhüllt zutage.[15] Als der

13 'Der Bund als Bauherr', in: INSA. Inventar der neueren Schweizer Architektur 1850-1920. Bd. 2, Zürich 1986, S. 389-395, hier S. 393
14 Guia de Madrid. Arquetectura y urbanismo. Madrid, Colegio oficial de Arquitectos de Madrid, ^{4}1987, Bd. 1, S. 123
15 Michael Stürmer: Regierung und Reichstag im Bismarckstaat 1871-1890. Düsseldorf 1974, S. 133 - Michael S. Cullen: Der Reichstag. Die Geschichte eines Monuments. Stuttgart 1990^{2}, S. 99 f.

Planung Chandigarh
Entwurf von Le Corbusier
für das 'Denkmal der
offenen Hand' im Bereich
des Kapitols

Le Corbusier
Parlamentsgebäude in
Chandigarh, 1962.
Blick auf die Auf-
bauten von Oberhaus
(links) und Unterhaus

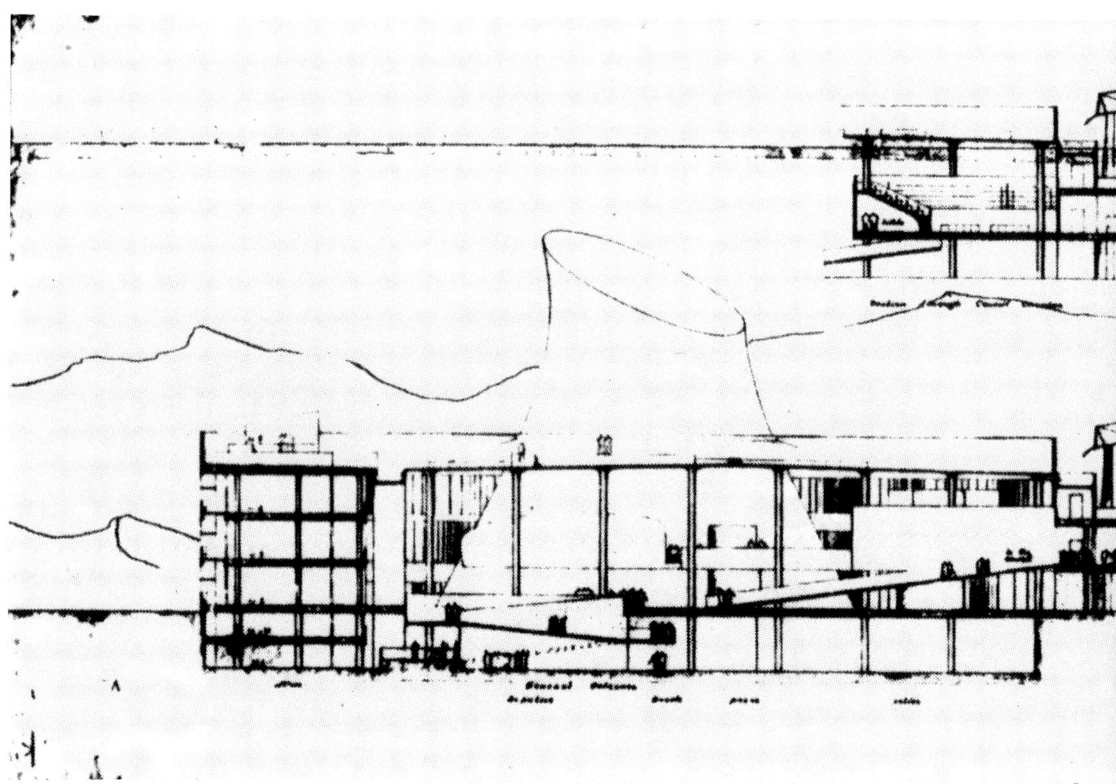

Parlamentsgebäude in
Chandigarh, Schnitt

Reichstag schließlich am heutigen Platz gebaut werden konnte, gewann man mit Wallot einen Architekten, der in seiner Zeit viel moderner gesonnen war, als sein pompöses Kastell mit Kuppel zunächst vermuten läßt. Formen und Abmessungen des Sitzungssaals standen für ihn unter dem Primat 'rein praktischer Erwägungen'. 'Künstlerische Gesichtspunkte' sollten erst in zweiter Linie in Betracht kommen.[16] Wallot hatte die funktionalen Anforderungen an ein Parlament gründlicher studiert als seine Vorgänger im Parlamentsbau. Die ausdifferenzierte Aufstellung von Funktionsräumen hat selbst die Fraktionen weniger vernachlässigt als andere, die von einem demokratischeren Parlamentsbild ausgingen.[17]
Sucht man nach weiteren Ländern, die eine imperiale Vision realisieren wollten, muß man Europa verlassen. In Indien entstand mit der Verlegung der Hauptstadt von Kalkutta nach Delhi eine der letzten großen imperialen Hauptstadtplanungen der Welt. Der streng hierarchische Plan von Edwin Lutyens war ganz auf den Palast des Vizekönigs ausgerichtet. An der Hauptachse dominierten die Bauten der Exekutive. Das runde Council House als Parlament mit drei Kammern erhielt 1919 nur einen Nebenplatz an der Verbindung zur Altstadt. Bakers Parlament wurde von der Kritik als unglücklicher 'afterthought' der Planung empfunden.[18]
Die kolonialimperiale Monumentalität der Hauptstadtplanung tat ihre optische Wirkung. Ein Bewunderer Lutyens ließ sich zu dem Ausruf hinreißen: 'Armer alter Christopher Wren - niemals hätte er so etwas leisten können.'[19] Spätere Hauptstadtplanungen in großen Ländern der 'Dritten Welt' haben die Gewaltenteilung und den Parlamentsbau wesentlich eindrucksvoller in die Planungen aufgenommen, wie Oscar Niemeyer in Brasilia. Präsident Kubitschek hatte mit dem Parlamentsneubau auch demokratische Intentionen. Der Rückfall in die Diktatur konnte allerdings durch ein eindrucksvolles Parlament nicht verhindert werden.

In der 'Dritten Welt' war es nicht selbstverständlich, daß die hierarchisch orientierten Grundrisse das Parlament ins Zentrum setzten. Dies konnte nicht einmal ein europäischer Architekt garantieren. Bei den Planungen für Chandigarh durch Le Corbusier im Auftrag Jawaharlal Nehrus wurde trotz der demokratischen Vorhaben der - nicht gebaute - Gouverneurspalast an die Spitze des Projekts gestellt, Parlament und Oberster Gerichtshof niedriger in der Hierarchie angesetzt. Der hohe Sekretariatsbau überschattet noch das Parlament. Dennoch bildet dies eine 'Gegenform' im Ensemble, die sich frei und offen nach oben orientiert. Ein Emblem der 'offenen Hand' sollte das neue demokratische Indien manifestieren.[20] In Ländern eigener, außereuropäischer Traditionen war diese Zeichensprache nicht für alle verständlich. Aber zur Ehre Le Corbusiers muß gesagt werden, daß Modernisierung für Nehru auch Verwestlichung bedeutete. Lobeshymnen auf Le Corbusier, er habe die Formen der Moderne den indischen Traditionen angepaßt, ließen sich nur partiell halten. Chandigarh erhielt zweifellos eine bedeutendere Parlamentsarchitektur als Delhi. Dennoch war das Urteil nicht zu hart, das konstatierte, daß Le Corbusier mit den indischen Traditionen noch brutaler gebrochen habe als der Imperialist Lutyens in Neu-Delhi.[21]

16 Wagner/Wallot, a.a.O., S. 11
17 Klaus von Beyme: Das Reichstagsgebäude zwischen Repräsentationsfunktion und den Anforderungen eines Arbeitsparlaments. Arbeitspapier für das Kolloquium Reichstag, Februar 1992 (hektogr.)
18 G. H. R. Tillotson: The Tradition of Indian Architecture. New Haven 1989, S. 123
19 Robert Fermor-Hesketh: Architecture of the British Empire. London 1986, S. 133
20 William J. R. Curtis: Le Corbusier. Ideen und Formen. Stuttgart 1987, S. 222
21 Tillotson, a.a.O., S. 130

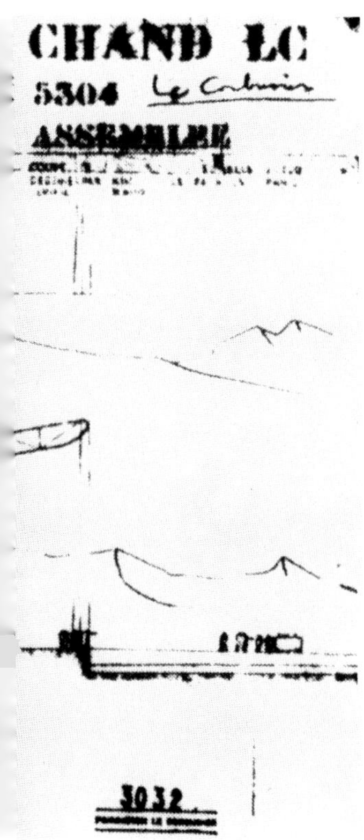

Johan Sigrid Sirén
Finnisches Reichstagsgebäude in Helsinki, 1924-31

4. Parlament und Demokratie - bis 1945 zeigt die Geschichte ihr leidvolles Verhältnis; und in Chandigarh und Brasilia selbst später noch. Parlamentsbau war auch in demokratisierten Systemen vielfach ein Spiel mit historischen Reminiszenzen. Das verwundert nicht im 19. Jahrhundert. Das kanadische Parlament von Fuller und Jones (1859-65) wurde für seine Inspiration im Geiste Ruskins gelobt. Das Endprodukt stellt sich eher als ein eklektisches Gebilde dar, das Türme aus Deutschland, Wandgliederungen aus Flandern und Dächer aus Frankreich importierte.[22] Die Neigung zu großen Gesten im Parlamentsbau führte zu dysfunktionalen Parlamentshäusern, ob sie in Demokratien oder in Autokratien entstanden. Selbst das Kapitol in Richmond, bei dem der große demokratische Amateurarchitekt seine Ideen besser durchsetzen konnte als in Washington, wurde geplagt von einem 'unbequemen Inneren.'[23] Im Deutschen Reichstag fand der Seniorenkonvent gelegentlich seinen Sitzungssaal nicht, zu verwirrend waren die Ebenen und ihre Verbindung.[24] Selbst im kleinen unprätentiösen Norwegen wurde das Storting als 'Labyrinth' bezeichnet.[25] Die Sucht der Volksvertretung, Parlamente von außen nach innen zu bauen, machte auch vor Demokratien nicht halt. Kein Beruf hat so viel Autonomie zur Gestaltung seiner inneren Verfassung, und kein Stand hat gleichwohl seine eigenen Arbeitsbedingungen dabei so wenig bedacht wie die Parlamentarier.

Der erstaunliche Gleichklang der Bauten quer durch die Regime ist bei öffentlichen Bauten nicht auf Parlamente beschränkt.
In den Endzwanziger Jahren, als eine neue Monumentalität zur Abkehr von der internationalen Moderne führte, zeigte sich der Zeitgeist in erschreckender Weise. Das Weltausstellungsgelände in Paris 1937 machte es optisch sinnfällig wie nie zuvor: Der sowjetische und der Nazi-Ausstellungsbau fixierten einander unter dem Trocadero in feindseliger Weise mit ähnlichen baulichen Ausdrucksformen. Aber selbst die französische Demokratie ging am Trocadero mit ihren pompösen Ausdrucksmitteln nicht mit gutem Beispiel voran. An Parlamentsbauten läßt sich die These schwer demonstrieren, denn es wurden in jener Zeit kaum Parlamente neu gebaut. Der Parlamentarismus steckte in einer tiefen Krise. Wo es zum Neubau kam, wie bei dem Bau von Sirén in Helsinki (1924-31), kam auch unter den demokratischen Bedingungen in Skandinavien ein monumentaler Klassizismus im Geist der Zeit heraus.[26]
Demokratie, Öffentlichkeit und Parlament: Der Dreiklang ist baulich nur selten harmonisch gelungen. Parlamente versuchten lange, die Öffentlichkeit mehr zu beeindrucken als zu überzeugen. Spektakuläre Bauplätze und historische Formen führten zu Demonstrationen des jeweiligen Nationalgefühls. Erst nach dem Zweiten Weltkrieg wurde nach gelungeneren Verbindungen gesucht. Auch alte parlamentarische Systeme wagten einen Neubau: Norwegen begann mit einer Ausschreibung schon 1948, Nils Holter gewann 1950 den ersten Preis.

22 Fermor-Hesketh, a.a.O., S. 115
23 Craig, a.a.O., S. 24
24 Cullen, Reichstag, a.a.O., S. 247
25 Per Oisang: Norways Parliament. The Storting. Oslo 1962, S. 14
26 Franco Borsi: Die monumentale Ordnung. Architektur in Europa 1929 -1939. Stuttgart 1987
27 Klaus von Beyme: Hauptstadtsuche. Frankfurt am Main 1991, S. 77 ff.
28 Christoph Hackelsberger: 'Architektur des Staates. Demokratie als Bauherr', in: Ingeborg Flagge (Hrsg.): Architektur des Staates. Düsseldorf, Der Minister für Landes- und Stadtentwicklung des Landes Nordrhein-Westfalen, 1984, S. 22-32, hier S. 26
29 Nieuw - en verbouw van de tweedde kamer. Den Haag, o. J.
30 Kolloquium Reichstag. Stenographischer Bericht. Berlin, 14./15. Februar 1992
31 Australias Parliament House. Canberra, Australian Government Publishing Service, 1989, S. 21

Die Bundesrepublik Deutschland mußte besondere Rücksichten auf nationale und internationale Empfindlichkeiten nehmen. Die provisorische Hauptstadt Bonn erleichterte die Entscheidung für frugale Selbstbescheidung in Schwipperts Bau des Bundeshauses.[27] Erstmals hat der Länderparlamentarismus parlamentarische Neubauten erfordert. Zwischen Bremen und Stuttgart wurden einige vertretbare Lösungen gefunden. Je mehr die junge deutsche Demokratie die Phase demokratischer Enthaltsamkeit überwand, desto aufwendiger und umstrittener wurden auch die Parlamentsneubauten. Vor allem der Düsseldorfer Landtag ist scharf kritisiert worden. Parlamentsneubau wurde zum Prüfstein der demokratischen Gesinnung hochstilisiert. Ungerecht wurde die Kritik dort, wo sie von einem allzu lauteren Demokratiebild ausging. Im Reichstag war schon während der Weimarer Republik eine 'Abschmückungskommission' gefordert worden. Das war bei den Neubauten nicht mehr nötig. Der Konflikt bezog sich nun weniger auf das Imponiergehabe der Außenansicht als auf die Gestaltung im Inneren.

Es wurde übersehen, daß ein Parlament eine repräsentative Lobby braucht, auch wenn sich in ihr keine Lobbyisten mehr tummeln, wie einst in Washington. Die Einflußnahme geschieht heute dezenter und vielfach telefonisch. Die USA haben keine Bedenken, ihr Parlament vom Museumsbetrieb bis zum Staatsbürgerkunde-Tourismus zeremoniell zu nutzen. Diese Seite parlamentarischer Arbeit verdient nicht das Verdikt: 'Demokratie als Ferienüberalltag, als Museumsbesuch, als Werksführung.'[28] Das Parlament ist nicht nur gesetzgeberische Werkstatt, sondern es hat auch eine Öffentlichkeitsfunktion. Diese wird am besten in den Hauptstädten ausgeübt, die keine allzu rigiden Bannmeilen kennen.

Parlament, Demokratie und Öffentlichkeit wurden in sehr verschiedenen Lösungen baulich visualisiert. Schweden hat eine relativ hausbackene Lösung im hellen Naturholz-Ikea-Look mit handgewebtem Blickfang versucht; eine bescheidene bürgerliche Demokratie - selbst linke Kritiker hatten nur auszusetzen, daß das Parlament ein Gebäude der 'Bank von Schweden' benutzte. In Systemen mit großer Kontinuität wurde versucht, die Genesis der Legislative als einzigem Juniorpartner der Krone nicht zu vertuschen. Der behutsame Parlamentsbau von De Bruijn, der in ein altes Ensemble in Den Haag eingefügt wurde, versucht parlamentarische Funktionalität und staatliche Repräsentativität zu vereinen.[29] Wo die Einfügung des alten in ein neues Ensemble auf der Tagesordnung steht, wie seit 1991 in Berlin, sind unterschiedliche Lösungen denkbar, an denen in diesem Fall seit 1992 gearbeitet wird.[30] Selbst bei den großen Berliner Brachen kommt jedoch keine Lösung in Frage, wie sie das wohl populärste Parlament der Welt im australischen Canberra realisierte. Eine solche Lösung ist nur in einer neuen Hauptstadt aus einem Guß denkbar. In Australien entstand eine seltene Kombination aus parlamentarischer Funktionalität, aus musealer Repräsentativität und einem Tummelplatz für Volksbelustigungen aller Art.[31] Nachahmbar ist dieses Beispiel kaum. Nur ein Kontinent, der einen Wechsel auf eine große Zukunft vollzieht, kann sich ein so aufwendiges Gebäude leisten. In den meisten Hauptstädten fehlt das Klima für einen so heiteren Bau. Die freundliche Langeweile einer künstlichen Hauptstadt wie Canberra, die dem Besucher sonst wenig Urbanität zu bieten hat, mag dazu beigetragen haben, daß die Parlamentarier beim Neubau ihres Parlaments, der das alte Gebäude zu seinen Füßen durch seine Proportionen zur kolonialen Hütte degradiert, sich so unmittelbar für das Wohlergehen der Hauptstadtbesucher in allen Bereichen verantwortlich fühlten. Das australische Beispiel kann allenfalls als Beleg dafür zitiert werden, daß ein repräsentativer Großbau nicht schon Zweifel an der demokratischen Gesinnung des Landes rechtfertigt.

Die Kammer des Schwedischen Reichstags in Stockholm, eingeweiht 1983

Pi de Bruijn
Neubau des Parlaments am Binnenhof in Den Haag, eingeweiht 1992

Mitchel/Giurgola/Thorp
Neubau des australischen
Parlaments in Canberra,
eingeweiht 1988

Resümee: Demokratie und Repräsentation

Demokratie und Repräsentation haben sich in der Geschichte des Parlamentsbaus nicht ausgeschlossen. Es gibt wenig Grund zur Bescheidenheit bei Parlamenten in einer Zeit, in der sich als einzige Regierungsform die parlamentarische Demokratie als überlebensfähig erwiesen hat.
'Man kann keine große Politik ohne große Architektur machen'[32], hat Präsident Mitterand einmal gesagt. An diesem Bonmot sind Zweifel erlaubt. Große Politik und große Architektur können im Gleichklang verwirklicht werden, und dennoch deplaziert wirken. Frankreich hat für fehlgeleitete Grandeur in Politik und Städtebau Beispiele geboten. Architektonisch etwa in La Défense. Aber es zeigte sich gerade dort, daß ein solches Mammutprojekt nur noch in Kooperation mit privaten Investoren möglich ist und staatlicher Gestaltungswille bald von diesen überfremdet zu werden droht.[33] Richtig an Mitterands Wort ist jedoch, daß große und kleine Staaten 'große Politik' immer wieder auch durch große Architektur zu demonstrieren suchen.
Demokratische Staaten sind in dem Drang nach Selbstdarstellung jedoch zunehmend bescheidener geworden. Schon in der römischen Antike wurden in einem gesellschaftlichen Auflösungsprozeß am Ende der Republik exzessive Formen der Selbstdarstellung hervorgebracht, bei denen Form und Botschaft in einem grotesken Mißverhältnis standen.[34] Die 'sanfte' Diktatur des Augustus versuchte in der Architektur der Zeit, Form und soziale Botschaft wieder stärker zur Deckung zu bringen. Die moderne Demokratie ist gegen solche cäsaristischen Auswege gefeit. Sie hat gelernt, mit der exzessiven Selbstdarstellung von privaten Personen und Firmen zu leben. Der staatliche Selbstdarstellungsdrang ist auf Nischen im Städtebau zurückgeworfen, jedenfalls in den alten, dichtbesiedelten Ländern Europas.
Aber das bedeutet nicht, daß der Staat keine Steuerungsfähigkeit mehr besäße. Neben der Neugestaltung des Potsdamer Platzes, die von der Zentrale ungesteuert vor sich geht, entsteht eine Neugestaltung im Spreebogen, bei der auch die Bundesregierung Entscheidungsmöglichkeiten hat. Der utopische Traum vom 'Bauherrn' im alten barocken Sinn ist ausgeträumt. Aber gerade bei öffentlichen Bauten, und vor allem im Parlamentsbau, sollte kein so kleinkariertes Demokratiemodell angelegt werden, um der öffentlichen Hand jede Möglichkeit zu nehmen, Demokratie und Öffentlichkeit sinnfällig zu visualisieren. Moderne Parlamentsbauten von Den Haag bis Canberra haben gezeigt, daß eine großzügige Architektur im Parlamentsbau möglich ist. Gerade den Deutschen hat man vielfach einen vergeistigten Verfassungspatriotismus verordnet. Diese etwas erlebnisferne Kategorie muß durch einen öffentlichkeitsfreundlichen Parlamentspatriotismus ergänzt werden, der auch optische Qualitäten durchaus einsetzen darf.

32 Zitiert in: Geo Special. Hamburg, 17. April 1986, S. 13
33 Paris La Défense. Metropole européenne des affaires. Paris, Moniteur, 1987, S. 10
34 Paul Zanker: Augustus und die Macht der Bilder. München 1987, S. 27

Ulrich Conrads

Öffentlich planen

Annäherung an eine Utopie

**Ich habe gewußt, daß Städte gebaut wurden.
Ich bin nicht hingefahren.**

**Das gehört in die Statistik,
dachte ich,
Nicht in die Geschichte.**

**Was sind schon Städte, gebaut
Ohne die Weisheit des Volkes?**

Bertolt Brecht, 1953

Leicht ließe sich das, was hier zu bedenken und zu berichten ist, zu einer ähnlich überraschend unterhaltsamen Farce ausspinnen, wie sie Reinhard Lettau vor langen Jahren schon den 'Schwierigkeiten beim Häuserbauen' abgewonnen hat. Am Ende sah sich der Architekt selbst für alle Zeit eingemauert. Das kann dem Städteplaner, von dessen Arbeit im folgenden die Rede sein soll, nicht passieren. Ein Westberliner Bausenator sah vielmehr in den sechziger Jahren über dem von ihm geplanten Abzweig- und gleichzeitig Umsteigebahnhof zweier neuer U-Bahn-Linien im unzulänglich erschlossenen Süden der Stadt ein Hochhaus wachsen. Schwarz in der Erscheinung, schwarz auch im Sinne wohlbedachter, vernünftiger Planung. Es handelte sich da um einen Privatbau auf öffentlichem Grund, mit Steuergeldern gefördert, dann mit ebensolchen Geldern vom Stadtbezirk zu einem großen Teil gemietet, schließlich nach Konkurs der Hochhausarchitektin und zugleich Eigentümerin wiederum auf Kosten der öffentlichen Hand für einen Spottpreis in die Hand eines stadtbekannten Investors übergeführt. Das in jeder Hinsicht scheußliche Hochhausmonstrum wurde, noch ehe es den vom Land Berlin zu bauenden Substruktionen in Gestalt des U-Bahnhofs aufsaß, mit der liebenswürdigen Bezeichnung 'Steglitzer Kreisel' versehen. Gedrehter Grundriß, Verkehrsanlage, Kinderspiel?

In der Tat ging ein Spiel voraus. Es war alles andere als harmlos. Die bereits stadtbekannt clevere Inhaberin einer zahlenmäßig potenten Architekturfirma bekam Wind davon, daß der Fiskus still und schweigend Grundstücke für die neuen U-Bahn-Trassen zusammenkaufte, soweit diese nicht unter Straßenland geführt werden konnten. Die Architektin kaufte augenblicks mit leichter Hand zu überhöhtem Preis eines jener Grundstücke, unter dem der Verzweigebahnhof gebaut werden mußte. Der Fiskus konnte sein Vorkaufsrecht nicht wahrnehmen; und schon gar nicht war es ihm erlaubt, nach Abwicklung des Verkaufs von Privat an Privat die Preisvorstellungen der neuen Besitzerin zu akzeptieren. Diese schlug daraufhin einen schlagenden Deal vor: Der Senat möge nach Belieben und Notwendigkeit unterirdisch für seine U-Bahn graben und bauen, falls er es ihr, der Architektin und Bauunternehmerin, gestatte, über der Ebene 0.0 ein Warenhaus mit einem daraus aufschießenden Büroturm zu errichten; in dieses Gebäude könnten per Lizenz unten auch Busse der BVG ein- und ausfahren. Der Senat beschloß, sich erpressen zu lassen. Wer wird auch gleich enteignen?
Und dazu noch einen, so erschien das damals, potenten Investor! Vor allem aber: Das Enteignungsverfahren hätte schätzungsweise zwei Jahre Aufschub des längst begonnenen U-Bahnbaus bedeutet. So wurde denn die Sache planlos nach Plan zu ihrem bitteren Ende gebracht, zum Schaden der Stadtgegend, des Stadtbildes, zum Schaden der Verkehrsführung, insbesondere der Fußgänger, schließlich zum großen Schaden der Stadtkasse.

Schlußpointe: Der U-Bahnhof, der auf einen Abzweig hin ausgelegt wurde, ist noch heute Endstation der U 9.
Wer nun annimmt, dieser Vorgang sei im entscheidenden Stadium lautlos und schweigend, für die Stadtbürger verdeckt und ohne Öffentlichkeit verlaufen, irrt. Wer nur wollte, der konnte hören und lesen, zuerst vom Erpressungsversuch, dann von dessen vollem Erfolg. Nur sehen konnte man nichts. Es war eben noch nichts zu sehen, es sei denn, man sah die Pläne ein: die der U-Bahn-Planer und die der 'Kreisel'-Architektin. Wir mußten, und zwar genau zur Zeit des Erwachens von Bürgerinitiativen, die herbe Erfahrung machen: Was nicht zu sehen ist in Stadtplanung und Städtebau, kann keine Stadtöffentlichkeit gewinnen, kann kein Stadtgespräch provozieren. Weder die Plan-Lesekundigkeit noch das räumlich-plastische Vorstellungsvermögen der nicht fachlich vorgebildeten Bürger reichen aus, Segnungen und Bedrohungen zu unterscheiden, geschweige denn die Folgen abzuschätzen.
Diese Erfahrung ist so aktuell wie vor Jahrzehnten. Sie ist gerade in Berlin wieder überaus aktuell, wie jüngst das Beispiel des Planungswettbewerbs 'Potsdamer Platz' gezeigt hat. Die Wettbewerbssieger kamen mit ihrem - sozusagen in Reinkultur dargebotenen - Modell der Baumassen und deren Ordnung und Verteilung nicht an, während das bereits auf 'Architektur' getrimmte, außer Konkurrenz mit geradezu hochstaplerischen Mitteln dotierte Modell, das einer der Großinvestoren vorführen ließ, sogleich auf Gefallen stieß.

Schon war da ja was zu sehen, schon war da 'Geschmack' angesprochen. Den hat bekanntlich ein jeder. Auch die Politiker der Stadt wußten nicht recht zu unterscheiden. Auch sie suchten, wo nur ein Schema, ein Rahmen, wo nur Abmessungen und Grenzen, positive und negative Volumina des hier zu vollziehenden Städtebaus darzustellen waren, nach Baugestaltung und Architektur. Obschon mit dem Wettbewerb noch nicht einmal nach städtebaulichen Details gefragt war.
Aus diesen Erfahrungen sind nun endlich die Lehren zu ziehen, so verbindlich wie allgemein. Wir müssen uns eingestehen, daß es - ungeachtet aller Versuche, den direkt oder auch indirekt von Planung Betroffenen eine Mitsprache, ein Mitwirken bei den Planungsschritten einzuräumen - eine schöne Utopie ist und bleibt, wirklich öffentlich zu planen. Wenigstens solange, wie wir es nicht fertigbringen, unsere eigenen, subjektiven Erfahrungen beim Planen unserer individuellen Lebensverhältnisse auf das Ganze, in diesem Fall das Stadtganze zu projizieren. Es geht um die Herstellung von Urteilsfähigkeit in Fragen öffentlicher Belange. Und die sind, je mehr die Fortschritte der Informatik das Leben in eine Folge abstrakter Vorgänge verwandeln - zu verwandeln scheinen -, immer weniger leicht erfaßbar und durchschaubar.
Doch wüßte denn jemand ohne weiteres zu sagen, er durchschaue das komplexe Wesen, das er selbst ist? Kann ich das von mir sagen, obschon ich behaupten kann, noch alle fünf Sinne beisammen zu haben, und ein bißchen auch vom sechsten?

Aber ich vertraue den mir innewohnenden Erfahrungen als meinem einzig sicheren Wissen, meinen einzig sicheren Erfahrungen. Ich verlasse mich auf sie. Und weder besondere Umstände, noch neue Einsichten, weder augenblickliche Überzeugungen noch vernünftiges Räsonnement können, so sehr ich es auch selbst wünschen mag, dieses Wissen und diese Erfahrungen entkräften. Ich weiß, wo ich mich wohlfühle. Ich weiß, was für mich unzuträglich ist. Ich weiß, wie und wo ich leben kann, wo ich auflebe. Und ich weiß, unter welchen Voraussetzungen mich Lähmung überfällt. Ich weiß, was mich angeht und was nicht. Schließlich weiß ich, daß auch ich ein planendes Wesen bin.
Dauernd formuliere ich Vorsätze und bin dauernd in vorsätzlichem Tun befangen. Fortlaufend setze ich mir Ziele, die ich nur durch planvolles Handeln erreichen kann. Dabei handle ich mir neue Erfahrungen zu den alten ein. Wenn ich mich aus solchen individuellen Erfahrungen indessen selbst zurückziehe, mich sozusagen selbst entferne, nehmen sie möglicherweise oft die Form von Allgemeinplätzen an. Die sind der Öffentlichkeit zugänglich. Aber interessiert das? Interessiert es, daß einer seinen Erfahrungen mit dem Planen auf den Grund geht und feststellt so wie es ihm in den Kopf kommt:

Je spontaner ein Vorsatz erfaßt ist, um so leichter ist er durchzuhalten. Umgekehrt: Je notwendiger es ist, sich einen Plan zu machen, um so schwerer oder wenigstens lästiger ist er zu befolgen.

Ein spontan gefaßter Vorsatz setzt voraus, daß man an ihm scheitern kann; er setzt weiter voraus, daß man das Scheitern ertragen kann. Die Risiken der Selbstgefährdung oder gar Selbstvernichtung wiegen gering. Anders die von Notwendigkeiten bestimmte, von Umständen erzwungene Planung: Sie muß auf Nummer sicher gehen. Ihr Scheitern kann die Katastrophe herbeiführen.

Für dieses 'ernsthafte' Planen bedeutet Unvorhergesehenes, Nicht-Vorherzusehendes oft die Rettung. Es gibt die Chance, den Plan zu revidieren, ehe er sich totläuft, das heißt sich in der Erstarrung selbst vernichtet. Ist hingegen ein Ziel spontan ins Auge gefaßt und kommt etwas Unvorhergesehenes dazwischen, so gibt es in der Regel keine Revision. Der Plan ist kaputt. Man trägt es mit Fassung, doch resigniert für dieses Mal und in diesem Punkt.

Niemand plant gegen sich selbst. Auch Selbstmord ist eine Planung zu des Selbstmörders Gunsten.

Jeglicher Plan weicht auf 'weiche' Stellen aus, auf das Ungefestigte, das Veränderbare, auf das noch Formbare. Er greift Erstarrtes, Verharztes von den Rändern her an. Planung ist reformatorisch, nicht revolutionär. Sie stellt die Identität nicht in Frage. Revolutionäre planen nicht, es sei denn die Revolution.

Viele Leitungen ohne
Anschluß

Planen erzeugt Unsicherheit. Es wirft von Mal zu Mal die Frage nach dem Sinn des Handelns auf. Jeder Planende setzt sich dem Verdacht aus, daß er planvoll Sinnloses tut. Man kann planend sinnlos Lebenszeit vernichten.

Planen ist - zum Zweck der Selbstbewahrung, des Selbstschutzes - der Selbstgefälligkeit verschwistert. Von Selbstgefälligkeit aber ist es nur noch ein Schritt zur Figur des Usurpators. Der Planer als Usurpator ist der erste, den wir beim Versuch demokratischen Planens antreffen. Er sitzt nämlich in uns drin.

Wenn demokratisch planen öffentlich planen heißt, dann ist es nur scheinbar das Gegenteil von: hinter verschlossenen Türen planen. Auch offene Türen stellen noch lange keine Öffentlichkeit her. Durch die offenen Türen sieht man Leute, die komplizierte Tabellen schreiben, Rechner mit Zahlen füttern, alle möglichen Entwicklungen in Kurven umsetzen, Bestandsaufnahmen kartieren, mit farbigen Filzstiften amöbenförmige Figuren auf die Stadtkarte auftragen. Und die alles übereinander zeichnen: Verkehrsdichte, Lärmmessungen, Bodengüten, topographische Daten, Grundstücksbesitz, Nutzungen, Alter der Bebauung, kurz, alle möglichen Zustände, welche die Stadtentwicklung betreffen. Nichts davon ist auf Anhieb lesbar. Das meiste ist überhaupt für die meisten nicht lesbar. Die Planer können es getrost zu Markte tragen. Es wird darum um keinen Deut öffentlicher. Obschon die Auswirkungen der Zustände, die da behandelt werden, in der Regel längst von den Bürgern erfahren wurden.

Martin Munkasci,
Skiläufer, 1930.
Anfänger auf abschüssigem
Terrain

Es nutzt wenig oder nichts, daß die Planer erklären, wie sie vorgehen. Schon ihr erstes Problem: das Planen aufgrund ungenauer und unzureichender Daten, entzieht sich öffentlicher Einsicht. Die Öffentlichkeit ist kein Seminar über Wahrscheinlichkeitsrechnung und Statistik. Auch der nächste Schritt: die Umwandlung der Daten aller möglichen Zustände, auf denen Stadtentwicklung zum Beispiel gründet und von denen also auch alle Entwicklungsplanung ausgehen muß - auch die Umwandlung dieser Daten in Strukturpläne ist, auch wenn sie auf offenem Markt vonstatten geht, für die Öffentlichkeit ohne jeden Effekt. Kaum ein Bürger wird hinsehen, geschweige denn verstehen. Unter seinen Augen aber ist da die entscheidende Interpretation vorgefundener Wirklichkeit auf ihre mögliche Entwicklung hin bereits geschehen. Die Würfel sind schon gefallen. Ohne daß er es merkte, ohne daß er das Ergebnis ablesen konnte. Der Rest ist Ausführung, sind Fragen des weiteren Vorgehens und der Realisierungsverfahren.

An dem Tag, an dem das Modell der Planung jedermann verständlich geworden ist, also die Mitsprache aller ermöglicht, ist der Zug schon abgefahren. Man kann ihn nur noch anhalten, was in vielen Fällen heißt: bisherige Planungsanstrengungen zunichte machen.
Fazit: Öffentlich planen ist eine schöne Fiktion, wenn mehr damit gemeint ist als die kritische Diskussion von Planungsergebnissen. Ein solches Ergebnis, das der öffentlichen Diskussion zugänglich wäre, ist erst jener Plan, der, wie er auch heiße, unmittelbar in räumliche und bauliche Wirklichkeit umgesetzt werden kann.

In diesem greifbaren, faßlichen Rahmen bewegten sich denn auch bislang die Bürgerinitiativen. Ihre Proteste, Einwände, Vorschläge entzündeten sich sämtlich an Ergebnissen von Planung und an einer bereits sichtbar werdenden Entwicklung; oder an den von diesen Entwicklungen ausgelösten, von jedermann einzusehenden Bedrohungen unserer physischen Umwelt. Die Liste ist lang und vielgestaltig: stadtzerstörende Straßendurchbrüche und Autobahntrassen, Vernichtung gewachsener Orte, Aushöhlung von Altstadtkernen, Abriß denkmalwerter Bausubstanz, Beseitigung charakteristischer Quartiere, Errichtung maßstabfremder Großbauten, Kahlschläge aller erdenklichen Art, Änderung von Nutzungen, Umwidmung von Wohnquartieren, Austreibung der ansässigen Bevölkerung, Nichtachtung der Bedürfnisse von Minderheiten, todbringende Gefahren für Kinder und alte Menschen, Fehlen von Spielplätzen und Spielraum, Wohnungen als Menschenverpackung, Ausbeutung von Mietern, Profitgewinn aus Notlagen, Planierung von Gartenland, Einschlag alter Alleen, Dezimierung innerstädtischer Parks, Waldfrevel, Vernachlässigung des öffentlichen Verkehrs wie überhaupt von Bauten und Einrichtungen, von deren Existenz die Bildung eines sozialen Unterbaus abhängig ist. Bei alledem und noch bei einigem mehr haben die Bürger kritisch mitzureden.

Das aber heißt, es müssen neue Formen der Kontrolle von Planung her, bevor die Planung handgreifliche Ergebnisse zeitigt, die, wie wir gesehen haben, erst die kritische Mitsprache, die Gegenwehr der Betroffenen erlauben.

Doch wie das öffentliche Planen ein Unding ist, kann auch die Kritik des Planens nicht öffentlich sein im Sinne einer Mitsprache aller. Auch sie, die Planungskritik, muß delegiert werden, soll sie rechtzeitig in den Planungsprozeß eingreifen und Änderungen, Korrekturen bewirken. Es müssen sachkundige, doch alles andere als betriebsblinde Beobachter bestimmt werden, etwa als Beiräte. Deren Arbeit ist zu honorieren. Planungskritik an die politischen Parteien zu delegieren, hieße allerdings den Bock zum Gärtner machen. Der schmale Rest von Selbstverwaltung, den das Staatswesen eines engbesiedelten, hochindustrialisierten Landes den Gemeinden noch einräumen kann, ist kein Spielraum für Parteiprogramme. Diese Programme sind auf der Ebene, auf der kommunale, und das heißt lokale Entscheidungen getroffen werden, bloße Leerformeln und für keines der Probleme, die dort anstehen, relevant. Hier hilft, so scheint mir, außer den genannten Beiräten nur das Instrument des Referendums, das die Stadtbürger allesamt handhaben sollen, wenn es ihnen notwendig erscheint. Ohne Voranfrage. Es muß ein Instrument sein, das die gewählte Vertretung der Bürgerschaft ebenso wie die Verwaltung und die von ihr beauftragten Planer zwingt, augenblicklich Rede und Antwort zu stehen, jede Phase der Planung öffentlich zu verantworten, jedes Planungsziel mit offenen Argumenten zu verteidigen und auch Abstimmungsniederlagen zu akzeptieren. Nicht nur alle vier oder fünf Jahre.

Ob bei solchen Verfahren allerdings die Weisheit des Volkes, von der Bert Brecht sprach, sichtbar wird, wage ich zu bezweifeln. Soweit ich sehen kann, ist diese Weisheit in keiner Stadt der Welt am Werk.

Demokratie als Bauherr

Vortrag in der Akademie der Künste Berlin 1960

Adolf Arndt spricht
im Bundestag.

Ich verstehe das Thema als Stichwort für das Problem, ob die demokratische Gestalt des Gemeinwesens sich als eine Besonderheit auf das Bauen auswirken, ob das Bauen in der Demokratie andersartig sein müsse als innerhalb einer nichtdemokratischen Ordnung, sei sie autoritär oder totalitär oder wie auch immer. In diesem Rahmen wird erst in zweiter Linie die vielleicht zunächst gemeinte Einzelfrage auftauchen, ob sich Grundsätze und Forderungen aufstellen lassen, wie sich die Sachwalter der öffentlichen Hand, die Ämter, dem Bauen gegenüber zu verhalten haben, um in ihrem Verfahren demokratisch glaubwürdig zu sein. Die auf den ersten Blick vielleicht erstaunliche Frage, ob man das Bauen politisch von den Prinzipien der Demokratie her betrachten dürfe, erweist sich geschichtlich als berechtigt, wenn man sich erinnert, daß ursprünglich und über die Jahre hinweg die Lehre vom Bauen keine selbständige Disziplin war, sondern das Wissen um das Bauen sich in die universal verstandene Staatswissenschaft im Sinne eines Wissens um das Politische eingliederte. Diese vom Zerfall noch nicht erholte Wissenschaft, heute sagt man politische Wissenschaft, hat, zur Beruhigung der Baumeister unter uns sei es gesagt, noch nicht gewagt, die Wissenschaft vom Bauen wieder in den Bereich ihres Denkens einzubeziehen, sondern es waren bemerkenswerterweise Lehrer des Bauens, die das Politische ihres Wirkens neu entdeckten.

Hugo Häring[1] nannte sein Bekenntnis zum neuen Bauen nicht erst 1952 ein auch politisches Bekenntnis, sondern gehörte schon ein Menschenalter zuvor der politisch akzentuierten 'Novembergruppe' an. Nach seiner Erkenntnis gilt die Frage nach dem Geheimnis der Gestalt nicht nur der Gestalt unserer Häuser, sie gilt der Gestalt des geistigen Menschen, dem auch die Arbeit an der Gestalt der politischen Gemeinschaft mit aufgetragen ist. Am Beginn eines Wandels im Bauen steht deshalb die von Van de Velde erhobene Forderung nach einer 'révolte morale', die den Baumeister vor die soziale Frage stellte und ihn aus einem Aufstand des Gewissens zum Kampf gegen das Lebensunwürdige der Proletarierunterkünfte aufrief, dann zum Ringen um die Arbeitsräume bis hin zur Erneuerung des Städtebaus. Im Kreise der Baumeister selber also ist eine Rückbesinnung auf das Politische ihres Wirkens zu beobachten, gestoßen vom Erschrecken über den Gesichtsverlust menschlichen Siedelns.

Wie war es möglich geworden, daß die Städte aus individuellen Eigenheiten zur ungegliederten Anhäufung von Menschenstaub herabsanken? Bis zu den Anfängen des industriellen Zeitalters ordnet sich die Stadt um die Spannung zwischen einer zweifachen Mitte, den beiden ranghöchsten Sakral- und Profanbauten, zumeist Münster und Rathaus, die um sich Raum wachsen ließen. In den Übergang zwischen dieser doppelpoligen Hierarchie und den Zerfall ins Gestaltlose der entstehenden Fabrikmasse schiebt sich die geometrische Gewaltsamkeit absoluten Herrschertums, das seine Dominanz linear der als Gegenstand bewältigten Erde aufzwang, indem es seine Straßen und Perspektiven als 'Achsen' in die Landschaft schnitt und selbst noch die Pflanzen zu geometrischen Formen stutzte. Es bedarf an dieser Stelle noch keines Eingehens auf die später zu erörternde Bedeutung, zu der in unserer Zeit totalitäre Diktaturen das Bauen handhaben.

Die geschichtlichen Hinweise werden gezeigt haben, daß es gerechtfertigt ist, sich aus politischer Sicht dem Bauen zuzuwenden, und daß die Frage nach dem Demokratischen im Bauen nicht ohne Sinn ist. Ja, diese Frage drängt sich bei uns in Deutschland aus der Beobachtung auf, daß die Weimarer Zeit - die ich damit nicht kränken möchte, ich halte sie für eine sehr bedeutende Zeit -, soweit es um die öffentliche Hand geht, eine Unfruchtbarkeit im Bauen doch nicht verkennen läßt. Es hat sich geradezu das Vorurteil festgefressen, daß Demokratie etwas Anonymes, ja geradezu etwas Amusisches sei, unfähig, sich im öffentlichen Bauen darzustellen und im Bauen ihr Ethos sichtbar zu machen. Gewiß, in der Weimarer Zeit sind Sozialbauten geschaffen worden - Wohnsiedlungen, Altersheime -, die noch heute vorbildlich sind. Auch finden sich beachtliche Ansätze im Schulbau, um die Baugestalt des Erziehungsraumes menschlicher, zugänglicher werden zu lassen. Aus politischer Sicht habe ich jedoch den Eindruck, daß die vom Bauhaus beeinflußten Baumeister sich in besonderem Maße dem Industriebau zuwandten. Es wäre der Prüfung wert, wie damals der Arbeitsraum beginnt, menschlicher und dadurch wohnlicher zu werden, während gleichzeitig, überspitzt gesagt, im öffentlichen Amtsbau ein Zug zur Formularfabrik sich abzuzeichnen beginnt. Überdenkt man aber, ob und was damals das Reich im eigenen Bauen, im reichseigenen Bauen, leistete, so wüßte ich alleine den im Auftrage der Reichsregierung durch Mies van der Rohe in Barcelona errichteten Pavillon, der übrigens, wenn ich recht unterrichtet bin, jetzt noch immer seines Wiederaufbaus harrt.

1 Hugo Häring, Vom neuen Bauen, herausgegeben von Heinrich Lauterbach, Reihe 'Anmerkungen zur Zeit' der Akademie der Künste, Heft 3, Berlin 1957

Der Zweifel am Beruf der Demokratie zum Bauen ist auch heute noch kaum behoben, obgleich in diesem Jahr der Bund Deutscher Architekten und der Deutsche Architekten- und Ingenieurverband ein reich bebildertes Sammelwerk 'Planen und Bauen im neuen Deutschland'[2] vorlegen konnten, dessen Durchsicht den Wunsch weckt, die Vielzahl und Vielgestalt der im letzten Jahrzehnt bei uns errichteten Bauten zu begehen und zu umwandern. In seinem Geleitwort schreibt Theodor Heuss, daß hinter der Feststellung 'Deutschland baut auf' die Frage lauere: 'aber wie?' und die offene Antwort sein dürfte: 'Hier großartig, dort fragwürdig.' Bedenklich ist, daß in den vielen sach- und fachkundigen Beiträgen aus, wie man sagt, berufener Feder, nicht ein einziges Mal die Frage auftaucht: Verkörpert sich in diesen Bauten etwas vom Geist der Demokratie, etwas vom politischen Neuverständnis des Menschen, seiner Gemeinschaft und seiner Freiheit? Im Gegenteil resigniert der Leiter der Bundesbaudirektion in seinem Beitrag zu dem Eingeständnis, Bauherr unserer Tage sei der anonyme Auftraggeber, in Wahrheit überhaupt kein 'Herr' mehr wie einst der geistliche oder weltliche Fürst oder der bürgerliche Mäzen, und das Bauen sei Diener vielseitiger Baubedürfnisse. Ich weiß nicht, welche dieser Bauten Theodor Heuss als fragwürdig einschätzt; er hat sich weise versagt, Zensuren auszuteilen, und mir noch mehr ziemt dabei Bescheidenheit. Aus politischer Sicht wird es jedoch des Nachdenkens wert sein, worin das Fragwürdige der Demokratie in ihrer Beziehung zum Bauen sich finden könnte. Denn erst aus dem Einblick in ihre Schwächen wird es möglich werden, zu der Prüfung vorzuschreiten, ob und wo ihre Kraft gesucht werden kann. Ich meine, daß sich die demokratische Gestalt eines Gemeinwesens auch durch ein besonderes Verhältnis zum 'Phänomen der Zeit' kennzeichnet und sie in die Gefahr der Kurzatmigkeit bringen kann.

'Bauen heißt Wohnen, und Wohnen heißt Bleiben' hat Martin Heidegger im Darmstädter Gespräch 1951 über 'Mensch und Raum' gesagt.[3] Neigt aber nicht das demokratische Regime zum Wechsel im Einfluß seiner wetteifernden Gruppen und zur Verkürzung des Blicks auf das Tagtägliche? Ja, lebt es nicht immer noch zu sehr von der Hand in den Mund, während die Kirche in Jahrhunderten denkt, die Dynastie in Generationen und der Diktator sich seine Endgültigkeit einbildet? Die Kirche glaubt an die Verheißung ihrer Dauer, und die weltlichen Herrscher begehren es und wünschen sich die Verewigung im Stein und suchen im Bau Ausdruck ihres Überlegenseins durch eine Rangordnung. Das demokratische Regime steht um seiner Freiheitlichkeit willen dem Wandel offen, und die Kurzfristigkeit ihres Rufes in ein politisches Amt droht keine Zeit zu Entwürfen zu lassen, deren Verwirklichung über die nächste Wahl hinausreicht. Diese Schwäche werden wir nur heilen, wenn wir sie kennen, wenn wir ganz offen darüber reden. Wir werden sie nicht ersatzweise dadurch meistern, daß bei uns die Bürokratie beharrlicher zu sein pflegt, als es bisher die Verfassungen waren. Sollte es uns nicht Sorge bereiten, daß einstweilen öffentliche Bauten überwiegend 'Bauten von Behörden für Behörden' sind und vielleicht zu jenen, die nach den Worten von Heuss als fragwürdig in Betracht kommen, solche zu zählen sind, die als 'einzementierte Bürokratie' erscheinen?

Aber ich bitte, mich nicht mißzuverstehen. Nichts liegt mir ferner, als einer dummen, wenn auch beliebten und stets beifallsicheren, aber antiquierten und romantisierenden Abneigung gegen die Verwaltung nachzugeben. Der soziale demokratische Staat mit seiner notwendig auf Daseinsvorsorge gerichteten Leistungsverwaltung in der arbeitsgeteilten industriellen Gesellschaft mit ihren strukturbedingten Abhängigkeiten hat wesensgemäß mehr Aufgaben und rechtfertigt mehr Ämter als vor ihm andersartige Staatsgebilde mit anderen gesellschaftlichen Verhältnissen. Es geht nicht um die Zahl der Verwaltungsbauten, sondern um ihre von innen her politisch aufgefaßte Gestalt und ihren Geist. Es handelt sich darum, ob innerhalb der Gehäuse der Mensch als Publikum auf den Flur verwiesen ist und ob die Gehäuse nach außen hin eine ermüdende Fensterwand hochmütig abweisender Gleichgültigkeit zur Schau tragen. Das ist keine Frage des Baugewandes oder der vermeintlichen Sachlichkeit der Baustoffe; man kann Langweiligkeit auch modisch auf das Allerneueste aus Stahl und Glas aufführen.

2 Planen und Bauen im neuen Deutschland, Köln und Opladen 1960

3 Mensch und Raum, hrsg. von Otto Bartning, Darmstadt 1952

In Wahrheit stehen wir vor dem Problem, ob das öffentliche oder öffentlich geförderte Bauen als selbstherrliche Verwaltungsaufgabe gehandhabt wird, deren Bauherr die verselbständigte Verwaltung ist, oder ob nach einer von Heinrich Lauterbach[4] erhobenen Forderung Bauherr der öffentlichen Bauten das souveräne Volk sein muß und sein kann. Ist das nicht utopisch? Oder schlechterdings eine leblose Illusion: 'das souveräne Volk als Bauherr', wie Lauterbach sagt. Um eine Klärung zu versuchen, was an dieser Forderung Ideologie und was daran mögliche Wirklichkeit ist, kehre ich noch einmal zu meiner Ausgangsbetrachtung der Beziehung zwischen Demokratie und Zeit zurück. Da Bauen ein Bleiben will oder nach einem anderen Worte Heideggers ein Stiften und Fügen von Räumen, ist bei den verschiedenen Arten einer politischen Herrschaft über das Volk ablesbar, wer zu bleiben entschlossen ist, was bleiben soll und daß die Räume, die dazu gefügt werden, auch geistige Räume oder Räume des Ungeistes sind, Distanzen, die nicht nur durch die Abstufung eines Ranges das Herrschen verkörpern, sondern auch ein Mittel des Beherrschens sind. Die Spiegel in Versailles setzen nicht nur einen perspektivischen Illusionsraum, sondern sie wirkten auch durch den Zauber der Unendlichkeit, die sich die Obrigkeit zusprach.

4 Heinrich Lauterbach, in: Der Architekt, 1958, Heft 2, S. 56 ff.

Hinter dem Streit der Baufachleute, ob die Form der Funktion zu folgen hat, um wahr und schön zu werden, oder ob es der Auftrag des Architekten ist, von der reinen Form her die Aufgabe zu überformen, vermute ich aus politischer Sicht eine irrige Alternative, einen nicht echten Dualismus. Denn die politische Betrachtung zeigt, daß die Form funktionieren kann, ja, daß eine unerhörte Beeinflussung mittels der Form oder sogar der Unförmigkeit des Bauens möglich ist und geübt wird. Weil aller durch Bauen gefügte Raum nicht mathematisch euklidischer Raum ist, nicht bloß gedachte Figur, sondern gewordener und begehbarer Zeit-Raum, geschichtlicher Raum, hat solcher Raum Richtungen[5] und kann bei den Menschen etwas ausrichten. So gibt es politisch einen totalitären Raum, der nicht dem Menschen etwas ausrichtet, sondern der, in der Sprache der Unmenschlichkeit zu reden, den Menschen ausrichtet.

5 Vgl. Richard Neutra, Wenn wir weiterleben wollen, Hamburg 1956

Im Sinne dieser Richtungen ist es weder ein Zufall, daß die Geheimpolizei unten im Keller sich betätigt, noch daß Kasernen mancherorts oben überhalb des Ortes sich erheben. Mit der Dynamik des Raumes, der niemals zeitlos statisch stillsteht, sondern körperlich und geistig begangen wird, läßt es sich bewerkstelligen, den Menschen anzusprechen. Dies geschieht mittels des totalitären Raumes gezielt auf unbewußt emotionale Reaktion. Die Agora der attischen Demokratie oder das Forum des demokratischen Rom waren kaum geeignet, um Staatsfeinde den wilden Tieren vorzuwerfen, aber das Kolosseum, weil mit dem Kolossalen, dem Monströsen, dem Überdimensionierten ein Mensch zum Pawlowschen Hund gemacht werden kann, der emotional und unbewußt mit Reflexen auf Reize reagiert. Die Machthaber spürten oder wußten zu allen Zeiten, daß es möglich ist, durch den Raumreiz Dominanten im menschlichen Erleben hervorzubringen, das heißt sein Denken dadurch zu verführen, daß bloß die eine Empfindung oder ein Bündel bestimmter Gefühle mit ganzer Kraft aufgeladen werden, während es die Rückwirkung jeder derartigen Dominanz ist, die übrigen dem Menschen innewohnenden Energien einzuschläfern. Die drohende Riesigkeit eines Bauwerks, das Leere eines gewaltigen Aufmarschgeländes, die Ermüdung durch die Eintönigkeit einer endlosen Straße, einer Achse, können den Menschen aus dem Gleichgewicht bringen und sollen es nach dem Wunsch der Machthaber, die einen im durchbohrenden Gefühl seines Nichts machbaren Menschen brauchen. Der in seinem Gleichgewicht gestörte Mensch wird friedlos; er wird vom umbauten Raum nicht eingefriedet, sondern preisgegeben. Der Mensch, der sich so verliert, ist nicht frei, sondern nur losgelöst und sich seiner nicht mehr bewußt und darum ideologisierbar.
Es ist keine Spielerei, kein bloßer Zierat, daß Berlin durch Herrn Düttmann die Ost-West-Achse am Ernst-Reuter-Platz durch Wasserkünste unterbrochen hat; denn das Bestehenlassen einer Achse wäre das Bestehenlassen einer solchen Straße der Verführung. Albert Schweitzer soll einmal, wie Lauterbach berichtet - ohne 'Marxist' zu sein, von Denkansätzen, die Karl Marx entsprechen -, geäußert haben, daß erst Menschen Häuser bauen und dann Häuser Menschen bauen. Hier zeigt sich eine komplementäre Sicht, für die Form und Funktion der unterschiedliche Aspekt desselben Beobachters von gleichen Beobachteten ist. Muß es von dieser Erkenntnis her nicht für die Demokratie eine politisch-existenzielle Frage werden, wie gebaut und wie gewohnt wird, eine Frage, bei der es um mehr geht als um Hygiene, Sozialkomfort und Lebensstandard?

Wenn man des Nachts über die Lande fliegt, kann man am Blinken der Lampen deutlich zwei Arten der Orte unterscheiden. Da gibt es noch Orte oder wenigstens Ortskerne oder Ortsreste, vielleicht aber auch schon wieder neu geplante Orte, die sich geschöpflich wie Rosen aus Lichtsternen an den Wasserläufen aus dem Wuchs der Landschaft entfalten, je unregelmäßiger, um so mehr gegliedert nach innerem Gesetz, und da gibt es Orte, die in Reih und Glied aufmarschiert die Erde vergittern, mit der kein Gleichgewicht sie mehr verbindet, sonden der sie die große Landzerstörung antun, 'Die große Landzerstörung', die letztes Jahr das noch lange nicht erschöpfte Thema der Werkbundtagung in Marl bildete.[6]

Mit diesen Betrachtungen kreise ich ein Geheimnis ein, das Geheimnis des Gleichgewichts, das Gleichgewicht des Menschen in sich selber und das Gleichgewicht des Menschen mit dem Raum, den er sich durch sein Bauen schafft und in dem er sich als Mensch für sich und als Mensch im Gefüge und als Gemeinschaft darstellen soll. Ich hoffe, es schält sich heraus, daß aus politischer Sicht die Frage nach dem Bauen eine Frage nach dem Menschen ist, allerdings nicht in jener zu nichts verpflichtenden Art, die letzten Endes alles zur allgemeinen Zufriedenheit auf das große X eines abstrakten Menschen an sich zurückführt, sondern daß es um die unaufhörliche Aufgabe geht, Mitmenschlichkeit in dieser Selbstdarstellung wirklich werden zu lassen. Wenn es einen Sinn haben soll, nach der Demokratie als Bauherr zu fragen und dadurch einen Zugang zu Lösungsmöglichkeiten zu finden, ob und wie es sich bewahrheiten könnte, daß Bauherr das souveräne Volk ist, so wird zunächst gesucht werden müssen, inwiefern Demokratie mehr ist als ein Wunschbild, mehr als eine Organisationsform, vielmehr, ob sie Maßstäbe bietet für eine Lebensweise aus einer ihr eigenen Schau auf wirkliche Menschen hin.
Es ist leicht, und es ist gefährlich, mit Entsprechungen zu blenden. Trotzdem hoffe ich, daß es aufschlußreich ist, daß zur geometrischen Architektur des Obrigkeitsstaates der feststellbare Mensch gehört, der sich im Ordinatenkreuz der Über- und Unterordnung als Untertan fixieren läßt und im Geschehen bloß privates Publikum darstellt, sowie daß zur Architektur totalitärer Mächte, bei der das unbewußt und enthemmt Emotionale dominiert und den Menschen schockt, der machbare Mensch gehört, der nicht sein eigen ist, sondern der so organisiert wird von einem Staat, daß diesem alles aufsaugenden Staat nicht einmal mehr ein privates Publikum gegenübersteht, die Gesellschaft vielmehr vom Staat aufgezehrt und mit ihm identisch in ihm eingefangen wird. Ich meine, daß Demokratie als politische Lebensweise von ihrem Ansatz her auf den mündigen Menschen angewiesen und darum alles in ihr, auch das Bauen, darauf angelegt sein muß, dem Menschen zu seiner Mündigkeit zu verhelfen und ihn sich in dieser Welt bewußt werden zu lassen, daß er politischer Mensch ist, der zu seinem Teil, wenn auch oft nur bescheidenen Teil, geschichtliche Mitverantwortung trägt.

Einen Augenblick darf ich hier zu einer Zwischenbemerkung unterbrechen, die vielleicht der Nüchternheit entbehrt, um die ich mich sonst zu bemühen versuche. Wenn hier und künftig vom Menschen und seiner Mündigkeit als dem Maß der Dinge die Rede ist, so bleibt Gott nicht ausgeschlossen; denn für den Gläubigen ist Gott im Menschen gegenwärtig, so daß für einen, der gläubig ist, wenn vom Menschen etwas auszusagen ist, notwendig von Gott gesprochen wird.

Nun, nach dieser Zwischenbemerkung, darf ich noch einmal wiederholen, daß nach meiner Ansicht das ganz andere, wie es entgegen allen Staats- und Gesellschaftsgebilden sonst das Demokratische auszeichnet, das Angewiesensein auf die Mündigkeit eines jeden wirklichen Menschen ist. Hierbei kann es sich nicht um eine Idealisierung, um nichts weniger als einen billigen Kulturoptimismus handeln; denn die Mündigkeit ist nicht als ein feststellbarer Plan, nicht als eine vorfindbare Gegebenheit zu denken, sondern als ein Aufgegebensein, als ein zum Überleben und zum rechten Leben notwendiger Entwurf. Ein Verständnis der demokratischen Lebensweise in ihrem Angewiesensein auf das Mündigwerden des Menschen klingt schon in der nach ihren Idealen allerdings keineswegs demokratischen Staatslehre Platons an, wie sie Augustin ins Kirchliche übernahm, daß der Staat als Abbild der inneren Kräfte der Menschen zu begreifen sei. Von dieser Einsicht her läßt sich erklären, daß ein demokratischer Staat davon lebt, daß der einzelne sich seiner selbst bewußt wird und deshalb im gesellschaftlichen Zusammensein der Menschen die bewußten Vorstellungsinhalte den gemeinschaftlichen Aufgaben die Waage halten.

6 Abdruck der Vorträge in: Werk und Zeit, 1959, Nr. 12

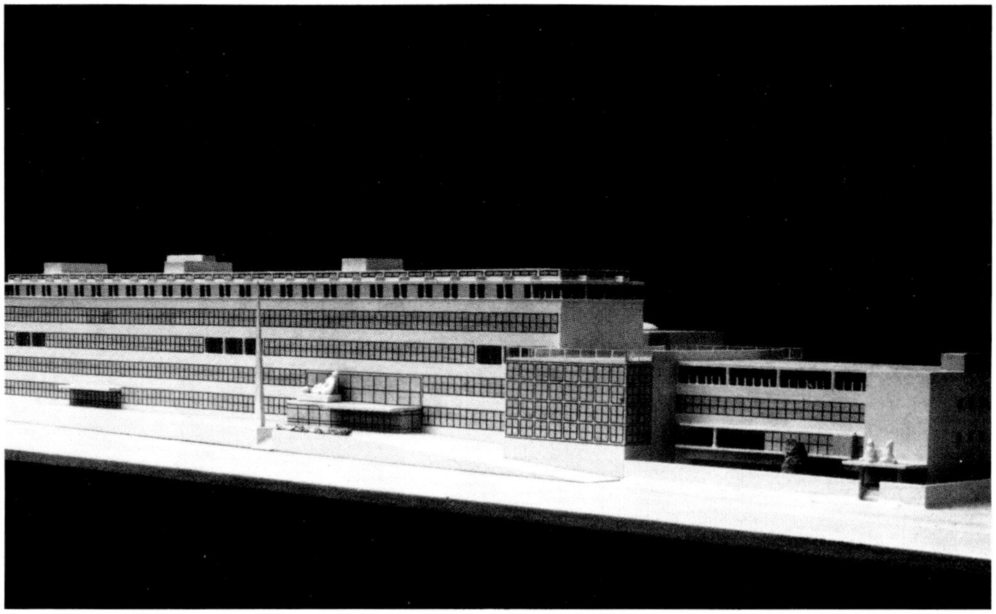

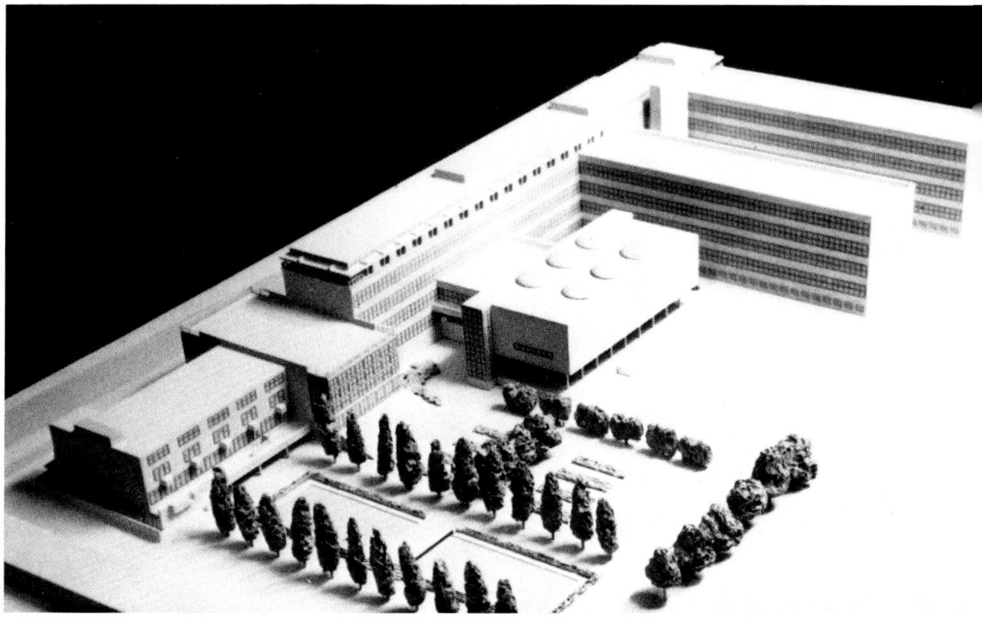

J. J. P. Oud, Entwurf für
ein Landtagsgebäude der
Provinz Südholland in
Den Haag, 1952, Modellfotos.

Ein Haus, das an die
Schwippertsche Planung
für den Bundestag in
Bonn erinnert.

Rückblickend enthüllt sich die Tragik der Weimarer Republik aus dem Zwiespalt zwischen einem demokratisch organisierten Staat und einer, von den Gewerkschaften abgesehen, anti-demokratisch strukturierten Gesellschaft apolitischer Menschen. So kann es kaum mehr verwundern, daß damals außer von jenen zuvor erwähnten Ansätzen das neue Bauen im Staatsbereich ausblieb, nicht, weil Demokratie zum Bauen unfähig ist, sondern weil es seinerzeit an der demokratischen Struktur der Gesellschaft und am politischen Bewußtsein der Menschen fehlte. Dieser Mangel äußert sich in einer Selbstmißachtung, darin, daß emotional angegriffen und geschmäht wird, was dem Gemeinwohl und dem Gemeinsinn gewidmet ist. Zwar hatte das wohlhabende Bürgertum sich vor Weimar einen protzigen Rathauspomp zur Selbstbestätigung seiner kommunalen Herrschaft geleistet, aber wer unter uns Älteren erinnert sich nicht der Hetze gegen die angeblichen Paläste für Krankenkassen und Arbeitsämter? Immer ist es ein Alarmzeichen für die Demokratie, sobald aus einer Gesellschaft, die Vergeudung keineswegs scheut, der Fanatismus einer angeblichen Sparsamkeit laut wird, daß die Gesellschaft es ja gar nicht wert sei, sich selber in Bauten Organe zu geben, die dem Gemeinsamen gewidmet sind. Hierbei fällt mir ein, daß wir der Mode nach zwar alle heute uns Demokraten nennen, aber die peinlichste Pfennigfuchserei beginnt, sobald es sich um das bauliche Herz der Demokratie handelt, um die Parlamentsgebäude. Mich beunruhigt, daß ich aus den Millionen jährlicher Besucher des Bonner Bundeshauses noch niemals von einem hörte, der die Sparsamkeit dabei nicht gelobt, aber die Frage gestellt hätte, ob denn jenes wirr und billig aneinandergestückte Gehäuse nicht einen sinnlosen Verschleiß an Zeit und Arbeitskraft verursache, ja, ob ein Mißgebilde, solch ein Mißgebilde überhaupt die eigenste Stätte des Volkes, wenn auch nur für eine Zeit des Übergangs während der Spaltung, sein könne. Mein verstorbener Kollege, der spätere Botschafter Pfleiderer, sagte mir einmal, als er Landrat im schwäbischen Remstal gewesen sei, habe ihm ein ganzes Amtshaus mit einer Hierarchie von Beamten zu Gebote gestanden; seit er, um mit der Verfassung zu sprechen, zum Vertreter des ganzen Volkes gewählt sei, besitze er nichts mehr als ein Schließfach. Und Paul Löbe äußerte über den Wallot-Bau, er habe viel Raum, doch darin keinen Platz. Zuweilen sind es dieselben, die sich ihrer dem Gemeinsinn gewidmeten öffentlichen Bauten nicht für wert halten, dieselben, die teure Reisen machen und noch Eintritt bezahlen, um die kitschige Sinnlosigkeit der Schlösser eines verrückten Bayernkönigs zu sehen.

Eine Demokratie ist nur soviel wert, wie sich ihre Menschen wert sind, daß ihnen ihr öffentliches Bauen wert ist.

Den Hintergrund bildet, daß Demokratie als Selbstbestimmung mündiger Menschen es in der Tat schwerer hat, sinnfällig zu werden. Die Embleme des Herrschens, auch in Form von Bauten, haben es leichter, staunenswürdig für die zu sein, über die sie sich erheben und die für sie keine Verantwortung tragen. Das Bleibende wird darin als ein Fremdes, doch so Greifbares, sichtbar gemacht. Aber die Demokratie, die dem wechselnden Einfluß und dem Wandel ja nicht bloß um der Veränderlichkeit willen, sondern wegen ihres Offenseins auf ein viel wirklicher Bleibendes hin dem Menschen als Maß und Mitte Raum geben soll, die Demokratie muß das Unsichtbare sehen lassen, daß die Menschen ihrer selbst in diesem Miteinander ihres Mitmenschlichseins, ihrer Gesellschaft, ihrer Gemeinschaft, ansichtig werden. Die demokratische Aufgabe des Bauens ist, daß ein jeder Mensch sich als Mensch für sich und als Mensch im Gefüge gewahrt.

7 Vgl. Hans Scharoun im Darmstädter Gespräch über 'Mensch und Raum', S. 165 ff., und in 'Bauwelt', 1960, S. 1075

Die architektonische Bauverkleidung entstammte einer Zeit, die viel verbarg und viel zu verbergen hatte. Die architektonische Verkleidung der Bauten war nicht funktionslos; sie hatte die politische Funktion des Verheimlichens. Sollte es nicht einen Zusammenhang geben zwischen dem Öffentlichkeitsprinzip der Demokratie und einer äußeren wie inneren Durchsichtigkeit und Zugänglichkeit ihrer öffentlichen Bauwerke? Nehmen wir als Beispiel öffentlichen Bauens die Schule. Ob ich die Schüler in die schmutziggelben Ziegelbauten einkaserniere, wie sie uniform auch für die Feuerwehr oder das Katasteramt jederlei Behörde einst üblich waren, oder ob ich sie hinter Stahl und Glas mit Sachlichkeit und Stoffgerechtigkeit einkastele, ist allenfalls ein hygienischer Unterschied. Wenn Bauen Wohnen und wenn Bauen ein Stiften und Fügen geistiger Räume sein soll, muß dann nicht in einer Demokratie der begehbare Schul-Zeit-Raum zur Schulwohnung werden, die sich in Ruhe und Bewegung so aufgliedert, daß sie den Schüler dazu geleitet, seiner selbst als politischer Mensch bewußt zu werden und mit sich ins Gleichgewicht zu kommen?[7] Hierin liegt anscheinend das Ziel des 'neuen Bauens', das sich organisch nennt und das Gebaute als Gliedmaßen versteht, mit denen ein Mensch seiner selbst mächtig wird, die man aus politischer Sicht vielleicht humane Bauweise nennen könnte.

Oder denken wir an unser Lieblings- und Schmerzenskind, den sozialen Wohnungsbau, der öffentlich gefördert oder von mehr oder minder öffentlichen Unternehmen ausgeführt wird. Es wäre unbillig, den großen, großen Dienst zu verkennen oder herabzusetzen, der hier in den letzten Jahren geleistet wurde, als es darum ging, der nackten Not der Obdachlosigkeit zu steuern und kurzfristig aus wenig Mitteln an Zahl viel Bauwerke zu machen, so daß Bedarfsträger den Bedürftigen zur Unterkunft verhalfen. Kommt jedoch nicht künftig die Zeit zu erwägen, ob in diesen Unterkünften Demokraten heranwachsen werden und ob es weiterhin angeht, aus primär ökonomischen und Verwaltungsgesichtspunkten, wie es doch mancherorts, wenn ich recht sehe, noch zu sein scheint, Wohnungen im Gleichmaß ihrer Flächen und technisch nach der Lage der Leitungsrohre übereinander zu schachteln? Könnte es nicht eine politische Aufgabe zur Entwicklung des Demokratischen sein, auch und gerade in diesem Wohnbau das Humane noch mehr zur Geltung zu bringen und uns das etwas kosten zu lassen durch ein individualisierendes Aufgliedern der Räumlichkeiten, auch etwa unter der seriellen Perspektive des Wachsens und Alterns? Wollen die Alten wirklich im Museum ihres Altersheims abgesondert werden oder könnte nach der Auflösung der Großfamilie die auf ihren engen Kern verengte biologische Familie nicht durch die soziale Familie der Nachbarschaften gestützt und erweitert werden? Ich meine damit, ob es sinnvoll ist, Mensch und Familie nach ihrem Bedarf an Flächenmaß einzugruppieren durch Blöcke für Zweizimmerfamilien, Dreizimmerfamilien usw., die sich technisch-wirtschaftlich sehr rational, oder genauer gesagt: rationell errichten lassen, oder ob das lebendige Wesen eines auch Miteinandersiedelns nicht der sozialen Ergänzung Raum geben müßte; um ein kleines Beispiel zu bilden, daß man der vereinsamten älteren Frau, statt sie im Altershaus abzustellen, die Möglichkeit bietet, inmitten von Kindern noch Aufgaben zu finden, für die manche überlastete Mutter sonst vergeblich Hilfe sucht? Allerdings möchte ich bei dieser Frage keinesfalls dahin mißverstanden werden, als zielte sie darauf ab, das Private, das Individuelle, das Zurückgezogene des Wohnens aufzulösen. Denn im Heimischwerden durch ein Zuhause ist das Im-Geheimnis-Bleiben mitbeschlossen. Wieder begegnen wir einem Gleichgewichtsproblem. Demokratie fußt eben auf Menschen, die sich selber zu eigen sind. Sie achtet und schützt deshalb die Innigkeit menschlichen Verschwiegenseins, während sie nach Durchsichtigkeit des Gemeinsamen strebt, um es einem jeden öffentlich zugänglich zu machen.

Gottfried Böhm, Rathaus in Bensberg, 1964–67.

Vorbildliche Integration von alter in neue Bausubstanz. Die Ironie: Durch die Eingemeindung nach Bergisch Gladbach verlor Bensberg seine Selbständigkeit und das Haus seine Bedeutung.

Im Gegensatz zu dieser Ausgewogenheit zwischen dem eigenen Intimen und der Öffentlichkeit des Gemeinschaftlichen verkehrt ein auf Beherrschen der Menschen angelegtes Regime die Gewichte und veröffentlicht den Menschen, aber entzieht durch seine geheime Polizei gerade das ihrem Blick, was alle angeht. Man kann die Staaten und die Gesellschaftsformen geradezu nach dem einteilen, was veröffentlicht und was verheimlicht wird. Mit meiner Frage, ob sich das Soziale eines Wohnungsbaues auf die Erschwinglichkeit der Miete und auf das freundliche hygienische Unterkunftbieten beschränken dürfe, war deshalb nichts weniger gemeint als ein Ansatz zum Blockwaltertum. Dann wäre es sehr verkannt. In der Nachkriegszeit standen wir unweigerlich vor der Frage: Wie viele Menschen benötigen Raum? Aber stoßen wir nicht bald auf die Frage: Wieviel Raum braucht der Mensch und einen wie und in welcher Rangordnung gegliederten Raum? Daß solcher Wohnungsbau Städtebau sein muß, Städtebau als vielfältige Gleichgewichtsaufgabe, ist längst erkannt und durch das Einbeziehen der Landschaft in die Stadt auch an Beispielen verwirklicht. Als Muster ist an das Berliner Hansaviertel oder an Marl in Westfalen zu denken.

Dieser sehr grobe und nur andeutende Umriß der Problematik war unerläßlich, um sich dem Ende zu der Frage, die vielleicht als anfängliche gemeint war, jetzt erst zu nähern, ob und wie es denn ermöglicht werden könnte, eine solche Idee zu realisieren, daß in einer Demokratie das souveräne Volk selber der Bauherr seiner öffentlichen Bauten sein soll. Ich hoffe, um die Aufmerksamkeit dafür gebeten und geworben zu haben, sowohl daß jedes Bauen eine Vorstellung von der Weise des Lebens verkörpert, als auch daß Demokratie ein universales Prinzip ist, das sich in einer Weise des Lebens verwirklichen soll, mithin die politische Gestalt eines Staates mit seiner Gesellschaft und die im Bauen zu schaffende Gestalt menschlichen Bleibens nicht unverbunden nebeneinander, nicht gegenseitig gleichgültig voneinander sich abwenden können. Diese Überschneidung, daß Baugestalten sowie Staat- und Gesellschaftgestalten es mit denselben Menschen und ihrem wirklichen Leben zu tun haben, bedeutet ja nicht nur ein Verwandtsein, sondern ebenso eine Spannung, weil darin zutage tritt, daß in einer notwendig arbeitsgeteilten Welt dem politisch handelnden Einzelnen mehr aufgetragen ist, als er begreift, und dem einzelnen Baugestalter mehr aufgegeben wird, als er versteht.

Die Demokratie arbeitet mit dem Aushilfsmittel, daß sie das Vertrauen in ein Zugeständigsein meßbar macht durch Abstimmung. Aber dieses Hilfsmittel des Abstimmens versagt nicht nur angesichts der Bauaufgabe, sondern soweit sie den Rang einer Kunst gewinnt, die Bauaufgabe, widerstritte die Anwendung dieses Mittels sogar den eigenen Grundsätzen demokratischer Lebensweise. Denn diese Lebensweise beruht keineswegs allein auf Abstimmung dadurch, daß jeweils eine Mehrheit maßgebliches Vertrauen durch Überstimmung der Minderheit bildet, sondern grundlegend zuerst auf Übereinstimmung hinsichtlich des Unabstimmbaren, welche Übereinstimmung die Möglichkeit des Zusammenlebens begründet und das Abstimmbare aussondert und zur Wahl freigibt. Mit anderen Worten, nicht nur ist in einer Demokratie niemand da, der bestimmen kann, was Kunst ist, sondern von ihrem eigenen Wesen her darf keiner da sein, der sich dessen von Staats wegen mit Geltung für alle unterfangen dürfte. Nichts würde jedoch den Sinngehalt dieser Regeln ärger verkennen als ein Verzagen, daß die demokratische Gesellschaft deshalb handlungsunfähig werden oder die schöpferischen Kräfte zur Anonymität verdammen müßte. Die Trennung der Verantwortlichkeiten soll vielmehr einer freiheitlichen Arbeitsart Raum geben, dem im Zusammenwirken Aufeinander-angewiesensein, das fruchtbar wird, wenn die demokratische Lebensweise gelingt. Hier darf ich noch einmal daran erinnern, wie Demokratie sich aus der gleichgewichtigen Wechselwirkung entwickelt, daß dasselbe Volk sich sowohl in der Rechtsform seiner mit begrenzten Vollmachten zum Handeln im Abstimmbaren ausgestalteten Staatsorgane repräsentativ organisiert und zugleich in einem politische Gesellschaft bleibt, deren unabstimmbare Freiheitlichkeit ihre staatliche Organisierbarkeit ausschließt. Durch dieses polare Wesen, aus dieser Spannung des komplementär Sichergänzens gibt Demokratie dem schöpferischen Geiste freien Raum, daß er im eigenen Namen hervortritt und um Anerkennung ringt, die nicht auf staatlicher Verleihung beruht, sondern aus freier Überzeugung in der öffentlichen Meinung wächst.

Gottfried Böhm,
Wettbewerbsbeitrag 1974
für die Erweiterung des
Deutschen Bundestags in Bonn.

Die Konzeption war eine
niedrige Weiterentwicklung
des Parlamentsbereichs.

Menschen, die zu bauen verstehen, und ihr Bauen werden also zunächst aus den freien Kräften der Gesellschaft hervorgebracht - gewiß mit dem Wagnis, daß die zeitgebundene Meinung einem Fälscher verfallen kann, ein Risiko, das infolge des Wettbewerbs nicht größer, sondern kleiner ist als die Irrtumsmöglichkeit der Herrscher, unter denen die Versager unendlich zahlreicher waren und sind als die Großen, deren Gedächtnis bewahrt bleibt.

Steht nun ein Staatsorgan der Aufgabe gegenüber, von Staats wegen einen öffentlichen Bau zu errichten oder Bauten öffentlich zu fördern, so ist die Zuständigkeit dessen, den politisches Vertrauen in sein Amt berief, ebensowenig die des Selberbauens, wie es dem Justizminister zukommt, selber zu richten, oder dem Kultusminister, selber zu forschen und zu lehren - ein Glück, wenn sich das zuweilen in der einen oder anderen Person verbindet; aber das ist eine Frage der Person, nicht des Amts. Gelingt die gleichgewichtige Wechselwirkung zwischen Staat und Gesellschaft als der zwei komplementären Ausdrucksformen desselben Volkes, so wird sich der, dem ein politisches Amt anvertraut ist, sowohl einer Auslese im freien Wettbewerb bewährter Baumeister gegenübersehen als auch in seinem Denken den universellen, den prinzipiell humanen Charakter des demokratischen Bauens und seinen politischen Aspekt erkennen; das heißt das Politische seiner Verantwortung sollte gerade in der Erkenntnis der Grenzen seiner geistigen Kompetenz und ihrer Ergänzungsbedürftigkeit hervortreten. So richtig und so unabwendbar es ist, daß der politische Prozeß der Demokratie auf Quantifizierung hindrängt, also auf ein Meßbarmachen durch objektive und wiederholbar anwendbare Maßstäbe wie das Abstimmen, gehört zum Verständnis der Demokratie komplementär und gleichgewichtig ebenso, daß sie im Qualitativen gegründet ist, das heißt auf der Anerkennung nicht meßbarer Werte und insbesondere einer Nichtmeßbarkeit des Menschen, ausgedrückt durch das Wort von seiner Würde und seiner personalen Gleichberechtigung. Ich halte es für einen Irrtum, daß die Demokratie nur gewählte Organe haben könnte oder gar dürfte. In dem Bereich des Unabstimmbaren obliegt es vielmehr den aus Abstimmung hervorgegangenen Organen, sich durch Berufung ergänzender Organe aus den Kräften der freien Gesellschaft zu vervollständigen. Bedarf es, wie in unserem Falle des Bauens, einer universalen geistigen Kompetenz, an deren Vollendung viele Künste und Wissenschaften beteiligt sein müssen, so wird der staatliche Repräsentant seinen politischen Rang gerade dadurch erweisen, daß er sich für das Reifen seiner ihm nicht abnehmbaren Entscheidung des sachkundigen Rates, aber auch der initiativen Vorschläge freier und mit ihrem Namen verantwortungsbereiter Bürger in einem ständigen Beirat vergewissert. Ich halte es nicht für richtig, ein Kollegium der Fachleute als öffentlichen Bauherrn autonom von Staats wegen zu institutionalisieren, der gewissermaßen das souveräne Volk verkörpert. Denn das Merkmal der Ratgeber muß sein, daß sie gerade nicht im Namen des Staates sprechen, sondern als sie selber im eigenen Namen als freie Bürger der freien Gesellschaft. Das Entscheidende ist die Gleichgewichtigkeit im Zusammenwirken zwischen Staatsorgan und Gesellschaft mit der Maßgabe, daß die wissenschaftliche und künstliche Verantwortung, die der Ratgeber vor sich selber, der Öffentlichkeit und der Geschichte trägt, die politische Verantwortung nicht ersetzen kann und umgekehrt. Demokratie zielt immer auf Gleichgewicht, Gleichgewicht zwischen Staat und Gesellschaft, Gleichgewicht zwischen Bewahren und Erneuern, und auf das Gleichgewicht nach ihrem Maß, dem wirklichen Menschen, dem widerspruchsvollen Menschen, der gut und der böse sein kann, rational und emotional. Um einmal ganz konkret zu werden: Ich halte es für ein Unheil, Bauverwaltungen in die Gefangenschaft des Finanzressorts zu geben. Berlin ist zu beglückwünschen, daß es die Aufgabe des Bauens zu Kabinettsrang im Senat erhoben hat. Einem Finanzminister fällt ausschließlich die Verantwortung dafür zu, wieviel Mittel und in welcher Rangfolge sie zur Verfügung gestellt werden können, allerdings sie auch so zur Verfügung zu stellen, daß das Notwendige möglich wird. Aber ich schrieb einmal an einen namhaften Parteifreund, der damals Finanzminister war, wir seien nicht den einen Kaiser Wilhelm losgeworden, damit in jedem Lande der Bundesrepublik der Finanzminister bestimmen könne, ob ihm die ganze Richtung nicht passe. Das gilt noch strenger für die Rechnungshöfe. Sie haben die verantwortliche Aufgabe, die Sauberkeit der Abrechnung zu überwachen. Aber es kommt ihnen nicht zu, unter dem Blickwinkel der Sparsamkeit kulturelle oder politische Entscheidungen zu treffen, und es ist eine auch eminent politische Entscheidung, daß ein demokratisches Gemeinwesen in seinen dem Volksganzen gewidmeten öffentlichen Bauten das Selbstbewußtsein der politischen Gesellschaft Gestalt werden läßt, ihr darin Wohnen und Bleiben im Blick auf kommende Generationen.

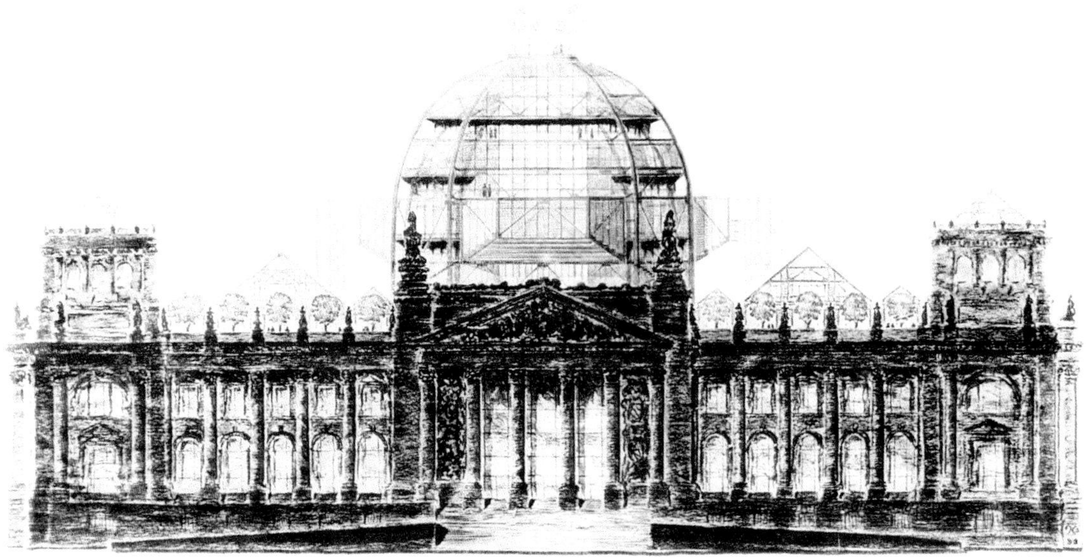

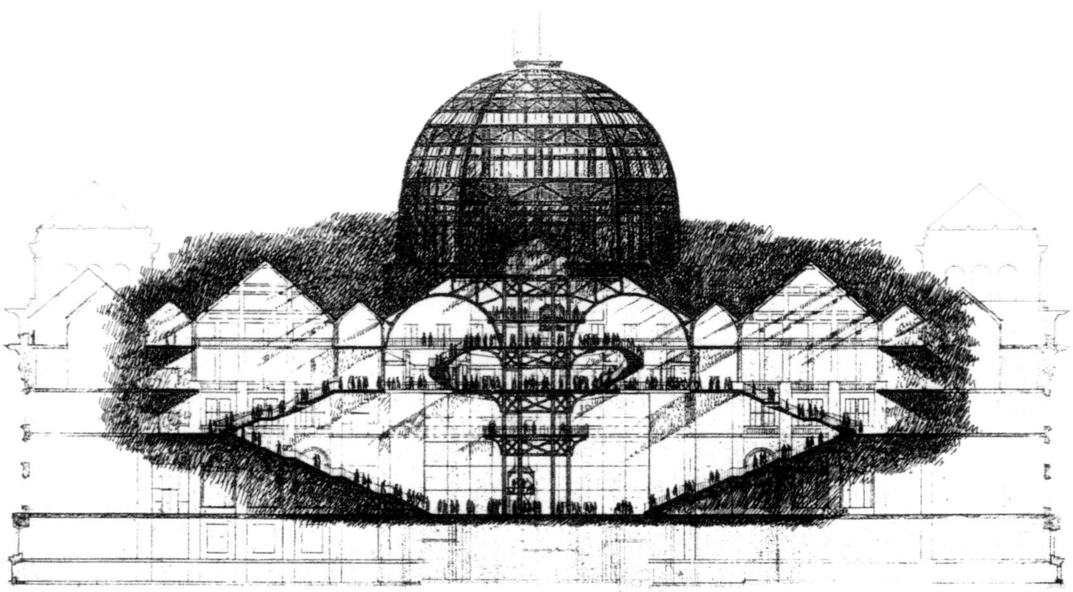

Gottfried Böhm, Entwurf für eine neue Kuppel über dem Reichstagsgebäude in Berlin, 1990, Ansicht und Schnitt.

Der neue Kuppelraum hätte vor allem den Plenarsaal des Bundestags aufnehmen sollen.

Alsop und Störmer, Entwurf für einen Sitz der Regionalregierung des Departements Bouches Rhone nördlich von Marseille, 1992, Modellfotos.

Der Parlamentsbau soll neue Maßstäbe in einem heruntergekommenen Quartier setzen.

Zu der Frage, inwieweit öffentliche Bauten noch unmittelbar von einem Staatsorgan durch seine Baubeamten ausgeführt werden können, möchte ich zwar der Diskussion nicht zu sehr vorgreifen und nur soviel sagen, es gibt meines Erachtens gute und es gibt schlechte Erfahrungen, je nachdem, ob der politisch Verantwortliche sich seiner Verantwortung bewußt ist. Ich will aus meinem Herzen keine Mördergrube machen. Mir scheint, wenn ich das so etwas kühn sagen darf, nach meinem eben nicht fachkundigen Eindruck, daß man etwa in Berlin oder Baden nicht unzufrieden zu sein braucht, keineswegs. Aber in den Anbauten und Umbauten des Bonner Bundeshauses durch die Bundesbaudirektion sehe ich das Elendeste, was man sich nach 1945 leistete, und ich fürchte, daß es wenig gut um das mir gerade persönlich liebe Hessenland bestellt ist, dessen Kasseler Staatstheaterkatastrophe in der Baugeschichte leider kaum vergessen werden wird. Sie erinnern sich vielleicht, daß Herr Professor Scharoun einen Entwurf gemacht hatte, der von vielen, denen man ein Urteil zutrauen darf, als geniale und in jeder Hinsicht organisch humane Lösung begrüßt wurde, auch als eine städtebauliche Lösung angesichts des Ottoneum und des Fridericianum in Kassel. Trotz des Erschreckens mancher, die sich von der Gewohnheit eines vermeintlich repräsentablen und dekorativen Baugewandes nicht trennen konnten, fand der Entwurf auch die einhellige Zustimmung der Jury. Als der Grundstein feierlich gelegt war, kamen die Gegner mit ihren scheinbar technischen und finanziellen Einwänden, insbesondere daß der Entwurf, das ist immer das Nächstliegende, um eine Million zu teuer sei. Die finanzbehördliche Staatsbauverwaltung schob den Entwurf beiseite und machte selber etwas. Am Ende kostete dies den dreifachen Millionenbetrag. Die sonst nicht so wie die Berliner mit Mutterwitz bedachten Kasselaner nennen das, was Mißlungenes dabei herauskam, mit trübsinnigem Galgenhumor das 'Materialprüfungsamt'. Ich hoffe, die Berliner werden sich ihren Vers darauf machen.

Ich bekenne mich, wie ich sagte, dazu, daß der öffentliche Bauauftrag eine politische Entscheidung ist, die - nach Erwägung der auch initiativen Vorschläge eines freien Beirats - der demokratisch dazu legitimierte Politiker namentlich zu treffen hat. Also keine Anonymität! Ich bekenne mich jedoch dazu, daß mit der Erteilung des Bauauftrages die Verantwortung wechselt und namentlich auf den entwerfenden Baumeister übergeht. Gewiß wird dieser Baumeister einer Mitwirkung der Baubehörde bedürfen und einer vielfältigen Zusammenarbeit mit Technikern, Wissenschaftlern, Künstlern, aber die Gesamtverantwortung für das Ganze des Werks, die Einheitlichkeit seines Geistes und der daraus wachsenden Gestalt kann sinnvoll allein auf ihm lasten. Diese letzte Unteilbarkeit der Verantwortung wurzelt mit darin, daß ein Bau, der geistige Gestalt, Gliedmaß des Menschen ist, sich ja nicht mechanisch von der Zeichnung auf dem Papier in die Wirklichkeit umsetzen läßt (genausowenig wie ein Parteiprogramm). Bauen ist verkörperte Geschichte des Bauvorgangs in der Zeit mit ihrem bewußt erprobenden und auch mutig abenteuernden Wachsen. Gilt es doch, und das muß immer wiederholt werden, ein Unsichtbares, das der Entwurf nur ahnen läßt, erst sichtbar zu machen. Das schöpferische Geschehen wird zwar mit Zeichnungen und Berechnungen in Bahnen gelenkt, kann aber dadurch nicht abgeschlossen sein. Oder irre ich mich in der Meinung, daß Bauen sich ereignet als die Vision eines Künftigen, das in der Geschichte zur Gegenwart wird? Vermutlich stammen daher die qualvollen Reibungen zwischen der exakten und generalisierenden Rationalität, deren eine Bauverwaltung sich befleißigen muß, und dem Irrationalen der gestaltenden Individualität. Wenn vom Gleichgewicht die Rede war und vom Menschenmaß, so konnte damit nicht der Stillstand einer Mittelmäßigkeit gemeint sein. 'Das Maß', sagt Albert Camus, 'ist nicht das Gegenteil von Aufruhr (. . .) Es triumphiert weder über das Unmögliche noch über das Versinken im Abgrund. Es hält ihnen die Waage.' Dieses Kommen zum Die-Waage-Halten wird sich nicht berechnen lassen, mit keinem Goldenen Schnitt, wie ein Mensch nicht berechenbar ist, und ein die Fülle seiner Zeit ausdrückendes Bauen behält etwas vom Aufstand des Menschen gegen die Natur, von der Abstand zu nehmen er allein unter allen Geschöpfen befähigt ist. Nochmals, die geistige Gestalt eines Bauwerks, das in demselben Maße schön wird, wie sich die personale Wirklichkeit eines individuellen Geistes darin bewahrheitet (und das Geheimnis ist, daß dieser individuelle Geist dann in der Regel kollektive Bewußtseinsinhalte ausdrückt), bedarf eines gesamtverantwortlichen Baumeisters.

Leider kenne ich ein deutsches Bundesland, dort nimmt die dem Finanzressort eingegliederte Staatsbauverwaltung für sich die Parzelle in Anspruch, unabhängig die Außenwände öffentlicher Bauten auf allerlei Art zu dekorieren, während die dem Kulturressort zugeordneten Kunstschulen in diesen Dekorationen ihre Vorlagen finden, um anschaulich zu machen, was Kitsch ist. Demokratie ist aber nicht Unordnung, sondern ranggestufte Gliederung aus der Schaffenskraft des freiheitlichen Geistes, der niemals anonymer, sondern wesensgemäß personaler Geist ist, was nicht ausschließt, sondern im Gegenteil mit einschließt, daß personaler Geist auch kollektive Bewußtseinsinhalte zum Ausdruck bringen kann. Und es gibt, um das noch zu sagen, kein dümmeres Wort als das von der Massendemokratie. Einer Masse als manipulierbaren, durch Ideologisierung des Bewußtseins beraubten Gegenstands bedarf die totalitäre Macht. Demokratie richtet sich auf Individuation, weil sie die einzige Gestalt von Staat und Gesellschaft ist, der eine erzwungene oder verführt unwissende und unverantwortliche Zustimmung, ein einseitiger und blinder Gehorsam nicht genügt, sondern für deren Existenz die freie und bewußte Einwilligung rechtserheblich und lebensspendend ist oder, wie ich eingangs sagte, das Angewiesensein auf die Mündigkeit des Menschen. So ist Demokratie zwar die schwierigste und mühseligste Lebensweise, weil sie auf politische Menschen und auf die Wechselwirkung der organisierten Staatsgewalt mit den freien Kräften einer politischen Gesellschaft angewiesen ist, aber sie kann bei Einsicht in ihre Quellen und mit langmütiger Geduld und dauernder Einübung auch die menschliche Lebensweise werden.

Ich komme von hier aus nochmals zurück auf die konkrete Frage, ob und inwieweit es die Aufgabe der staatseigenen Bauverwaltung aus politischer Sicht sein kann, selber öffentliche Bauten zu errichten. Nach dem Gesichtspunkt der Wechselwirkung wird man es den Baubeamten nicht verweigern dürfen, selber auch schöpferisch tätig zu werden und zu bleiben. Wie könnte denn ein Mensch sich den Sinn für das Schöpferische bewahren und Ratgeber sein für das Schöpferische, wenn man es ihm zur Amtspflicht machte, dem Schöpferischen zu entsagen? Vielleicht könnte man Zweifel hegen, das weiß ich nicht, ob wir im öffentlichen Bauen schon ein genug ausgewogenes Verhältnis zwischen der meines Erachtens noch überwiegenden Tätigkeit der Bauverwaltungen und dem Wirken freischaffender Baumeister haben. Aus politischen Gründen, um des demokratischen Selbstbewußtseins der gesellschaftlichen Kräfte willen, bin ich jedoch der Überzeugung, daß ein innerer Kernbereich öffentlicher Bauten, in denen das Ganze des Gemeinwesens seinen höchsten und umfassenden Ausdruck findet, Kulturbauten, politische Bauten, gerade freischaffenden Baumeistern anzuvertrauen ist - wegen des Ziels, daß solche Bauten Werke der Baukunst werden sollen. Das ist beileibe kein Zugeständnis an die Eitelkeit des Repräsentativen, auch kein Verlangen nach einer falschverstandenen Ästhetik; denn Kunst ist kein Zierat und nichts weniger als eine von außen übergestülpte Bauverkleidung. Was hier angestrebt werden sollte, ist ein solches Höchstmaß an Dichte, an Wahrheit der Aussage, daß von ihrer Lauterkeit her, wie sie die Aufgabe meistert, jenes Bleiben an Strahlkraft über die Zeiten hinausgeht, wie es als Geheimnis der Kunst erfahren wird. Das Ideal, das souveräne Volk als Bauherr seiner öffentlichen Bauten zu sehen, läßt sich mit keiner Mechanik messen, noch durch das Dekret irgendeiner Organisierung erzwingen. Auf dem unendlichen Wege zur Annäherung an dieses Ideal läßt sich nur in der freiheitlichen Weise fortschreiten, daß Bauten zur Diskussion gestellt werden, ob sie mit dazu dienlich sind, den Menschen dazu zu verhelfen, sich ihrer mündigen Mitmenschlichkeit, ihrer Gemeinschaft, der von ihnen zu formulierenden sozialen Aufgabe bewußt zu werden. Wird es nicht gerade deshalb die Gestaltungskraft der Freiheit sein, sich als geistige Gliederung und Rangfolge auszuprägen, auch im Bauen so, daß Menschen in ihrer Wirklichkeit sich darin geborgen erleben und zum Bleiben in ihrem Eigenen geleitet wissen in einer menschenmaß-ebenbildhaften Gestalt zwischen Himmel und Erde?

Ah, du schläfst schon: Wache gut auf, mein Freund!
Schon läuft der Strom in den Umzäunungen, und die Posten sind aufgestellt!

Nein, schlaft nicht, während die Ordner der Welt geschäftig sind!
Seid mißtrauisch gegen ihre Macht, die sie vorgeben für euch erwerben zu müssen!

Wacht darüber, daß eure Herzen nicht leer sind, wenn mit der Leere eurer Herzen gerechnet wird!
Tut das Unnütze, singt die Lieder, die man aus eurem Munde nicht erwartet!
Seid unbequem, seid Sand, nicht das Öl im Getriebe der Welt .

Günter Eich, 'Träume'

Günter Behnisch

Bauen für die Demokratie

Vor einiger Zeit hat ein Architekt seinen Entwurf für eine politisch bedeutsame Bauaufgabe unter anderem mit dem Hinweis vorgestellt, daß es politische Architektur nicht gäbe, sondern nur gute oder schlechte. Er wollte wohl mit diesem Hinweis gute Architektur versprechen. Ich jedoch vermute, daß er andeuten wollte, mit ihm werde es bei diesem Auftrag keine Schwierigkeiten geben. Jedenfalls müsse niemand mit der Aufsässigkeit eines Michelangelo, Goya, Daumier, Grosz oder mit der Anklage einer Käthe Kollwitz oder eines Bert Brecht rechnen. Seinem Auftrag mag dieser Hinweis geholfen haben. Zur Klärung des Begriffs 'politische Architektur' hat er nicht beigetragen.

Sprachlich ist der Begriff 'politische Architektur' unpräzis. Architektur aus politischem Geiste wäre besser, wenn auch umständlicher.

Der Terminus umfaßt ja vieles: Architektur für Organe der Politik; Architektur, die Ansprüche aus dem Bereich der Politik vertreten soll; Architektur, die politisch wirken soll, die entsteht, indem bestimmte Verhaltensweisen und Regeln beachtet werden (die im Bereich des Politischen vereinbart wurden) und anderes mehr.

Ich erinnere an extreme Beispiele zur Erläuterung des Begriffs 'politische Architektur': an die Planungen von Hitler und Speer für Berlin oder für das Reichsparteitagsgelände in Nürnberg. Auch Versailles oder das Palais Karls V. in Granada, der Petersdom in Rom, die Barockarchitektur der Gegenreformation in Süddeutschland - das sind alles Beispiele politischer Architektur. Auch aus unserer Zeit lassen sich Beispiele nennen, beispielsweise der Olympiapark in München. Er war politisch 'programmiert' durch Daume und Vogel, bevor dort überhaupt ein Architekt tätig wurde. Erst nachdem das Programm 'stand', wurden die Architekten gerufen. Sie sollten nun das politische Programm in Architektur umsetzen, es materiell sichtbar und erlebbar machen.

Die Schlußfolgerung:
Programme existieren vor der Architektur. Wir Architekten verhelfen nur demjenigen zur materiellen, sichtbaren, sinnlich erfahrbaren Welt, was bereits im Bereich der Ideen vorhanden ist.

Das Gebäude in Bonn wurde während seines Baus von der Geschichte überholt. Für die Ideen, die seine Gestaltung mitbestimmen sollten, darf das keineswegs gelten.

Ingeborg Kuhler

Architektur kann vielfältig gesehen und unterschiedlich akzentuiert werden. Aber es kann nicht ernsthaft bestritten werden, daß sie vom Politischen bestimmt wird beziehungsweise politisch wirksam ist. Ein Blick in Meyers Lexikon genügt. Dort steht unter Politik zum Beispiel 'auf die Gestaltung des öffentlichen Lebens gerichtetes Verhalten und Handeln' und 'mit der Auswahl der Interessen bestimmt Politik zugleich die Lebens- und Entwicklungschancen der Gesellschaftsmitglieder'. Ferner ist zu lesen: 'Im modernen Staat stehen alle gesellschaftspolitischen Bereiche wie zum Beispiel Verfassung und Recht, Wirtschaft und Handel, Wissenschaft, Bildungswesen und Technik, Arbeit, Freizeit und Gesundheitswesen der Gestaltung oder Einflußnahme durch die Politik offen.'

Architektur würde ich dann 'politisch' nennen, wenn die sie beeinflussenden politischen Momente herausragend sind. Dieser Ansatz würde jedoch nicht ausschließen, daß solche Architektur nicht auch ökologisch oder wirtschaftlich sein kann, formal, revolutionär, spektakulär, technisch, räumlich interessant, innovativ und vieles andere mehr. Wahrscheinlich ist alle Architektur politisch oder zumindest mit dem Politischen verknüpft.

Architektur und Politik sind eng und unauflöslich miteinander verbunden. Wenn das so ist, dann sind auch Architektur und Demokratie miteinander verknüpft. Und wenn wir uns fragen, was das Spezielle an der Architektur in der demokratischen Gesellschaft sein kann, dann müssen wir zunächst nach dem 'Demokratischen' fragen.

Architektur ist ein politischer Akt.

Lebbeus Woods

Das sind genau jene Bereiche, für die wir arbeiten; daher kommen unsere Aufgaben. Architekten lösen politisch gestellte Aufgaben, sie arbeiten in politisch vorgegebenem Rahmen. Und sie sind politisch wirksam, indem sie die Lebens- und Entwicklungschancen der Gesellschaft beeinflussen, auch wenn sie bei ihrer Arbeit immer wieder Interessen, Bedürfnisse und Möglichkeiten auswählen, fördern oder zurückweisen.

Dieses 'Demokratische' an sich, der Begriff Demokratie läßt sich nicht direkt bauen, so wenig wie das 'Absolute' oder das 'Totalitäre'. Denn: was ist denn das Demokratische, das Absolute, das Totalitäre? Und was ist es in einer speziellen Situation?

Was ist denn das Demokratische...?

Theoretisch können wir uns ja durchaus eine absolute Herrschaft vorstellen, die vor allem dem Wohle und der Menschenwürde der Mitglieder einer Gemeinschaft und anderen höheren Zielen dienen könnte. In Bauten einer solchen Gesellschaft würden sich dann eben diese Werte realisieren. Man muß danach schauen, welche Ansprüche und welche Werte absolut vertreten und wie sie umgesetzt werden.

In Versailles realisierte sich der absolute Anspruch des Herrschers, gottähnlich oder besser Gott nahe zu sein und von dieser zentralen Position aus Natur-Welt und Menschen-Welt nach eigenem Willen und in bezug auf sich selbst als Mittelpunkt zu ordnen.
Zur gleichen Zeit entstanden im gleichen Staate auch andere Bauwerke, solche, die nicht von dem Anspruch des Absoluten geprägt waren: Bürgerhäuser zum Beispiel oder Bauernhäuser, die eher durch die Art und Weise beeinflußt waren, wie die Gesellschaft neben einem absolutistischen König geordnet und wie das Sozialprodukt verteilt war.

Architektur ist die öffentlichste aller Künste. Und in der Demokratie ist die Öffentlichkeit der mächtigste Bauherr.

Richard von Weizsäcker

In einem demokratisch verfaßten Staat, in dem 'nachindustriell' entwickelten Staat, sind die Verhältnisse anders, unschärfer und differenzierter. Macht ist hier dezentral. Sie ist in der Regel nicht absolut, andererseits aber auch weniger klar erkennbar. Selbst staatliche Macht ist geteilt und föderalistisch geordnet. Auch in einem demokratischen Staat funktioniert nicht alles 'demokratisch'. So wie in einem absoluten Staat Einzelheiten durchaus durch demokratische Verfahren an der Basis geregelt werden können, so können in einem demokratisch verfaßten Staat Einzelheiten absolut und undemokratisch geregelt werden. Im Bereich der Industrie oder in übernationalen Gremien fallen nicht selten Entscheidungen, die uns alle existentiell treffen können, die weder demokratisch entstehen noch kontrolliert werden. Also: Was ist das Demokratische heute, das Architektur prägen könnte? Abraham Lincoln formulierte 1893: 'Regierung des Volkes durch das Volk für das Volk.' Das klingt gut, ist aber zu allgemein, als daß es uns weiterhelfen könnte.

Auch hier wieder das Lexikon. In einer schönen Abhandlung des verstorbenen Carlo Schmid mit der Überschrift: 'Demokratie - die Chance, den Staat zu vermenschlichen' schreibt er unter anderem: 'Die Technik der demokratischen Prozeduren hat ihren letzten Sinn darin, das Zusammenleben der Menschen so in Verfassung zu bringen, daß der Würde aller Genüge getan wird und allen - auch Minderheiten - institutionell die Möglichkeit gegeben wird, ihr Vermögen in Freiheit entfalten und dadurch Selbstverwirklichung und Wesensbejahung finden zu können. Was hierzu gehört, ist im Laufe eines langen geschichtlichen Prozesses als 'Menschenrechte' in das politische Bewußtsein der Gesellschaft eingegangen.'

Und eine für mich zentrale Passage: 'Demokratisches Bewußtsein setzt das Vertrauen des Menschen in ihn selbst und in die Nebenmenschen voraus, mit denen er in der staatlichen Gemeinschaft zusammenlebt. Demokratie ist kein Automat, der nur eingestellt zu werden braucht, um zu bieten, was man sich von ihr verspricht. Demokratie ist ein Angebot an uns alle, mit ihrem Instrumentarium so umzugehen, daß der Mensch auch im Staate immer in der Mitte steht. Sie ist noch nicht das reine Gefäß der Menschlichkeit; sie bietet uns aber Mittel an, mit deren Hilfe wir den Staat vermenschlichen können.'

Demokratie hat den Auftrag, das Zusammenleben zu vermenschlichen.

Carlo Schmid

Und weiter: 'Durch die Rezeption der Menschenrechte ist Demokratie neben einer politischen zu einer moralischen Kategorie geworden.' Die Bürger wollen 'mündig sein und nicht nur Objekte obrigkeitlicher Vorsorge.'

Diese Formulierung kann der Architekt seiner Arbeit wirklich zugrunde legen. Denn auf der Basis dieser Definition wird Architektur, die politisch verantwortet werden soll, von einer zunächst formalen, technischen, praktisch-funktionalen, juristischen und administrativen Angelegenheit zu einer moralischen. Niemand kann sich mehr zurückziehen darauf, daß der Architekt nur 'im Auftrage' handele. Es liegt an den Architekten, die Möglichkeiten, die Mittel, die unsere Verfassung bietet, auch zu nützen mit dem Ziel, Staat und in unserem Falle Architektur menschlicher zu machen.

An diesem Punkte werden die in unserer speziellen Situation als freiberufliche Architekten kräftezehrenden und katastrophalen Auseinandersetzungen mit den Apparaten erahnbar, die innerhalb ihres Ressorts exekutieren. Die uns mögliche Freiheiten nehmen und uns Zwänge überstülpen wollen, denen sie sich selbst unterworfen haben. Und gerade das, was im Mittelpunkt des Ideals unserer Verfassung steht, nämlich die Möglichkeit und die Aufgabe, den Staat menschlicher zu machen, wird durch solche Zwänge unmöglich gemacht. Unsere Aufgabe erfordert persönliches Engagement. Sie kann nicht aus Verfahrensregeln abgeleitet werden; auch dann nicht, wenn man meint, diese Regeln einhalten zu müssen.

Denn die Macht des Menschen, die nicht von seinem Gewissen verantwortet wird, wird von Dämonen besetzt.
Romano Guardini

Aber inwieweit greifen denn in der Realität demokratische Prinzipien, wie sie Carlo Schmid definiert? Da sieht es nun in vielen Bereichen finster aus. Wie hätten solche Universitätsbauten entstehen können, solche Großsiedlungen, solche Massenwohnungswerke, wie wir sie überall kennen? Wie kam es zu Industrieanlagen in Naturschutzgebieten? Die Antworten sind nicht befriedigend:

Oft handhabt man demokratische Prozeduren routiniert, ohne die den Begriff 'Demokratie' heute bei uns füllenden Werte zu beherzigen, ohne ernsthafte Absicht, sich um die zentrale Aufgabe zu bemühen, die eben darin besteht, unser Zusammenleben menschlicher gestalten zu wollen. (Hier sollte darauf hingewiesen werden, daß uns seit der Definition von Carlo Schmid eine weitere zentrale Aufgabe zugefallen ist: der Schutz unserer Welt.) Architektur ist in vielfältiger Weise mit der Welt verbunden, in der sie entsteht und existiert. Die interessante Phase ist sicher die, während ein Werk entsteht. Der Begriff 'Schaffen' trifft hier nur einen Teil dieses komplexen Ereignisses. Mit diesem Begriff wird der Einfluß des 'Schaffenden' betont. Die vielfältigen Kräfte dagegen werden unterbewertet, die auf den Schaffenden und das Werk wirken, direkt oder indirekt, die den Schaffenden vielleicht lediglich als Medium nutzen. In diesen Zusammenhang zähle ich Konstruktionen und Baustoffe, die der Architekt dazu benutzt, dem Nichts mit Hilfe des Materiellen eine sichtbare Gestalt zu geben. Ich denke, daß hier die kreative Kraft des Architekten dem ans Licht hilft, das an einem bestimmten Ort und zu einer bestimmten Zeit sowieso an die Oberfläche drängt und Gestalt sucht. Bei dieser Entstehungsphase wirken wir Architekten mit. Hier können wir die eigene Verantwortung, die uns eigenen Kräfte, das uns eigene Können und Wissen, unsere Fähigkeiten, das uns eigene Weltbild einbringen. Wir können werten und gewichten, können entscheiden, ob die Waage sich mehr dem einen oder dem anderen zuneigen soll.

Anweisungen können keine Kunstwerke hervorbringen.

Wassily Kandinsky

Niemand kommt aus diesem Entstehungsprozeß am Ende in der gleichen Verfassung heraus, in der er vorher war. Architektur machen, verändert den Architekten. Die vielen Fäden, mit denen unsere Aufgabe verbunden ist, halten und beeinflussen auch uns. Uns eröffnet sich die Möglichkeit, uns zu entwickeln, Mensch zu werden durch uns, mit unserer Arbeit.

So wie wir uns in und durch Architektur verändern, so können wir auch andere dadurch beeinflussen. Wenn wir offen sind, interessiert und sensibel, dann können wir manchem zur Realität verhelfen, was sonst unterdrückt bliebe. Wir können Kräften, Dingen und Menschen die Möglichkeit eröffnen, sich zu entfalten. Wir können selbst 'aufblühen', wir können unsere Welt in unserer Arbeit kennenlernen und lernen, in ihr zu leben. Auf viel Neues trifft man bei unserer Arbeit. Man entdeckt viel. Unsere Welt wird reicher, für uns, aber auch an sich.

Architektur ist eine soziale Kunst.

Adolf Behne

Mit dem Begriff Architektur ist häufig nur das fertige Produkt gemeint. Vielleicht ist das gar nicht das Wichtigste. Vielleicht ist das fertige Produkt nur ein Zwischenstadium. Bert Brecht schrieb über die Art lang dauernder Werke. Er verwendete dabei den Begriff 'Dauern' im Sinne von Existieren, von lebendig.

**Wie lange Dauern die Werke?
So lange, als bis sie fertig sind.
Solange sie nämlich Mühe
machen, verfallen sie nicht.
Einladend zur Mühe, belohnend die Beteiligung, ist ihr
Wesen von Dauer, solange sie
einladen und belohnen (...)
Die lange dauernden sind
ständig am Einfallen, die
wirklich großgeplanten sind
unfertig.**

Unsere Werke dauern so lange, wie sie uns beschäftigen. Je länger sie dauern, um so reicher können sie werden und können sie uns machen. Was fertig ist, was niemand mehr berührt, ist am Ende. Dies ist ein Begriff von Schaffen und Werden, den eine Baubürokratie meist nicht teilt. Weswegen ängstliche Baubeamte auch selten geeignet sind, Architektur zum Entstehen zu verhelfen.

Bauen muß dem Menschen dienen.

Max Bill

Architektur spiegelt diejenigen Kräfte wider, die bei ihrem Entstehen wirksam waren. Wer sie ängstlich angeht, schafft eine arme Architektur. Wenn Architektur vielfältig und differenziert betrachtet wird, so wird sie das auch ausstrahlen. Wenn demokratische Voraussetzungen vorhanden waren und sie beachtet wurden beim Entstehen von Architektur, müßte eigentlich demokratische Architektur entstehen. Architektur ist ein Spiegel der Verhältnisse. Wenn wir von einem Architekten verlangen, er solle demokratische Architektur planen und wir bieten ihm undemokratische Verhältnisse, so verlangen wir, daß er das Spiegelbild verändert, fälscht oder wenigstens schönt.

Normalerweise arbeiten Architekten, Ingenieure, Bauherren vier oder fünf Jahre an einem Neubau. Es kann doch für die Beteiligten nicht unerheblich sein, wie sie diese Jahre miteinander verbringen, ob in gegenseitiger Achtung oder in ängstlicher Erfüllung obrigkeitlicher Erlasse. Vielleicht ist ja der Weg das Ziel? Vielleicht entscheidet der Weg darüber, ob unsere Architektur 'demokratisch' ist. Vielleicht ist dieser Weg wichtiger als der fertige Bau. Bert Brecht würde es wohl so verstehen.

Es muß einfach so sein, daß Architektur, die aus echtem Interesse, aus offener Menschlichkeit entsteht, offener, menschlicher ist als diejenige, die wir heute an allen Ecken und Enden sehen, die erlassen, verwaltet und exekutiert wird. Offene Architektur wird weniger von oben her verordnet, sie ist weniger gut verwaltet, sie ist weniger rechthaberisch, weniger verschlossen, sie ist neuer, mit einem Anteil des Chaotischen, das immer erforderlich ist, wenn Neues entstehen soll.

Der Staat als solcher besitzt keine kunstschöpferische Kraft, aber er hat natürlich, da er nicht bloß Polizeistaat ist, auch in diesem Bereich seine Verantwortung und die Pflicht, dem Guten, dem Besten eine Chance zu geben.

Theodor Heuss

Ich verstehe schon, daß mancher in einer Welt, in der wissenschaftliche und technische Entwicklungen uns davonlaufen, versucht, in seinem administrativen Bereich die Dinge wenigstens festzuhalten, ordentlich zu machen. Er vergißt dabei, daß die Ordnung, die er praktiziert, aus den Konditionen von vorgestern entstanden ist, gestern schon alt war und heute das Entstehen einer lebendigen Architektur behindert und morgen die Unordnung selbst ist. Das Neue, das 'zur Welt kommen will', ist oft ungestüm - auch in der Architektur. Dies kommt daher, daß wir seine Ordnung noch nicht erkannt haben. Der Anteil des Chaotischen beunruhigt uns. Dies müssen alle aushalten lernen: Architekt, Bauherr, Baubürokratie. Und das scheint ein Ding der Unmöglichkeit.

Wir Architekten treffen bei Arbeiten, die wir für 'öffentliche Hände' ausführen, häufig auf Gremien von Abgeordneten, sei es nun im Bundestag oder in Gemeinden. Die Arbeit mit solchen Gremien ist oft mühsam. Einerseits vertreten die Abgeordneten verschiedene Gruppen von Bürgern; das ist ihre Aufgabe. Weiter unterscheiden sie sich in ihren Kenntnissen und Möglichkeiten und kommen aus unterschiedlichen Schichten und Bereichen.

Diese Gremien sind nicht selten wankelmütig und kaum in der Lage, ein starker Bauherr zu sein, unfähig zu 'großen Lösungen'. Die Resultate von Planungen, die unter solchen Konditionen entstehen, sind in der Regel aus eben dieser Situation heraus weniger eindeutig groß als das Würzburger Schloß. Aber: Architekten, Minister und Journalisten sehnen sich meist nach großen Lösungen durch große Bauherren - und die Bauherren sehnen sich nach den großen Architekten.

Ich meine, daß da einiges durcheinandergebracht wird. Zu eindeutigen, großen Werken gehört eindeutige, große Macht. Und die lag beispielsweise im Barock bei den Fürsten, Fürstbischöfen oder vielleicht auch bei den Äbten. Diese Situation brachte dann auch große Architekten hervor. Aber wie sollte, wie könnte sich Balthasar Neumann heute entwickeln und entfalten? Er wäre heute nicht möglich. Nur Diktaturen sind noch zu 'großen Lösungen' fähig. Aber solche 'große Architektur' gehört nicht in unsere Zeit, nicht zu unserer politischen Ordnung und nicht zu uns. Wir sollten sie auch nicht wollen.
Die Prinzipien, die Mechanismen unserer politischen Ordnung zielen in eine andere Richtung. Macht wird auf Zeit verliehen und nur für bestimmte Bereiche. Macht ist dezentralisiert. Macht sollte so klein wie möglich gehalten werden. Unterschiedliche Gruppen der Gesellschaft sollen an der Macht beteiligt sein. Macht soll kontrolliert werden.

Auch Minderheiten sollen zu Wort kommen. In unseren Parlamenten treffen die beschriebenen Menschen und ihre Ansprüche an Macht zusammen. Aus dieser Konstellation heraus sind Diskussionen endlos und Entscheidungen langwierig. Aber so mühselig die Arbeit mit solchen Gremien auch ist: Das ist der gesellschaftliche Rahmen, in dem wir Architekten für öffentliche Hände arbeiten. Und daraus kann man vieles machen.

Ich räume ein, daß innerhalb dieses Rahmens alles etwas langsamer geht als bei einem absolut herrschenden Bauherrn. Wir müssen auch akzeptieren, daß die Größe der Lösung in unserer Zeit von anderer Art sein wird als im Barock. Aber glauben wir nicht auch, daß die Größe Albert Schweitzers keineswegs kleiner war als die eines Barockfürsten? Sie war 'Größe' in den uns heute bedeutenden Bereichen.

was fertig ist,
was niemand mehr berührt,

ist am Ende

Günter Behnisch

Wie gesagt, alles dauert heute länger - wir sind ungeduldig - und es besteht die Gefahr, daß vieles zerredet wird und daß mancher Architekt oder Künstler dabei verletzt wird. 'Demokratie ist ein mühsames Geschäft', sagt man bei uns. Aber einem anderen Geschäft möchten wir nicht nachgehen. Architektur in der Demokratie birgt die Chance, unsere Welt menschlicher zu machen. Und das ist es doch, was wir wollen.

Falk Jaeger

Gehäuse des Föderalismus

Neubauten deutscher Landtage nach 1949

Landtag von Baden-Württemberg

Auf aktuelle Vorbilder konnten die Architekten in Stuttgart nicht zurückgreifen - der Landtag von Baden-Württemberg war europaweit der erste Parlamentsneubau seit vier Jahrzehnten. 'Zeitgemäß' und 'sachgerecht' sollte er sein, so Erwin Heinle, einer der Architekten, und das hieß Anfang der fünfziger Jahre im besten Fall kompromißlos modern, in Wiederaufnahme der durch die Zeit des Nationalsozialismus unterbrochenen Entwicklung.

Der siegreiche Entwurf von Peter C. von Seidlein und Ulrich S. von Altenstadt im 1953 entschiedenen ersten Architektenwettbewerb war noch nicht so weit gegangen. Er sah eine Anbindung des Baukörpers an das Neue Schloß vor. Kurt Viertel, der dann die zweite Wettbewerbsstufe 1957 für sich entschied, befreite den Bau und postierte ihn als Solitär in den Schloßgarten. Seine Pläne zeigten einen im Grundriß quadratischen, flachen Baukörper, dessen Obergeschoß auskragen und dessen zentral gelegener Saal durch ein Tambourgeschoß belichtet sein sollte. Die Änderungswünsche von Preisgericht

Erwin Heinle, Gebäude
des Landtags von
Baden-Württemberg in
Stuttgart, 1961

Landtag von Baden-Württemberg, Blick in den Plenarsaal

und Bauherr stießen bei dem Mainzer Architekten auf kein Verständnis, so daß das Staatliche Hochbauamt I unter der Leitung von Horst Linde mit Erwin Heinle, Achim Kießling, Hans Schmidberger und Bernhard Winkler den Entwurf modifizierte und 1958 bis 1961 in eigener Verantwortung erstellte.

Geschadet hat es der Architektur nicht. Im Gegenteil. Der Bau entwickelte sich durch die Überarbeitung zu einem der profiliertesten Gebäude der Nachkriegsmoderne. Der ungerichtete Kubus kontrastiert unnachgiebig mit dem frühklassizistischen Schloß und dem historistischen Staatstheater. Zwar ist das Erdgeschoß ringsum verglast, doch da es zurückgesetzt ist, wirkt es durch die Verschattung nicht transparent. Die beiden Obergeschosse, mit Bronzebrüstungen und braunem Farbglas nahezu undurchsichtig verglast, geben sich ohnehin verschlossen. In dieser Konsequenz sicher nicht beabsichtigt, drückt der Bau Unnahbarkeit und Würde aus. Nur am Abend können die Benutzer der von innen erhellten Räume als Agierende erlebt werden.

Könnte schon die Konzeption des sehr klassisch auf einem flachen Travertinsockel erhaben angeordneten Baus von Mies van der Rohe stammen, so trifft dieser Vergleich bei den Fassaden ohne Frage zu. Die Details der Bronzeplatten, der Fensterumrahmungen und der vertikalen, als Fassadenteilung vorgesetzten T-Profile entsprechen bis in kleinste Einzelheiten der Außenhaut des Seagram Buildings, das der Meister 1954 bis 1958, also unmittelbar zuvor, in New York gebaut hatte. Lediglich die Gebäudekanten sind bei Heinle und Linde etwas 'ehrlicher' ausgefallen, da die Betonstützen bis zum Dach sichtbar hinaufgeführt sind, während sie bei Mies verkleidet wurden. Makellos auch die Durcharbeitung des Arkadenumgangs, dessen Deckenraster exakt jenes der Travertinplatten auf dem Fußboden widerspiegelt.

'Aus der großzügigen, nach allen Seiten verglasten Erdgeschoßhalle, in der sich Abgeordnete und Wähler treffen und sprechen, kann auf die gewünschte Verbundenheit mit der Bevölkerung geschlossen werden', so stellten es sich die Architekten vor. Doch wenn der Wunsch in dieser Architektur je Wirklichkeit hätte werden können, das Bedürfnis nach Sicherheit hat ihn zunichte gemacht. Heute ist jedes größere Gebäude lückenlos gesichert, so auch der Landtag, der nurmehr mit Personenkontrolle zu betreten ist.

Die gläserne Eingangsschleuse ist nicht der einzige Einbau, den sich die weitläufige Halle gefallen lassen mußte. Auf der gegenüberliegenden Seite wurde entlang der Glasfassade eine Reihe Pressebüros eingebaut, immerhin mit gläserner Innenwand, so daß der Durchblick von der Halle nach draußen gewährleistet blieb. Größere Unbill steht demnächst ins Haus, wenn das Restaurant erweitert werden soll. Die Baubeamten ließen sich eine gänzlich unpassende Lösung mit geschwungenen Wänden einfallen, die der zu spät eingeschaltete Landeskonservator mit Recht verwarf.

Die Halle kann durch den Einbau der Restauranterweiterung nur an Qualität verlieren, denn die freistehende, flache 'Abgeordnetentreppe', effektvoll von einer mit Versteinerungen aus Holzmaden geschmückten Schieferwand hinterfangen, wird in ihrer Bedeutung eingeschränkt werden.

Die Treppe führt zur Wandelhalle im Obergeschoß, die den frei eingestellten Plenarsaal als Raum umgreift. An drei Außenseiten der beiden Obergeschosse reihen sich die Büros und Sitzungszimmer auf, ohne dem Raum eine entschiedene Barriere zu bieten, denn die holzgetäfelten Wände sind im oberen Teil verglast. Der Lauf der Decke kann bis zur Außenwand verfolgt werden.

Seiner Bedeutung gemäß ist der Saal als architektonisches Sonderelement ins Zentrum des Gebäudes eingefügt, im Grundriß ein gedrücktes Sechseck, in dem die Abgeordnetensitze ein knappes Halbrund bilden. Die Sitzordnung gehorcht dem üblichen Schema mit den Stenographenplätzen beiderseits des Rednerpults und den leicht erhöhten Regierungsbänken beiderseits des thronenden Präsidiums. Je nach individueller Wahrnehmung wird der Raum als etwas beengt oder als angenehm kompakt empfunden.

Die Form und die Größe des Saals wurden von der Forderung bestimmt, daß jeder Abgeordnete von seinem Platz aus überall im Saal ohne elektroakustische Hilfen zu verstehen sein sollte. Ebenfalls akustische Gründe hat die Wandverkleidung mit hohlliegenden Holztafeln. Nicht mehr zeitgemäß und deshalb ungewohnt, ja unangenehm wirkt sich aus, daß der Raum fensterlos ist und der ausschließlich künstlichen Belichtung und Belüftung bedarf. Presse und Öffentlichkeit beobachten das Geschehen von den Tribünen rings um den Saal - ein Blick wie in die Löwengrube. Technische und funktionale Gesichtspunkte standen also im Vordergrund der Konzeption.

Rainer Zinsmeister
Haus der Abgeordneten
Stuttgart, 1987

Unterirdischer Verbindungsgang zum Haus der Abgeordneten. 1989.
Kunst: Robert Schad

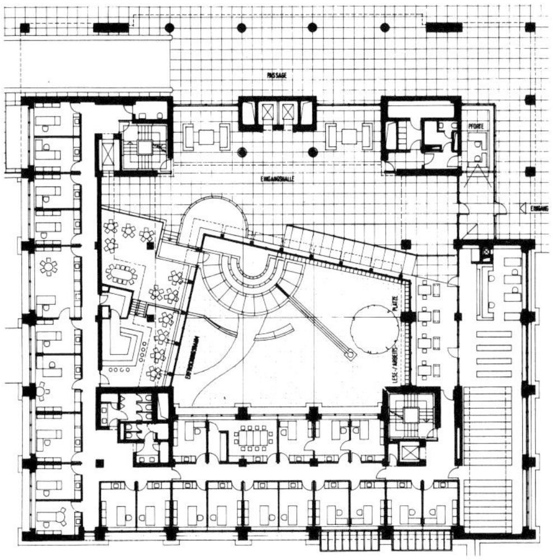

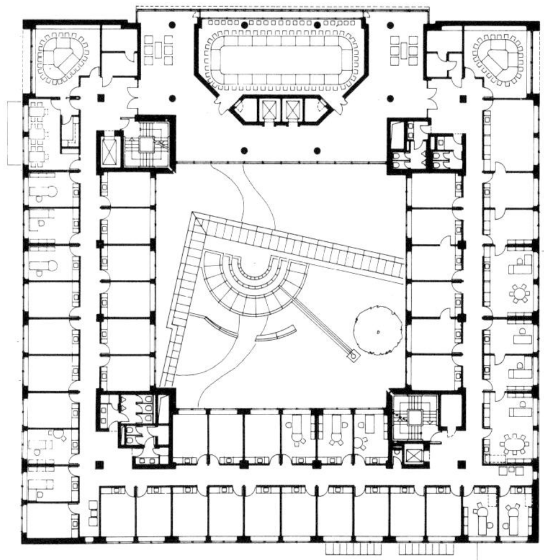

Haus der Abgeordneten
Grundrisse EG 2 und OG 2

Von den im Kernbereich etwas versteckt gelegenen Treppenhäusern hat das nördliche 1987 eine unerwartete Aufwertung erfahren. Es führt in den Keller, zu einem hundert Meter langen Tunnel, der die neun Fahrspuren breite Konrad-Adenauer-Straße unterquert. Der Freiburger Bildhauer Robert Schad hat den Stollen mit einer großartigen Raumskulptur aus Stahlstäben geschmückt, welche die Wände und die Decke des Tunnels auf der ganzen Länge mit bizarren Formen überspielt und das Durchschreiten zum Kunsterlebnis werden läßt.

Am Ausgang dieses Tunnels hat das Kunsterlebnis sein Ende, denn man befindet sich im 'Haus der Abgeordneten', das in seiner Kubatur etwa die Größe des Landtagsgebäudes wiederholt. Der Altbau war ja schon zu klein gewesen, als dort 1961 die ersten Reden gehalten wurden.

Rainer Zinsmeister und Giselher Scheffler hatten 1980 den Wettbewerb für die Erweiterung gewonnen und errichteten ein Verwaltungsgebäude, wie es eben zu jener Zeit Stuttgarter Standard war. Selbstgefällig thront der Baublock wie eine Stauferburg auf seiner steinernen Böschung und stellt eine Monumentalität tapsig zur Schau, die Stirlings Staatsgalerie nebenan listig verhehlt. Mit seiner ohne Materialgefühl am Reißbrett entwickelten Sandsteintapete und der lieblos detaillierten Aluminiumfassade kann er sich mit dem feinnervigen Altbau nicht messen. Er repräsentiert nach gut schwäbischer Art die aufs Machbare und Schickliche reduzierte Postmoderne mit dem gewünschten Anschein der Solidität.

Wiederaufbau der Ruine

Landtag von Niedersachsen

Niemand würde jenes barocke und klassizistische Bauwerk mit benachbarter gotischer Schloßkirche, wie es eine Lithographie aus dem frühen neunzehnten Jahrhundert zeigt, mit dem 'Leineschloß', dem Sitz des niedersächsischen Landtags, in Verbindung bringen. Und doch stecken große Teile davon im heutigen Altbau. Der Kundige bemerkt es zum Beispiel an den ungewöhnlichen Wandstärken in jenem Flügel westlich des Portikus, der einmal Kirche gewesen ist.

Gotik und Renaissance sind dem Gemäuer gründlich ausgetrieben worden. Doch es war nicht der Architekt unserer Zeit, der das im Zweiten Weltkrieg ausgebrannte Gemäuer für die Zwecke des Landtags ausbaute. Es war Hannovers klassizistischer Baumeister Georg Friedrich Laves, der sich das Quartier 1816 vorgenommen und grundlegend umgestaltet hatte. Wenn er auch nicht mit all seinen kühnen Plänen erfolgreich war, so konnte er doch dem Schloß eine völlig neue Prägung geben. Ein klassischer Portikus sollte dem Komplex an der Leinstraße Mitte und Ausrichtung geben. Der Ostflügel an Stelle des 1854 abgebrochenen Schloßtheaters wurde jedoch nie gebaut.

1954, als der Beschluß von 1949 Gestalt annahm, im Leineschloß den niedersächsischen Landtag unterzubringen, erinnerten sich die Architekten an Laves' Absichten. Der Plenarsaal sollte die Stelle des einstigen Schloßtheaters einnehmen und so der Stadtfront des Komplexes wieder das Gleichgewicht zurückgeben. Sein Saalbau präsentiert sich heute als zeitbedingt moderner, blockhafter Baukörper, der nur die Traufhöhe mit dem Altbau gemein hat. Die Stirnwand ist durch vertikale Fensterstreifen in Wandscheiben aufgelöst. Die geschlossene Straßenseite ist mit drei Fahnenträgern geschmückt, bei denen der Braunschweiger Bildhauer Jürgen Weber in seiner derb-plastischen Manier den Sonnen-, den Sturm- und den Regenwind thematisiert hat. Die weitgehend erhaltenen klassizistischen Fassaden waren in den fünfziger Jahren auch vom fortschrittlichsten Architekten aus dem Stadtbild nicht wegzudenken. Mit dem Innenleben der Ruine hielt man sich allerdings nicht lange auf. Dieter Oesterlen, der den Architektenwettbewerb 1954 für sich entschieden hatte, räumte die engen Gebäude aus und füllte sie mit moderner, lichter Zweckarchitektur. Außen wurde nur der Portikus verändert. Laves hatte dessen Säulen auf eine merkwürdige Sockelmauer gestellt. Die Treppe lag hinter dieser Sockelmauer. Oesterlen hob das Niveau unter dem Portikus und verlegte die Stufen, nunmehr als breite Freitreppe angelegt, nach konventioneller Art vor den Portikus. Ließ man dem Portikus und seiner Restaurierung alle Aufmerksamkeit angedeihen, so erhielten die übrigen Fassaden nur Minimalversorgung. Das neue Dach wiederholt zwar die ursprüngliche Kubatur, wirkt jedoch in seiner puristischen Glätte ungemein steril. Die dunklen, lediglich horizontal zweigeteilten Fenster sind in ihrer Wirkung von den leeren Fensterhöhlen der Ruine nicht allzuweit entfernt. Kurzum: Wirklich historisch wirkt das Gebäude nicht. Ein solches Anliegen war den Menschen der Wiederaufbauzeit fremd. Die großflächige, moderne Verglasung sollte vielmehr den Zusammenhang von Schloß und Plenarsaal garantieren. 'Gebundener Kontrast' nennt der Architekt das Prinzip, alt und neu mit Hilfe übergreifender Elemente zu verklammern.

Ruine des Leineschlosses
von Laves, 1945

Gebäude des Landtags
von Niedersachsen in
Hannover: Der alte Bau
und die Anbauten von
Dieter Oesterlen,
1957-62

Wer die Treppe des klassizistischen Portikus erklommen hat und durch die Glastüren eintritt, findet sich in einer anderen, in einer disziplinierten, asketischen, rationalistischen Welt wieder. Heller Marmorfußboden, schmucklose Rundstützen, lichtflutende Ganzglaswände gegen den Innenhof, dessen Bepflanzung in adäquater Weise mit Lineal und Winkel gemaßregelt wurde. Die Flure durch die Schloßflügel wirken nicht alltäglich, sondern durchaus vornehm, sind mit blauem Teppichboden belegt und von einer makellosen Lochdecke gedeckt, die Türen als Kästen wie flache Möbel an die Wand gestellt. Licht fällt durch ein Glasband über der einseitig holzgetäfelten Wand in den Flur, die Trennwände zu den Treppenhäusern sind ganz aus Glas und lassen den Raum ungehindert fließen. Schönere Flure sind seitdem anderswo kaum gebaut worden.

Die Sitzungssäle, Büros und Funktionsräume reflektieren den Arbeitsalltag. Besondere Aufmerksamkeit wurde nur wenigen Räumen zuteil. Der 'Repräsentationssaal', mit Parkett und Wandtäfelung in Eiche, ruht in einer seltsamen Stimmung, die aus der Spannung zwischen dem kargen Raumdesign und dem uneingestandenen, die Möblierung bestimmenden Wunsch nach Wärme und Dekor erwächst. Ein großer Rundtisch mit Intarsienplatte des Hamburger Künstlers Georg Ernst steht auf einem typischen Flokati der sechziger Jahre, daneben ist eine Warteraumbestuhlung aus Lederbänken aufgebaut, wie man sie von Flughäfen kennt. Die zweiflügelige Stahltür hat der Berliner Metallbildhauer Fritz Kühn geschmiedet.

Im ehemaligen Wintergarten, einem Altanvorbau an der Uferseite, residiert der Landtagspräsident. Die kleine Säulenhalle wurde voll verglast. Leider kann der Innenraum aus dem besonderen Charakter dieses bauhistorischen Kleinods keinen Gewinn ziehen.

155 Abgeordnete versammeln sich in dieser Sitzungsperiode im Halbrund um das Rednerpult. Das dreiköpfige Präsidium thront sechs Stufen erhöht dahinter; vor dem Rednerpult haben die Landtagsstenographen ihre Plätze. Die Landesregierung zu beiden Seiten des Präsidenten sitzt immerhin noch vier Stufen über dem amphitheatralischen Plenum, das nach hinten sanft ansteigt. Der Raum mit seinem sechseckigen Grundriß und den ausgerundeten Ecken umfängt das Plenum mit der kontinuierlichen Hülle einer holzgetäfelten Wand. Eine weiße Stuckwand erhebt sich hinter dem Präsidium und geht in dynamischem Schwung in die Saaldecke über. Kurt Schwerdtfeger hat das springende Roß, das Wappentier des Landes, in den Stuck geschnitten. Anders als in Bremen ist die Deckenverglasung raumschließendes Element zwischen Stuckdecke und Wänden. Vom Tageslicht wird den Parlamentariern nicht ausreichend Erleuchtung zuteil. Ohne künstliches Licht ist in Hannover auch bei Tag kein Tagen.

Niedersächsischer Landtag,
Wandelgang im Neubau

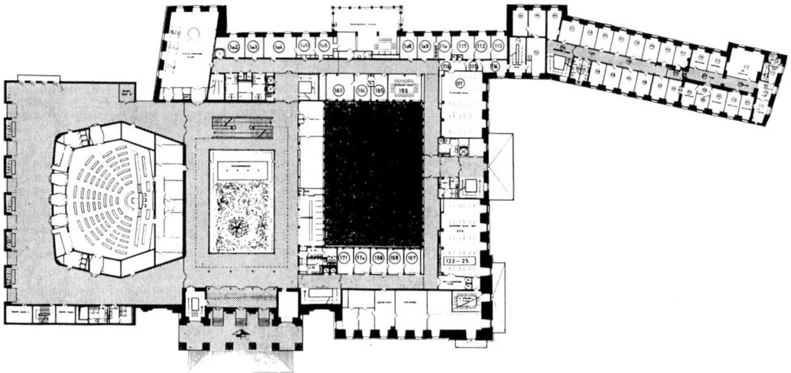

Niedersächsischer Landtag,
Grundriß Hauptgeschoß

Im Vergleich zum Stuttgarter, besonders aber zum Bremer Parlament wird deutlich, wie wichtig es dem Architekten war, den Raum zu gestalten. Er gab ihm eine elegante, formvollendete Hülle, ohne den funktionalen Zusammenhängen bis ins letzte nachspüren zu wollen. Sein Parlamentsbau ist auch nicht gebautes Manifest wie jener in Bremen. Presse und Öffentlichkeit sind hier im räumlichen Zusammenhang nicht präsent, denn die Tribünen sind aus dem gestalteten Raum verbannt. Die Tribünen für 150 Besucher sind in schwarz ausgeschlagenen Logen versteckt, zu hoch und zu weit entfernt, um dem 'Souverän' das Gefühl des hautnahen Miterlebens zu geben. Die Delegierten wiederum fühlen sich hier als souverän Handelnde, die von der Öffentlichkeit nur mehr oder weniger interessiert aus der Ferne beobachtet werden.
Wie in Stuttgart, so hatte sich auch in Hannover im Lauf der Zeit zusätzlicher Flächenbedarf für Landtagsverwaltung und Fraktionen ergeben. Und wie in Stuttgart erreicht man den Erweiterungsbau im Untergeschoß durch einen Tunnel. Ein eigenes Grundstück stand für die Erweiterung nicht zur Verfügung.
So wagte man den Ausgriff in den benachbarten Häuserblock. Am Markt steht die restaurierte Neorenaissance-Fassade des Hauses Georg von Cölln, hinter der sich ein von den Architekten Bahlo, Köhnke, Stosberg und Partner entworfener Neubau entwickelt. Zu erleben ist das Haus nur im Innenhof des Blocks zwischen Am Markt und Leinstraße, was nicht weiter tragisch ist, da es sich um eine typische, durch olivgrüne und gelbliche Metallfassaden etwas süßlich verbrämte Büroarchitektur der siebziger Jahre handelt. Ein noch erhaltener glasgedeckter Lichthof aus dem Jahr 1911 mit schönen gußeisernen Treppen und Galerien wird als 'Forum des Landesmuseums' für Ausstellungen genutzt. Man vermißt allerdings die Einbindung dieses interessanten Raumes in den Organismus des Gebäudes; er ist einfach durch die Büronutzung eingekapselt, ausgegrenzt und nur durch ein 'Mauseloch' vom Markt aus zugänglich. Im Gegensatz zum Stuttgarter Beispiel handelt es sich beim Erweiterungsbau des niedersächsischen Landtags um pragmatischen Flächenzugewinn, um Camouflage-Architektur ohne eigenständigen repräsentativen Anspruch.

Niedersächsischer
Landtag, Blick in den
Plenarsaal

Ecke des Anbaus

Wassili Luckhardt
Haus der Bürgerschaft
Wettbewerbsentwurf
Mai 1959

Bremen: Haus der Bürgerschaft

Das Parlament zur Untermiete in der Börse? Kein Zustand! Doch mehr als ein Jahrhundert war vergangen, seit 1848 erstmals der Ruf nach einem Haus für die Bremische Bürgerschaft laut wurde, das 'seiner heiligen Bedeutung wegen an einem würdigen Platz errichtet werden sollte'. Dann erst diskutierten die Bremer über den Standort für ein neues Parlamentsgebäude. Der Disput währte weitere acht Jahre. Den 'würdigen Platz', auf den man sich schließlich einigte, hat erst der Zweite Weltkrieg freigefegt, als er die Börse am Ostrand des Marktplatzes zerstörte.

Doch der Standortstreit sollte nur ein Vorgeschmack auf die Auseinandersetzungen der folgenden Jahre sein. 71 Architektenteams folgten der Ausschreibung eines Wettbewerbs im September 1958. Zur Debatte standen am Ende noch zwei Entwürfe: der historisierende des Bremer Architekten Gerhard Müller-Menckens und der eines Heroen der klassischen Moderne, Wassili Luckhardt aus Berlin. Müller-Menckens schlug ein traufständiges Walmdachgebäude vor, dessen einfallsloser Fassade mit einem unentschlossenen Erker selbst das Preisgericht 'Schwächen' bescheinigte. Luckhardt wartete mit harten Kuben und kompromißlos klaren Fassaden auf.

Die Überarbeitung beider Entwürfe erfüllte die bestellten Gutachter nicht mit Zufriedenheit und bewog sie, einen engeren Wettbewerb zu empfehlen, zu dem noch Sep Ruf und Rudolf Schwarz hinzugeladen wurden. Schließlich konnte Bürgerschaftspräsident Hagedorn seinen heimlichen Favoriten Luckhardt doch auf den Schild heben. Dieser hatte, mit Rücksicht auf die öffentliche Meinung, sein Festsaalgebäude gegen den Markt in einzelne Giebel aufgelöst und damit Preisrichtern und Abgeordneten die Entscheidung erleichtert.

Nicht jedoch allen Bürgern. Es gab Widerworte, Leserbriefe, Versammlungen. Denkmalfreunde und Avantgarde-Architekten stiegen in den Ring, Bürger aus der Stadt und Bremer aus Übersee meldeten sich zu Wort, es gab Dispute im Parlament und Ärger zu Hause: 'Unsere ganze Familie war entzweit. Wochenlang sprach keiner mehr mit dem anderen', erinnerte sich eine Hausfrau bei der Einweihung.

Was war geschehen? Die 'Bremische Gesellschaft Lüder von Bentheim' war aktiv geworden und hatte die Bürger mit ganzseitigen Anzeigen zur Abstimmung aufgerufen. Luckhardt oder die alten Giebelhäuser (wie sie noch vor dem neugotischen Börsenbau von 1894 am Markt gestanden hatten) - diese Alternative war im Angebot. Nicht weniger als 52.889 Bremer entschieden sich für die

Markt in Bremen mit
Haus der Bürgerschaft

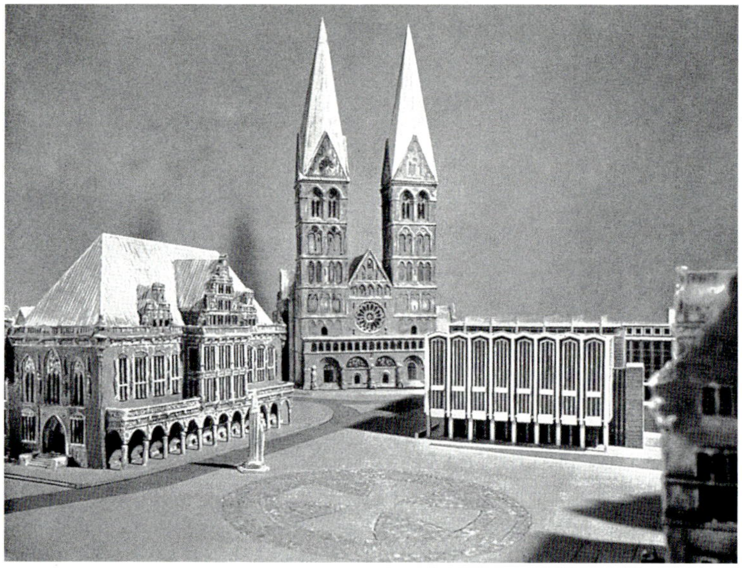

Wassili Luckhardt
Haus der Bürgerschaft
Wettbewerbsentwurf
April 1961

Haus der Bürgerschaft
1961-66

Giebelhäuser, nur 2064 für Luckhardt, dem sie vor allem das Fehlen eines 'ordentlichen' Dachs vorwarfen. Das Haus habe starke Ähnlichkeit mit dem 'Hotel des Südens in Sidney', andere verglichen es mit dem 'Gehäuse eines Radioapparates' oder nannten es 'Parlaments-kunstskelettradiator'.

Doch der Präsident und seine Parlamentarier ließen sich nicht beirren. Luckhardt bekam den Auftrag, mußte noch Veränderungen in Kauf nehmen sowie einige Scharmützel mit dem Denkmalpfleger durchfechten (der dem Haus partout ein Walmdach aufsetzen wollte), konnte aber im Herbst 1961 mit dem Bau beginnen.

Ein Vierteljahrhundert später fällt es schwer, sich die Vehemenz der Auseinandersetzung zu erklären. Fast harmlos, jedenfalls weitgehend angepaßt, erhebt sich das Haus am Markt und schließt den Stadtraum, wie es sich für ein Haus am Markt eben gehört. Luckhardt selbst nannte später seinen zuerst entworfenen Baukörper einen 'zu starken Fremdkörper'. Der Blick nach links zur Schaufassade des bremischen Rathauses und nach rechts zum Kaufmannshaus 'Schütting', auch das mit einer Renaissancefassade, wies ihm den Weg für die Modifikationen. Er löste die Fassade in acht hochgereckte, hervortretende Fensterkästen auf und faltete das leicht schwebend aufgesetzte Dach, so daß es acht flache Giebel jeweils über den Fensterbahnen bildet. So reflektiert die Fassade das Schrittmaß der Gliederung der ehrwürdigen Nachbargebäude und wagt sich mit der Dachkante auch nicht über deren Traufhöhe hinaus. 'Eine gewisse Verwandtschaft' zum Rathaus glaubte Luckhardt auch durch die von Bernhard Heiliger in Aluminiumguß gestalteten Fassadenplatten unterhalb der Fensterbahnen erreicht zu haben, die dem Ornamentfries des Rathauses entsprechen sollen.

Als 'Anpassungsarchitektur' ist die Foyerfassade gegen den Markt sicher nicht zu diskreditieren. Doch ein ungutes Gefühl bleibt - der erzwungene Kompromiß ist mit Händen zu greifen. Vielleicht deshalb, weil sich die Faltung in die Tiefe des Daches nicht als Reihe von flachen Satteldächern fortsetzt, sondern prismatisch verjüngt und reziprok erweitert, also nicht ernst genommen wird. Vielleicht auch deshalb, weil die Fassade des Plenarsaaltrakts gegen Dom und Domshof, auch sie in aufstrebende Fensterbahnen gegliedert, den Kompromiß des Faltdachs vermeidet. Überdies widersetzt sich das Gebäude mit dem ortsfremden dunklen, iberischen Schiefer für die Verkleidung der Außenstützen und Erdgeschoßbrüstungen und dem Verblendmauerwerk aus dunkelbraunen flämischen Handstrichziegeln allen Avancen, sich als Bestandteil des Ensembles am Markt vereinnahmen zu lassen.

Die beiden Baukörper der Anlage, der Foyer- und Festsaaltrakt und der Plenarsaalflügel, sind durch ein transparentes Bindeglied miteinander verbunden. Auch das Erdgeschoß ist voll verglast, dazu noch zurückgesetzt, denn zu jener Zeit stand ein Gebäude nicht auf festem Sockel, sondern sollte schweben, leicht und transparent erscheinen. Transparenz ist denn auch das große Thema des Gebäudes, Transparenz als Synonym für Durchschaubarkeit der parlamentarischen Arbeit. Im übrigen bestimmen eine trotz der bescheidenen Größenordnungen der Anlage großzügige Raumformung und eine nüchterne, kühle Eleganz die Erscheinung des Bremer Parlaments.

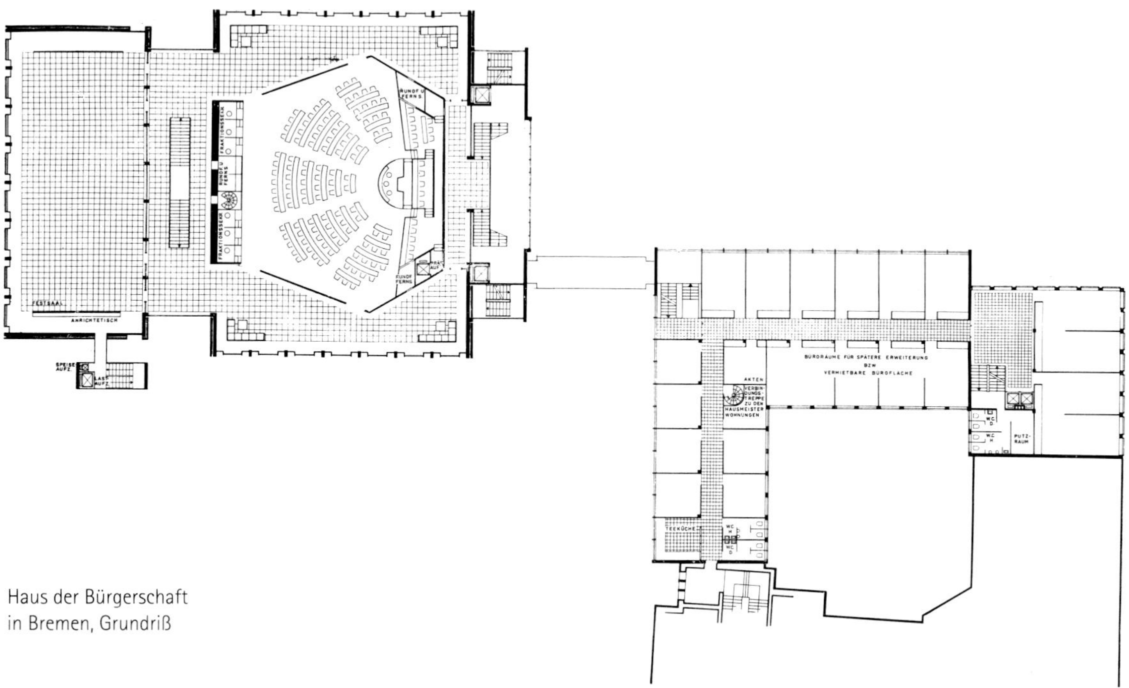

Haus der Bürgerschaft
in Bremen, Grundriß

Eine weitläufige, repräsentative Treppenanlage konnte sich im Eingangsbereich nicht entwickeln. Dennoch wirkt die auf breiter Front verglaste Eingangshalle einladend und offen. Durch den Kunstgriff einer dreiläufigen Treppe, auf deren breiteren Mittellauf man zunächst zugeht, wird der Mangel überspielt; die Öffnungen des Treppenhauses ziehen den Blick nach oben und steigern die Erwartungshaltung. Im ersten Obergeschoß dann eine überraschend weitläufige Erschließungshalle für die Räume des Präsidiums und der Verwaltung an der Marktseite und die Fraktionssitzungssäle unter dem Plenarsaal. Besonders an diesem Geschoß wird die Klarheit des Grundrisses deutlich. Unterschiedliche Nutzungen und Funktionsgrößen sind in eine perfekte Ordnung gebracht, so daß sich wie von selbst eine nahezu symmetrische Figuration ergibt. Die einzige ins Auge fallende, eigentlich unbedeutende 'Störung' ist der Präsidentenaufzug, der nachträglich eingeplant werden mußte.

Das zweite Obergeschoß wartet mit einem Festsaal auf, in den auf voller Längsseite der prächtige Raum des historischen Marktplatzes hineinwirkt. Der Saal dient gleichzeitig als Lobby für das Parlament - ein hoher, weiter Raum, heller als erwartet, schmucklos und streng. Der Wechsel der Stützenachsen zwischen der Fassade und der gegenüberliegenden Glaswand gegen die Treppenhalle ist das Ergebnis der Faltdachkonstruktion. Hier im Saal folgert aus der Achsverschiebung wie selbstverständlich die richtige Lage der Glastüren und die Position zweier Kulissenwände, die vor die Stirnseite des Festsaals gestellt sind. Diese halbhohen Kulissen, hinter denen sich Anrichten und Theken verbergen, korrigieren die Proportionen des Raumes und bringen gleichzeitig den Raumabschluß der Stirnseiten zum Fließen, ein Effekt, der durch die Lichtbänder um die eigentlichen Stirnwände noch gesteigert wird. Licht als 'Baumaterial' auch an der Panoramaseite: Die Fensterbahnen treten erkerartig etwas aus der Fassade, die Zwischenräume, eigentlich Wandkompartimente, sind mit grauem, opakem Rohglas gefüllt. So ergeben sich Abstufungen und Helligkeitsunterschiede, am Tage nach innen, am Abend nach außen wirkend.

Die Farbgebung - ausschließlich Weiß- und Grautöne -, der Perlonveloursboden und die Sitzgruppen sind noch original. Nur ein von Elisabeth Kadow gestalteter Wandteppich bringt Farbe in den Raum und auch die nur in gedeckten, erdenen Tönen. Der Architekt wünschte keine vorlauten Kontraste.

Die ließ er nur im bedeutendsten Raum, dem Plenarsaal, zu. Kräftig bordeauxrot bezogen sind die im Halbrund aufgestellten Sitze der Abgeordneten und jene des Senats und des Präsidiums auf dem Podium. Hinter dem Präsidium erhebt sich eine weiße Kulissenwand als Hintergrund für das stilisierte Bremer Staatswappen, eine Aluminiumarbeit des Bremer Bildhauers Günter Colberg. Die Wände bis zur Brüstung der Zuschauerränge wurden mit dunklem, gestäbtem Palisanderholz verkleidet.

Die Mitglieder des Senats sitzen lediglich eine Stufe über dem Parlament, das Präsidium wurde einige Jahre nach der Bauzeit verkleinert und etwas niedriger gesetzt. Und noch eine kleine Veränderung hat es gegeben. Das Rednerpult läßt sich seit kurzem hydraulisch absenken, da ein behinderter Abgeordneter in die Bürgerschaft eingezogen ist.

Wassili Luckhardts Transparenz kommt wieder in den oberen Wandzonen mit ihren Lichtbändern und der Oberlichtdecke zum Tragen. Der obere Raumabschluß ist ihm allerdings nicht geglückt. Zu unentschlossen nähern sich die Wände über ein vorspringendes Gesims und zurückgesetzte Milchglasscheiben mit ungeklärtem Rahmenwerk der irgendwie aufgesetzten Decke. Der Eindruck einer nach oben offenen Raumschale kann sich allerdings auch nicht einstellen, obwohl ein Maximum an Tageslicht Einlaß findet. Künstliches Licht ist nur an sehr trüben Tagen und am Abend vonnöten.

Die Kontrolle der Bürgerschaftsabgeordneten (konstant hundert an der Zahl; achtzig davon bilden gleichzeitig das Bremer Stadtparlament) kann hier fast unmittelbar erfolgen und physisch erlebt werden, denn die vorderen Zuschauer auf den 260 Plätze fassenden Rängen können den Abgeordneten geradewegs aufs Papier schauen und mit spitzen Ohren deren Gespräche belauschen.

Offenheit und Transparenz: diese Charakteristika waren schon bei den ersten deutschen Parlamentsbauten nach dem Zweiten Weltkrieg im Gespräch. Die kühle Eleganz des Luckhardt-Baus ist in dieser Konsequenz einzig geblieben.

Eller/Moser/Walter,
Landtag von Nordrhein-
Westfalen in
Düsseldorf, 1990,
Vorfahrtsbereich

Blick über den Rhein auf den Neubau des Landtags

Landtag von Nordrhein-Westfalen

Erfreuen sich die deutschen Landtage allgemein großen Publikumszuspruchs, so nimmt das jüngste Parlamentsgebäude, jenes am Düsseldorfer Rheinufer, mit 60.000 Besuchern im Jahr einen Spitzenplatz ein. Die Gründe sind der Bevölkerungsreichtum und das dicht besiedelte Einzugsgebiet, aber auch die wunderbare Lage des Gebäudes mit dem benachbarten Fernmelde- und Aussichtsturm als Magneten und nicht zuletzt die attraktive Architektur. Es ist mehr eine Anlage, ein Komplex, eine Komposition, vielschichtig, vielleicht etwas zu aufgeregt gegliedert - die Dominante des Fernmeldeturms, zumindest aus der Sicht von Norden, scheint das Parlamentsgebäude jedenfalls hervorragend zu ergänzen. Der erste Eindruck, vielleicht von diesem Funkturm angeregt und vom ZDF-Rundling in Mainz beeinflußt: ein Funkhaus (nebenan steht tatsächlich ein Funkhaus des WDR, das diesen Eindruck eigentümlicherweise nicht hervorruft). Zum Rhein hin kragt der große Saal aus, aufgehängt an einer Spinne von mächtigen Fachwerkträgern, die in ihrem kunstgewerblich-pusseligen Blechkleid freilich keinen Staat machen können. Die Aussicht aus dem vorgehängten Präsidententrakt über den Rheinbogen, die Kniebrücke und das Panorama der Stadt muß unvergleichlich sein, denkt sich der den Rheinuferpark durchmessende Spaziergänger - sie ist es. Der Bau, so empfindet man, hat genau die richtige Dimension, um am Südende des Rheinparks und dort, wo der ehemalige Festungsgürtel auf den Rhein trifft, einen Schlußpunkt ans Stadtbild zu setzen, bevor es in Hafen- und Industriegelände ausläuft.

Das Landtagsgebäude aus der Luft

Ein typisches Nachkriegsschicksal: Zunächst tagte der Landtag des jungen Bundeslandes in der Oper, war dann bei Henkel zu Gast und richtete sich schließlich im zurechtgeflickten Ständehaus ein. Drei Wettbewerbe brauchte es, bis 1980 der Entwurf für einen Neubau gefunden war. Die Düsseldorfer Architekten Eller, Moser, Walter und Partner vermochten die Jury mit einer Arbeit zu überzeugen, die auf den ersten Blick von einer Obsession bestimmt schien - vom zwanghaften Versuch, die Kreisform zum formalen Dogma des Grundrisses zu erheben. Solche strukturalistischen Bestrebungen, eine geometrische Grundform als Modul einzuführen, scheitern normalerweise an den vielschichtigen Anforderungen der Funktion an das Bauwerk. Hier in Düsseldorf kam es zum Happy-End.

Ausgangspunkt war ein recht kleiner Teil des Bauwerks, der gleichwohl als Herz der Anlage zu gelten hat, der Plenarsaal. Die Vorbilder? Nicht Stuttgart, nicht Hannover, nicht Bremen mit ihren Debattiertheatern: die Kreisform, die Arena sollte es sein, wie sie Behnisch mit seinem Entwurf für den Bonner Bundestag vorgeschlagen hatte.

Die Architekten zeichneten also einen Kreis. Man brauchte noch weitere Sitzungssäle für die Fraktionen, also noch drei Kreise, und noch einen für die Grünen, die gerade in den Landtag eingezogen waren, und weitere für die Ausschüsse. Und da man gerade dabei war, gab es noch einen Kreis für den Besucheraufzug und einen für die Abgeordnetentreppe. Schließlich organisierte man die Büros im Kreise, ja im Laufe der Arbeit entdeckte man, daß sich auch die Außenräume, vor allem der Eingangshof, trefflich per Zirkelschlag ordnen ließen. Die Kreise hatten auch Untergeschosse. Auf diese Weise kamen noch der Vortragssaal, die Bibliothek und die Kantine zu ihrer Rundform. Einen quadratischen Raum gibt es im ganzen Haus nicht.

Die Meisterleistung der Architekten bestand darin, die Kreise sinnvoll miteinander zu verknüpfen, Zwischenräume zu schaffen, die verbinden und gleichzeitig den Flurcharakter vermeiden, die Aufenthaltsqualitäten haben und räumlich attraktiv sind. Und die Räume kommen ins Schwingen - laden zum Wandeln, zum Entdecken ein. Die Entdeckung beginnt

Landtag von Nordrhein-Westfalen, Eingangshalle

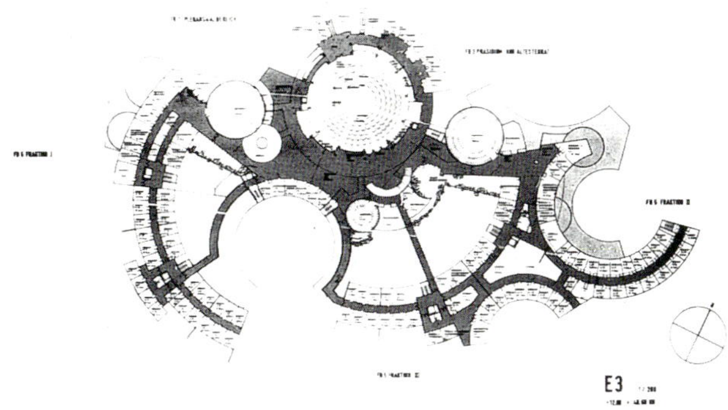

Die Konzeption: Ein Haus
aus schwingenden Kreisen

Eingangshalle mit
Galerien

Landtag von Nordrhein-
Westfalen, Plenarsaal

schon vor dem Haus, mit einem Kunstwerk Dani Karavans, einer großen schräg liegenden, natürlich kreisförmigen Stahlscheibe. Mit angenehmer Geste empfängt der wohlproportionierte Dreiviertelkreis des Eingangshofs jene Besucher, die nicht aus den Katakomben der Tiefgaragen den Weg nach oben suchen wie die Ameisen aus ihrem Berg.

Die Eingangshalle wartet bereits mit allen Qualitäten des Hauses auf, mit Weite, die sich im Blick auf den Strom fortsetzt, mit räumlicher Vielfalt, mit repräsentativen Elementen wie der VIP-Treppe, die in sanftem Schwung hinauf zum Präsidententrakt führt und die man nun wirklich nur schreitend begehen kann, mit aufmerksam gestalteten Details wie den Nur-Glas-Geländern mit edlen Handläufen und Messingsockeln. Ganz erstaunlich der Besucheraufzug, der als gläserner Ring an seiner Mittelsäule emporsteigt und eine ganze Busladung von Zuschauern gleichzeitig in die Höhe der Besucherränge hieven kann. Eigentlich müßte er sich auch noch drehen, um seinen Rummelplatzvorbildern zu entsprechen.

Die Liftfahrt bietet nochmals das Erlebnis der zweigeschossigen Foyer- und Wandelhalle, bevor man auf die Tribünen des Plenarsaals geleitet wird, eines strahlend hellen Raumes, der sich mit den anderen Landtagen Deutschlands so wenig vergleichen läßt. Die Abgeordneten sitzen in runder Formation, beinahe einen Dreiviertelkreis bildend. Geschlossen wird der Kreis durch die Regierungsbänke und das erhöht angeordnete Präsidium.

Irgend etwas stört an dieser Figuration. Ist es die Tatsache, daß die Regierung doch nicht so gleich behandelt wurde wie vorgegeben, weil sie etwas zurückversetzt das Geschehen aus etwas mehr Distanz betrachten kann? Oder ist es die leere Arena, auf die sich der Raum und seine Insassen eigentlich konzentrieren? Der Düsseldorfer Landtag macht die Schwäche kreisförmiger Plenarsäle deutlich. Sie sind eigentlich für das pluralistische Gespräch unter den Abgeordneten gedacht, wobei die Regierung sich Einordnung gefallen lassen muß. Die Praxis parlamentarischen Lebens entspricht jedoch weitgehend dem Frontalunterricht in der Schule. Einer spricht mehr oder weniger vorgefaßte Worte, das Plenum schenkt ihm mehr oder weniger Aufmerksamkeit. Dazu ist ein gerichteter Raum vonnöten, der im übrigen Zwischenrufen und infraktioneller Kommunikation keineswegs entgegensteht, wie das Beispiel Schule gleichfalls erweist. Wie hat ein deutsches Parlament nun auszusehen, in dem nicht disputiert wird wie im englischen, nicht (zum Teil handgreiflich) gestritten wie im italienischen, aber auch nicht ergebenst der Parteiführung gelauscht wie im chinesischen? Die Kreisform kann es wohl doch nicht sein.

Die ideologisch begründete Gleichsetzung von Kreis und Demokratie erweist sich im Alltag als hehre, aber wenig brauchbare Metapher wie auch die Gleichsetzung von Transparenz und Offenheit mit der ersehnten Durchsichtigkeit des parlamentarischen Betriebs. Kontrollieren kann der Bürger die von ihm gewählten Volksvertreter nicht, aber er kann hautnah dabei sein, kann vielleicht eine Chance bekommen, 'seinen' Abgeordneten einmal zur Seite zu nehmen. Bremen kommt diesem Ideal am nächsten. Möglicherweise aber nur, weil es so überschaubar ist, weil es mitten im Getriebe der Stadt steht, weil man es zu Fuß aufsucht.

Und außen? Das kuppelüberwölbte Kapitol als einziger, klassischer Parlamentstypus kann nicht mehr nach dem Willen der 'Demokratie als Bauherr' sein. Darf es das Aussehen eines Bürgersaals wie in Bremen annehmen, oder ist letztlich der Habitus einer Konzernverwaltung angemessen, wie in Stuttgart? Die Peripherie des Parlaments, neun Zehntel eines Baus als Bürofläche, zehrt an der Dominanz und Bedeutung des Plenarsaals. Wie viele Bauaufgaben des 19. Jahrhunderts ist auch der Parlamentsbau in eine Identitätskrise geraten. Ob ihn der neue Bundestag aus dieser Krise herausführen wird?

Semper-Oper

Dresden, Elbpanorama

Werner Strodthoff

Neuanfang in Sachsen

Die Planung für das Landtagsgebäude in Dresden

Elbufer und Hofkirche

Es gibt keine Stunde Null: Geschichte kennt keinen Stillstand. Wohl aber gibt es Zäsuren.
Die 'Wende' der deutschen und europäischen Dinge Ende der achtziger, Anfang der neunziger Jahre war und ist solch ein Einschnitt. Trotz aller Hypothek: Da konnte, ja kann Neuanfang gedacht, geprobt, praktiziert werden. Der sächsische Landtagsneubau, der im Sommer 1993 nach nur anderthalbjähriger Bauzeit am Dresdner Elbufer eingeweiht werden soll, gibt solchem Neubeginn einen architektonisch sehr sinnfälligen Ausdruck. Entwurf, Modell, das derzeit wachsende Gebäude selbst signalisieren: Hier sollen Bürger und Repräsentanten einer demokratisch verfaßten Gesellschaft zusammenfinden, miteinander sprechen, debattieren, von draußen durch die transparente Gebäudehaut hineinschauen ins offene Parlamentarierrund, von dort hinausblicken auf ihre Stadt, ins Land. So ganz anders, als es zu Zeiten des intransparenten Herrschaftssystems der DDR war.

Lobby, Modellfoto

Was wir am Dresdner Elbufer sehen, betreten, in Besitz nehmen werden, ist durchaus eine Architektur der Zuversicht, der wohldurchdachten Offenheit, modern, aber nicht postmodern, von einem zivilen, im besten Sinne republikanischen Pathos, eine Architektur, deren gehaltenes Selbstbewußtsein von der Hoffnung mitgetragen wird, ihr Angebot möge auch angenommen werden. In all dem und nicht zuletzt kann das neue sächsische Parlamentsgebäude auch als ein hervorragendes Beispiel gemeinsamer Verantwortung von Bauherr und Architekt gelten, wenn und wo es darum geht, einem besonderen 'genius loci' Genüge zu tun, dem sensiblen Charakter des Ortes und seinem Maßstab nach, zu planen und zu bauen.

Sicht auf den Landtag von der Elbe

Ein Glücksfall

Peter Kulka, der Architekt, war aus einem Gutachterverfahren, an dem 1991 zwölf Architekten teilgenommen haben (übrigens wurden ausschließlich sächsische Architekten dazu aufgefordert), mit seinem so gar nicht auftrumpfenden und/oder massiven Entwurf siegreich hervorgegangen. Ein Glücksfall, eine Sternstunde für den Architekten, zweifellos. Doch, so darf man hinzufügen, ein Glücksfall auch für den Bauherrn, für das Land Sachsen und für die Dresdner. Denn: Dieser Architekt lebt und arbeitet zwar schon seit vielen Jahren im Westen Deutschlands, in Köln; geboren aber wurde er nur wenige Jahre vor Ausbruch des Zweiten Weltkriegs in Dresden. Im Herzen, aber auch in seiner, künstlerische Maßstäbe bildenden Erinnerung blieb der Westdeutsche ein Sachse, der Kölner ein Dresdner. Eine einmalige Chance, in ein spannungsvolles Gleichgewicht zu bringen, was bislang ohne Balance war – auch im persönlichen Schicksal des Architekten.

Modell des Landtags, Eingangssituation

Überzeugende Symbiose

Die überzeugende Symbiose aus beiden hat denn auch zum Entwurf des Neubaus und zur Wahl eben dieses Vorschlags geführt: einerseits Kulkas Einfühlungsvermögen in seine Heimatstadt, ihr Werden, aber auch ihr tragisches Vergehen im Februar 1945; das Wissen um ihre, trotz aller Brüche und ideologisch motivierten Mißgriffe, auch in Zukunft weiterwirkenden Komponenten; die Dresdner Geschichte, Topographie und architektonische Substanz gewissermaßen im Hinterkopf, vor Augen. Und, andererseits, Kulkas langjährige, vitale Kenntnis der internationalen zeitgenössischen Architektur, die er selbst bereits um schöne Objekte bereichert hat. Bei all dem kam dem Architekten und der raschen Realisierung ein weiterer Umstand, das Wichtigste, entgegen: Kulka traf 1991 in Dresden eine ganz und gar offene, gewissermaßen noch jungfräuliche Situation an, er kam im Moment des Um- und Aufbruchs und hat es glücklicherweise mit Bauherren zu tun, die sich für 'ihr' Projekt noch persönlich verantwortlich fühlen.

Alt und Neu bilden im Ganzen wie im Detail ein Ensemble, ohne aber miteinander unprägnant zu verschmelzen.

Zur ebenso monumentalen wie heiteren, gerade in Dresden von Gärten, Grün und Parkanlagen mäanderartig rhythmisierten Abfolge bedeutender Bauten gehören an der Brühlschen Terrasse etwa die Königlich-Sächsische Kunstakademie, das alte Ständehaus, das im Wiederaufbau begriffene Schloß, dann Chiaveris unerhört turmgrazile Katholische Hofkirche, zurückgesetzt Pöppelmanns weltberühmter Zwinger und Sempers Gemäldegalerie, schließlich Sempers Sächsische Staatsoper (die 'Semper-Oper'). Und bald wird auch George Bährs Frauenkirche, im Krieg zerstört, nach Rekonstruktion durch Günter Behnisch den in dieser Form einmaligen Reigen vervollständigen. Im Hintergrund des Neubaus aber: der mächtige, monolithische Erlwein-Speicher, ein dräuendes Monument heute so nicht mehr gebrauchter Industriearchitektur, das denn auch künftig die sächsische Landesbibliothek aufnehmen soll.

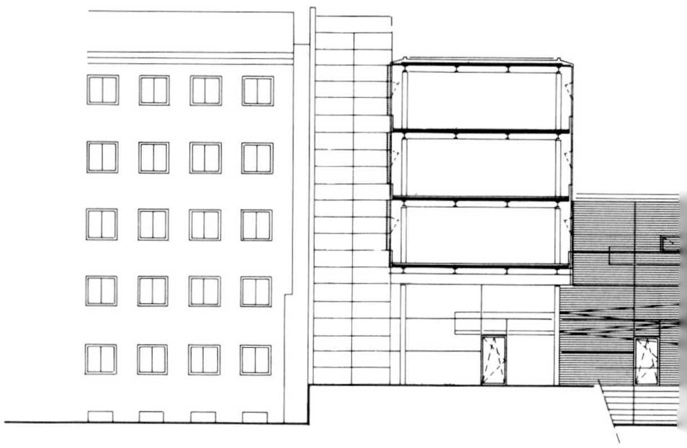

Das städtebauliche Umfeld

Kulkas durch und durch transparenter, pavillonartiger Entwurf für diesen ersten Landtagsneubau eines der fünf neuen Bundesländer läßt sich ohne Kenntnis und Analyse der Dresdner Stadtsilhouette, der das Elbufer und die Elbfront wesentlich bestimmenden Merkmale und der sie bildenden glanzvollen Architekturen nicht hinreichend würdigen. Der neue sächsische Landtag – der historische, heute viel zu beengte, steht noch immer an der Brühlschen Terrasse – wird sich künftig als Glied einer einmaligen Monumentenkette behaupten und sich ihr als ein weiterer Bestandteil einfügen müssen.

Kulka dazu selbst: 'Die Charakteristika der Stadtsilhouette – niedrige Bauten in vorderster Front entlang der Elbe, höhere Bauten mit Kuppeln, Hauben, Türmen in zweiter Reihe dahinterliegend – thematisiert auch der geplante Landtag: Vor dem Hintergrund des fünfgeschossigen, 1928 errichteten denkmalgeschützten Altbaus mit seinem 36 Meter hohen Turmhaus' (während der SED-Herrschaft deren Dresdner Zentrale) 'ordnet sich der niedrige, die Elbe flankierende Neubau innerhalb der Stadtkrone bescheiden unter.'

Insgesamt: Welch eine Herausforderung, welch eine baukünstlerische Verantwortung, in diesem Spannungsfeld zu bauen und damit auch den vorläufigen Abschluß der berühmten Dresdner Elbfront setzen zu dürfen. Der neue Landtag wird von der Semper-Oper nur durch einen, nun ebenfalls von Kulka entworfenen, architektonisch schön gegliederten Landtagsplatz getrennt, zugleich optisch mit ihr und der historischen Silhouette der Stadt verbunden. Der Platz, an dem die Kopfseite und damit der stadtwärts gewandte Haupteingang des Landtags liegen, mündet seinerseits auf eine breite Treppenanlage zur Elbe.
Auch dies ein schönes Dresdner Motiv: Architektur und Landschaft finden sich in anmutiger Verschränkung.

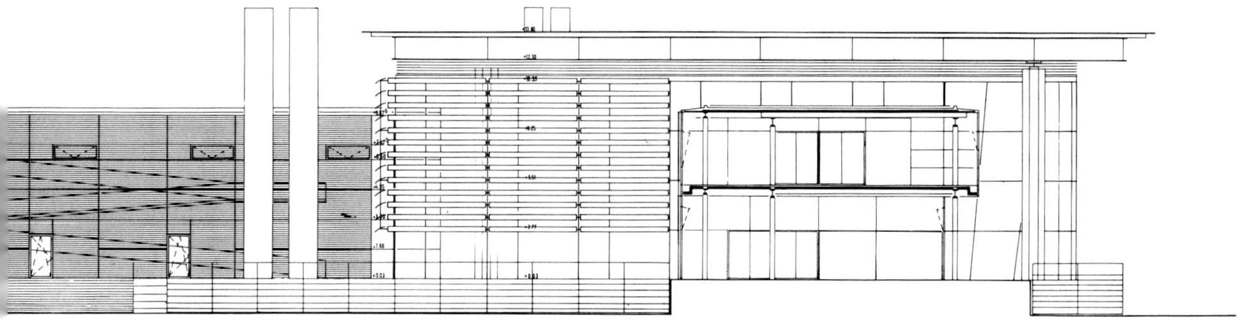

1 Brühlsche Terrasse
2 Schloßplatz
3 Augustusbrücke
4 Theaterplatz
5 Ständehaus
6 Hofkirche
7 Schloß
8 Zwinger
9 Semper-Oper
10 Landtagsplatz
11 Sächsischer Landtag
12 Erlwein-Speicher
13 Marienbrücke
14 Herzoginnengarten
15 Postplatz
16 Neumarkt
17 Japanisches Palais
18 Blockhaus

Die Umgebung des neuen
Landtagsgebäudes in Dresden

Der Neubau, der jenem massiven Behördenaltbau von 1928 funktional verbunden sein wird (er soll die Landtagsverwaltung aufnehmen), erscheint jedoch ganz im Gegensatz zu solch massiver Erblast von allem, auch ideologischem Ballast befreit. Leichtfüßig, auf Stahlstützen fast schwebend, ein flachgestrecktes Hoffnungsschiff aus Stahl, Glas und Aluminium, ein schmaler Elbdampfer, so schiebt sich die lange, zweigeschossige Eingangsgalerie für Parlamentarier und, im Obergeschoß, für die Bürger ('Bürgerforum') bis zum kreisrunden Plenarsaal hin, von wo Politiker wie Besucher einen weiten Blick über die Elbe, auf das gegenüberliegende Ufer, die Höhen um Dresden sowie die Innenstadtsilhouette haben.

Die lange Galerie, die man unter einem weit auskragenden Vordach und einer Treppenanlage betritt, ist ein Promenadenweg und keine Prozessionsstraße. Alles gestelzt Feierliche ist verbannt: Das moderne Monument sucht seine Würde in edler, aber schlichter Bescheidenheit – auch und gerade, wenn es an die 100 Mio. DM kostet. Am Ende des gläsernen Gangs finden die Besucher ihre Tribüne im Plenarsaal und die politische Repräsentanz ihren Platz in einem lichten, gläsernen Debattierrund unter einem quadratisch weit auskragenden, auf vier Stahlstützen ruhenden Flachdach.
Die Architektursprache entwickelt die besten Traditionen der deutschen und internationalen Moderne fort: Mies van der Rohe, Sep Ruf und Egon Eiermann, Günter Behnisch.

Transparenz und Masse sind zum scharfsinnigen Thema geworden, bei dem die geometrischen Figuren von Kreis, Quadrat und Dreieck zu einer klassisch gezügelten Collage verbunden werden: der Kreis des Plenarsaalrunds, das Quadrat des 40 x 40 Meter messenden Saaldachs aus Stahlrost mit Oberlicht (Höhe des Plenarsaals: 12,50 Meter), das Dreieck einer am Plenarsaaleingang leicht verkanteten, bewußt schräg und wie 'verletzt' gefalteten Glaswand – letzteres ein bewußt eingeführtes Störelement, dessen Form so etwas wie eine heilsame 'Verletzung' politischer Harmonien durch die Bürger selbst symbolisieren soll.

Aufsicht auf Neu- und Altbau des Sächsischen Landtags

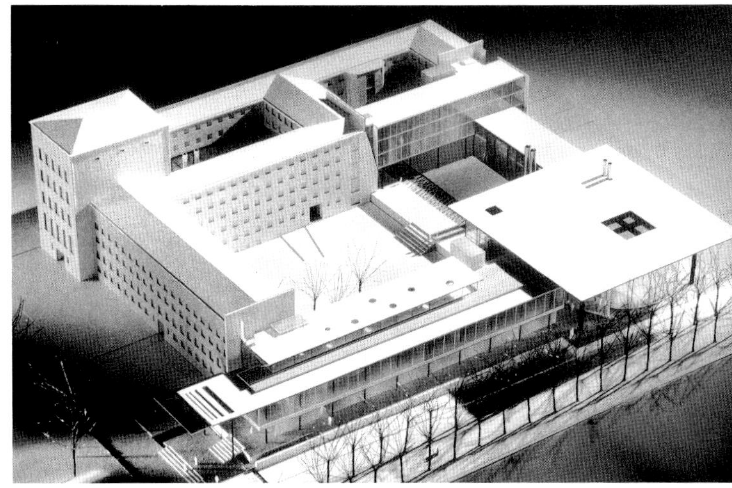

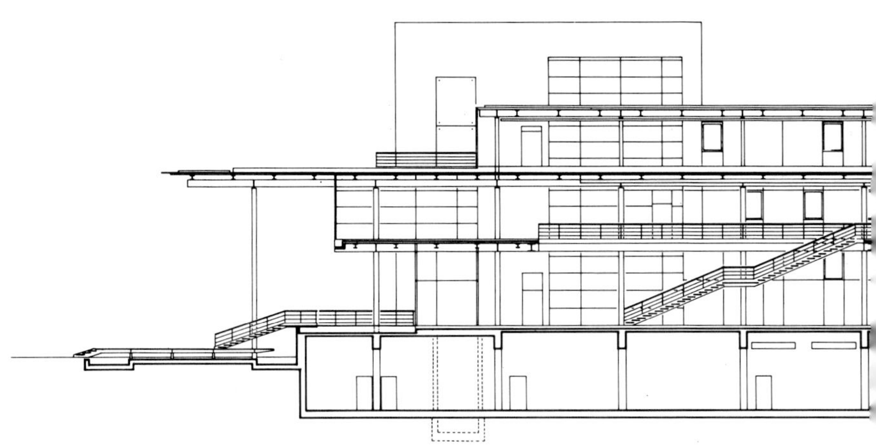

Eine wappengeschmückte 'Rückwand', die Regierung und Präsidium gewissermaßen 'Rückendeckung' verschaffen könnte, wird es in Dresden nicht geben. Kulka entwarf statt dessen ein transparentes Aluminiumgitter, darauf die Konturen des Landes Sachsen. Das sieht der Bürger als erstes, wenn er, von der Stadt kommend, durchs Foyer gehend, im Plenarsaal anlangt. Und schließlich: Die mehrfachen Zäsuren vom Neubau zum rückwärtigen Altbau, mit dessen Sanierung erst Anfang 1994 gerechnet wird (beide bilden einen weiten Patio), markieren hochgestellte, schmale Betonscheiben: Sie behindern die notwendige funktionale Einheit beider Komplexe nicht, verhindern aber auch jeden Eindruck einer bewußtseinstäuschenden Verklammerung. Der Landtagsneubau zu Dresden – vor dem Hintergrund seiner massiven Nachbarschaft entfaltet er, bei Tag und am Abend, seinen filigranen Reiz erst ganz.

In solcher Haut kann man stekken. Und schon heute läßt sich absehen: Sachsens neuer Demokratie hätte man kaum eine bessere architektonische Ouvertüre wünschen können.

Plenarsaal

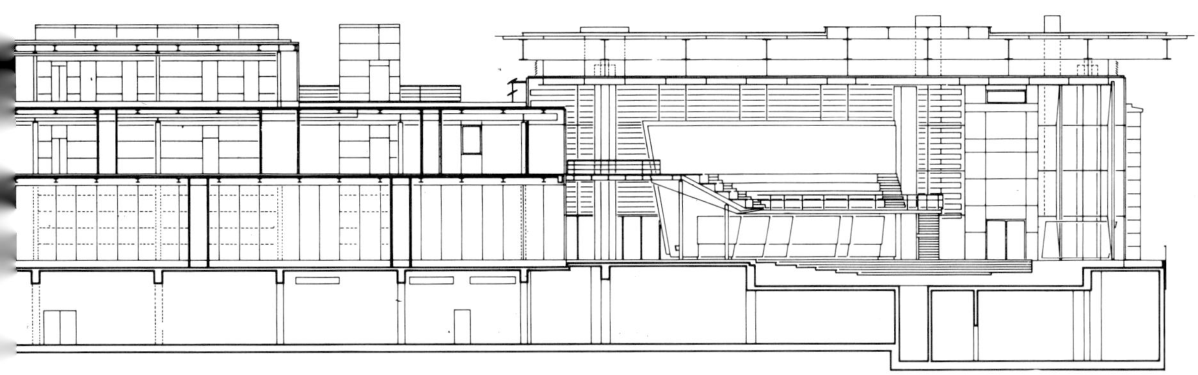

Ein Symbol der Republik

Geschichte und Gestalt der Frankfurter Paulskirche

Es starrte ein nach oben offenes Mauerrund, durch dessen geborstene, klaffende Rundbogenfenster man die zylindrischen Ziegelkerne des ehemaligen inneren Säulenkreises sah, an denen geschwärzte Reste der abgeplatzten Marmorstuckierung hafteten. Ein Schemen ihrer selbst, neigte sich die verkohlte Kanzel vor der Eingangswand. Wie nachlässig beiseite gefegt, hing das Turmkreuz schräg über den von der Glut grotesk verbogenen Resten der Kuppel. So ragte nach der Bombennacht des 18. März 1944 die Ruine der Paulskirche über die Trümmerhalden der verbrannten Frankfurter Altstadt. Noch wagten nur wenige auszusprechen, was vielen als eindeutig vor Augen stand: daß nämlich dieser gigantische Torso der Kirche, in der 1848 die erste deutsche Nationalversammlung zusammengetreten war, nun ein quälend eindringliches Symbol der erneut gescheiterten Demokratie darbot.

Wenige Monate nach Ende des Krieges war man sich, jenseits aller unterschiedlichen Vorstellungen über die gesellschaftliche und politische Zukunft Deutschlands, einig, daß die Paulskirche als Symbol des Versagens, aber auch eines verantwortungsbewußten Neubeginns, wiederaufgebaut werden sollte. Bereits am 11. April 1946 erklärte der neue Bürgermeister Kurt Blaum dem provisorischen Bürgerrat, es sei beabsichtigt, die Paulskirche bis zur Jahrhundertfeier der Nationalversammlung 1948 wiederherzustellen.

'Wenn wir uns mit einer tröstlichen Hoffnung der kummervollen Beschäftigung ergeben, Trümmer zu sichten und verbliebene Ansätze für ihre Wiederverwendung und Neugestaltung zu suchen, dann ist es die, plötzlich einmal aus ganz entkleideten Ruinen das Versprechen einer großen, einfachen Form zu vernehmen. Ein solches Versprechen geht von den hohen stehengebliebenen Umfassungsmauern der Paulskirche aus'.[1] Dies Versprechen einer einfachen Form, wovon der Architekturkritiker Alfons Leitl 1949 rückblickend sprach, dominierte in zweifacher Bedeutung das Denken der Zeitgenossen.

1 Alfons Leitl, in: Baukunst und Werkform, 1949, Heft 1, S. 99, zitiert nach: Werner Durth und Niels Gutschow, Träume in Trümmern, Braunschweig/Wiesbaden 1988, S. 485
2 Otto Bartning, in: Baukunst und Werkform, 1949, Heft 3, S. 104, zitiert nach: Durth und Gutschow, a.a.O., S. 485

Die schmucklos schlichte, vom Ruinösen nur einen Schritt entfernte Architektur der frühen Jahre galt ihnen zum einen als notwendiger Beweis der Abkehr vom diktatorischen Pomp der NS-Architektur, als zeitbedingt karge Rückkehr zur Architektur der Moderne, die als offiziell geförderte Baukunst der Weimarer Republik rückblickend die Aura einer dezidiert demokratischen Architektur ausstrahlte. Letzteres symbolisierte in Gestalt noch des unscheinbarsten, aber eben in 'großen einfachen Formen' errichteten Neubaus die entschlossene Rückkehr zu demokratischen Verhältnissen. Oder anders: Die Ruine, der schmucklose Neubau und die sichtliche Wiederaufnahme der Bausprache von Bauhaus und 'Neuem Bauen' waren den Verantwortlichen Synonyme kollektiver Buße, Einsicht und demokratischen Neubeginns. 'Eines Tages', so schrieb der angesehene Kirchenbaumeister Otto Bartning, nachdem feststand, daß die Paulskirche als Synthese aus alt und neu, Klassizismus und Moderne wiederaufgebaut würde, 'wenn der Streit um die Neuheit sich beruhigt hat, (wird Frankfurt) stolz darauf sein, dieses Werk zu besitzen... Dieses wird das Urteil der Zukunft sein - so wahr wir überhaupt an unsere Zukunft glauben'.[2]
Schon einmal hatte die Paulskirche als monumentales Fragment die Stadtsilhouette bestimmt: zur Zeit ihrer Erbauung nämlich, als in den Jahren zwischen 1796 und 1830 die napoleonischen Kriege und nachfolgende wirtschaftliche Stagnation dem ehrgeizig begonnenen Bauvorhaben, einen der größten protestantischen Kirchenbauten Deutschlands zu errichten, die Grundlage entzogen hatten. Wie so oft ist auch in diesem Falle die Folge von Zufällen rückblickend von verblüffender innerer Logik. Die verwickelte, langwierige und an Widersprüchen reiche Baugeschichte der Paulskirche erweist sich als vorbildliches Lehrstück einer Architekturpraxis, die öffentlichem Bauen und öffentlichen Bauten der (deutschen) Demokratie ihr charakteristisches Gepräge gibt. Oder anders: Die Chronik der Ereignisse zeigt die Paulskirche, ihre bauliche Gestalt und ihre wechselnden Funktionen als sprechendes Werk eines Pendelkurses zwischen Engstirnigkeit und Generosität, als ein schleppendes Procedere, dessen Vollzug die langwierigen Entscheidungsprozesse, die Halbherzigkeiten, aber auch Triumphe des Bauens in der und für die Demokratie vor Augen führt.

Die Paulskirche nach dem Zweiten Weltkrieg als Ruine

Der Neubau als Lehrstück

1786 beschlossen Rat und Gemeinde der Freien Reichsstadt Frankfurt, die baufällige spätgotische Barfüßerkirche abreißen zu lassen, die bis dahin den lutherisch-reformierten Bürgern als Hauptkirche gedient hatte. Der Stadtbaumeister Andreas Liebhardt war mit Plänen für einen Neubau beauftragt worden. Seine Entwürfe, ganz den Gepflogenheiten des Spätbarock verhaftet, sahen einen überkuppelten Ovalbau vor sowie, auf dringenden Wunsch des Rates, einen mächtigen Fassaden-Turm. Auch die Zeichnungen seiner jüngeren, am aktuellen Klassizismus orientierten Konkurrenten, des Frankfurters Georg Hess und des am Mannheimer Schloß tätigen Nicolaus de Pigage, wiesen diese drei, über alle späteren Planwechsel hinaus beibehaltenen Grundelemente auf. Mit ihnen - dem Turm, der Kuppel und dem elliptischen Kirchenraum - war das Vokabular einer Architektursprache festgelegt, die zwischen regionalem und internationalem, sakralem und profanem Anspruchsniveau souverän vermittelte. Eine Architektursprache auch, die sich als geeignet erwies, gleichermaßen dem Selbstverständnis einer religiösen Gemeinde wie dem einer parlamentarischen Versammlung angemessenen Ausdruck zu geben.
Der Turm - in den ursprünglichen Entwürfen deutlicher als in der endgültigen Ausführung - korrespondierte mit dem Hauptbau des historischen Frankfurt, dem spätgotischen Domturm. Dessen Großform, ein kuppelbekröntes Oktogon über einem rechteckigen Untergeschoß, bestimmte auch die des Paulskirchen-Turmes. Was am gotischen Bau ein altertümliches und unübersehbares Zeichen des althergebrachten, im protestantischen Frankfurt aus politisch-ökonomischen Gründen lediglich geduldeten Katholizismus setzte (Kaiserwahl und Krönung im Dom waren zwar katholisch definiert, aber äußerst lukrativ), wurde nun in neuzeitlichen und dezidiert bürgerlich-klassizistischen Formen nachgeschaffen. Der klassizistische neue Turm der Paulskirche (vorläufig noch Barfüßerkirche) bildete gleichsam das diskrete, aber unnachgiebige Symbol der prosperierenden, von einer überwiegend protestantisch geprägten Bürgerschicht

Das Hambacher Fest am 27. Mai 1832 wird zum Höhepunkt des Vormärz in Deutschland.

regierten Handelsrepublik, die ihre Tradition und (katholische) Vergangenheit zwar achtete, aber ihr und ihren baulichen Wahrzeichen mit dem Neubau ein Zeugnis der Ebenbürtigkeit, wenn nicht Überlegenheit gegenüberstellte.

Und dies nicht nur auf religiösem, sondern auch und vor allem auf weltlichem Gebiet: Von je war im Domturm, dessen Bau 1450-1520 Klerus und Rat paritätisch finanziert hatten, ein Symbol sowohl des Glaubens als auch der reichsstädtischen Unabhängigkeit gesehen worden; er war sowohl Abbreviatur der kaiserlichen Domkirche Aachens als auch Abkömmling der burgundischen und niederländischen Rathaustürme, der 'Belfriede' von Brügge, Gent oder Köln. Der neue, sozusagen republikanisch-bürgerliche Turm der protestantischen Hauptkirche bot nun zusätzlich den Vorteil, drei Schritte vom Rathaus der Stadt und unmittelbar vor den Fenstern der Amtszimmer des Bürgermeisters zu stehen.

Dem internationalen Anspruchsniveau wiederum zeigte man sich von Beginn an insofern gewachsen, als sämtliche Entwürfe mehr oder weniger deutlich Deutschlands berühmteste protestantische Kirche zitierten: die Frauenkirche in Dresden. Hier wie da ein ovaler Grundriß, hier wie da Stiegenhäuser in Form umstehender Risalite, hier wie da eine annähernd glockenförmige Kuppel. Was dergestalt vorerst noch Austausch auf sakral-ideologischem Gebiet genannt werden konnte, entwickelte sich im Laufe der folgenden Jahrzehnte zur architektonischen Inkorporation allgemein geläufiger Baukunstmotive auch aus unmißverständlich profanen Würdebauten der abendländischen Baugeschichte. Das römisch-antike Pantheon, die Kuppelsäle spätbarock-klassizistischer Residenzen, später die Rotunde des Schinkelschen Museums zu Berlin, überformten nach und nach die Baugestalt des Frankfurter Gebäudes.

1789, nach zahllosen Diskussionen, Planänderungen, Gutachten und Einsprüchen seitens des Rats und der Gemeinde, begannen unter der Leitung von Stadtbaumeister Georg Hess die Bauarbeiten. Sie gingen zunächst zügig voran. 1792 stand das Kirchenrund in voller Höhe. Turm und Stiegenhäuser waren im Rohbau vollendet. Die napoleonischen Kriege führten zum vorläufigen Abbruch der Bauarbeiten. 1806 schlug man zum Schutz vor weiterem Verfall das Dach auf. Die notdürftig eingezogene Decke brach bald darauf ein. Auch die eilig eingesetzten Fenster hielten der Witterung nicht lange stand. Um zu retten, was zu retten war, vermieteten die Zuständigen den Riesenbau an Kaufleute, die darin Warenlager einrichteten.

1816, Frankfurt hatte auf dem Wiener Kongreß seinen Status als freie Republik zurückerhalten, forderten erste Stimmen die Vollendung der Paulskirche. Die Kaufleute pochten auf Einhaltung ihrer bis 1818 laufenden Mietverträge, Senat und bürgerliche Gremien waren außerstande, Übereinkunft über ein gemeinsames Vorgehen zu erzielen. So setzte man die Entscheidung bis zum 1. März 1821 aus.

Johann Friedrich Hess, als neuer Stadtbaumeister Nachfolger seines Vaters, fiel die Aufgabe zu, den Bau zu vollenden. Dem in Paris geschulten, von den Theorien und Entwürfen der sogenannten französischen Revolutionsarchitektur und ihrer deutschen Nachfolger Gilly und Schinkel überzeugten Architekten standen rund zwölf Jahre aufreibender Verhandlungen mit zögerlichen und mißtrauischen Bauherren bevor. Sein erster (beim Wiederaufbau 1947 erneut ins Bewußtsein getretener) Vorschlag, das behäbig wirkende, zeltartige und obendrein marode Dach abzutragen und durch eine aus Bohlen zu fertigende, in Zink und Kupfer gedeckte Kuppel 'mit groß einfallendem Licht'[3] zu ersetzen, fand zunächst einhellige Zustimmung. Kurz darauf regte sich entschiedener Widerspruch. Der Senat: 'Wenn man auch zugeben muß, daß die dermalen bestehende Form des Daches keine schöne ist, so wird doch noch erinnerlich sein, daß dieselbe nach reichlicher Überlegung gewonnen seie, und unsere Vorfahren nicht ohne Grund die Solidität einem gefälligeren aber minder soliden Dach vorgezogen haben'[4] - Poesie und Prosa bürgerlicher Baupraxis.

3 Johann F. C. Hess, zitiert nach: Evelyn Hils, Johann F. C. Hess. Stadtbaumeister des Klassizismus in Frankfurt am Main von 1816-1845, Frankfurt am Main 1988, S. 98
4 Ebd., S. 98 f.

Siege des Pragmatismus

Ohne die Usancen eines kaufmännisch bestimmten Senates allzu hämisch zu interpretieren, kann man aus heutiger Sicht an die Stelle des klangvollen Wortes 'Solidität' meist das der 'Pfennigfuchserei' setzen. Ersetzt man des weiteren den Begriff der 'Gefälligkeit' durch den einer bürgerlich eingeschränkten, respektive beschränkten Bauästhetik, so wird deutlich, welchen Zerreißproben Architektur und Architekt ausgesetzt waren. Monatelang stritten Hess und seine Auftraggeber um die Anzahl, das Material und die Gestalt des inneren Säulenrunds; der kostengünstigere Vorschlag setzte sich schließlich durch. Nicht anders hinsichtlich des Fußbodenbelags, der Anzahl der Emporen, der Innenausstattung und der geplanten Ausmalung der Kuppel. Was immer der Architekt plante, um dem bei aller Reduktion doch monumentalanspruchsvollen Äußeren der Kirche auch im Innenbau gerecht zu werden, fiel dem - im buchstäblichen wie übertragenen Sinne - Sparzwang des Senats und der Gemeinde zum Opfer.
Exemplarisch verdichteten sich die konträren Auffassungen im Konflikt um die Fertigstellung des Turmes. Hess, 1826 aufgefordert, legte Pläne vor, die den ursprünglichen Entwurf um ein Geschoß erhöhten. Der Senat forderte die sparsamere niedrigere Variante; ein Modell wurde in Auftrag gegeben, eine Kommission eingesetzt. Ihr Vorsitzender, der Großkaufmann Bansa, plädierte in einem Gutachten für die Hess'sche Lösung, da die vom Senat vorgeschlagene 'im Gegensatz mit der kostspieligen Ausbauung der Kirche überhaupt auf eine unverkennbare Weise den Stempel der Sparsamkeit an sich'[5] trage. Nach einigen Vorschlägen, weil ohne bauästhetische Einbußen dennoch die Baukosten reduziert werden könnten, schließt Bansa mit der Mahnung, 'daß mehrere Städte Deutschlands Monumente dieser Art - wennschon zum Theil aus früheren Zeiten - aufzuweisen haben; und daß dieser ganze Kirchenbau auch für uns ein Denkmal unserer Zeit, welche außer so manchen unverkennbaren Vorzügen, auch auf Kunstsinn Anspruch zu machen sich bestrebt, eine Zierde der Stadt werden soll, so kann ich mich nicht überzeugen, daß zu sehr erspart werden sollte.'[6]
Trotz dieses gewichtigen Einspruchs obsiegte der kaufmännisch-bürgerliche Pragmatismus - die billigere Turmvariante erhielt den Zuschlag. Dennoch, als am 9. Juni 1833 die Kirche - nun offiziell Paulskirche - eingeweiht wurde, präsentierte sie sich als ein Bau wie aus einem Guß. Bürgerliche Solidität und gleichsam freigeistige Monumentalität, Eleganz und Diskretion hatten zu einer fragilen Balance gefunden. Roter Sandstein, zurückhaltender Dekor und die silbrig-graue, im Fernblick denn doch einer Kuppel ähnelnde Schieferhaube bestimmten den Außenbau. Das Innere überzeugte durch die Lichtfülle, die ausgewogenen Proportionen der strahlend weißen Wände und die noble, schlicht-feierliche Anordnung der zwanzig ionischen Säulen samt den umlaufenden Emporen. Die Kleinlichkeit der demokratischen Entscheidungsprozesse hatte bewirkt, daß aus den Vorbildern Domturm, Frauenkirche und Pantheon, aus Mollers Ludwigskirche in Darmstadt, Schinkels Berliner Museum und dem Ahnensaal des Kasseler Schlosses Wilhelmshöhe sich eine eigenständige, unverwechselbare Lösung entwickelt hatte, die Jahrzehnte später in der Kunstgeschichtsschreibung als Höhepunkt des Frankfurter Klassizismus, des einzig eigenschöpferischen Stils der Mainstadt, anerkannt werden sollte.

5 Johann F. C. Hess, zitiert nach: Evelyn Hils, Johann F. C. Hess. Stadtbaumeister des Klassizismus in Frankfurt am Main von 1816-1845, Frankfurt am Main 1988, S. 104
6 Ebd., S. 105
7 Johann Wolfgang von Goethe, Reisenotizen, zitiert nach: Magistrat der Stadt Frankfurt am Main (Hrsg.), Die Umgebung der Paulskirche - Städtebaulicher Gutachterwettbewerb, Frankfurt am Main 1983, S. 6

Der Innenraum der Paulskirche

Gewiß, jeder einigermaßen bauästhetisch sachverständige Betrachter konnte rasch die Schwachstellen dieser aus Kompromiß und Umstand gewachsenen Architektur ausmachen. Er identifizierte den Porphyr der Säulen als geschicktes Täuschungswerk von Stukkateuren, er vermißte Skulpturen und Fresken im Inneren, bemerkte das Fehlen einiger, nach dem damaligen Verständnis von Baukunst unverzichtbarer Gesimse, Friese und Dekorationen am Außenbau. Zugleich aber entdeckte er damit die wohl unvermeidbaren Nahtstellen demokratisch-bürgerlicher Entscheidungsfindung, die Architektur gewordenen Metaphern dessen, was - mit allem Glanz und allem Schatten - das Mitspracherecht innerhalb demokratischer Verhältnisse hervorbringt: Unregelmäßigkeiten, Kompromisse, die in ihrer Ambivalenz ertragen werden müssen, und als letztlich achtenswerter Ausdruck demokratischen (Bau-)Willens hingenommen werden sollten.
Goethes zwischen Anerkennung und Verärgerung schwebendes Urteil faßt dies zusammen. 1797, vor dem Anblick des Rohbaus, den angrenzende verschachtelte Bürgerhäuser hart bedrängten, erklärte er: '(Die Kirche) ist als Gebäude nicht verwerflich, ob sie gleich im allermodernsten Sinne gebaut ist. Allein hat man wohl den größten Fehler begangen, daß man zu einem solchen Platz eine solche Form wählte.'[7] Man hätte, zugespitzt formuliert, als Bürger einer Handelsstadt keinen besseren als diesen von Goethe monierten Un-Platz wählen können: Das Land der Griechen und ihre Demokratie mit der Seele suchend, respektierten Rat und Bürgerschaft (wie überall) die Grenzen der Realität. Und diese waren in erster Linie gezogen von Pragmatismus und Rentabilitätsdenken. Daß trotz beider ein Bauwerk wie die Paulskirche zustande kam, daß zwar die Agora Fragment blieb, das Versammlungshaus demokratischer Gemeinschaft aber in glanzvoller Form bereitstand - dies ist das Verdienst der Freien Reichsstadt und ihrer Verfassung beziehungsweise Verfaßtheit. Sie schuf den Pionierbau einer - wie sich später zeigen sollte - nahezu bruchlosen Tradition provisorischer Bauten, deren sich die Demokratie in Deutschland bediente.

Ort der Nationalversammlung

Die Demokratie als Bauherr der Provisorien und Kompromisse: Bevor am 18. Mai 1848 das erste freie deutsche Parlament in die Paulskirche einzog (sie war der einzige für eine so große Versammlung geeignete Raum der Stadt), war der Innenraum fieberhaft für seine neue Aufgabe hergerichtet worden: Die Orgel wurde durch ein Kolossalbild der 'Germania' verdeckt. Der berühmte nazarenische Maler Philipp Veit hatte die Skizze hierzu angefertigt. Dem unbeholfen-plumpen Gemälde aber war die Eile der Kopisten überdeutlich anzusehen. Vor dem Altar und der Kanzel wurde die geschmückte Tribüne des Präsidiums aufgeschlagen. Vor ihr erhob sich das Rednerpodium. Die Abgeordneten 'mußten mit den Kirchenbänken vorlieb nehmen, ohne daß man jemals für irgendwelche Bequemlichkeiten gesorgt hätte. Hinter den Säulen und auf den Emporen füllte meist dicht gedrängt das Publikum den Saal und nahm oft einen sehr lebhaften Anteil an den unendlich langatmigen Verhandlungen, bei denen unerfreulich viele Reden zum Fenster hinaus gehalten wurden.'[8]

Rasch reagierte man auf die unzulängliche Akustik des Riesenraumes. Eine hölzerne, abgehängte Schalldecke wurde eingezogen. Sie verdeckte das obere Fensterrund, verschlechterte die zuvor geschätzte Belichtung, aber verbesserte die Verständigungsmöglichkeiten. Mit den amphitheatralisch angeordneten Kirchenbänken schließlich hatte der Zufall - beziehungsweise die auf das gesprochene Wort ausgerichtete protestantische Form des Gottesdienstes - der Nationalversammlung die klassische Sitzordnung parlamentarischer Zusammenkünfte bereitgestellt. Somit bezeugte die Paulskirche in ihrer hastig angefertigten Innenausstattung jene anfängliche Flexibilität der Nationalversammlung, die Euphorie der demokratischen Bewegung, die bald darauf unter den Zynismen des Adels, der Weltfremdheit vieler Abgeordneter und der Ungeduld radikaler Demokraten versandete. Als die Auseinandersetzungen sich zuspitzten und in der Ermordung der Abgeordneten von Auerswald und von Lichnowsky explodierte, erwies die junge Demokratie sich endgültig als unterlegen. Die Paulskirchenversammlung wich ängstlich nach Stuttgart aus, wo sie bekanntlich wenig später gleich einer Horde ungezogener Jungen auseinandergetrieben wurde.

1850, mit dem Kongreß der Internationalen Friedensgesellschaft, diente die Paulskirche zum vorläufig letzten Mal als politischer Versammlungsort. Am 24. Oktober 1852 kehrte die Gemeinde zurück. In den folgenden Jahrzehnten bemühte sie sich nach Kräften, dem parlamentarischen Inneren wieder sakralere Züge zu geben. Die Aktivitäten gipfelten in der Dekoration der Zwischendecke. 1886 versah sie der Frankfurter Maler Curt Graetz mit einem Rund Palmzweige tragender Engel. Zusätzlich erhielt die Emporenbalustrade in Höhe der Orgel marmorstukkierte Skulpturen der vier Evangelisten. An die Nationalversammlung erinnerten messingne Namensschilder, die auf den Kirchenbänken die einstigen Sitzplätze berühmter Abgeordneter dokumentierten. Dennoch blieb das Bauwerk vorrangig ein, wenn nicht das Symbol der demokratischen Kräfte in Deutschland, war es doch allgemein bekannt als Ort des ersten freien gesamtdeutschen Parlaments. Es entsprechend zu nutzen oder an diese Tradition zu erinnern, war unter dem autoritären und autoritätsabhängigen Parlamentarismus des zweiten deutschen Kaiserreiches nahezu unmöglich. 1898 fand die Gedächtnisfeier zum 50jährigen Jubiläum der Parlamentsversammlung nicht in der Paulskirche statt, sondern im frei mietbaren Zoo-Gesellschaftshaus. 1913 dagegen - nicht das erste Parlament, sondern eine Schlacht wird bezeichnenderweise als Pioniertat zur künftigen Einheit Deutschlands gefeiert - diente die Paulskirche der Gedenkveranstaltung zum 100. Jahrestag der Völkerschlacht bei Leipzig. Die Veranstaltung gab Anlaß, vor dem Turm der Paulskirche ein Völkerschlachtdenkmal zu errichten. Die Gestaltung (eine Reverenz an die liberale Tradition des Ortes?) hob sich in ihren allegorisierend-dezenten Hinweisen auf die Kriegsereignisse deutlich vom favorisierten Militärkult des Wilhelminismus und seiner Schlachtenmonumente ab.

8 Waldemar Kramer und Franz Lerner, Bilder zur Frankfurter Geschichte, Frankfurt am Main 1950, S. 287

Sitzung der Nationalversammlung in der Frankfurter Paulskirche 1848

Denkmal für den Reichspräsidenten Friedrich Ebert an der Paulskirche, wiedererrichtet 1950

Die Frankfurter Paulskirche im 19. Jahrhundert

1923, unter den geänderten Bedingungen in der neuen deutschen Republik, gedachte man unter dem Vorsitz des Reichspräsidenten Friedrich Ebert in der Paulskirche des 75jährigen Jubiläums der ersten Nationalversammlung. Die Veranstalter bemühten sich, die einstige parlamentarische Innenausstattung der Kirche für diesen Anlaß zu rekonstruieren. Veits längst beseitigtes Germania-Bild wurde kopiert, die Fahnenarrangements der Reichs- und Länderflaggen wurden nachgestellt, die Präsidiumstribüne und das Rednerpult nachgebaut. Die kollektive Erinnerung suchte nach sinnlich faßbaren Anhaltspunkten der demokratischen Traditionen. 'Mit einer gewaltigen Volksfeier', so ein zeitgenössischer Kommentar, 'und einem Fackelzug schloß dieser für die Paulskirche und die Stadt Frankfurt und wohl auch für die deutsche Republik gleich bedeutsame Tag. Die Anbringung einer Plakette für Robert Blum zur Erinnerung an seine Erschießung im Jahre 1849 (aber) wurde 1924 vom Kirchenvorstand abgelehnt.'[9]

Die Gedenkfeier war der Auftakt einer Reihe von Gestaltungsmaßnahmen, mit denen die an signifikanten Bauten und Traditionsorten arme Weimarer Republik zeitweise erfolgreich der pompösen Selbstdarstellung des wilhelminischen Kaiserreiches Gleichwertiges entgegenzustellen suchte. Die Paulskirche wurde zum ideellen Zentrum aller deutschen Demokraten. Sichtbaren Ausdruck fanden die Bemühungen 1925 in der Trauerfeier für den verstorbenen Friedrich Ebert: Am Turmsockel wurde ein Denkmal für den ersten Präsidenten der Republik errichtet, ein von Richard Scheibe geschaffener Jünglingsakt, der die Kraft und den Idealismus, aber auch das Gefährdetsein und die Schutzlosigkeit der neuen Demokratie symbolisierte. Die Skulptur sollte der Beginn einer Sammlung von Kunstwerken und Sinnbildern sein, die - analog, aber antithetisch zur protzenden Walhalla bei Regensburg - die Paulskirche zu einem lebendigen Museum und Wahrzeichen der deutschen Demokratie hätte werden lassen. Nicht von ungefähr zählte es zu einer der ersten Maßnahmen der braunen Machthaber, 1933 Scheibes Skulptur von Hitlerjungen und Konfirmanden der Paulskirche abräumen zu lassen. Im Juni desselben Jahres feierte die Paulsgemeinde ihre Einhundertjahrfeier, während der einige peinlich kriecherische Hinweise auf die allem 'demokratischen Ungeist' überlegene neue Diktatur laut wurden. Politischen Demonstrationen diente fortan wieder und ausschließlich das Völkerschlachtdenkmal vor dem Turm der Paulskirche, sie selbst rangierte vorrangig als klassizistisches Monumentalbauwerk der Frankfurter Geschichte.

9 Fried Lübbecke, Alt Frankfurt, Folge III, Frankfurt am Main 1926, S. 32

Grundriß des Untergeschosses der Paulskirche nach dem Wiederaufbau

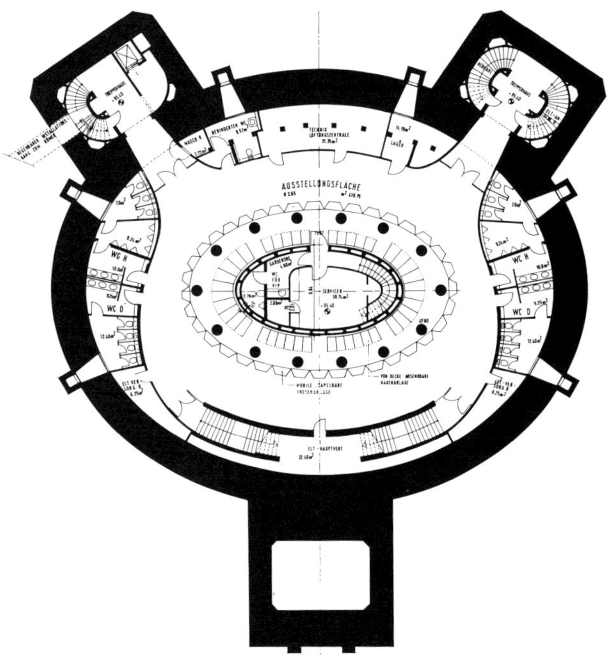

'Die Paulskirche', so erinnerte sich in den frühen fünfziger Jahren der Kunsthistoriker und einstige Frankfurter Altstadtverwalter Fried Lübbecke, 'war nach dem Brande gewaltig anzuschauen, innen wie außen aus roten Sandsteinquadern gefügt, die unter dem Brande kaum gelitten hatten. Viele hätten gern die Ruine als Denkmal stehengelassen.'[10] Lübbecke schrieb dies unter eine Wiedergabe der Ruine, worauf deutlich die ausgemergelten ziegelsteinernen Innenwände der Kirche zu erkennen sind. Sein Irrtum selbst angesichts des unwiderlegbaren fotografischen Dokuments steht für die ungeheure Suggestion, die vom ausgeglühten Rund der Kirche ausging. Kaum jemand konnte sich ihr entziehen.

Oberstes Gebot aller, die sich frühzeitig für den Wiederaufbau der Paulskirche einsetzten, war der Versuch, die drohende Teilung Deutschlands zu verhindern. Wer immer vom Bauwerk Paulskirche sprach, sprach auch von der Einheit Deutschlands. So wurde denn auch die Spendensammlung zugunsten des Wiederaufbaus zu einer diskreten, aber unmißverständlichen Demonstration zugunsten der Unteilbarkeit: Neben den amerikanischen Finanzhilfen trafen Gelder aus allen deutschen Ländern ein. Fast zwei Millionen Reichsmark waren in Aussicht gestellt. Die damalige Sozialistische Einheitspartei überwies 10.000 Mark, von der Regierung des Landes Sachsen kamen 100.000 Mark.

'Es geht nicht um Frankfurt, sondern es geht um Deutschland, unser aller Vaterland. Die Frankfurter Paulskirche ist sein Haus und Sinnbild. Die Paulskirche ist das Haus der deutschen Demokratie.'[11] Mit diesen Worten umriß 1947 der damalige hessische Ministerpräsident Christian Stock während der Grundsteinlegung zum Wiederaufbau Funktion und Bedeutung der Paulskirche. Indirekt formulierte er damit auch die Prinzipien der künftigen baulichen Gestalt. Ein Haus der Demokratie zu bauen - demokratisch zu bauen - lautete, wie eingangs dargelegt, die Grundforderung an den Wiederaufbau. Dies unter der Prämisse, gestalterisch zwischen Ruine, historischer Reminiszenz und zukunftsweisender Formgebung zu vermitteln. Beauftragt wurden der als Meister der Moderne (wieder) anerkannte Kirchenbaumeister Rudolf Schwarz, der Frankfurter Stadtbaurat Eugen Blanck sowie die Architekten Gottlieb Schaupp und Johannes Krahn.

Rudolf Schwarz erläuterte rückblickend, unter welcher Maxime die Gemeinschaft das Bauwerk gestaltete: 'Die Denkmalpflege wollte den alten Bau historisch genau wiederhergestellt haben, aber wir widersetzten uns, denn die große Ruine war weitaus herrlicher als das frühere Bauwerk, ein riesiges Rund aus nackten ausgeglühten Steinen von einer beinahe römischen Gewaltsamkeit. So schön war das Bauwerk noch niemals gewesen und wir erreichten, daß es so blieb. (Der Bau geriet uns in) einer solchen nüchternen Strenge, daß darin kein unwahres Wort möglich sein sollte.'[12]

10 Fried Lübbecke, in: Georg Hartmann (Hrsg.), Alt Frankfurt - Ein Vermächtnis, Frankfurt am Main o. J., S. 269
11 Christian Stock, in: Festschrift der Stadt Frankfurt am Main zur Grundsteinlegung des Wiederaufbaus der Paulskirche 1947, Frankfurt am Main o. J., o. S.
12 Rudolf Schwarz, Kirchenbau - Welt vor der Schwelle, Heidelberg 1960, S. 64

Untergeschoß der Paulskirche (ursprünglicher Zustand)

Paulskirche, Grundriß der Plenarsaalebene

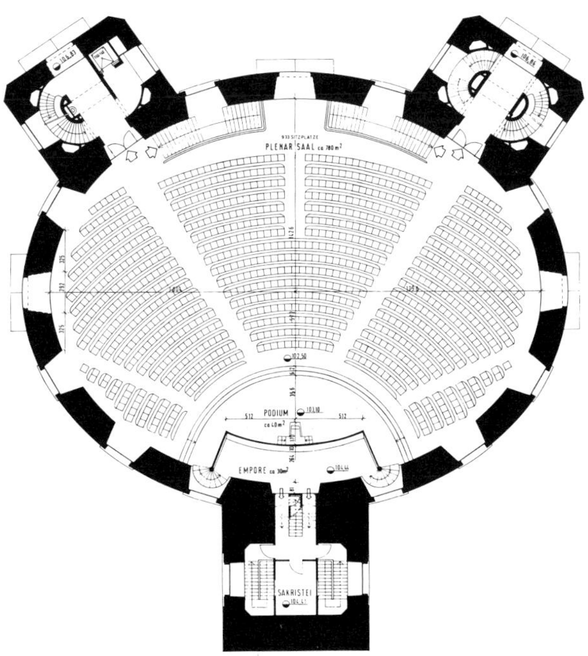

Die Denkmalpflege wollte den alten Bau historisch genau wiederhergestellt haben, aber wir widersetzten uns, denn die große Ruine war durchaus herrlicher als das frühere Bauwerk, ein riesiges Rund aus nackten, ausgeglühten Steinen von einer beinahe römischen Gewaltsamkeit. So schön war das Bauwerk noch niemals gewesen und wir erreichten, daß es so blieb.

Der gute Plan muß die Dynamik der Geschichte mit einbauen, die ihn einmal überwindet.

Rudolf Schwarz

Ideale, Einsichten, aber auch Irrtümer, wie sie sich in den Baudebatten der frühen Jahre herauskristallisierten und längere Zeit das Bauen der Bundesrepublik bestimmten, fanden in der neuen Paulskirche bildhaften und exemplarischen Ausdruck. Sie als Sinnbild der neu gegründeten Demokratie zu errichten, konnte in jener Zeit nur heißen, dem Bauwerk deutliche Züge der von den Nazis als 'entartet' verfemten, klassischen Moderne zu geben. Demokratisch bauen, so die Grundregel jener Jahre, war gleichbedeutend mit der Wiederaufnahme jenes Stils, den der Philosoph Walter Benjamin einmal euphorisch als Inbegriff einer Architektur der Gleichberechtigung und Fortschrittsfreude charakterisiert hatte. 'Das Kommende steht im Zeichen des Transparenten'[13], so Benjamin im Blick auf die durchscheinende Glas-Stahl-Architektur eines Le Corbusier und Mies van der Rohe, die er dem demokratischen Ideal von Durchschaubarkeit und Durchlässigkeit der gesellschaftlichen Verhältnisse, der Macht- und Entscheidungsbefugnisse gleichsetzte. Wer modern, wer transparent baut, so die Faustformel auch und vor allem nach 1945, baut demokratisch. Folgerichtig betonte denn auch Rudolf Schwarz und lobten die Auftraggeber die Lichtfülle, die der Hauptraum der neuen Paulskirche aufweisen würde, wobei sie unwissentlich (?) sakrale Lichtmystik auf Demokratie-Ideale übertrugen. Eine Lichtfülle, die vorrangig den gigantischen und transparent verglasten Rundbogenfenstern zu verdanken war, in deren stereometrischer Abfolge man nun den klassizistischen Vorläufer funktionalistischen Bauens erblickte. Mit dem gleichen Argument wurde die sachliche Innenausstattung der Versammlungshalle präsentiert - amphitheatralisch angeordnete dunkle Sitzreihen, ausgerichtet auf die marmorne Präsidiumstribüne samt Rednerpult, die, Plastiken der abstrakten Kunst gleichend, als eindeutige Chiffre der Moderne (mithin der Demokratie) am traditionellen Standort wiedererstanden waren. Funktionalistische Strenge und Materialgerechtigkeit demonstrierte das hölzerne Strebewerk der flach gekuppelten Decke, in deren Scheitel sich die zusätzlich lichtgebende niedrige Laterne öffnete, die wiederum die kupferne Flachkuppel des Außenbaus krönte. (Sie stellte, wie eingangs angedeutet, gleichsam die späte und asketische Einlösung der von Johann Friedrich Hess vorgeschlagenen Kuppelvariante dar.)

Plenarsaal in der Paulskirche mit Blick auf Podium und Empore

Als grandioser Kompromiß zwischen funktionalistischer Zweckmäßigkeit, dezidiert modernem Dekor und Reminiszenz an die ursprüngliche Gestalt wurde zu Recht Rudolf Schwarz' umlaufender Kranz von Leuchtkörpern gefeiert: Zwanzig von der Kuppeldecke herabhängende Ketten aus rechtwinklig zusammengesetzten und vertikal geordneten Neonröhren unterteilten das Riesenrund; in ihnen waren Wirkung und Erscheinung des einstigen Säulenrunds bewahrt, und es war zugleich ein markantes Zeichen des neuen Stils, der neuen Transparenz gesetzt. Wer sich im wiederaufgebauten Versammlungssaal der Paulskirche aufhielt, sah sich in einem unmißverständlich modernen Innenraum, der dennoch die Erinnerung an das Zerstörte, an den Ort der ersten deutschen Nationalversammlung bewahrte; schemenhaft nur und damit dem einstigen wie dem nachfolgenden Versagen angemessen.
Wirkungssteigernd fügte die Architektengemeinschaft dem Bau ein neues Untergeschoß ein. Wer die Paulskirche betrat, fand sich zunächst in einem kryptenartig niedrigen Umgang, rhythmisiert von gedrungenen Marmorsäulen, die eine innere Rotunde umstanden, in der ein Besucherraum untergebracht war. Die drückenden Proportionen, die einschüchternde Wucht des Raumeindrucks waren gedacht als warnender Verweis auf die Last der gerade zu Ende gegangenen Diktatur. In Form zweier geschwungener Treppenaufgänge folgte der - im realen und zugleich symbolischen Sinn - Aufstieg in die Weite des der Demokratie gewidmeten, strahlend hellen Vortragssaals. Rudolf Schwarz: 'Wir wollten damit ein Bild des schweren Weges geben, den unser Volk in dieser seiner bittersten Stunde zu gehen hat.'[14]

13 Walter Benjamin, 'Die Wiederkehr des Flaneurs' (1929), in: ders., Gesammelte Schriften, Bd. III, Frankfurt am Main 1974, S. 196
14 Rudolf Schwarz, ebd., S. 69

Der Bau dient heute geistigen Dingen von hohem Rang – der Friedenspreis des deutschen Buchhandels wird hier verliehen, und die Reden der Preisträger sind oft politische Taten von schwerem Gewicht – und er ist von solch nüchterner Strenge, daß darin kein unwahres Wort möglich sein sollte.

Rudolf Schwarz

Blick in die Deckenkonstruktion der Paulskirche

Gedenktafel für den hessischen Ministerpräsidenten Georg August Zinn an der Paulskirche

Paulskirche, heutiger Zustand

Die Paulskirche ist beinahe der einzige Raum in Deutschland geblieben, wo das Politische groß und geistig sein darf, und ich meine, später müsse einmal in jeder Stadt eine solche Agora sein, die nichts anderem dient.

Rudolf Schwarz

Für das generelle Baugeschehen der jungen Bundesrepublik, möglicherweise sogar für die demonstrativ modernen, ersten Bundestagsbauten in Bonn mag dieses Urteil zutreffen. Der Pionierbau des befreiten demokratischen Deutschland, die Paulskirche, entstand dagegen als architektonisches Zeugnis des bewußten Umgangs gerade mit der jüngsten Vergangenheit. Die Spuren der selbstverschuldeten Zerstörung und mithin des Scheiterns der Demokratie wurden an ihr nicht getilgt, sondern in allegorischer Form bewahrt. Indem statt des kuppelähnlichen Schieferdachs die Flachkuppel - und diese überdies auf einer zusätzlichen, hohen Attika in Rotsandstein - aufgesetzt wurde, blieb dem eigentlichen Baukörper der Charakter des Rudiments, des Torsos der kriegszerstörten Paulskirche erhalten. Weitere Zeichen setzten deutlich sichtbar belassene Ergänzungen und Ausbesserungen in der rotsandsteinernen Quaderung der Außenwände. Und selbst die äußerlichen Akzente des modernen Wiederaufbaus, die gläsernen Schwingtüren in Hauptportal und Nebeneingängen, fungierten gleichzeitig als Mahnzeichen an die Ruine. Ihre Transparenz ließ die eingetieften runden Laibungen der Portalöffnung weiterhin den starrenden Höhlen gleichen, als die sie nach 1944 erschienen waren. Somit entstand eine Synthese aus Moderne und Tradition, ein sprechendes architektonisches Gleichnis des demokratischen Neubeginns, der sich seiner Verantwortung für das Vorangegangene bewußt bleiben wollte.

Die neue Paulskirche als Paradigma

Das Bemühen um eindringliche Symbolik ist es denn auch, das die Paulskirche zum architektonischen Paradigma demokratischen Bauens werden ließ. Dadurch, daß die Architekten die demonstrativ modernen Bestandteile der Paulskirche im Sinne einer 'architecture parlante' gestalteten und deuteten, erweiterten sie den Bedeutungshorizont dieser Rückkehr zur Moderne entscheidend. Mehr noch: Indem ausdrücklich die Synthese aus Zweck und Symbol, Funktionalität und Bildhaftigkeit gesucht wurde, distanzierte man sich unwissentlich von jener bald darauf einsetzenden, fatalen und folgenreichen Rehabilitation modernen Bauens, die als kollektiver Verdrängungsmechanismus gedeutet werden kann. Hannah Arendt erkannte als erste im allgemein üblichen, entschlossenen Anknüpfen an die Moderne eine architektonische Variante deutscher Traumata.[15] Sie analysierte die allgemeine Zustimmung zum neuen, vom Gros der Deutschen als amerikanisch mißverstandenen Bauen als unbewußte Flucht. Mit dem international gültigen Stil, so die Argumentation der Philosophin, bauten die (West-)Deutschen sich eine von Traditionen und insbesondere den Belastungen der jüngsten Vergangenheit scheinbar freie Welt, manifestierten sie symbolisch die quasi schuldfreie, unbelastete Zugehörigkeit zum westlichen Staatenverbund. Eine Baupraxis mithin, die unterbewußt einen Schlußstrich unter Schuldfindung und Selbstanklage zog oder zumindest zu ziehen schien.

Indessen hieße es, die Bauherren und das Bauwerk der demokratischen ersten Stunde ungerechtfertigt zu glorifizieren, wollte man es mit dem Nachvollzug der damaligen Maßnahmen, der Debatten und Interpretationen bewenden lassen. Die Schattenseite jener bewundernswerten Bekenntnisse zur Demokratie und zur Verantwortung bildet das Eifererturn, mit dem sie formuliert und in Architektur übertragen wurden. Die Inbrunst, mit der sich alle Beteiligten den neuen Idealen, der neuen Architektur der Paulskirche zuwandten, erscheint rückblickend (auch) wie die eines besseren, aber nicht minder heißblütigen 'alter ego' all derer, die hartnäckig dem Gestern verhaftet blieben. Beide Seiten reagierten auf ihre Weise verbohrt, insistierten unnachgiebig auf dem, was sie für das Wohl der Nation hielten. Aus dieser Perspektive betrachtet, eignet der feierlichen Schlichtheit der wiederaufgebauten Paulskirche etwas Inquisitorisches: 'Wir hielten den Bau in einer fast mönchischen Strenge', so Rudolf Schwarz, 'und wir meinten damit die Gesinnung, in der die neue Gründung des Reiches erfolgen sollte.'[16]

15 Vgl. Hannah Arendt, 'Besuch in Deutschland', in: Zur Zeit - Politische Essays, Berlin 1986, S. 43 ff.
16 Rudolf Schwarz, ebd., S. 64

Hessischer Rundfunk,
Eingangshalle

Einen auch im Außenbau radikal modernen, einen fast schwebend leichten Nachfolgebau zur Paulskirche begann 1948 Gerhard Weber. Frankfurt hoffte auf die Funktion der (vorläufigen) Bundeshauptstadt und beauftragte Weber, eine Pädagogische Akademie zum Plenarsaal des künftigen Bundestags umzubauen. Was entstand, war eine moderne Paraphrase der Paulskirche. Die gänzlich in Glasflächen aufgelösten, runden Außenwände - in der Großform ein Zitat der Paulskirchen-Ellipse - umgaben einen Versammlungsraum, dessen amphitheatralisch angeordnete Sitzreihen samt Empore und schlank-hohen Rundpfeilern sichtlich den Grundformen der Paulskirche entlehnt waren. Auch das Äußere präsentierte in asketisch-zeitgenössischen Formen absichtsvolle Anklänge an den Traditionsbau der deutschen Demokratie. So die Treppenhausrisalite, die, entgegen funktionalistischen Idealen, mit rotsandsteinerner Quaderverkleidung als Abkömmlinge der Paulskirchen-Stiegenhäuser kenntlich waren, sowie die kupferne Flachkuppel, die als fast wörtliches Zitat des neuen Paulskirchen-Daches ausgeführt wurde. Noch während der Bauarbeiten fiel die Entscheidung zugunsten Bonns. Webers Rundbau wurde dem Hessischen Rundfunk übereignet, der ihn zu seinen Zwecken umbauen ließ. Eine demokratische Bautradition riß ab, noch ehe sie sich entfalten konnte.

Durch die Bewahrung des Kriegsschreckens bei gleichzeitigem, unmißverständlich modernem Wiederaufbau begründete Rudolf Schwarz in Gestalt der Paulskirche eine - leider ebenfalls nur kurzlebige - Tradition, die neben der Paulskirche ihre eindringlichsten Zeugnisse in Hans Döllgasts Münchner Pinakothek mit den deutlich sichtbaren Spuren der vorangegangenen Zerstörung sowie in dem über den konservierten Kriegstrümmern modern ergänzten Nürnberger Pellerhaus hat. Sie gipfelte, gleichfalls unter der Leitung von Rudolf Schwarz, in den zum Mahnmal umgestalteten Ruinen der Kölner Albanskirche, die ein moderner Zwischenbau mit dem wiederaufgebauten Festhaus der Stadt, dem gotischen Gürzenich, verband.

Die weitreichendsten Folgen der Paulskirchen-Moderne bestanden aber in der fortan gültigen Gleichsetzung von transparentem und demokratischem Bauen. Ob die nachfolgenden Verfechter dieser These sich jeweils des Ursprungs bewußt waren, sei dahingestellt. Den Zeitgenossen zumindest war die Vorbildfunktion der wiederaufgebauten Paulskirche, ihrer Lichtsymbolik und Askese, ein eindeutiges Gleichnis: 'Sollte dann nach hundert Jahren', so Fritz von Unruh in seiner Einweihungsrede am 18. Mai 1948, 'etwa wieder einer hier stehen zur Feier einer Deutschen Demokratischen Republik, so möge er von uns berichten können, daß wir hier eine erste Zelle der Entsühnung und Versöhnung mit dem Geiste gebildet haben.'[17] In diesem Geiste griff man denn auch die Bestrebungen der Weimarer Republik auf, mittels Kunstwerken und Gedenkplaketten die Paulskirche zum geistigen und baukünstlerischen Sammelpunkt deutscher demokratischer Ideale zu gestalten. 1950 wurde Richard Scheibes

17 Fritz von Unruh, Rede an die Deutschen, zitiert nach: Waldemar Kramer (Hrsg.), Frankfurt-Chronik, Frankfurt am Main 1964, S. 429

Skulptur zum Gedächtnis Friedrich Eberts wieder aufgerichtet. Inzwischen bilden die eindrucksvollen Außenwände der Paulskirche den Hintergrund einer Art von Galerie unter offenem Himmel, die Kunstwerke präsentiert, deren Aussagen den Siegen und Niederlagen der deutschen Demokratie gelten.

Auch nach Abschluß des Wiederaufbaus 1948 ist in unwissentlicher Wiederholung des eingangs geschilderten bürgerlich-demokratischen Gezänks oft über Bau und Umbau der Paulskirche beraten worden. 1986, im Zeichen der neuen postmodernen Vorliebe für historische Architekturen, tauchte der Vorschlag auf, die Paulskirche in den Zustand der Jahre 1833 und 1848 zurückzuversetzen. Nach heftigen Kontroversen einigte man sich darauf, dem Bauwerk im Rahmen einer dringend notwendigen Sanierung Zitate der ehemaligen kleinteiligen Sprossenfenster einzufügen, im übrigen aber die Gestaltung der Architektengemeinschaft um Rudolf Schwarz zu erneuern. Die neu-alten Fenster strahlen seither ebensoviel vom einstigen Klassizismus der Paulskirche aus, wie sie andererseits die postmoderne Nostalgie der achtziger Jahre bekunden.

Seit 1991 weist die Innenrotunde des Untergeschosses einen Gemäldefries von Johannes Grützke auf. Eine bittere Beschwörung der einstigen Nationalversammlung, worin, bis an die Grenze der Karikatur, in Gestalt der einziehenden Abgeordneten, die Widersprüche demokratischer Ideale und Praktiken ins Bild gesetzt sind. Umstritten wie alles, was die Gestaltung der Paulskirche als 'Haus der Demokratie' angeht, bezeugt der Fries zuvörderst eines: Bestandteil des nun 159 Jahre alten architektonisch-demokratischen Stückwerks Paulskirche zu sein. Eines Stückwerks, woran Generationen, analog der Kleinarbeit demokratischer Entscheidungsfindung, ihre Ideale in Form des geschilderten Flickwerks hinterließen. Die deutsche Demokratie als Bauherr tendiert, so scheint es, in ihren besten Stunden zum Fragment. Dies mag hochfliegenden bauästhetischen Idealen zuwiderlaufen - aber eben hierin finden die föderalistische Struktur unseres Staates, seine belastete Vorgeschichte und seine schwierige Gegenwart ihr sinnhaftes und sinnvolles Abbild.

Gerhard Weber, Rundbau und Konzertsaal des Hessischen Rundfunks in Frankfurt am Main, 1948/49

Michael S. Cullen

Dem Deutschen Volke

Das Reichstagsgebäude in Berlin

Reichstag heute

Reichstag, Portikus, 1982

Vorgeschichte

Das Reichstagsgebäude war nicht die einzige Stätte des deutschen Parlaments beziehungsweise des deutschen Reichstags im 19. Jahrhundert. Der erste Reichstag in Berlin, der des Norddeutschen Bundes, konnte im Februar 1867 im Preußischen Herrenhaus (Erste Kammer des Landtags), dem ehemaligen Wohnhaus der Familie Mendelssohn, in der Leipziger Straße 3 tagen. Als nach dem Sieg über Frankreich die süddeutschen Staaten hinzukamen, erwies sich dieses schöne alte Barock-Palais als zu klein. Man zog daraufhin in das Preußische Abgeordnetenhaus in der Leipziger Straße 75, das allerdings so unbequem war, daß man beschloß, so schnell wie möglich für einen Neubau zu sorgen.
Die preußische Regierung hatte wegen der schlechten Umstände im Abgeordnetenhaus bereits bei der Suche nach einem geeigneten Parlamentsgrundstück Erfahrungen gesammelt und brauchte Ende 1870 diese Bemühungen nur auf das Thema Reichstag zu übertragen. Die Abgeordneten spekulierten auf das Grundstück der Königlichen Porzellanmanufaktur (KPM) in der Leipziger Straße 4, Nachbarhaus des preußischen Herrenhauses; die KPM hatte wegen Platzenge in der Innenstadt einen Umzug in den Tiergarten bereits beschlossen. Weil dieses Grundstück aber als versprochen galt, lenkte Bismarck die Aufmerksamkeit des Kaisers und der Parlamentarier auf die rückwärtigen Teile der Wilhelmstraße, auf die Ministergärten, speziell auf das Gartengrundstück hinter dem Reichskanzleramt. Der Reichstag lehnte diesen Vorschlag ab, wählte dagegen im Frühjahr 1871 eine Parlamentsbaukommission, welche die Probleme eines Provisoriums, eines geeigneten Bauplatzes und eines allgemeinen Wettbewerbs sowie eines Bauprogramms klären sollte.

Als Provisorium wurde das Haus der gerade im Umzug befindlichen KPM, ein Nachbarhaus des Herrenhauses, gewählt. Dieses wurde binnen 70 Tagen nach dem Entwurf Friedrich Hitzigs von den Architekten Gropius & Schmieden zu einem relativ kommoden Parlamentsbau umgebaut. Der Reichstag ließ auch einen Erfrischungsraum einrichten und konnte die Benutzung dieser sogenannten 'Fraktion Müller' (jeweils benannt nach dem Pächter) den hohen Herren, den 'uckermarkischen Granden' aus der Leipziger Straße 3, im Tausch gegen die Benutzung des herrlichen großen Parks der Mendelssohns, den schon Theodor Fontane gepriesen hatte, anbieten. In diesem 'Provisorissimum', wie Bismarck es nannte, wollte man sich für etwa fünf oder sechs Jahre einrichten. Das Parlament aber blieb 23 Jahre. In diesem Reichstagsgebäude hatte 'das Zeitalter Bismarcks' seinen Ort, in diesem Haus sagte Bismarck, er ginge nicht nach Canossa (18. Mai 1872). In diesem Hause sagte er 'Wir Deutschen fürchten Gott, aber sonst nichts auf der Welt' (16. Februar 1888). Hier begann der Kulturkampf, hier wurden 1878 die Gesetze gegen die Sozialisten verabschiedet, hier wurden die Gesetze wieder aufgehoben, und in diesem Haus nahm Bismarck - nur widerwillig - im März 1890 seinen Abschied.

'Der wichtigste Raum des Parlaments, der Plenarsaal, maß 28,25 x 22 Meter, bedeckte also eine Fläche von 621,5 qm. Sitzplätze gab es für 400 Abgeordnete. 'Die Breite eines Platzes, welcher mit einem gepolsterten und mit Leder überzogenen Klappsitze und mit einem verschliessbaren Pulte ausgerüstet ist, wurde dabei auf mindestens 0,63 m, die Tiefe auf 0,78 m bestimmt und das Prinzip durchgeführt, dass neben einem zentralen Mittelgange so viele radiale Quergänge angelegt wurden, dass ein Abgeordneter beim Verlassen seines Sitzes höchstens an einem Nachbar vorbei zu passiren hat. Diese Anordnung, durch welche die Gesammtzahl der Plätze in sieben keilförmige Hauptgruppen zerlegt worden ist, die in dem inneren Halbkreise in einer Breite von zwei Plätzen auslaufen, macht neben ihren sonstigen Vorzügen auch eine sehr bequeme und übersichtliche Vertheilung der einzelnen Fraktionen möglich, die auf jenen Vorderplätzen voraussichtlich ihre streitfertigsten Kräfte plaziren werden, während die schweigsameren Mitglieder des Hauses die aufwärts belegenen Sitze erhalten dürften. Dass es jedem einzelnen Abgeordneten resp. Bundesrathsmitgliede möglich ist, das ganze Haus zu übersehen und von allen Seiten gesehen zu werden, und dass unter diesen Umständen das Sprechen vom Platze, dem ja bekanntlich die Mehrzahl der Abgeordneten den Vorzug giebt, wesentlich erleichtert worden ist, darf wohl besonders hervorgehoben werden.'[1]

1 Deutsche Bauzeitung, 28. September 1871

Das provisorische Gebäude
des Reichstags,
Leipziger Straße 4

Palais Hardenberg und späteres Abgeordnetenhaus, Leipziger Straße 75

Standortsuche 1871/72

Nachdem die Frage des Provisoriums bereits im Juli 1871 erledigt worden war, konzentrierten sich die Kommissionsmitglieder auf die Wahl eines passenden Grundstücks. Nach nur kurzen Überlegungen wurde die Ostseite des Königsplatzes, auf der das Palais des Sammlers Raczynski stand, ausgewählt. Man versicherte sich gegenseitig, daß der deutsche Kaiser in seiner Eigenschaft als König von Preußen gegen eine Enteignung nichts einzuwenden habe, obwohl ein Enteignungsgesetz in Preußen erst 1874 zustande kam. Nicht die Enteignung war gefragt, sondern die Annullierung eines zwischen Friedrich Wilhelm IV. und Raczynski abgeschlossenen Vertrages, wonach Raczynski den Nießbrauch des Grundstücks so lange behielt, wie er seine Bildersammlung der Öffentlichkeit zugänglich machte. Hier hatten die Herren sich gründlich geirrt, sie hatten sozusagen die Rechnung ohne den Wirt gemacht. Raczynski protestierte gegen die Wahl des Grundstücks - außer Hauseigentümer war er auch ein Gegner des Parlamentarismus - und schrieb wehleidige Briefe an Kaiser Wilhelm. Die unerschrockenen Kommissionsmitglieder hielten dies für unerheblich und ließen unter anderem die Architekten Richard Lucae und Strack ein Bauprogramm für dieses 150 x 115 Meter große Grundstück entwerfen. Im November 1871 genehmigte Wilhelm I. das Programm, gab aber zu bedenken, daß man mit diesem Bauplatz wohl Schwierigkeiten haben werde. Der Reichstag verabschiedete im gleichen Monat das Bauprogramm und zugleich die Teilnahmebedingungen für den Wettbewerb, die für ihre Liberalität noch heute höchstes Lob verdienen. Denn obwohl die Einlieferungsfrist nur vier Monate betrug, war dieser Wettbewerb für Architekten aller Länder offen. Für ein Bauwerk betont nationalen Charakters blieb ein offener Wettbewerb bis ins 20. Jahrhundert eine ausgesprochene Seltenheit.

Es ist häufig behauptet worden, Bismarck und/oder Wilhelm I. hätten den Reichstag aus der Stadt verdrängt, an den Rand gedrückt, weil sie für ein Parlament nichts übrig hatten. Daß sie vom Reichstag wenig hielten, ist bekannt, mit der Standortproblematik hatte dies aber nichts zu tun. Zum einen hatte Bismarck den Reichstag schon als Anbau des Kanzleramts in der Wilhelmstraße vorgeschlagen - der Reichstag selbst war es, der so nah und offensichtlich vom Kanzler abhängig dort nicht logieren wollte. Zum anderen hatte die Reichstagsbaukommission selbst diesen Standort ausgesucht. Und: Welchen bedeutenderen Platz - 200 Meter von der Wilhelmstraße entfernt - als den Königsplatz, mit seiner Siegessäule, mit dem Generalstabsgebäude, hätte man für den Reichstag finden können?

Der Wettbewerb zeichnete sich schon durch eine aus bedeutenden Architekten bestehende Jury aus: Gottfried Semper, Vinzenz Statz, Gottfried Neureuther, Friedrich Schmidt, Friedrich Hitzig und Richard Lucae und dem Künstler Friedrich Drake (Schöpfer der 'Viktoria' auf der Siegessäule). Heinrich Strack, Architekt der Siegessäule und des Palais Raczynski, lehnte einen Ruf in die Jury ab, weil er sich am Wettbewerb beteiligen wolle.
An dem Wettbewerb beteiligten sich 103 Architekten oder Architektengemeinschaften, unter ihnen 15 aus England, 7 aus Österreich und kleinere Kontingente aus Italien, Belgien, Holland, Frankreich und sogar den Vereinigten Staaten. Bismarcks Regierung hatte besonders großen Wert auf die Teilnahme englischer und österreichischer Architekten gelegt, unter deren Führung große städtebauliche Komplexe entstanden waren. Man plazierte selbst in Wiener und Londoner Zeitungen ganzseitige Anzeigen.
Nicht nur Architekten nahmen an dem Wettbewerb teil: aus Paris war der deutsch-schweizerische Kunsthistoriker Geymüller, aus Rom der Archäologe Lanciani (später italienisches Parlamentsmitglied) und aus London der Schriftsteller und Gentleman-Architekt John Burley Waring vertreten.

Dennoch schnitten die Österreicher und Engländer relativ schlecht ab; nur der Londoner George Gilbert Scott konnte einen zweiten Preis für seinen im neogotischen Stil gehaltenen Entwurf erringen. Der erste Preis ging an den in St. Petersburg geborenen und in Gotha tätigen Architekten Ludwig Bohnstedt, de jure bayerischer Staatsbürger. In der Öffentlichkeit fand sein Entwurf breite Zustimmung, der einen gewaltigen, die gesamte Fläche bedeckenden Bau mit Betonung der Horizontale zeigte. Als Eingang diente ein römischen Triumphbögen nachgebildeter Portikus, mit einer Quadriga à la Brandenburger Tor gekrönt; rechts und links des Portikus befanden sich monumentale Säulenarkaden. Bohnstedts Entwurf zeigte, wie viele andere, eine monumentale Kuppel aus Eisen und Glas zur Betonung des Plenarsaals.

Wettbewerbsentwurf von
Ludwig Bohnstedt, 1872

Der Reichstag konnte jedoch das vorgesehene Grundstück nicht für sich sichern. Raczynskis hartnäckige Weigerung, sein Grundstück zur Verfügung zu stellen, sowie des Kaisers Abneigung gegen eine nicht leicht zu bewerkstelligende Expropriation zwangen die Kommission, die Bauplatzfrage erneut zu erörtern. Nach langem Tauziehen machte sie Anfang 1873 den Vorschlag, das Grundstück, auf dem die 'Kroll-Oper' stand, zu akzeptieren. Das Plenum des Reichstags jedoch wollte von diesem Standort nichts wissen; zu weit schien er von den Abgeordnetenwohnungen - meist Hotels (Unter den Linden) - entfernt. Die satirische Zeitschrift Kladderadatsch brachte in diesen Tagen eine Karikatur mit der Überschrift 'Fata Morgana': 'In letzter Zeit sah man in klaren Nächten auf dem Königsplatz häufig das neue Reichstagsgebäude, sowie aber der Reichstag anbrach, verschwand der ganze Spuk.' Der Kommission blieb nichts anderes übrig, als die Frage erneut zu beraten. Sie untersuchte dabei 66 Bauplätze und kam 1874 zu dem Schluß, nochmals den Krollschen Platz vorzuschlagen, im Zweifelsfall wieder das Grundstück des Raczynskischen Palais. Wieder lehnte der Reichstag diesen Vorschlag ab, und das Problem eines Parlamentsgebäudes drohte in Vergessenheit zu geraten.

Als am 21. August 1874 Raczynski hochbetagt starb, versuchte Staatsminister Delbrück, Verhandlungen mit dessen Sohn aufzunehmen, doch dieser lehnte aus Pietät seinem Vater gegenüber sowie aus dem juristischen Grund, daß das Gebäude zu einer kaum auflösbaren Familienstiftung gehöre, ab. Daraufhin wurde Wilhelm I. ungeduldig und, obwohl er den Platz des Palais Raczynski favorisierte, versuchte er 1875 die Standortfrage zugunsten des Krollschen Etablissements zu forcieren. Er schrieb an Bismarck: 'Es ist so viel über den zu wählenden Bauplatz gesprochen, discutirt, geplant etc. worden, daß meiner Ansicht nach nur der Krollsche Platz zu wählen übrig bleibt, dem doch eigentlich nur der gefürchtete Schnupfen einiger kränklicher Députirter entgegenstehet, den man sich auf dem Wege vom Brandenburger Thor zum Parlaments Gebäude zuziehen könne, aber nicht muß, und dem man durch eine Droschke oder guten Paletot sehr gut begegnen kann, ganz abgesehen, daß jene Opponenten schwerlich die Vollendung des Baus noch erleben werden, und deren Fürsorge für später zu Verschnupfende doch sehr weit ginge, wenn man auf diese Fürsorge eingehen wollte! Ich ersuche Sie daher nun allen Ernstes, die Angelegenheit schnell in die Hand zu nehmen, was auch noch einen anderen Grund für sich hat, daß nämlich eine Menge unbeschäftigter Arbeiter Berlins und auch auswärts den schweren Winter leichter hinnehmen würden, wenn sie zum Frühjahr einer großen dauernden Beschäftigung entgegensehen würden.'[2]

2 H. O. Meisner, 'Kroll sollte schon 1875 Bauplatz für den Reichstag werden', in: Deutsche Allgemeine Zeitung, Nr. 133, 20. März 1938
3 Deutsche Bauzeitung, 24. Dezember 1881

Und Bismarck versuchte 1876, dem Willen des Kaisers zu entsprechen, allerdings ohne Erfolg: Der Reichstag blockierte einen Vorstoß Preußens im Bundesrat und wies das Krollsche Grundstück zurück. In den Wandelgängen des Reichstags kam ein geflügeltes Wort auf: 'Ich krolle nicht, und wenn das Herz auch bricht.' Der nationalliberale Abgeordnete Ludwig Bamberg hatte vor allem den Preis des Krollschen Grundstücks im Auge, als er im Reichstag sagte, der Pächter von Kroll könnte mit dem Geld aus dem überhöhten Kaufpreis mitten in der Innenstadt auf allerbestem Baugrundstück ein neues, prächtigeres Lokal errichten, dessen Architrav die Inschrift tragen würde: 'Dem Deutschen Reichstag der dankbare Kroll'.
In diesen Jahren schien die Geduld aller am Ende zu sein. Bereits 1873 veröffentlichte der Architekt Hubert Stier einen Vorschlag, in dem er eine Ost-West-Achse vom Brandenburger Tor bis zum 'Knie' vorsah, das Reichstagsgebäude auf der Westseite des Tors stehend.

Und im Mai 1876 schrieb der Berliner Architektenverein einen Wettbewerb für ein 'Prachtforum' am Königsplatz aus, den der Dresdener Architekt F. Oswald Kühn mit einem Ensemble - auch auf der Westseite des Brandenburger Tors - gewann, in dem das Reichstagsgebäude einem anderen, gleich großen Ministerialbau gegenüberstand. Natürlich konnte aus diesen Vorschlägen nichts werden, außer daß sie Zweifel an der Richtigkeit des Verfahrens schürten. Im Jahre 1877 kam jedoch eine Wende. Raczynskis Sohn wurde von einem Eisenbahnspekulanten bedrängt, das Berliner Anwesen und Grundstück zu veräußern. Da der Anbieter sich als Vertrauensmann der Reichsregierung ausgab, erkundigte sich der mißtrauisch gewordene Raczynski glücklicherweise beim Gesandten Preußens in Dresden, ob dies zutreffe. Nach Rücksprache mit der Regierung in Berlin konnte der Gesandte berichten, Bismarck habe niemals versucht, mit Hilfe einer List das Grundstück zu bekommen. Da der Gesandte aber auch durchblicken ließ, daß der Sohn jetzt auf ein seriöses Angebot eingehen würde, ließ Delbrück Verhandlungen aufnehmen. Nach diesen Verhandlungen, die mehr als ein Jahr dauerten, wurde zwischen Raczynski und dem Reich ein vorläufiger Vertrag über eine formelle Enteignung des Palais durch den preußischen Staat, verbunden aber mit einer Entschädigung von etwas über einer Million Mark, geschlossen.

Mobiltektonischer Vorschlag: Der Reichstag auf Rollen und Bismarck im Giebel

In der Berliner Architektenschaft - besonders bei August Orth und Stadtbaurat Hermann Blankenstein - entwickelten sich Argumente gegen den vorgesehenen Platz. Vor allem zog das Argument, wonach das Grundstück mit Front zum Königsplatz bedinge, daß das Reichstagsgebäude seinen Rücken zur Stadt haben würde und unüberwindliche Probleme bei der Plazierung der Eingänge entstünden. Außerdem kamen Proteste von zwei Grundstückseigentümern, von Dr. Frerichs - sein Haus sollte später die Schweizerische Gesandtschaft werden - und vom mächtigen Kaufhausbesitzer Rudolph Hertzog, dessen im italienischen Renaissancestil gebautes Haus in der Sommerstraße durch die Baupläne abgerissen werden müßte. Vielleicht haben diese Argumente bewirkt, daß sich nun, 1879, die Stimmung im Reichstag deutlich wandelte. Eine Abstimmung im Hause brachte eine Mehrheit gegen den Vertrag und den Bauplatz. Der Regierung wurde auferlegt, ein anderes Grundstück auf der Nordseite des Königsplatzes - am Alsenplatz - zu erwerben und für das Parlament bereitzustellen. Es waren sogar Stimmen laut geworden, unter denen sich vor allem der Zentrumsabgeordnete August Reichensperger hervortat, die behaupteten, Berlin brauche überhaupt kein Reichstagsgebäude. Die Verfassung überlasse dem Kaiser die Wahl des Parlamentsorts, und er könne den Ort des Zusammentreffens von Fall zu Fall bestimmen. Dem entgegnete der nationalliberale Abgeordnete Franz von Stauffenberg, daß dies zum Bau eines transportablen Reichstagsgebäudes führen müsse.

Aus demselben Grund, aus dem Wilhelm I. ursprünglich eine Enteignung verweigert hatte, nämlich aus Pietät seinem verstorbenen Bruder gegenüber, mußte er nun den Alsenplatz dem Reichstag verweigern. Friedrich Wilhelm IV. hatte diesen Platz geweiht und dessen Bestimmung festgelegt, und Wilhelm I. würde ihn unter keinen Umständen auch einem so bedeutenden Verfassungsorgan wie dem Reichstag zur Verfügung stellen. Daraufhin legte die Reichsregierung im Dezember 1881 den alten Raczynskischen Vertrag erneut zur Annahme vor. Am 13. Dezember 1881 wurde seine Annahme endlich im Reichstag befürwortet und der Weg zu einem neuen Wettbewerb war frei.

Die lange, über zehnjährige Grundstückssuche brachte den Vorteil, daß nun viele Probleme hinsichtlich Bequemlichkeit und Akustik bekannt geworden waren, die sich im Laufe der Zeit in dem provisorischen Saal bemerkbar gemacht hatten. Auch dünkte es dem Kritiker und Chefredakteur der Deutschen Bauzeitung, Karl Emil Otto Fritsch, daß die Aufgabe interessanter und komplexer geworden war. Er forderte in weiser Voraussicht ein 'Hearing', um ein qualifiziertes Programm zustande zu bringen: 'Um zu einer solchen, ja um zunächst überhaupt zu einem genügenden Programm zu gelangen, ist vor allen Dingen eine nochmalige gründliche Untersuchung der Bedürfnißfrage erforderlich, die wohl am besten im Wege einer parlamentarischen Enquete nach englischem Muster durchzuführen wäre. Von einer mit dem nöthigen technischen Beistande versehenen Kommission müssten verschiedene sachverständige und erfahrene Vertreter aller derjenigen Personengruppen, die im Reichstagshause geschäftlich zu verkehren haben, also neben Mitgliedern des Reichstages und Bundesrathes, der Büreaubeamten und Bibliothekare des Reichstages, Stenographen, Journalisten etc. darüber vernommen werden, welche Räume für ihre Zwecke nothwendig sind, in welcher Verbindung mit anderen Räumen sie liegen und welche Grösse bezw. Form dieselben event. erhalten müssen. Das Ergebnis einer solchen Untersuchung, das natürlich von kundiger Seite zu sichten und zu verarbeiten wäre, dürfte um so fruchtbarer ausfallen, als in dem seit Erbauung des provisorischen Reichstagshauses verflossenen Jahrzehnt reiche Gelegenheit zur Sammlung bezgl. Erfahrungen geboten worden ist.'[3] Mehrere Saal-Experten hatten sich über das Jahrzehnt bereits zu Wort gemeldet. Dennoch wurde der Enquete-Vorschlag von Fritsch nicht aufgegriffen - leider.

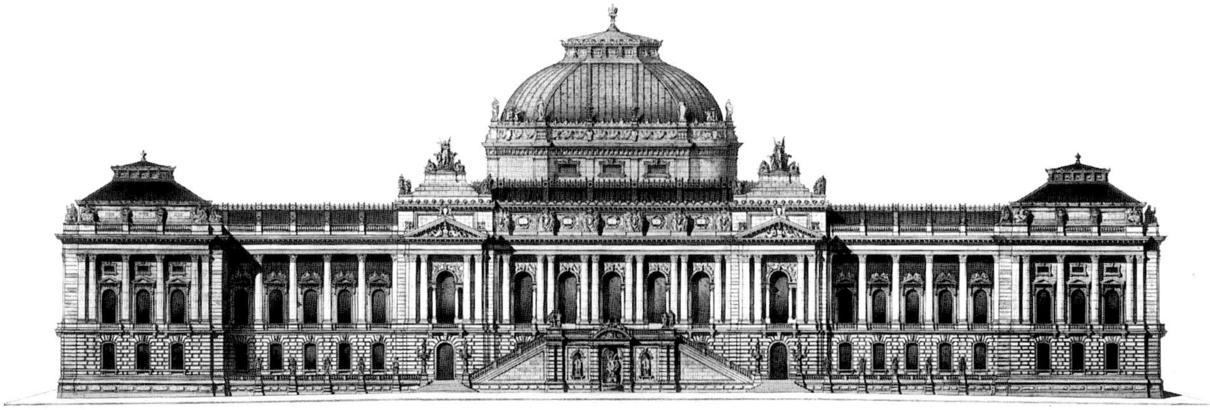

Wettbewerbsentwurf von
H. Schmilden, 1882

Der Wettbewerb 1882

Kurz nach der Entscheidung vom Dezember 1881 erarbeitete der Direktor des Reichstags, Oskar Knack, ein Verzeichnis der Räume und zugleich Empfehlungen für die Programmkommission.
Die Fläche des provisorischen Plenarsaals - von Knack unerklärlicherweise mit 594 qm angegeben - betrug 621,5 qm, als erstrebenswert nannte er 740 qm. 'Im allgemeinen dürfte das bisherige Arrangement im Sitzungssaale auch für die Zukunft beizubehalten sein. Die Einrichtung von je 2 Plätzen, wodurch das Ein- und Austreten der Mitglieder in ungestörter Weise vor sich gehen könnte, dürfte zu erstreben, jedenfalls aber die Einrichtung von mehr als 4 Plätzen zu vermeiden sein.'[4] In den Sitzungen der Subkommission wurde der Raumbedarf auf 'zwischen 600 und 640 qm' geändert, mehr wäre für die Akustik beeinträchtigend. Zum bequemen 'Ein- und Austreten der MdR' entschied die Subkommission: 'In dem Sitzungssaal sind anzuordnen: Amphitheatralisch angeordnete Sitze für 400 Abgeordnete. Das Steigungs-Verhältnis des Saalbodens ist wie 1:10 anzunehmen. Die Sitze müssen mit Rücklehnen und verschließbaren Schreibpulten versehen, sowie bequem zugänglich sein. Zwischen je zwei radialen Gängen dürfen sich nicht mehr als 4 Sitze in einer Reihe befinden. Für jeden Sitzplatz mit Pult ist ein Raum von 1,10 m Tiefe und 0,55 - 0,65 m Breite zu rechnen.'[5] Es kam also darauf an, daß die Abgeordneten 'in ungestörter Weise' ein- beziehungsweise austreten konnten.

4 O. Knack in seiner Raumbedarfsanalyse, Dezember 1881
5 Auslobungstext, in: Centralblatt der Bauverwaltung, II. Jahrgang, Nr. 5, 4. Februar 1882, S. 37 ff.

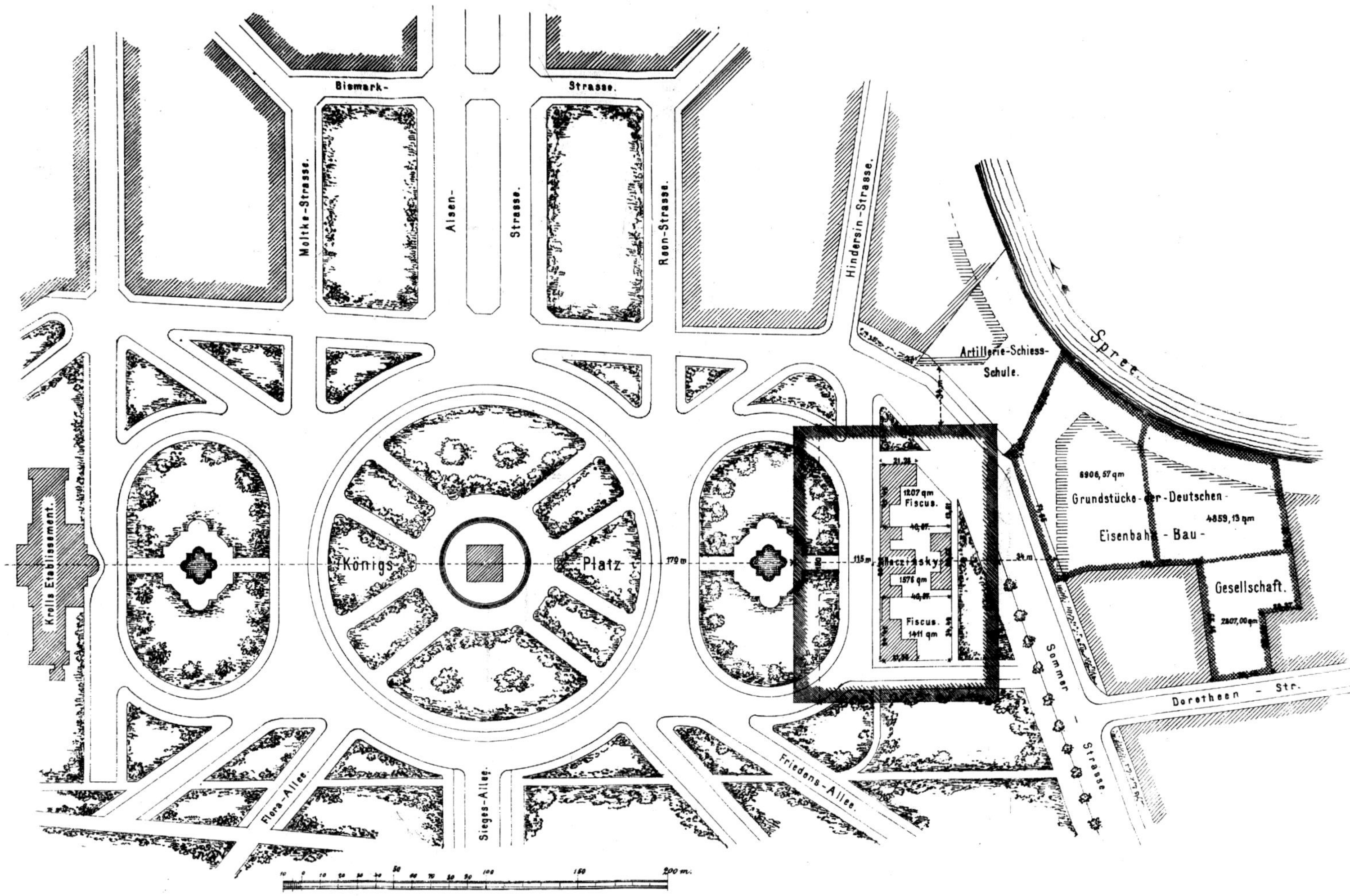

Wettbewerbsplan, 1882

In der kurzen Phase zwischen dem Reichstagsbeschluß und der Wettbewerbsauslobung hatte sich in Architektenkreisen, aber auch in sehr großen Teilen der politischen Presse eine hitzige Diskussion darüber entfaltet, ob der Architekt, der im ersten Wettbewerb gewonnen hatte, Bohnstedt, erneut und ohne Konkurrenz beauftragt werden sollte, seinen Plan umzuarbeiten und zur Ausführung zu bringen, oder ob ein neuer - beschränkter oder offener - Wettbewerb ausgeschrieben werden sollte. Auf Betreiben des Berliner Architektenvereins wurde dann ein offener Wettbewerb ausgeschrieben, allerdings nur für Architekten 'deutscher Zunge' sowie diejenigen Architekten aus dem Ausland, die beim Wettbewerb 1872 einen Preis gewonnen hatten. Da nur ein Ausländer, der Engländer Scott, einen Preis gewonnen hatte und inzwischen gestorben war, gab es keine ausländische Beteiligung.

Die Jury für diesen Wettbewerb stand der des ersten Wettbewerbs kaum nach. Freilich: einige große Architekten lebten nicht mehr. Lucae und Semper waren 1877 beziehungsweise 1879 gestorben. So bestand die Liste der Jury aus den Architekten Friedrich Adler, Reinhold Persius, Friedrich Schmidt, Gottfried von Neureuther, Josef von Egle, Vinzenz Statz, Martin Haller und dem Maler Anton von Werner. Da Neureuther kurz vor Zusammentreten der Jury erkrankte, wurde er durch den Münchener Baurat Siebert vertreten. An dieser Konkurrenz beteiligten sich nun 189 Architekten und Architektengemeinschaften. Da alle Entwürfe unter Motto - also anonym - eingeliefert werden mußten und sich keine vollständige Aufschlüsselung der Namen erhalten hat, ist es heute nicht möglich, die Namen aller Teilnehmer zu ermitteln. Aus dem Briefwechsel der beiden Sieger des Wettbewerbs ist die Schwierigkeit ersichtlich, ein Gebäude zu entwerfen, für das es in Deutschland kaum Vorbilder gab und über dessen Funktionen und künftiges Funktionieren nur vage Vorstellungen bestanden. Sie arbeiteten buchstäblich bis zur letzten Sekunde. Die Entwürfe des Frankfurter Architekten Paul Wallot wurden 'noch warm eingepackt' zur Bahnspedition gebracht, so daß nicht einmal Zeit zum Photographieren der Pläne blieb. Aus den Protokollen der Jury geht hervor, daß der Entwurf von Wallot ('Für Staat und Stadt') 19 von 21 Stimmen auf sich vereinigen konnte. Wallots Sieg wurde in Architektenkreisen als 'Überschreitung der Mainlinie in der Baukunst' gefeiert. Nicht weil er älter war, sondern weil er mehr Stimmen auf sich vereinigen konnte - Thierschs Entwurf erhielt nur 11 Stimmen -, erhielt er Anfang Juli 1882 den Auftrag, seinen Entwurf umzuarbeiten und gegen Ende des Jahres erneut vorzulegen.

Wettbewerbsentwurf von Friedrich Thiersch, 1882, 1. Preis

Wettbewerbsentwurf von
Paul Wallot, 1882, 1. Preis

Paul Wallot (1841–1912)

Grundriß des preisgekrönten Entwurfs, 1882

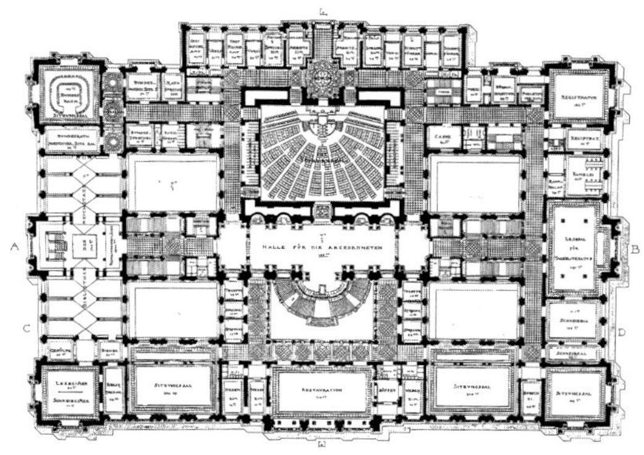

Entwurfsbearbeitung und Grundsteinlegung

Diese 'Zeit großen Mühens' erbrachte einen Entwurf, der wegen der Höhe des Sitzungssaales von 'Allerhöchster Stelle' kritisiert wurde, so daß Wallot ihn zurücknehmen mußte und gegen Mitte des Jahres 1883 einen neuen Plan vorlegen sollte.
Nun ereignete sich, was eine Zeitung 'Kuckucksmanier' nannte, nämlich das Legen eines Eis in ein fremdes Nest. Der junge, ehrgeizige Architekt Heinrich Seeling versuchte in einer intrigenreichen Aktion, die Entscheidung der Preisrichter zu unterlaufen und Wallot dazu zu bringen, den eigenen Grundriß in den ursprünglichen Entwurf aufzunehmen. Nach einer privaten Auseinandersetzung versprach Seeling, seine Pläne nicht weiter zu verfolgen, brachte jedoch einige Tage später in einem selbstfinanzierten Druck seinen Entwurf in die Buchhandlungen und auf den Tisch des Bundesrats. In diesem Augenblick solidarisierte sich die Architektenschaft in Berlin mit Wallot, und Seeling sah sich gezwungen, seinen Entwurfsvorschlag zurückzunehmen und aus dem Architektenverein auszutreten. Auch die Parlamentarier unterstützten Wallot und schlossen, obwohl sein Ausführungsentwurf noch nicht angenommen worden war, mit ihm einen Vertrag über einen jährlichen Salär von 30.000 Mark und drei Prämien bei Einhaltung bestimmter Bauausführungsfristen. Wallot zog mit einigen seiner Frankfurter Mitarbeiter Anfang Juli 1883 nach Berlin.

Der neue Entwurf wurde Anfang Dezember desselben Jahres von der Akademie des Bauwesens, der Reichsregierung, dem Reichstag und dem Kaiser genehmigt. Wallot erhielt gleichzeitig einen erfahrenen Bautechniker, Wilhelm Haeger, an seine Seite, der über die Bauausführung und den geschäftlichen Verkehr wachen sollte. Haeger war bis zu seinem Tode (1901) Bauleiter des Reichstags und des Reichstagspräsidentenpalais.
Bereits im Sommer 1883 hatte man die meisten Häuser, die im Wege standen, abgerissen und mit Probebohrungen begonnen. Für den Teil des Hauses, über dem die Kuppel aufragen sollte, mußte der Boden extra tief gerammt und mit Beton gefestigt werden. Ein Flügel des Raczynskischen Palais wurde als provisorisches Baubüro so lange beibehalten, bis ein neues Fachwerkhaus im südwestlichen Zipfel des Bauplatzes Ende 1884 bezogen werden konnte. Am 9. Juni 1884 wurde der Grundstein für das Reichstagsgebäude gelegt. Drei Generationen preußischer Monarchen, Wilhelm I., sein Sohn und späterer Kaiser Friedrich III. sowie sein Enkel und nachmaliger Kaiser Wilhelm II., taten ihre Hammerschläge an diesem vom Wetter nicht besonders begünstigten Tag. Es wurde moniert, daß viel zu viel Militär und kaum Parlamentarier an dieser Zeremonie teilgenommen hatten.

Erster überarbeiteter
Grundriß,
9. Oktober 1882

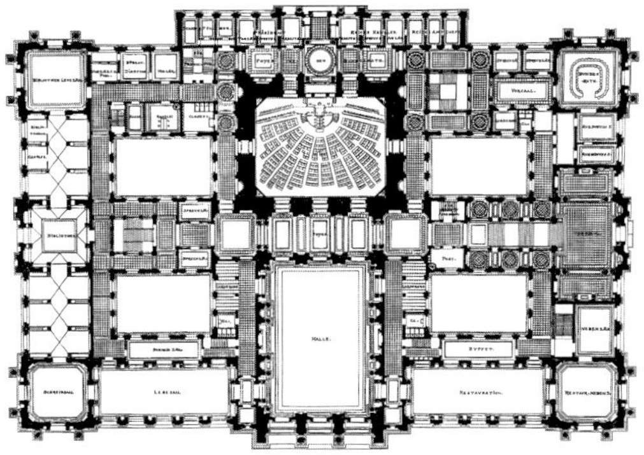

Zweiter überarbeiteter
Grundriß, 16. April 1883

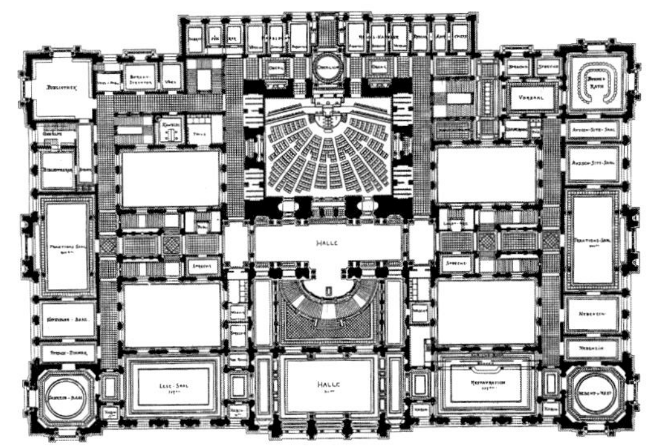

Zur Ausführung
gelangter Grundriß,
Oktober 1883

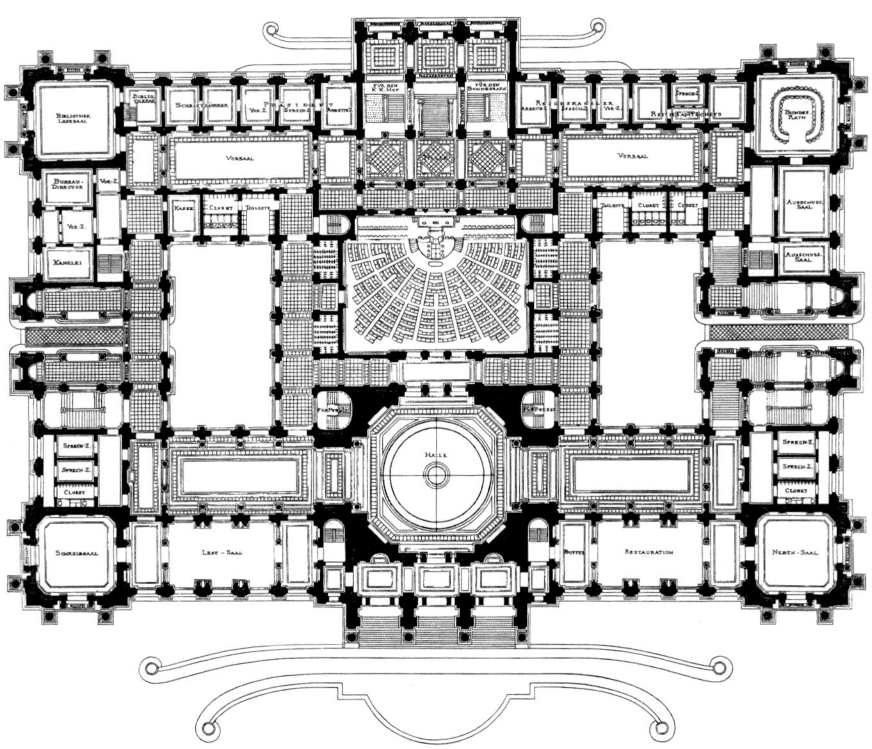

Es war Wallots Absicht, eine 85 Meter hohe Kuppel über dem Sitzungssaal zu errichten. Aus architektonischen Gründen – und weil die Akademie des Bauwesens und der Kaiser wegen der Beleuchtung des Sitzungssaales Bedenken äußerten – war Wallot gezwungen, die Kuppel über die westliche Eingangshalle zu verlegen; nach diesem Plan wurde dann gebaut. Je länger Wallot aber über die Bauausführung wachte, desto fester reifte in ihm die Erkenntnis, daß die Kuppel verlegt werden müßte; das Gebäude sehe sonst wie ein 'ausgebranntes Schloß' aus. Die Kuppel über der westlichen Eingangshalle sei unlogisch und architektonisch falsch. Die Entwertung des Erscheinungsbildes des Gebäudes ohne Kuppel sollte nach ihrer Entfernung auch heute noch bedacht werden. Nachdem er mehrere Einwände dem alten Kaiser und dann seinen Nachfolgern gegenüber gemacht hatte, wurde ihm die Verlegung der Kuppel erlaubt, wenn er den Nachweis erbringen könnte daß die Ausführung möglich sei. Das Hauptproblem bestand darin, daß der Bau zu diesem Zeitpunkt ziemlich weit fortgeschritten war und für eine Kuppel an anderer Stelle die Wände nicht standfest genug erschienen. Es galt, 'mit möglichst geringen Kosten und ohne Störung des Baubetriebes einen allen auftretenden Kräften gewachsenen Unterbau nachträglich herzustellen'[6]. 'Es gab die Schwierigkeit, daß die schon bis etwa zur Dachhöhe aufgeführten Umfassungsmauern dieses Saales nur eine Stärke besaßen, die wohl zum Tragen eines gewöhnlichen, mäßig geneigten Satteldaches ausreichten, nicht aber für die Aufnahme der Last einer weiteren bedeutenden Mauermasse und einer hohen, weitgespannten Kuppel, in Verbindung mit dem sehr erheblichen waagerechten Druck, den der Wind naturgemäß auf einen solchen Bau ausübt. Daß der zu überdeckende Raum gerade der Hauptsaal war, verschärfte die Schwierigkeiten doppelt.'[7]

Die Kuppel wird verglast.

Es scheinen mehrere Berechnungsversuche gemacht worden zu sein, sämtlich ohne Erfolg, bis Wallot 1889 den Ingenieur Hermann Zimmermann mit der Berechnung betraute. Zimmermann machte die vorgesehene Kuppel leichter, indem er Glas und Stahl einsetzte und die Dimensionen - besonders die Höhe von urprünglich 85 Meter auf 74,16 Meter - verkleinerte. Das war der Ursprung der 'Zimmermann-Kuppel', die der bisherigen 'Schwedler-Kuppel' folgte. Wenig später fand sein 'Raumfachwerk' Anwendung im Münchner Justizpalast von Friedrich von Thiersch. 'Die Kuppel des Reichstagshauses zu Berlin erhebt sich über einer rechteckigen Grundfläche; die Außenmaße der tragenden Seitenmauern sind 38,74 m x 34,725 m.'[8] In Verbindung mit der Kuppel hält sich die hartnäckige Legende, daß Wilhelm I. die Kuppel nur genehmigte, weil sie kleiner als die des Schlosses werden sollte. In den Akten findet dies keine ausdrückliche Bestätigung; dennoch erlauben Indizien einen ähnlichen Schluß. Zum einen ist die Kuppel höher ausgefallen als die des Schlosses: bis zur Kuppelspitze des Reichstags sind es 74,16 Meter, bis zur Spitze der Schloßkuppel nur 67 Meter. Und Wilhelm I. hat ein halbes Jahr nach Einweihung der Kuppel im April 1893 das Reichstagsgebäude in Berlin als 'Gipfel der Geschmacklosigkeit' verurteilt. Außerdem gibt es eine Marginalie von ihm, in der die Höhe der Kuppel mit 69,5 Metern errechnet wird; die Vorlage bezeichnete den untersten Punkt als das Hauptgeschoß, und dieser war nun fast fünf Meter über Straßenniveau.

Wenn Julius Posener in seinem Hauptwerk 'Berlin auf dem Wege zu einer neuen Architektur - Das Zeitalter Wilhelm II.' behauptet, daß die Kuppel das 'Wilhelminischste' am Reichstag war, irrt er. Wilhelm II. haßte nachweislich diese Kuppel wegen der Nüchternheit ihrer Konstruktion, wahrscheinlich auch wegen der Höhe und wegen des Symbolgehalts: Parlament! Die Kuppel war nicht bombastisch, sondern sehr zurückhaltend. Schließlich war die Kuppel Wallots Verbeugung vor der Kunst des Ingenieurs; bei seiner Ehrung in der 'Kroll-Oper' am 7. Dezember 1894 antwortete Wallot auf Anton von Werners Verherrlichung der 'drei Schwesterkünste' Malerei, Architektur und Bildhauerei mit der Hinzufügung der 'Ingenieurskunst: Eine Dampfmaschine ist für mich insofern das höchste Kunsterzeugniß, als der Zweck und die Mittel in einem richtigen Verhältniß zueinander stehen und wenn ich ein Zusammenwirken aller Künste erstrebe, so schließe ich die Ingenieurskunst mit ein. Ich trinke auf die Verschmelzung aller dieser vier Künste, auf ihre Einheit!' Wenn Posener aber meint, die Kuppel sei zeitgemäßer Ausdruck von Repräsentationsanspruch und Würde, hat er recht - Kuppeln waren dies aber in aller Zeit seit ihrer technischen Machbarkeit. Und damit würde ein Verzicht nicht allein aus ästhetischen Gründen heute problematisch, sondern auch aus ideellen.

6 Philipp Lodemann, in: Zeitschrift für Bauwesen, 1897, Spalte 511
7 Hermann Zimmermann, in: Centralblatt der Bauverwaltung, 27. April 1901, S. 202
8 Eduard Schmitt, 'Raumbegrenzende Konstruktionen', in: Handbuch der Architektur, III/2/2, Stuttgart 1901, S. 143

Ab etwa 1889 begann Wallot, sich konkrete Gedanken über die innere Ausschmückung und die künstlerischen Details zu machen. Für die Innenausstattung der Neben- und Funktionsräume, wie zum Beispiel Küche, Bücherspeicher, Postzentrale, Stenographen-Korrekturzimmer und so weiter, konnte er sich die Mitarbeit des Architekten Paul Wittig sichern, der später Direktor der Berliner Hochbahngesellschaft wurde. Wallot entwickelte ein Schmuckprogramm für die Fassaden, das große Skulpturen an den Ecktürmen sowie Reiterfiguren an der Ostfront und eine große Statue der 'Germania' zu Pferd über dem Giebelfeld an der Westfront vorsah. Wie er in Briefen schrieb, kam es ihm nicht so sehr darauf an, ein geschlossenes ikonographisches Programm zu entwickeln, sondern reichlich barocke Silhouetten für das Haus zu schaffen. Um nicht nur Berliner Künstler zu beschäftigen und damit eine künstlerische Hegemonie zu erzeugen, wurden auch die Kunstschulen anderer deutscher Städte mit einbezogen und Aufträge an die namhaftesten Bildhauer aus Karlsruhe, München, Dresden und Frankfurt vergeben. Gegen Wallots Willen bestimmte die Reichstagsbaukommission, daß der Berliner Bildhauer Fritz Schaper das Giebelrelief über dem Westportikus ausführen sollte.

Ab 1891 konnte Wallot sich auch dem Programm der Innenräume widmen. Hierfür waren nicht nur Plastiken, sondern auch Wand- und Deckenbilder erforderlich. Dabei wurde wieder das Prinzip der Streuung unter den verschiedenen Schulen Deutschlands zur Regel erhoben. So hatte er für einige Räume einen beschränkten Wettbewerb ausgeschrieben, an dem Künstler wie Franz Stuck und Eugen Bracht teilnahmen. Er versuchte auch, ein Skulpturenprogramm mit deutschen 'Geistesgrößen' für die Nordeingangshalle in der Reichstagsbaukommission durchzusetzen, was ihm aber wegen mangelnden konfessionellen Proporzes nicht gelungen ist: Weil zu viele Katholiken in dieser Kommission waren, wurde sogar Luther aus dem Programm entfernt. Daraufhin sah der Hugenottennachfahre Wallot keinen Sinn mehr in einer solchen Reihe.
Ab etwa 1892 änderte Wilhelm II. seine anfangs positive Meinung über das Reichstagsgebäude, sei es unter dem Einfluß von Reinhold Begas oder aber weil ihm der Karlsruher Maler Ferdinand Keller Gerüchte über Wallot zugeflüstert hatte. Wilhelms Worte vom 'Gipfel der Geschmacklosigkeit' wurden schließlich zum öffentlichen Skandal. Die Künstler Deutschlands solidarisierten sich mit Wallot, veranstalteten Demonstrationen und Fackelzüge und antworteten dem 'kaiserlichen Gassenbuben' mit Ehrenmitgliedschaften Wallots in den verschiedensten künstlerischen Vereinigungen von Berlin über St. Petersburg bis Rom. Als ihm 1894 Wilhelm II. eine Goldmedaille, die Wallot nach einstimmiger Entscheidung der Jury in der Großen Berliner Kunstausstellung zustand, aberkannte und ihm gleichzeitig anläßlich der Schlußsteinlegung den bekannten 'Künstlerorden' - den Roten Adler Orden - verweigerte, hatte Wallot bereits den Entschluß gefaßt, das Angebot einer Professur in Dresden anzunehmen.

Bei der Schlußsteinlegung des Reichstagsgebäudes am 5. Dezember 1894 führte Wallot den Kaiser und die Kaiserin durch das Gebäude, offenbar mit größter persönlicher Zurückhaltung gegenüber dem 'Medaillenaberkenner', wie er schrieb. Während Wilhelm II. nach außen nur Lob für den Bau spendete, nannte er das Gebäude in einem Brief an seinen Intimus Eulenburg 'Reichsaffenhaus' und ließ das Gerücht verbreiten, er habe während des Rundgangs Wallot mehrfach beleidigen können. Wieder war dieses Eröffnungsschauspiel ein vorwiegend militärisches, und die Schlußsteinlegung erhielt den Beinamen 'Wallotsteins Lager'.

1897 war neben dem benachbarten Reichstagsheizwerk zusätzlich eine 'Elektrische Station', das heißt ein eigenständiges Elektrizitätswerk, entstanden. Nach der Fertigstellung des Reichstagsgebäudes begann 1899 der Bau des Reichstagspräsidentenpalais ebenfalls nach Wallots Entwurf. Die Bauleitung hatte zunächst Johannes Hückels, später, bis zu seinem Tode 1901, leitete Wilhelm Haeger auch diesen Bau, danach vollendete Fritz Teubner bis 1904 das Palais.

Vorschläge zur Ausschmückung des Reichstags

Vorschläge zur Ausschmückung des Hauses mit Figuren und Gruppen von wirklich parlamentarischem Charakter.

Rezeption

Schon während der Bauausführung divergierten die Urteile der Fachwelt über das neue Parlamentsgebäude stark. Während aber die großen Architekten zu Wallot kamen und sich durch das Haus führen ließen, mußte er lesen, wie der Kaiser, aber auch der hochangesehene Wiener Kunsthistoriker und Journalist Karl von Lützow, über das Gebäude als 'völlig verunglückte Schöpfung' herzogen. Im letzten Fall konnte der 33jährige Architekt Hermann Muthesius zu Wallots Ehre eine Replik schreiben. Der Freund des Kaisers, Anton von Werner, Direktor der Staatlichen Kunsthochschule, mußte schwanken, denn er stand mit Wallot auf gutem Fuß und stand bereits seit Monaten mit ihm in einem Briefwechsel wegen der Herstellung von drei monumentalen Gemälden zur deutschen Geschichte, die für den Plenarsaal gedacht waren - sie sind nicht zur Ausführung gelangt.
Es war Wallots Bestreben, beim Bau des Reichstagsgebäudes einen neuen nationalen Baustil aus einer Mischung von Formen der italienischen Hochrenaissance und des Neobarock sowie den Möglichkeiten, welche die Konstruktion mit Stahl und Glas zu diesem Zeitpunkt bot, zu entwickeln. Man kann leider nicht behaupten, daß ihm etwas anderes gelungen ist als das, was Tilmann Buddensieg als einen 'synthetischen Reichsstil' bezeichnet. Die allgemeinen Bestrebungen in den damals jüngeren Architektenkreisen, zu Prinzipien der gotischen Baukunst zurückzukehren, indem durch Glas und Stahl die konstruktiven Elemente nicht verkleidet, sondern in aller 'Nacktheit' gezeigt wurden, fanden in der großartigen Kuppel ihren gelungenen Ausdruck; sie paßte jedoch nach der Meinung der Wahrer der alten Kunsttraditionen nicht zu dem großen Hochrenaissance-Quaderbau.

Es kam selten vor, daß einer das ganze Gebäude mochte: Ältere Kritiker bevorzugten die Quader- und verabscheuten die Stahl-Glas-Konstruktion, die gewöhnlich für Interims- oder provisorische Bauten benutzt wurde. Die jüngere Generation bevorzugte gerade diese Konstruktion und konnte sich mit dem Neorenaissance-Bau nicht anfreunden. Von Anfang an war das Gebäude heftig umstritten. Mit der Zeit fielen die Urteile drastischer aus, wobei nicht sicher ist, ob dem Inhalt - Parlament, Parlamentarismus, Parlamentarier selbst - oder dem Gebäude die Kritik galt. Otto Erich Hartleben fand, daß das Reichstagsgebäude ein klein wenig zu viereckig sei - 'sonst finde ich es gut'. Harry Graf Kessler nannte es eine 'schlecht imitierte Augsburger Truhe', Stadtbaurat Hoffmann einen 'Leichenwagen erster Klasse'. Gustav Radbruch nannte es das 'Haus ohne Wetter', und Werner Hegemann, der es 'nicht mehr erträglich' fand, wollte es abgerissen wissen. Matheo Quinz urteilte so: 'Trotz seiner Größe kommt im ganzen Hause nicht eine Spur von feierlicher oder wichtiger Stimmung auf. Der repräsentativste Raum, die große Wandelhalle, auch an grellen Sommertagen in schummerigem Halbdunkel dösend, erinnert stark an ein riesenhaftes Hotelvestibül, das ein waghalsiger Spekulant, die Konjunktur überschätzend, übergroß erbaut hat, auf eine Besucherschaft rechnend, die Weltgeltung und Weltgewandtheit hat; statt dessen wird die ganze Wallotpracht von unscheinbaren Kleinstadthonoratioren bevölkert, denen die Dimensionen schreckhaft erscheinen; wie müde Zwerge verschwinden sie in einem Riesenzirkus, der sich um das Denkmal Wilhelms I. dreht.'[9]

Steinmetze bei der Arbeit an einem Kapitell des Reichstagsgebäudes

Der Bau des Reichstagsgebäudes war für die deutsche Wirtschaft und insbesondere für die Berliner Bauwirtschaft eine gewinnträchtige Aufgabe. Die Liste der Industriellen, Fabrikanten und Handwerksmeister umfaßt mehr als 250 Namen, wobei namenlose einfache Arbeiter, Gesellen und Handlanger, die im Laufe der Bauzeit von zehneinhalb Jahren sicher 700 bis 800 ausmachten, nicht mitgerechnet sind.
Mußte eine Steinmetzfirma beim Bruchbesitzer 5 Mark für einen Kubikmeter Stein zahlen, kassierte er für dasselbe unbehauene Stück in Berlin zwischen 65 und 80 Mark. Kein Wunder also, daß ein Steinbruchbesitzer in Berlin ein Jahreseinkommen von über 160.000 Mark während der Bauzeit des Reichstagsgebäudes mit Stolz versteuern konnte. Auf der anderen Seite standen die Arbeiter mit einem Tageslohn von maximal 4 Mark, also im Jahr, wenn es hoch kam, zwischen 800 und 1200 Mark. Unter solchen Umständen ist es nicht schwer zu verstehen, daß es häufig zu Streiks und Arbeitsniederlegungen kam, die den Fortgang der Bauarbeiten am Reichstag nicht unwesentlich verzögerten. Ein besonderes Anliegen der sozialdemokratisch organisierten Arbeiter waren just die Gewinne der Zwischenhändler und Arbeitsvermittler. Ein Problem, das solche Ausmaße annahm, daß die Reichstagsbauverwaltung - allerdings ziemlich spät - einen Versuch unternahm, die Aufträge für Arbeiten in sogenannter 'Regie' durchführen zu lassen, durch die Mittelsmänner ausgeschaltet worden wären. Am energischsten protestierten dagegen die Steinmetzmeister und Bruchpächter, die mit der Einstellung oder Verschleppung von Steinlieferungen drohten. 'Regie'-Arbeit auf der Reichstagsbaustelle konnte wegen dieses Widerstandes nicht eingeführt werden.
Übrigens ist kaum bekannt, daß sich unter den rund sechzig Architekten und Ingenieuren, die bei Wallot, Haeger und Wittig beschäftigt waren, eine kleine Zahl von Ausländern befand, die nicht unwesentlich zur Internationalität des Bauwerks in Stil und Aussehen beitrugen. Besonders erwähnenswert sind hier der Schweizer Architekt Carl Zehnder, der hauptsächlich für die Gestaltung des Westportals zuständig war, sowie der Schwede Alfred Grenander, der für bedeutende Ingenieurteile verantwortlich zeichnete. Grenander ist später zu Wittig in die Hochbahngesellschaft gestoßen und hat mehrere U- und Hochbahnhöfe gestaltet.

9 Matheo Quinz im Reichstag, in: Der Querschnitt, VII. Jahrgang, 1927, Heft 3, S. 161

Präsidentenstuhl, 1905

Reichstagsgebäude,
Sitzungssaal, 1905

Da die künstlerische Ausschmückung des Hauses bei Schlußsteinlegung gerade begonnen hatte, waren viele Gemälde noch nicht zur Ausführung gelangt; somit war Wallots Arbeit nicht beendet, obwohl er bereits eine Professur in Dresden angenommen hatte. Bis 1899 pendelte der geplagte Baumeister zwischen Dresden und Berlin, kämpfte für Maler und Bildhauer; meist gewann er, oft aber mußte er kleinkarierten Denkweisen nachgeben.
Die von Anton von Werner geplanten Darstellungen der Reichsgründung in Versailles und der Grundstein- bzw. Schlußsteinlegung mußten zurückgestellt werden, weil Bismarck auf zweien dieser Bilder deutlich im Vordergrund gestanden hätte und der alte Reichskanzler, seit fünf Jahren in erzwungenem Ruhestand, außer Mode war.
1895 wurde ein Vertrag zwischen der Reichstagsverwaltung und Franz Stuck über die Herstellung zweier gigantischer Bilder von jeweils 22 m Länge für die Foyers des Bundesrats- bzw. Präsidialtrakts unterschrieben. Als diese Bilder 1898 fertig waren, führten sie zu einem großen Eklat innerhalb der Ausschmückungskommission und auch Anfang 1899 im Reichstagsplenum. Sie wurden dort am 1. und am 20. März 1899, zusammen mit zwei Wahlurnen des Bildhauers Adolf Hildebrand, mit den beleidigendsten und verletzendsten Ausdrücken belegt, hauptsächlich von Zentrumsführer Dr. Ernst Maria Lieber. Die Verteidigung der beleidigten Künstler im Reichstag war so lau, daß Wallot sich veranlaßt sah, am 21. März 1899 sein Amt als Leiter der Dekoration zum 31. März zur Disposition zu stellen. Erneut erhob sich ein öffentlicher Proteststurm für die Ehre der deutschen Kunst. Die Kluft zwischen dem, was Künstler beabsichtigten und ausführten, und dem, was gewählte Vertreter des deutschen Volkes für Kunst hielten, war bis dahin nie größer gewesen.

Die künstlerische Ausschmückung des Hauses verursachte im Jahre 1908 mit den Bildern des Münchner Sezessionisten Angelo Jank für den Plenarsaal einen erneuten Skandal. Er hatte nach einem beschränkten Wettbewerb den Auftrag erhalten, drei historische Bilder mit Themen aus der alten Reichsgeschichte zu malen, wobei das Hauptbild eine Darstellung des Sedansieges sein sollte. In einem Pamphlet des Reichstagsabgeordneten Maximilian Pfeiffer wurde unter anderem bemängelt, daß dieses Bild keine authentische Dokumentation sei; es sei unmöglich, den Kaiser in einem Wintermantel darzustellen, wenn der 2. September 1870 nachweislich ein warmer Sommertag mit blauem Himmel gewesen sei. Der Fuß eines bayerischen Infanteristen sähe aus, als sei er in einen fotografischen Entwickler getaucht. Obwohl dieser Streit nicht direkt in den Plenarsaal führte, denn es wurde bereits viel hinter den Kulissen gearbeitet, mußten die Bilder von ihrem Platz entfernt und in den Saal des Haushaltsausschusses gehängt werden. Als der Reichstagshaushaltsausschuß dort am 4. August 1914 den Beschluß faßte, eine Kriegsanleihe aufzunehmen, monierte der elsässische Abgeordnete Wetterlé, daß dieser Vorgang ausgerechnet in jenem Raum stattfinde, wo das Sedanbild hinge, auf dem der Kaiser die Trikolore in den Staub ziehe.

Wie oberflächlich - oder bewußt negierend - Kaiser und Regierung mit ideellen Aspekten der Demokratie umgingen, zeigen die zwei Jahrzehnte, die es dauerte, die Inschrift 'Dem Deutschen Volke' anzubringen. Dieser anscheinend von Paul Wallot recht spät erdachte Weihespruch erfreute sich keineswegs der Unterstützung des Kaisers, der die Anbringung auf verschiedenen, nichtamtlichen Wegen zu verhindern wußte. Viele Vorschläge - ernste und komische - wurden bei Feststellung ihres Fehlens in der Öffentlichkeit gemacht: 'Dem Deutschen Volke ist der Eintritt verboten' oder 'Quatsch nicht, Krause' oder der Vorschlag von Ernst von Wolzogen, der schrieb: 'Festgefügt steh ich aus Stein, nun schau Geist, wie Du kommst herein.'

Innerhalb der nächsten zwanzig Jahre gab es immer wieder Vorschläge, die jedoch alle abgelehnt wurden, bis ein Jahr nach Beginn des Ersten Weltkrieges der Unterstaatssekretär im Reichskanzleramt, Wahnschaffe, seine Sorge in einem Brief an den Chef des Zivilkabinetts, Valentini, zum Ausdruck brachte, daß der Kaiser mit jedem weiteren Kriegstag die Unterstützung des Volkes verlöre und es begrüßenswert sei, wenn der Kaiser etwas gegen diesen Treueverlust unternehmen würde - durch die Anbringung der Inschrift. Wilhelm II. ließ antworten, daß er keineswegs eine ausdrückliche Genehmigung für die Inschrift erteilen werde, aber sollte die Reichstagsausschmückungskommission beschließen, die Inschrift anzubringen, würde er dagegen keine Bedenken erheben.

Einige Tage später konnte der Präsident des Reichstags, Johannes Kaempf, bekanntgeben, daß die Inschrift beschlossene Sache sei. Der bereits berühmte Architekt und Kunstgewerbler Peter Behrens wurde vom Staatssekretär im Reichsamt des Innern, Theodor Lewald, im Herbst 1915 mit der Gestaltung des Schriftzuges beauftragt. Das Reichskanzleramt besorgte in Verbindung mit dem Heer zwei erbeutete Geschützrohre aus den Freiheitskriegen von 1813 und ließ sie in der Gießerei von S. Loevy umgießen. Die 60 Zentimeter hohen Buchstaben wurden dann als 'Weihnachtsgeschenk für das deutsche Volk' zwischen dem 20. und 24. Dezember 1916 angebracht.

Anbringung der Inschrift
von Peter Behrens, 1916

Ungeachtet der Negierung des Reichstags durch Kaiser und Kanzler entwickelte er sich zu einem dann nicht zu unterschätzenden Regulativ. Ein erstes Anzeichen dafür war - als Folge der Daily-Telegraph-Affäre 1908 - der Sturz des Reichskanzlers von Bülow. Damit hatte der Reichstag zum ersten Mal ein Mitspracherecht bei der Besetzung des Kanzleramtes erhalten. Sicherlich trug die Einführung von Diäten 1906 wesentlich zur Stärkung des Kompetenzgefühls des einzelnen Reichstagsmitglieds bei und war nicht minder wichtig für das steigende Ansehen der Sozialdemokratie, die bereits 1912 zur stärksten Fraktion im Reichstag wurde.
Die Einführung von Diäten bewirkte auch, daß eine erhöhte Präsenz der Abgeordneten zu verzeichnen war. Selbst die 'deutschnationalsten' trugen ihre Namen fein säuberlich in lateinischen Buchstaben in die Anwesenheitslisten ein. Diese erhöhte Präsenz erforderte auch den Ausbau einer großen Zahl von Arbeitsräumen für die Parlamentarier. Am 20. November 1913 war die 'Gebrauchsabnahme' für die etwa einhundert, rund 13 qm kleinen Zimmer.

Diese Stärkung des Parlaments ging auf Kosten des Ansehens des kaiserlichen Hofes - und auch daran war das Reichstagsgebäude 'beteiligt'. Am Vorabend des Ersten Weltkriegs versammelten sich die Berliner nicht im Lustgarten vor dem Stadtschloß, sondern am Königsplatz vor dem Reichstagsgebäude, weil sie das Gefühl hatten, daß das Schicksal des Vaterlands eher in diesem Haus entschieden werde. Die Bedeutung des Hauses stieg im Ersten Weltkrieg stark an. Hier wurde eine Presse- und Zensurstelle - nach Helmut Gerlach die 'Lügenzentrale' - für die Kriegsberichterstattung eingerichtet, von der alle Journalisten, die nicht an die Front gegangen waren, die offiziellen Kriegsbulletins erhielten. Das Bismarck-Denkmal vor dem Reichstag bedingte, daß man den Platz vor dem Reichstagsgebäude für die offizielle Bismarck-Feier am 1. April 1915 wählte. Nicht die Schloßfreiheit, nicht die Wilhelmstraße, sondern der Königsplatz war zum Zentrum des Geschehens avanciert. Offenbar spürte dies auch die Oberste Heeresleitung in den letzten Kriegstagen, als sie nach Berlin die Forderung telegrafierte, für Waffenstillstandsverhandlungen einen parlamentarischen Auftrag zu bekommen. Des Hauses Bedeutung hatte auch der Sozialdemokrat Philipp Scheidemann begriffen, als er am 9. November 1918 aus einem Fenster des Reichstagsgebäudes die Republik ausrief. Das Reichstagsgebäude verlieh seinen Worten Autorität.

Der Sozialdemokrat Philipp Scheidemann verkündet am 9. November 1918 aus einem Fenster des Reichstagsgebäudes die 'Deutsche Republik'.

Die ersten Tage und Wochen der Revolution sahen eine Besetzung des Reichstags durch die Arbeiter- und Soldatenräte. Sie hielten dort Sitzungen ab, beschlossen weitreichende Maßnahmen und verteilten im Lesesaal Brot an die Besetzerkollegen. Der konservative Graf von Westarp lief durch die Wandelgänge 'wie ein Gebilde aus Braunbier und Spucke'.
Denoch konnte das Reichstagsgebäude der Nationalversammlung nicht als Sitzungsort dienen, die Volksvertreter hatten zu große Angst vor den aufgebrachten Volksmassen. Man beschloß, die Versammlung in Weimar abzuhalten. Die Regierung blieb in Berlin - übrigens wurde aus diesem Grunde die erste reguläre Luftpostverbindung in Deutschland geschaffen. Es war auch nicht verwunderlich, daß die Regierungsmitglieder auf eine Rückkehr nach Berlin drängten. Groß war ihr Erstaunen, als sie hörten, daß man das Haus für mindestens sechs Wochen schließen müsse, um es zu entlausen. Erst Ende September 1919 konnte die Nationalversammlung ihre Arbeit wieder im Reichstagsgebäude aufnehmen. 1920 wurde sie aufgelöst und ein neuer Reichstag gewählt.
Die zwanziger Jahre haben die Rolle des Reichstagsgebäudes als Schauplatz unterstrichen, am Bau selbst ist außer einigen Renovierungen und trotz zweier Wettbewerbe aber nichts geschehen.

Volkstrauertag 1928
(Paul von Hindenburg
sitzt in der Ehrenloge)

Bereits unmittelbar nach Gründung der Weimarer Republik machte sich akuter Raummangel bemerkbar. Dieser bestimmte zahlreiche Reichstagsdebatten, insbesondere zwischen 25. Juni und 3. Dezember 1925 und am 25. März 1927. Als Abhilfe konnte nur ein Erweiterungsbau dienen, für den nördlich des Reichstags - etwa der heutige Parkplatz - ein Grundstück von 2270 qm erworben wurde. Wie kurzsichtig auch damals mit der Planung öffentlicher Bauten umgegangen wurde, zeigt die Tatsache, daß das Grundstück bis 1922 dem Reich bereits gehört hatte.
Der Erweiterungsbau sollte Platz für ein Büchermagazin von 700 qm Grundfläche, einen öffentlichen und einen Abgeordnetenlesesaal und für Katalog-, Verwaltungs- und Abgeordnetenarbeitsräume schaffen. Außerdem mußten das Archiv, die Druckerei und die Buchbinderei untergebracht werden. Der Wettbewerb wurde im Sommer 1927 ausgelobt, die Wettbewerbsausschreibung allerdings nicht wie 1872 und 1882 veröffentlicht.
Der Wettbewerb hatte viele Mängel. Zum einen sahen viele Architekten die stadträumliche Situation in Reichstagsnähe als ungelöst an und kritisierten, daß der Wettbewerb diese Mängel nicht beheben würde. Schon vor Auslobung, im Juni 1927, veröffentlichten Hugo Häring und Hans Poelzig ihre Vorschläge, das ganze Areal um den Reichstag repräsentativ auszubauen. In Architektenkreisen war die Aufmerksamkeit groß, im Reichstag gleich null. So schrieb das BDA-Organ 'Die Baugilde' am 10. Februar 1928: 'Die Tragödie des Berliner Opernhausumbaues nähert sich ihrem Ende, die des Reichstagserweiterungsbaues beginnt. Wir schrieben in der Baugilde am 25. September 1927 (Heft 18) bei Bekanntwerden des Wettbewerbsausschreibens: Das Reichstagsgebäude ist an sich schon seiner Lage nach beiseite gestellt, ohne architektonische Bindung im Plan der Stadt. Nun soll ein Erweiterungsbau geschaffen werden. Weil nun zufällig dort ein Grundstück erworben werden konnte, rückt man noch weiter ab und erweitert frisch-fröhlich in Richtung nach der Spree. Von den Schwierigkeiten, die sich aus der verlangten Verbindung eines Neubaues, der doch sicherlich ein moderner Bau werden soll, mit dem Wallot-Haus durch eine Straßenüberbrückung ergeben, sei einmal ganz abgesehen. Wäre es nicht an der Zeit, mit dem Anstückeln aufzuhören und an derartige Bauaufgaben von etwas weitschauenderen Gesichtspunkten als dem der einfachen Bedarfsbefriedigung auf direktestem Wege heranzugehen? Man hätte sich vor der Ausschreibung des Wettbewerbs zur Erweiterung des Reichstagsgebäudes, den man nun seinen Lauf nehmen lassen muß, und der an sich bei den Anforderungen der Aufgabe ein ganz interessantes Rätselraten werden mag, zumindest mit den in der Architektur-Ausstellung am Lehrter Bahnhof gezeigten Vorschlägen auseinandersetzen müssen!'
Die Jury für den Wettbewerb bestand aus bedeutenden Architekten und Persönlichkeiten: Karl Elkart, Hans Grässel, Ludwig Hoffmann, Erwin Redslob, Theodor Heuss, Paul Löbe, Fritz Schumacher, Martin Wagner u. a. Sie trat vom 14. bis 16. Januar 1928 zusammen und jurierte 278 Arbeiten, alle unter Motto eingereicht. Beteiligt hatten sich sehr bekannte Architekten, wie Wallot-Schüler Heinrich Straumer (Berliner Funkturm) und Emil Fahrenkamp (Shell-Haus). Kein erster Preis, nur mehrere zweite Preise wurden vergeben.
Ein Jahr später wurde ein beschränkter Wettbewerb ausgelobt, diesmal mit den Preisträgern von 1928 zuzüglich einiger anderer wichtiger Vertreter der Baukunst. Auch dieser Wettbewerb führte zu skurrilen Ergebnissen. Aber ohne die Umgebung des Reichstags umzugestalten, erwies sich auch dieser Wettbewerb als unnütz. Peter Behrens schlug unter anderem vor, das 'Verkehrshindernis' Brandenburger Tor zu versetzen. Die Entwürfe der ersten Preisträger Fahrenkamp & Heinrich de Fries mußten aus finanziellen Rücksichten zurückgestellt werden; sie blieben nur Träume.
Die Inflation von 1923 machte auch vor dem Reichstag nicht halt. Walther Lambach berichtete, daß die Abgeordneten viermal pro Woche für ihre Diäten anstehen mußten. Und obwohl das Haus von einem Sozialdemokraten - Paul Löbe - geleitet wurde, konnte Kurt Tucholsky für sich und die Weltbühne keine Journalistenkarte bekommen, angeblich wegen, wie Löbe sagte, des zunehmenden 'Fremdenverkehrs' im Reichstag. Da der Reichstag zunehmend an Popularität verlor, sank auch die Wertschätzung des Gebäudes bis zu einem Punkt, an dem namhafte Kritiker - glücklicherweise vergebens - seinen Abriß forderten. Kurz bevor der Vorhang 1933 fiel, wurde auch schon eine Reichstagsrede im Rundfunk ausgestrahlt.

Reichstagsbrand,
27. Februar 1933

Reichstagsbrand und 'Drittes Reich'

Der Reichstagsbrand veränderte vieles, nicht nur für Berlin und Deutschland, sondern für die gesamte Welt. Das Feuer hat nicht alles zerstört, unter anderem blieben Bibliothek und Archiv intakt. Doch der Plenarsaal und einige umliegende Räume waren unbrauchbar geworden, so daß man die Sitzungen in der gegenüberliegenden 'Kroll-Oper' abhalten mußte, die dafür binnen zehn Tagen notdürftig umgerüstet wurde. Immerhin: Es war in der 'Kroll-Oper' und nicht im 'Wallot-Bau', wo für das Ermächtigungsgesetz gestimmt wurde. Und: Hitler hat weder als Kanzler noch als Reichstagsabgeordneter den Plenarsaal je betreten; sein einziger amtlicher Besuch im Reichstagsgebäude war am 3. Februar 1933 sein Antrittsbesuch vor dem Reichsrat.
Die Ermittlungen über die Brandursache begannen unter schlechten Vorzeichen und konnten nichts Gutes verheißen. Die Nazis versuchten, den Prozeß zu einem Propagandaerfolg zu machen und begannen mit der Funkausstrahlung des Prozesses im September 1933. Als jedoch der verdächtigte bulgarische Kommunist Georgi Dimitroff ein vehementes Plädoyer hielt, stellten die Propagandisten die Ausstrahlung ein, der gesamte Prozeß wurde für die Nazis ohnehin zum Fehlschlag.Das Reichstagsgebäude selbst fristete einen Dornröschenschlaf für die restlichen elf Jahre des 'Tausendjährigen Reiches'. Für das Scheinparlament hielt das alte Haus die Bibliothek und das Archiv sowie das Stenographenbüro aufrecht. Das Gebäude selbst wurde notdürftig repariert und von den Nazis weiterhin als Propaganda- und Touristenattraktion genutzt.
Während der Olympischen Spiele 1936 durften Ausländer unter Führung von 'Kraft durch Freude' (KdF) das Haus besichtigen. Es fanden Ausstellungen darin statt, wie zum Beispiel 'Der ewige Jude' oder 'Bolschewismus ohne Maske' (Eröffnung am 6. November 1937). Am 27. Februar 1938, am 5. Jahrestag des Reichstagsbrandes, eröffnete Reichskulturwalter Franz Karl Moraller im Reichstag die Ausstellung 'Entartete Kunst'. Die Ausstellung selbst fand im benachbarten 'Haus der Kunst', ehemals Japanische Botschaft, ehemals Palais Pourtalès, Königsplatz 4, statt.
In der Umgebung sollte nach Hitlers Willen das nördliche Ende der Nord-Süd-Achse im gigantomanen Umbau Berlins zur Welthauptstadt 'Germania' entstehen: die 'Große Halle des Volkes' von Albert Speer mit einer Kuppelhöhe von 200 Meter, die dem Reichstagsgebäude und dem Brandenburger Tor die relative Größe einer Außentoilette gegeben hätte. Die 'Große Achse' sollte sich bis zum Triumphbogen am Flughafen Tempelhof erstrecken. Hitlers Krieg bedeutete auch das Ende seiner Pläne. Als der Krieg begann, ließ die Wehrmacht zwei Ecktürme zu Flakstellungen ausbauen sowie einen Bunker nördlich des Reichstags errichten. Die Fenster wurden zugemauert und das Haus zu einer Festung ausgebaut. Hier fertigte die AEG Funkröhren, im Keller legte man die Wehrmedizinische Zentralkartei an und später wurde ein Lazarett eingerichtet.
Das Reichstagsgebäude hatte schon lange eine Symbolkraft erlangt, die mit seiner Funktion überhaupt nicht zu erklären war. Als der Krieg zu Ende ging, sah die UdSSR - obwohl sich hier keine Regierungszentrale befand - eine Symbolwirkung in der Einnahme des Hauses. Es wurde die allergrößte Feuerkraft darauf verwendet, das Reichstagsgebäude einzunehmen. Nicht auf der Reichskanzlei, sondern hier erfolgte die berühmte Hissung des 'Banners des Sieges' am letzten Apriltag 1945. Warum dieses Symbol? Vielleicht deswegen, weil andere Machtsymbole Deutschlands in der UdSSR unbekannt waren; das Parlamentsgebäude war durch den Reichstagsbrandprozeß und die darauffolgende Heroisierung Dimitroffs sehr bekannt geworden, die neue Reichskanzlei überhaupt nicht.

Sowjetische Soldaten
hissen die Rote Fahne
auf dem Reichstag.

Die Nachkriegszeit

Nach Kriegsende rückte das Reichstagsgebäude erneut in den Vordergrund, paradoxerweise als Hintergrund für Demonstrationen, denn das ganze Feld davor war bereits durch Albert Speers Abrißaktionen groß genug geworden, um eine halbe Million Menschen zu fassen. Was aber sollte aus der Ruine werden? Sollte man das Reichstagsgebäude wieder aufbauen, und wenn ja, zu welchem Zweck? Es gab nicht wenige Stimmen, die einen Abriß des alten Parmentshauses energisch befürworteten, darunter führende Mitglieder des Deutschen Werkbundes, dessen Gründer Hermann Muthesius, Peter Behrens, Wilhelm Kreis und Theodor Fischer zum Teil ihr Handwerk bei Paul Wallot gelernt hatten. Einige Politiker - Eugen Gerstenmaier, Jakob Kaiser, Willy Brandt und Herbert Wehner - stritten jedoch für einen Wiederaufbau. Auch Berlins Regierender Bürgermeister Ernst Reuter und der Beauftragte für den Wiederaufbau, Hans Scharoun, waren dafür, obwohl keiner mit Bestimmtheit sagen konnte, ob das Haus wieder als Parlamentsgebäude verwendet werden würde. Während dieser Diskussion wurden auch Tatsachen geschaffen und mit der Enttrümmerung begonnen. Zum Glück ergaben Substanzuntersuchungen, daß ein Wiederaufbau möglich war. Dennoch stand nicht alles zum besten: Als Wolfgang Neuß in der Reichstagsruine den Film 'Die Spur führt nach Berlin' drehte, lösten sich Steine am Kuppelring. Eine Untersuchung der Kuppelkonstruktion führte zur Erkenntnis der Einsturzgefahr; 1954 wurde die Kuppel eingeschmolzen. 1955 wurden weitere Mittel für den Wiederaufbau bewilligt.

Der zerstörte Reichstag,
nach 1945

Von Baumgarten
belassener Schmuck

Reichtstagsweide, 1959

Inzwischen war der 'Kalte Krieg' in vollem Gange. Die DDR hatte Ost-Berlin zur 'Hauptstadt der DDR' erhoben. Während im Westen 1957 ein Wettbewerb 'Hauptstadt Berlin' ausgelobt wurde, dessen Hauptgebiet die Bezirke Mitte (Ost) und Tiergarten (West) umfaßte, schrieb die DDR-Staatsführung nur für ihren Stadtteil den 'Ideenwettbewerb zur sozialistischen Umgestaltung des Zentrums der Hauptstadt der DDR, Berlin' aus. Während man im Westen keine umsetzbaren Ergebnisse erzielen konnte - brauchte man dafür doch die Gesamtstadt -, ging man im Osten ans Werk. Daher blieb nur zu bewerkstelligen, was möglich war. Als Demonstration des Westens war das Reichstagsgebäude in Berlin ein geeignetes Objekt - es mußte ausgebaut werden.

1957 setzte die Bundesbauverwaltung (BBV) ein Stück der Westfassade instand. Mit der Behauptung, daß für das ursprüngliche Gebäude 'Schnörkeleien' nicht vorgesehen gewesen wären und der Architekt sie auf 'höchsten Wunsch' habe anbringen müssen, schlugen Arbeiter die Ornamente ab. Weder die Tatsachenverdrehung noch der brutale Umgang wurden kritisiert; die meisten Kunstwerke im Haus und an der Fassade verschwanden. Als 1960 Wolf Jobst Siedlers Buch 'Die gemordete Stadt' erschien, war der Bezug auch zum Reichstag unverkennbar.

Skizzen zum Wiederaufbau des Reichstags von Paul Baumgarten, 1961–69

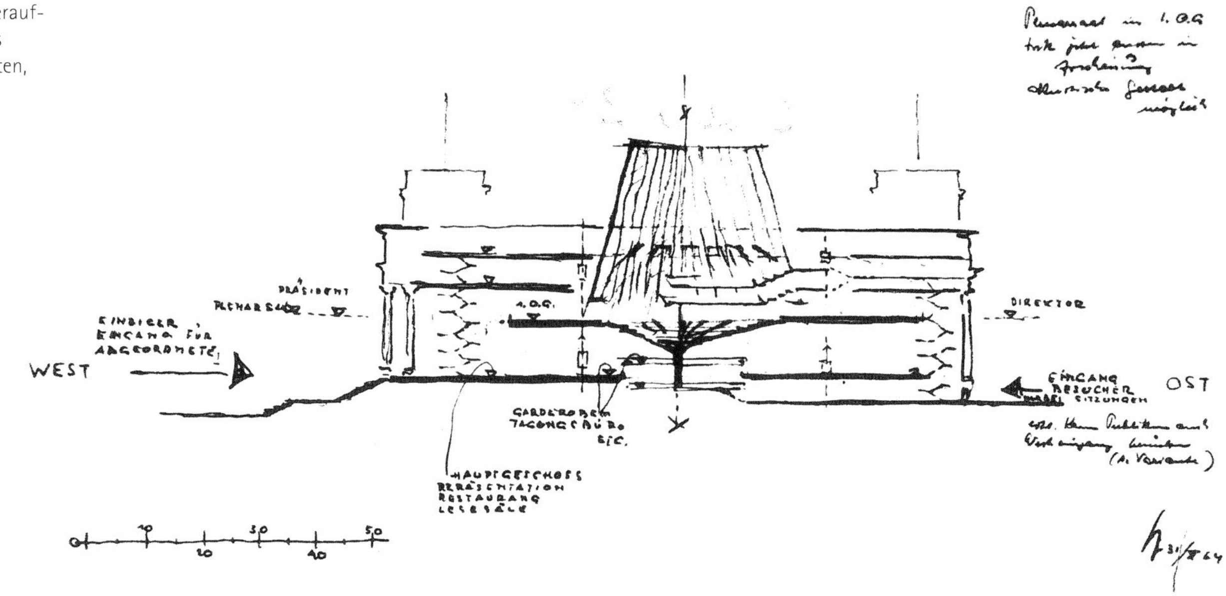

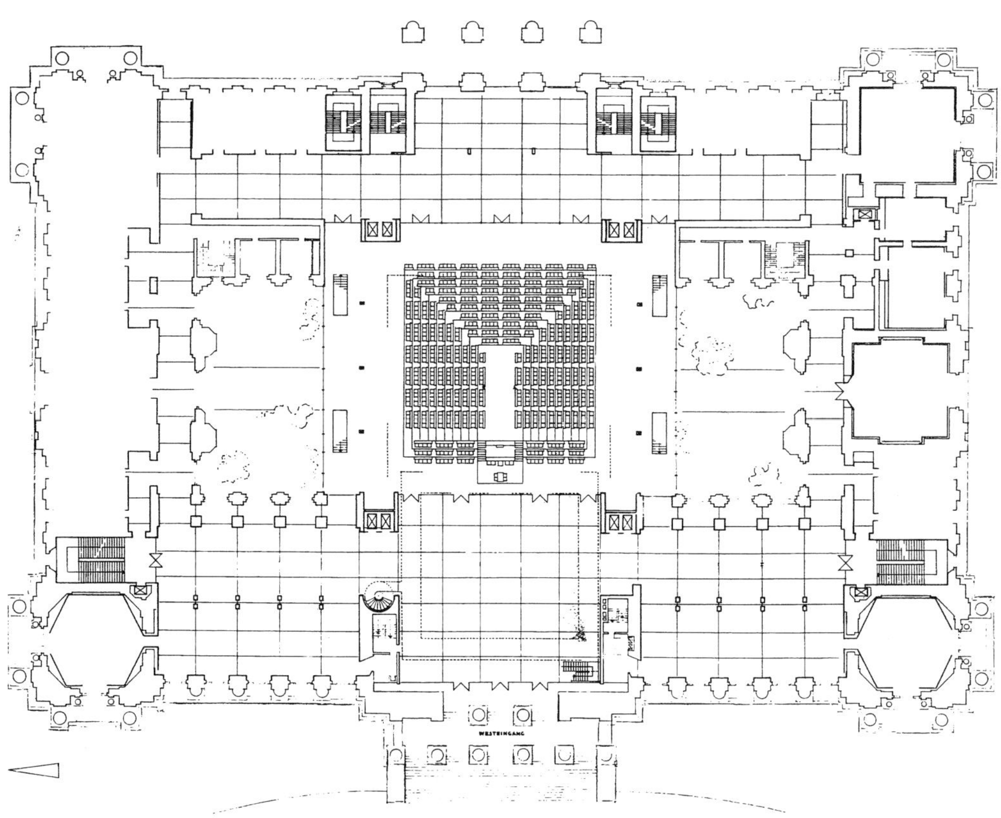

Paul Baumgarten, Entwurf zum Umbau des Reichstagsgebäudes, Grundriß der Plenarsaalebene

Im Februar 1960 lobte der Minister für wirtschaftlichen Besitz des Bundes einen Wettbewerb unter zunächst zehn Architekten aus, unter anderen waren Rudolf Schwarz, Paul Baumgarten, Wassili Luckhardt und Dieter Oesterlen beteiligt. Nicht für das ganze Haus, auch nicht für den Plenarsaal wurde zur Teilnahme aufgefordert, sondern - vorsichtiger geht's nimmer - zur 'Erlangung von gutachterlichen Entwurfsvorschlägen für die Gestaltung der Haupteingangs- und Wandelhallen sowie der Repräsentationssäle im Westflügel...'[10] 'Das Gebäude sollte nach seiner Wiederherstellung parlamentarischen Zwecken dienen und architektonisch dazu beitragen, die Idee des Gemeinsamen und die Kraft der Demokratie zu fördern... Nicht Gesellschaftsräume mit Monumentalcharakter, sondern eine Stätte der Begegnung war zu schaffen, in der sich die Tradition des parlamentarischen Lebens und seiner gesellschaftlichen Formen entwickeln kann.'[11] Schon wieder ein Reichstagswettbewerb mit Mängeln: 'Die große Schwierigkeit für die Bearbeiter lag nun darin, daß sie in den Westflügel des alten Wallotbaues gewissermaßen 'Vorräume' einbauen sollten, ohne zu wissen, was einmal in den übrigen Teilen des Baues geschehen wird.'[12] Aus zehn wurden sechs, aus sechs wurden drei, die 'in aller Stille' zur Vorstellung ihrer Entwürfe nach Bonn eingeladen wurden. Baumgarten erzählte von der Vorstellung ihrer Entwürfe in Bonn; Gerstenmaier, Scharoun, Wedepohl und andere waren anwesend: 'Vorträge - Schwarz, eine faszinierende Rede, die Gerstenmaier derart begeisterte, daß er aufstand und sich bei Schwarz bedankte. Auch Luckhardt und mir gefiel seine Rede und auch sein Entwurf. Die Lage schien geklärt.'[13] Doch Baumgarten gewann und nahm den Auftrag nur unter der Bedingung an, 'daß ich nicht nur die Repräsentationsräume baue, sondern auch den Plenarsaal und die Osthalle... Meine allseitige Anerkennung nutzte ich, es ging sogar soweit, daß ich nicht nur den Entwurf änderte, sondern auch fertiggestellte Bauteile wieder abreißen ließ.'[14]
'Der Entwurf Baumgarten zeigt zweifellos, daß der Innenausbau nicht der Quasi-Wiederherstellung des Äußeren zu entsprechen braucht. Aber zieht damit nicht die Gefahr herauf, daß eines Tages ein gesamtdeutsches Parlament doch im 'polierten' Wallotbau tagen wird? Soll denn wirklich unsere künftige Demokratie durch diesen Bau repräsentiert werden?'[15]

10 Paul Baumgarten, Bauten und Projekte 1924–81. Schriftenreihe der Akademie der Künste, Berlin 1988, S. 220 (Im folgenden zitiert als: Baumgarten-Katalog)
11 Heinz Raack, Das Reichstagsgebäude in Berlin, Berlin 1978, S. 76 f.
12 Günther Kühne, 'Die Wandlung des Reichstagsgebäudes', in: Bauwelt, 1961, Heft 21; zitiert in: Brüder Luckhardt und Alfons Anker. Schriftenreihe der Akademie der Künste, Berlin 1990, S. 285
13 Baumgarten-Katalog, S. 219 f.
14 Ebd., S. 219
15 Kühne, a.a.O.

Wandelhalle vor dem Plenarsaal, 1983

Reichstagsgebäude, Sitzungssaal nach dem Umbau

Blick von innen auf das Westportal

Für den Plenarsaal mußte Baumgarten die langgestreckte Wandelhalle entfernen; der Saal ist mehr als doppelt so groß wie der Wallotsche (die Fläche des Wallotschen Plenarsaals maß 640 qm, die des Baumgarten-Saals beträgt 1396 qm). Nur für 520 Abgeordente - weniger als Ende 1932 - sollte Platz sein. Stillschweigend ging man auch davon aus, im Plenarsaal die Bundesversammlung zusammentreten zu lassen, wofür 1040 Plätze benötigt würden.

Baumgarten hat es nicht leicht gehabt. 'Der Wiederaufbau begann damit, daß man zunächst abbaute. Nicht nur die Kuppel (zum Glück aus Sicherheitsgründen), sondern auch mit einer konsequent durchgeführten Bereinigung der Fassade. (Die Bundesbaudirektion erklärte, daß Wallot nur widerwillig die Ornamente angebracht hatte.) So wurden die Figuren, die auf den Ecktürmen standen, nicht wiederaufgestellt, obwohl sie im Kriege vor dem Umbau des Reichstagsgebäudes zum Flakturm wohlbehalten abgenommen und eingelagert worden waren. Beschädigte ornamentale und figürliche Teile der Fassade wurden nicht etwa ausgebessert, sondern der Einfachheit halber einfach beseitigt und der Ordnung halber auch gleich die unbeschädigten Teile. Das Beste des Reichstages wurde gerupft.'[16]

16 Baumgarten-Katalog, S. 219 f.

Natürlich kann Baumgarten nicht mit heutigen Maßstäben gemessen werden. Er gab sein Bestes für das diffuse Gefühl unter Politikern und Publizisten, daß, wenn bauliche Tatsachen geschaffen würden, sich alles zum Besten wenden werde. Man bedachte aber unter anderem nicht, daß die erwünschte Wiederherstellung der Einheit Deutschlands - die Parole hieß 'Dreigeteilt - niemals' - eine Erhöhung der Abgeordnetenzahl zur Folge haben würde. Wäre eingetroffen, was man zu erreichen hoffte, hätte noch einmal umgebaut werden müssen. Zunächst aber trat das Gegenteil ein: ein gutes halbes Jahr nach der Juryentscheidung vom Januar 1961 wurde mit dem Bau der Berliner Mauer die Hoffnung auf eine Wiedervereinigung in weite Ferne gerückt.

Wie Wallot hat Baumgarten gelernt, daß nicht leicht zu bauen ist, wenn mehrere hundert Bauherren einem über die Schulter schauen. Allerdings waren Baumgartens Peiniger nicht so sehr die Abgeordneten, sondern die Bundesbauverwaltung beziehungsweise -direktion. Sie setzte ihm so sehr zu, daß er sich veranlaßt fühlte, sich von seiner Schöpfung zu distanzieren. 'Zunächst: Ich habe den Reichstag nicht wieder aufgebaut. So wie er heute (im Jahr 1982) dasteht, ist er das Werk der Bundesbaudirektion. Einer seiner Präsidenten legte auch, wohl ohne zu wissen, was er sich damit antut, immer größten Wert darauf, bei Veröffentlichungen hinzuweisen: Gesamtleitung Bundesbaudirektion. Diese Feststellung ist gar nicht nötig, man sieht es auch so.'[17] 'Es ist nicht mehr mein Reichstag. Meine Ideen sind nicht mehr erkennbar. Wenn ich meine Entwurfsgedanken schildere - etwa von der großen Raumidee innerhalb der Ruine und wenn sich das dann einer ansieht, stellt er dort fest: 'Das ist doch gar nicht wahr'. Ich muß also gleichzeitig von Verunstaltung sprechen, und dann geht das Theater wieder los.'[18]

Obwohl sich Baumgarten für die Wiederherstellung der Kuppel einsetzte, konnte er gegen die 'Räte' nichts ausrichten; ab September 1966 bestand sein Vorschlag nur noch darin, die alte Kuppelform als Silhouette nachzuempfinden. Es scheint dennoch, daß die Ingenieure die Möglichkeit nicht verbaut hätten: 'Jedoch wurden von der technischen Oberleitung in Verbindung mit dem Statiker die technischen und konstruktiven Voraussetzungen bereits bei der Gründung der Neubauteile geschaffen, um einen eventuellen späteren Aufbau einer Kuppel ohne Eingriff in die Substanz zu ermöglichen.'[19] Ob dies zutrifft, wird eine Untersuchung ergeben müssen. Jedenfalls soll die 'Kuppelfrage' am 13. Februar 1967 von Hans Scharoun begraben worden sein.
Weder der Innenausbau noch die Reihe von Inbetriebnahmen ab 1963 noch die Sitzungen von Ausschüssen und dem Ältestenrat konnten die Diskussion über die Zweckbestimmung beenden. Im Gegenteil, die Fertigstellung brachte die politisch Verantwortlichen in Verlegenheit, denn sie hatten noch immer keine Nutzung für das Gebäude gefunden. So entstand unter der Fachleitung von Lothar Gall und mit dem künstlerischen Konzept von Claus-Peter Gross zunächst eine Ausstellung 'Fragen an die deutsche Geschichte', die zum 100. Jahrestag der ersten Reichstagssitzung am 21. März 1971 eröffnet wurde. Drei Jahre später wurde sie zu einer Dauerausstellung erklärt, die inzwischen von über zehn Millionen Personen besucht worden ist. Aus politischen Gründen war es nicht möglich, Bundestagssitzungen, die Bundesversammlung oder Sitzungen des Bundesverteidigungsausschusses im Reichstag abzuhalten. Im Haus wurden bis zum Untergang der DDR nur Konferenzen, Sitzungen, Tagungen von Gremien, Fraktionen, Kommissionen und so weiter abgehalten.

17 Baumgarten-Katalog, S. 219 f.
18 Ebd., S. 223 f.
19 Raack, a.a.O., S. 138

Reichstagsgebäude, Empfangsraum des Bundespräsidenten, 1972

Flur, 1972

Das Baugelände im Spreebogen zwischen Reichstagsgebäude (links im Bild) und Kongreßhalle, 1992

Am 3. Oktober 1990, zum 'Tag der Deutschen Einheit', fand im Reichstag die erste ordentliche Sitzung des neuen gesamtdeutschen Parlaments statt, für die Sachwalter des Reichstags nicht nur der Einheit wegen ein großer Tag. Dennoch hat es Probleme gegeben - die Abgeordneten fanden die Sitzungen, die Reisearrangements, ihre Büros und fast alles sonst nicht in Ordnung. Auch bei den Sitzungen 1991 klappte nicht alles reibungslos. Einige Monate nach dem Bundestagsbeschluß, Berlin als Hauptstadt zu bestimmen, beschloß der Ältestenrat am 30. Oktober 1991, den Reichstag zum künftigen Plenarbau auszubauen. Gutachten und Studien über den Raumbedarf führten zur Konzipierung von zwei Wettbewerben: einen Städtebaulichen Ideenwettbewerb für den Spreebogen und einen Realisierungswettbewerb Reichstagsgebäude zum Bundestag. Zur Klärung strittiger Fragen hielt die Bundestagspräsidentin im Reichstag am 14./15. Februar 1992 ein Kolloquium ab. Die Ergebnisse des Spreebogen-Wettbewerbs sollen im Dezember 1992, die des Reichstagswettbewerbs Ende Januar 1993 vorliegen.

Bauten der 'Volksdemokratie'

Berlin als Hauptstadt der DDR

Sitzungshaus der DDR-Volkskammer in der Hermann-Matern-Straße

Sitzungssaal der DDR-Volkskammer (Legislative und Exekutive sind nicht getrennt)

1 Heinz Graffunder, Martin Beerbaum und Gerhard Murza, Der Palast der Republik, Leipzig 1977
2 Walter Ulbricht, 'Die Großbauten im Fünfjahrplan'. Rede auf dem III. Parteitag der SED. In: Neues Deutschland, 23. Juli 1950

Die Volkskammer der DDR - die oberste Volksvertretung im Staat - hatte nie ein eigenes Gebäude, ein eigenes, für sie gebautes Haus. Über 25 Jahre tagte sie in einem großen Saal in der Luisenstraße 58/60, der zuvor der Gesellschaft für Chirurgie gehört hatte und von dieser zu Vorlesungen und Tagungen benutzt worden war. Erst 1976 erhielt sie einen angemessenen Sitzungssaal im neu errichteten 'Palast der Republik' auf dem Marx-Engels-Platz.[1]

Auch die Regierung und die Ministerien übten ihre Tätigkeit lange Zeit ausschließlich in Altbauten aus, die den Krieg überlebt hatten und wiederhergestellt oder umgebaut worden waren. Dennoch hatte die DDR von Anfang an ein Konzept für eine städtebaulich-architektonisch repräsentative Unterbringung und Selbstdarstellung von Parlament und Regierung als Institutionen der Volksdemokratie an zentraler Stelle der Stadt. Niemals in ihrer 40jährigen Geschichte verfügte sie aber über genügend materielle Mittel - auch nicht über genügend Willen - zur konsequenten Verwirklichung dieses Konzepts. So blieb vieles bruchstückhaft, unvollendet und unversucht.

Darüber, wo die neue Mitte des Staates in der Stadt liegen sollte, gab es von Anfang an keinen Zweifel: am Ort der alten Mitte! Dafür schienen die Voraussetzungen - trotz des Wegfalls der traditionellen Orte deutscher Politik an der Wilhelmstraße und westlich des Brandenburger Tores infolge der Kriegszerstörungen sowie der Grenzlage und Teilung der Stadt - nicht ungünstig.

Mit der Teilung Deutschlands in zwei Staaten und der Teilung Berlins in zwei Städte war Ostberlin, seit 1949 Hauptstadt der DDR, die alte historische Mitte der Stadt zugefallen. Daraus ergaben sich für die Stadtentwicklung und Stadtgestaltung zwei Aufgaben: Die historische Mitte der ehemaligen Gesamtstadt, die plötzlich azentral zum Ostberliner Stadtgebiet lag, mußte zum Zentrum der Teilstadt Ost - mit dem Blick auf ihre neue Funktion als Hauptstadt - umgestaltet und zugleich mit den peripher zu ihr liegenden Wohn- und Arbeitsgebieten Ostberlins aktiv verbunden werden.

Der offizielle Startschuß dazu erfolgte auf dem III. Parteitag der SED im Juli 1950, als Walter Ulbricht, Generalsekretär der Partei, das Konzept für den Aufbau des Stadtzentrums von Berlin wie folgt darlegte: 'Das Zentrum der Stadt soll ein charakteristisches Bild erhalten durch monumentale Gebäude und eine architektonische Komposition, die der Bedeutung der Hauptstadt gerecht wird.' Zu diesem Zweck schlug er vor, den 'Straßenzug von der Stalinallee bis zum Brandenburger Tor' als Hauptmagistrale der Stadt zu entwickeln und die an ihr liegenden Plätze, den Alexanderplatz und den Lustgarten, 'architektonisch schön im Sinne des Volksempfindens' zu gestalten. Worauf es vor allem ankäme, sei, 'in den monumentalen Bauten die Kraft und Stärke des Aufbauwillens und der großen Zukunft Deutschlands zum Ausdruck zu bringen.'[2]

Wer das vorhatte, der mußte zugunsten 'eigener' neuer Monumentalität 'fremde' alte Monumentalität ausschließen. Zunächst deutete Walter Ulbricht dies nur an: 'Das Zentrum unserer Hauptstadt, der Lustgarten und das Gebiet der jetzigen Schloßruine, müssen zu dem großen Demonstrationsplatz werden, auf dem der Kampfwille und Aufbauwille unseres Volkes Ausdruck finden können.'[3]

Schon einen Monat später erfuhr die Öffentlichkeit mehr darüber, nachdem nämlich Ende August 1950 die 'Grundzüge für den Wiederaufbau und die Neugestaltung des historischen Zentrums von Berlin' beschlossen und der 'Aufbauplan für das neue Zentrum von Berlin' zum ersten Mal publiziert worden waren. Der 'zentrale Punkt' im Zuge Stalinallee - Brandenburger Tor, so hieß es in der Presse, sei der durch den Abriß der Schloßruine entstehende und mit dem Lustgarten verbundene neue große Platz, an dessen östlicher Seite, jenseits der Spree, ein Regierungshochhaus errichtet werden sollte.[4]

Die Idee zu einem Regierungshochhaus als dem 'obersten' und also auch höchsten Gebäude der Hauptstadt und des Staates war nicht die einzige und auch nicht die ursprüngliche Idee für das in Aussicht genommene 'Zentrale Gebäude' am 'zentralen Punkt'. Eine kurze Zeit lang hielt sich die Vorstellung, den Traditionen der deutschen Arbeiterbewegung entsprechend ein Volkshaus als zentralen Bau der Hauptstadt der DDR zu errichten - als ein Haus für Zusammenkünfte und Begegnungen des Volkes unmittelbar und zugleich auch für die gewählten Vertreter des Volkes, also auch für die Volkskammer.[5] Auf diese Weise sollte der Idee der Volksdemokratie als Volksherrschaft eine adäquate bauliche Verräumlichung und Darstellung geschaffen werden. Sie ist in der Öffentlichkeit kaum bekannt, geschweige denn breit diskutiert worden. Durchgesetzt hat sich vielmehr die der Realität der Volksdemokratie als Staatsmacht und die entsprechende Konzeption eines 'Zentralen Gebäudes' als Kombination von Regierungshochhaus und Volkskammersitzungssaal mit eindeutiger, städtebaulich-architektonischer Heraushebung der Regierung gegenüber dem Parlament, der Exekutive gegenüber der Legislative. Durchgesetzt hat sich damit der installierte Apparat von Staat und dahinterstehender, 'führender' Partei gegenüber dem Volk, das sich selbst nicht zu artikulieren und zu organisieren wußte.

3 Walter Ulbricht, 'Die Großbauten im Fünfjahrplan'. Rede auf dem III. Parteitag der SED. In: Neues Deutschland, 23. Juli 1950
4 Berliner Zeitung, 27. August 1950
5 Vgl. Günter Peters, 'Berlin im 20. Jahrhundert (2). Ein Beitrag zur Bau- und Architekturgeschichte'. In: Architektur der DDR, 1987, Heft 8, S. 36 f.

Schloßplatz mit Kurfürstenbrücke, 1915.
Links im Bild: Marstall

Fotomontage: Schloß-
park mit Altem Museum,
Dom, Marienkirche,
Schloß, Nationaldenkmal
(von links)

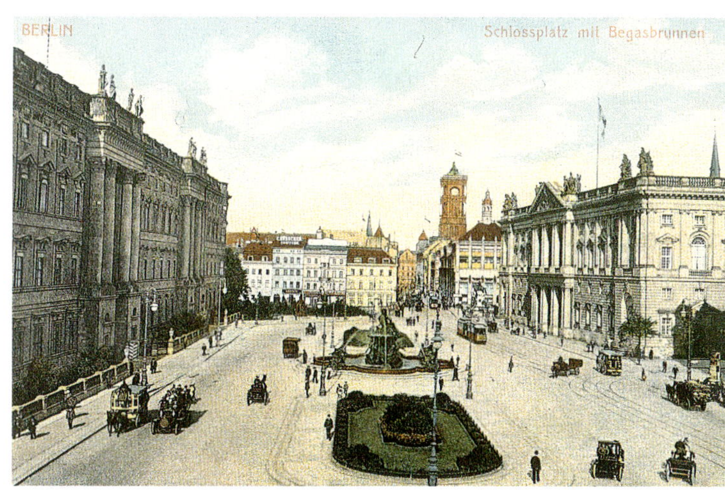

Schloßplatz mit Blick auf
Königstraße und Neptun-
brunnen, 1910

Mit der Verabschiedung des 'Aufbauplans für das neue Zentrum von Berlin' waren die wesentlichen Elemente der neuen gesellschaftspolitischen und baulich-räumlichen Zentralität Berlins konzipiert: der 'Zentrale Platz', das 'Zentrale Gebäude' und die 'Zentrale Achse' von der Stalinallee bis zum Brandenburger Tor, wie sie ihrer Funktion als Hauptmagistrale der Stadt gemäß zwei Jahre später dann auch offiziell bezeichnet wurde.

Die Analogie dieser politischen Semantik zu den programmatischen Begriffen 'Großer Platz', 'Große Halle' und 'Große Straße' im städtebaulichen Konzept von Albert Speer für die geplante Nord-Süd-Achse in den Jahren 1938 bis 1942 fällt auf. Vermittelt wurden diese Begriffe allerdings auf dem Weg über den sowjetischen Städtebau, der inzwischen als Vorbild galt, insbesondere am Beispiel des von Boris Iofan 1935 bis 1937 - also schon vor dem Entwurf Speers - erarbeiteten Konzepts einer monumentalen Trinität von Gebäudedominante, Platz und Magistrale für Moskau. Als erstes städtebauliches Element im System neuer Zentralität in Ostberlin entstand der Zentrale Platz. Trotz verschiedener Einsprüche - nicht zuletzt von Hans Scharoun[6] - begann am 8. September 1950 der Abriß der Schloßruine. Er war am 31. März des darauffolgenden Jahres beendet, rechtzeitig, damit wie geplant am 1. Mai 1951 die erste große Massendemonstration - zu der eine Million Teilnehmer kamen - auf dem neuen Platz stattfinden konnte, der aus diesem Anlaß den Namen 'Marx-Engels-Platz' erhielt. Die Geschichte der Projekte und der Realisierung zur städtebaulich-architektonischen wie auch zur bildkünstlerischen Gestaltung rund um den Marx-Engels-Platz ist nicht nur voller Widersprüche,[7] sondern offenbart letzten Endes das Scheitern der DDR an sich selbst, an der großen historischen Aufgabe, der sie sich verschrieben hatte, nämlich den Sozialismus auf deutschem Boden real existent zu machen, das heißt stabil zu gründen und dynamisch zu entwickeln.

Besetzung des Schlosses durch Matrosen der Volksmarinedivision und Befreiung durch Regierungstruppen am 24. Dezember 1918

Sprengungsarbeiten am Schloß begannen schon 1950

Im ersten öffentlich bekannt gewordenen städtebaulichen Plan für das zentrale Ensemble, nämlich im zuvor schon genannten 'Aufbauplan für das Zentrum des neuen Berlin', hieß der Zentrale Platz noch 'Lustgarten'. Für das 'Zentrale Gebäude' - in der gewünschten Kombination aus Regierungshochhaus und Volkskammersitzungssaal - legte Richard Paulick noch 1950 einen ersten Entwurf vor.[8] Ein Marx-Engels-Denkmal war zu diesem Zeitpunkt noch nicht vorgesehen. Am westlichen Rand des neuen großen Platzes - etwa neben dem ehemaligen preußisch-deutschen Nationaldenkmal, aber natürlich als dessen Widerpart gedacht - sollte ein 'FIAPP-Denkmal' errichtet werden, also ein Denkmal zu Ehren der Widerstandskämpfer gegen den Faschismus.[9] Offenbar war die Zeit für ein dominantes Marx-Engels-Denkmal noch nicht gekommen, obwohl es durchaus schon Zielsetzungen dafür gab.

Diese Zurückhaltung entsprach der offiziellen Politik der antifaschistisch-demokratischen Ordnung, als die sich die DDR damals verstand. Zudem war dem kommunistischen Bewußtsein mit der Absicht vorerst Genüge getan, am Thälmannplatz - etwa am ehemaligen Eingang zur Reichskanzlei von Hitler - ein monumentales Thälmanndenkmal zu errichten. Doch schon bald wurde die Sache anders gesehen. Das demonstrieren die auf dem Plan zum Stadtzentrum von 1951 aufbauenden Entwürfe für das zentrale Ensemble.[10]

Das kriegszerstörte Schloß, 1947

6 Vgl. Johann Friedrich Geist und Klaus Kürvers, Das Berliner Mietshaus 1945-1989, München 1989, S. 322
7 Zur Geschichte der sozialistischen Umgestaltung des Stadtzentrums von Ostberlin vgl. Bruno Flierl, Zur sozialistischen Architekturentwicklung in der DDR, Berlin 1979 (Diss. B. Veröffentl. der Bauakademie), besonders S. 84-113.
Ders.: 'Vom Münzturm bis zum Fernsehturm. Höhendominanten in der Stadtplanung von Berlin.' In: Studien zur Berliner Kunstgeschichte, hrsg. von Karl-Heinz Klingenburg, Leipzig 1986, S. 11-51
8 Vgl. Kurt Margritz, 'Die sozialistische Umgestaltung des Zentrums von Berlin.' In: Deutsche Architektur, 1959, Heft 1, S. 1-5
9 Berliner Zeitung, 27. August 1950
10 Vgl. Edmund Collein, 'Das Nationale Aufbauprogramm - Sache aller Deutschen.' In: Deutsche Architektur, 1952, Heft 1, S.13-19

Im Entwurf von Hanns Hopp von 1951 hatte das Regierungshochhaus - 150 Meter hoch - die Gestalt der Moskauer Hochhäuser.[11] Die zwischen ihm als dem 'Zentralen Gebäude' und dem 'Zentralen Platz' zum ersten Mal angeordnete 'Zentrale Brücke' wurde für alle weiteren Entwürfe obligatorisch. Statt eines Marx-Denkmals gibt es bei Hopp ein zentral angeordnetes, gedecktes Tempelchen für die Ehrengäste auf der Tribüne.

Ein Marx-Engels-Denkmal erscheint zum ersten Mal in der ebenfalls von Hopp stammenden Entwurfsvariante aus dem Jahre 1952, nämlich erst, nachdem die 'führende Partei' des Landes auf ihrer zweiten Parteikonferenz im Juli 1952 den Aufbau des Sozialismus in der DDR verkündet hatte.[12] Was für viele Jahre danach strikt galt, war hier erstmalig zu sehen: Marx und Engels nebeneinanderstehend - wie beim Denkmal für Goethe und Schiller in Weimar - als Klassikerpaar, nur viel größer, 25 Meter hoch, und genau in der Achse der Straße Unter den Linden.

Eine interessante Alternative zu diesen Entwürfen legte Edmund Collein 1953 vor.[13]
Er wollte das 'Zentrale Gebäude' auf dem Marx-Engels-Platz selbst errichten - als 'Point de Vue' in der Straße Unter den Linden - als schlanken, gotisierenden Turm wie eine wörtlich genommene 'Kathedrale des Sozialismus'. Diese Lösung hätte immerhin die Rekonstruktion der mittelalterlichen Kernstadt erlaubt. Bekannt geworden sind zwei Varianten: eine ohne Dom, eine mit Dom. Ein Marx-Engels-Denkmal vor dem Haupteingang, im Blick der Vorbeimarschierenden, war vorgesehen. Aber es wurde nichts aus allen Überlegungen dieser Jahre. Zur ideologischen Macht- und Kult-Konfiguration geriet das Konzept sozialistischer Zentralität - 'Zentrales Gebäude', 'Zentraler Platz', zwischen ihnen 'Zentrale Brücke' mit Tribüne und Marx-Engels-Denkmal, 25 Meter hoch - erst so recht im Entwurf von Gerhard Kosel (zusammen mit Hopp und Mertens), der im Auftrag der Partei 1957/58 als Gegenstück zum Hauptstadtwettbewerb in Westberlin entstand und noch vor dessen Jurierung dem V. Parteitag der SED im Juli 1958 vorgelegt und gleichzeitig publiziert wurde.[14]
Hauptsächlich sollte dieser Entwurf wohl als Vorgabe für den in Ostberlin seit langem geplanten 'Ideenwettbewerb zur sozialistischen Umgestaltung des Stadtzentrums der Hauptstadt der DDR, Berlin' dienen und dafür die offizielle Linie angeben.

Marx-Engels-Platz, 1957
Mai-Parade

11 Vgl. Kurt Margritz, a.a.O. (Anm. 8)
12 Ebd.
13 Ebd.
14 Gerhard Kosel, 'Aufbau des Zentrums der Hauptstadt des Demokratischen Deutschlands.' In: Deutsche Architektur, 1958, Heft 4, S. 177-183
15 Ebd., S. 178 und 183

Kosel wollte ein monumentales Marx-Engels-Forum als Zentrum der internationalen Arbeiterklasse schaffen. Als Kern des Forums sah er das Marx-Engels-Denkmal mit der Ehrentribüne und das 'Marx-Engels-Haus' genannte 'Zentrale Gebäude'. Dieses Gebäude sollte als Stadtkrone - und quasi als Staatskrone - die hervorragendste Bedeutung in der Komposition erhalten. Als Turmhochhaus östlich der Spree sollte es eine Höhe von 150 Metern haben. Um es angemessen zur Wirkung zu bringen, sollte es an zwei Seiten von Wasserflächen einer verbreiterten Spree umrahmt sein - ohne Rücksicht darauf, daß dadurch das Nikolaiviertel, der Gründungsort Berlins, in den Fluten der Spree 'absaufen' würde. Für Kosel galten höhere Ziele, was deutlich wird, wenn er sagt: 'Die im Marx-Engels-Forum zu errichtenden Bauwerke sollen in Architektur und Maßstab den Sieg der sozialistischen Gesellschaftsordnung und ihre Überlegenheit gegenüber den vergangenen Epochen der gesellschaftlichen Entwicklung zum Ausdruck bringen... Die Architektur des Zentrums von Berlin soll alle Werktätigen mit Zuversicht, Mut und Begeisterung erfüllen, soll den Wankelmütigen aufrichten und den Feinden des Fortschritts ein Dorn im Auge sein.'[15]

Marx-Engels-Platz, früher Schloßplatz, 1965. Der Platz ist festlich geschmückt anläßlich des 20. Jahrestages der Beendigung des Zweiten Weltkriegs.

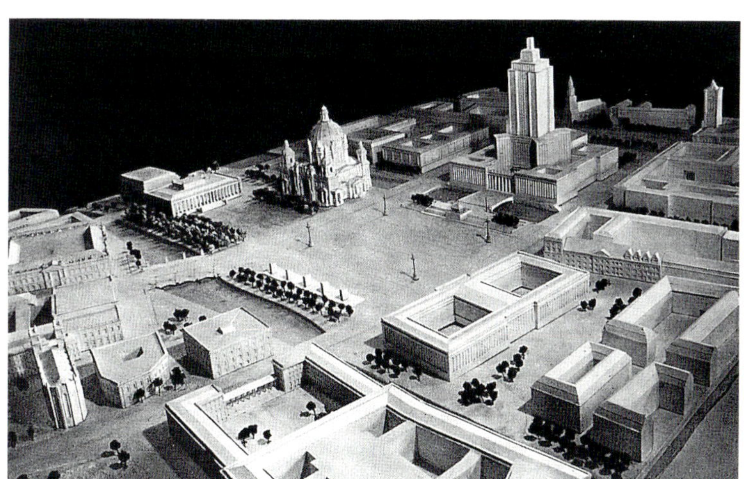

Entwurf für ein Regierungshochhaus von Hans Hopp, 1951

'Wäre es nicht zweckmäßig, im Zentrum der Stadt Berlin, der Hauptstadt Deutschlands, den Straßenzug von der Stalinallee bis zum Brandenburger Tor wieder aufzubauen, den Lustgarten und den Alexanderplatz, als die beherrschenden Plätze des Stadtinnern, zu architektonisch schönen Plätzen zu gestalten, durch den Arbeitsenthusiasmus der Berliner Bevölkerung die alten schönen Gebäude im Zentrum der Stadt wiederherzustellen und die neuen Gebäude an diesen Plätzen und an der Hauptstraße architektonisch schön im Sinne des Volksempfindens zu gestalten? Wir wollen in Berlin keine amerikanischen Kästen und keine Bauten im Hitlerschen Kasernenstil mehr sehen. Gleichzeitig ist es notwendig, die Arbeiterviertel bei den großen Industriebetrieben wieder, aber schöner als früher, aufzubauen. Wir sind überzeugt, daß es unseren Baumeistern gelingen wird, in Berlin und in den Großstädten der Republik in monumentalen Bauten die Kraft und die Stärke der großen Zukunft Deutschlands zum Ausdruck zu bringen. Ein Volk, das solche gewaltigen Aufgaben wie den Fünfjahrplan in Angriff nimmt, wird Baumeister hervorbringen, die imstande sind, in der Gestaltung der Städte diese grandiosen Ideen zum Ausdruck zu bringen.'

Walter Ulbricht auf dem Deutschen Architektenkongreß, 8. Dezember 1951

Aufbauplan für das Zentrum des neuen Berlins

Das war unmißverständlich. Die Heftigkeit der Argumentation erklärt sich natürlich aus der damaligen Konfrontation der beiden deutschen Staaten im internationalen 'Kalten Krieg', besonders aber aus der Tatsache, daß die westliche Seite in Berlin - getreu dem gesamtdeutschen Alleinvertretungsanspruch der Bundesrepublik in den fünfziger Jahren - in ihrem Hauptstadtwettbewerb zum traditionellen Stadtzentrum über ein Gebiet verfügen wollte, das damals schon fast ein Jahrzehnt zur Hauptstadt der DDR gehörte.[16] Im Unterschied dazu hielt sich die östliche Seite mit ihrem Zentrumswettbewerb 1958/59 exakt an ihr Territorium.[17]
Die Teilnehmer des Zentrumswettbewerbs für Ostberlin beachteten größtenteils die vom Auslober gesetzten Vorgaben. Sie machten entsprechende Vorschläge für ein 'Zentrales Gebäude' als Stadtkrone, für eine 'Zentrale Brücke' über die Spree sowie für ein Marx-Engels-Denkmal in der gewünschten Konfiguration - so auch Gerhard Kröber, der die höchste Wertung im Wettbewerb erhielt.

16 Vgl. Hauptstadt Berlin. Internationaler städtebaulicher Wettbewerb 1957/58. Berlinische Galerie, Berlin 1990
17 Vgl. 'Ideenwettbewerb zur sozialistischen Umgestaltung der Hauptstadt der DDR, Berlin.' In: Deutsche Architektur, 1960, Heft 1, S. 3-30

Hauptstadtwettbewerb Westberlin. Erster Preis: Spengelin, Eggeling, Pempelfort

18 Vgl. Bruno Flierl, a.a.O. (Anm. 7)
19 Vgl. Paul Verner, 'Großbaustelle Zentrum Berlin.' In: Deutsche Architektur, 1960, Heft 3, S. 119-124
20 Vgl. Erhard Gißke, 'Der Bebauungsplan für das Zentrum der Hauptstadt der Deutschen Demokratischen Republik.' In: Deutsche Architektur, 1961, Heft 8, S. 411-416
21 Vgl. Erhard Gißke, 'Der Bebauungsplan für das Zentrum der Hauptstadt der Deutschen Demokratischen Republik.' In: Deutsche Architektur, 1961, Heft 8, S. 417-419

Zwei Entwürfe fielen völlig aus dem Rahmen: Sie setzten an den 'zentralen Punkt' das Gebäude für das Parlament und verzichteten ostentativ auf ein zentrales Regierungshochhaus und damit willentlich auf eine architektonisch dominante Darstellung des staatlichen Machtapparates: Naumow aus Leningrad genügte als vertikales Zeichen eine Stahlnadel von 260 Metern Höhe. Auf ein Marx-Engels-Denkmal verzichtete er nicht. Hermann Henselmann, Chefarchitekt von Ostberlin und deshalb außer Konkurrenz beteiligt, wollte statt des gewünschten Büroturmhauses einen Fernsehturm errichten, 320 Meter hoch, semantisch 'aufgeladen' als 'Turm der Signale'. Dieser sollte unmittelbar am Ufer der Spree, aber diesseits des Platzes, also am Platzrand, stehen, verbunden mit einer Art von Museum oder auch Mausoleum, in dem - im Unterschied zu Moskau - das geistige Produkt von Marx und Engels aufbewahrt werden sollte: das Manuskript des 'Kommunistischen Manifests'. Das war gewiß auch kultisch gedacht, aber von anderer Art. Für die Jury immerhin schockierend! Kein Wunder, daß der Entwurf von Henselmann, ebenso der von Naumow, brüsk zurückgewiesen wurde.[18]

Dem Auftraggeber gefiel erwartungsgemäß am besten der außer Konkurrenz eingereichte Entwurf von Kosel (und Kollektiv). Im Unterschied zum früheren Entwurf enthielt er negative Veränderungen von Belang. Einmal verzichtete er auf das Gebäude der Bauakademie von Schinkel, weil der Wunsch des Auftraggebers, an dieser Stelle möglichst schnell ein neues Gebäude für das Außenministerium zu bauen, immer drängender geworden war. Zum anderen rückte er die Doppelfigur Marx/Engels aus dem zuvor offen gehaltenen Ehrenhof des 'Zentralen Gebäudes' unmittelbar an die Tribüne - also über die Köpfe der dort stehenden Ehrengäste: zu deren Glorifizierung.[19] Nach dem Wettbewerb gab es 1960 noch einige weitere Entwürfe für das zentrale Ensemble einer sozialistischen Mitte Berlins.

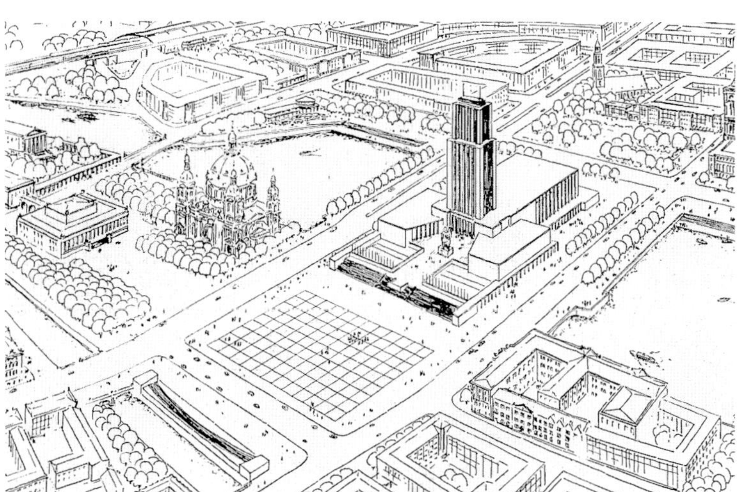

Entwurf von Gerhard Kosel 1957/58: Gegenentwurf zum Hauptstadtwettbewerb in Westberlin 1957/58

Von Josef Kaiser stammt ein Vorschlag, ganz im Sinne des Naumowschen Entwurfs, das Parlament an den 'zentralen Punkt' zu setzen - überdacht von einer großen gläsernen Kuppel von 90 Metern Höhe; anders als etwa beim Speerschen Projekt des großen Kuppelbaus, nämlich als Metapher für Transparenz - was viele Jahre später 'Glasnost' genannt werden wird. An der obligatorischen Tribüne stand auch im Entwurf von Kaiser das obligatorische Klassikerpaar Marx/Engels.[20]

Als dann am 30. Mai 1961 der 'Beschluß zur sozialistischen Umgestaltung des Zentrums der Hauptstadt der DDR, Berlin' gefaßt wurde, erfuhr die überraschte Öffentlichkeit, daß über alles nur irgend mögliche grundsätzliche Entscheidungen zum Planen und Bauen getroffen worden waren, nicht aber über den 'zentralen Punkt', über das zentrale Ensemble: die Einheit von Platz, Gebäude und Denkmal. Nur Kurt Liebknecht tröstete sich noch mit einem Hochhausentwurf.[21]

Fernsehturm als 'Turm der Signale'. Entwurf von Hermann Henselmann, 1959

Wettbewerb zum Stadtzentrum, 1959/60. Entwurf von J. Kaiser, H. Gericke, P. Schweizer

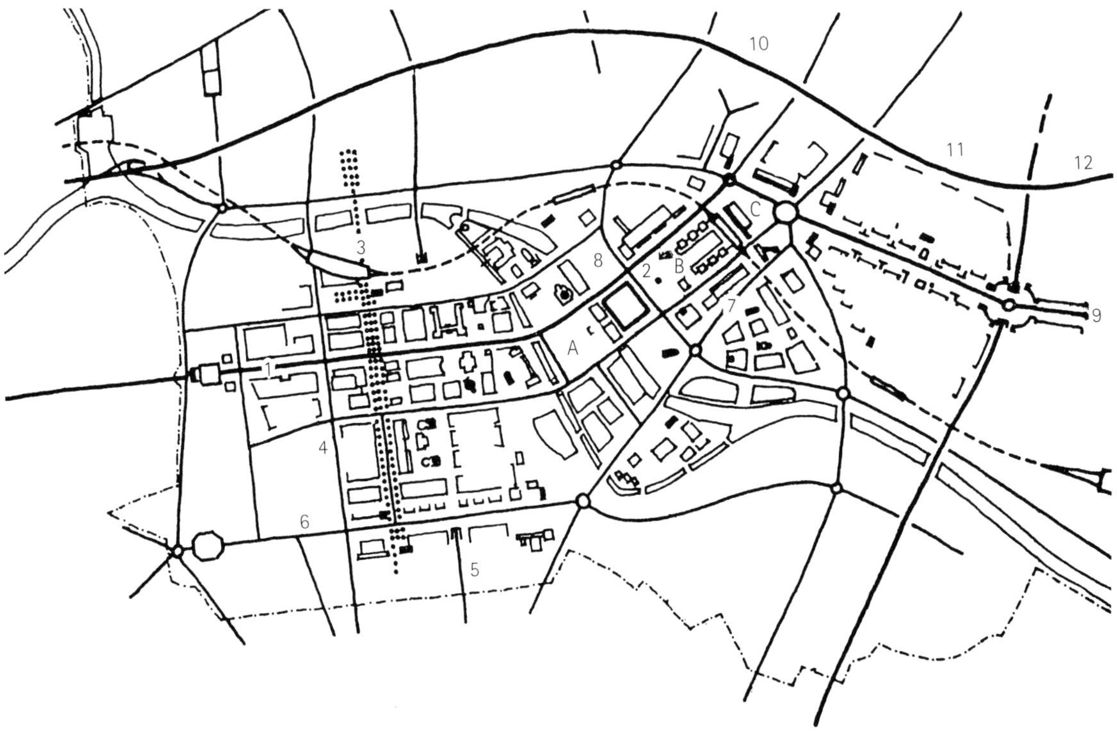

1 Unter den Linden
2 Karl-Liebknecht-Straße
3 Friedrichstraße
4 Glinkastraße
5 Charlottenstraße
6 Leipziger Straße
7 Grunauer Straße
8 Spandauer Straße
9 Karl-Marx-Allee
10 Wilhelm-Pieck-Straße
11 Mollstraße
12 Leninallee

A Marx-Engels-Platz
B Einkaufszone
C Alexanderplatz

Berlin, Plan des Stadtzentrums, bestätigter Bebauungsplan, 1961, Entwurf: Stadtbauamt, Kollektiv Peter Schweizer

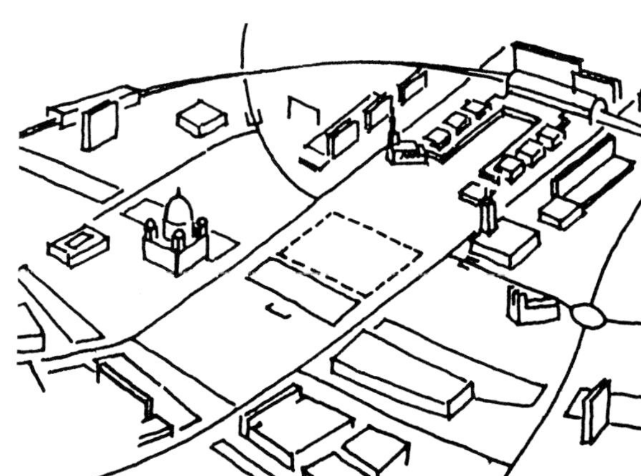

Zentrales Ensemble, Konzeption nach dem bestätigten Bebauungsplan, 1961 - mit reserviertem Platz für das geplante Zentrale Gebäude

Offensichtlich wollte sich der gesellschaftliche Auftraggeber - Partei und Regierung - die Entscheidung noch offenhalten: einerseits aus ökonomischen Gründen, da ohnehin nicht alles gleichzeitig gebaut werden konnte, andererseits aber auch aus ideologischen Überlegungen, weil seit den zaghaften Reformen in der Sowjetunion unter der Führung von Chruschtschow sich vieles zu ändern begann, nicht zuletzt auch die Modelle autoritärer, städtebaulich-architektonischer und bildkünstlerischer Repräsentation von Ideologie und Macht. Schließlich war statt des Stalinschen 'Palastes der Sowjets' - der 1957 bereits ersatzlos gestrichen worden war - 1961 der flach gelagerte Kremlpalast gebaut worden.

So blieb der Marx-Engels-Platz noch viele Jahre ein leerer, öder Platz, der immer mehr zum Alptraum wurde, baulich wie funktionell zu einem Loch in der Stadt, metaphorisch: zu einem Loch im gesellschaftlichen System der DDR.

Trotzdem: Der Ort für ein 'Zentrales Gebäude' blieb vorerst im Plan, auch wenn er nicht ausgefüllt wurde. Weitere Entwürfe für ein mögliches Regierungshochhaus, wie sie noch in den Jahren 1961 und 1962 diskutiert wurden, hatten keine Chance mehr. So skizzierte Kosel ein Hochhaus für einen Standort an der Spandauer Straße.[22] Henselmann schließlich, der zwei Jahre zuvor ein Hochhaus für die Regierung grundsätzlich abgelehnt hatte, wollte den Entwurf von Kosel entweder noch übertrumpfen oder aber zu Fall bringen: In seinem Entwurf sollte die Regierung sehr wohl ein Hochhaus erhalten. Das Gebäude für das Parlament sollte mitten in der zur Seenlandschaft verbreiterten Spree stehen - wie ein Wasserschloß.[23] Das war - beabsichtigt oder nicht - ein Sinnbild für die Isolierung der Volksvertretung vom Volk.

22 Vgl. Gerhard Kosel, Unternehmen Wissenschaft. Erinnerungen. Berlin 1989, Abb. o. S.
23 Vgl. Hermann Henselmann, Gedanken, Ideen, Bauten, Projekte. Berlin 1978, Abb. 64

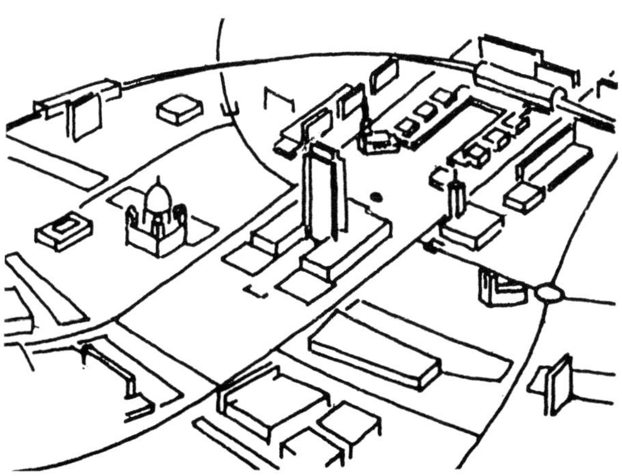

Zentrales Ensemble, Konzeption nach dem bestätigten Bebauungsplan - mit Zentralem Gebäude nach einer Idee von Kurt Liebknecht, 1961

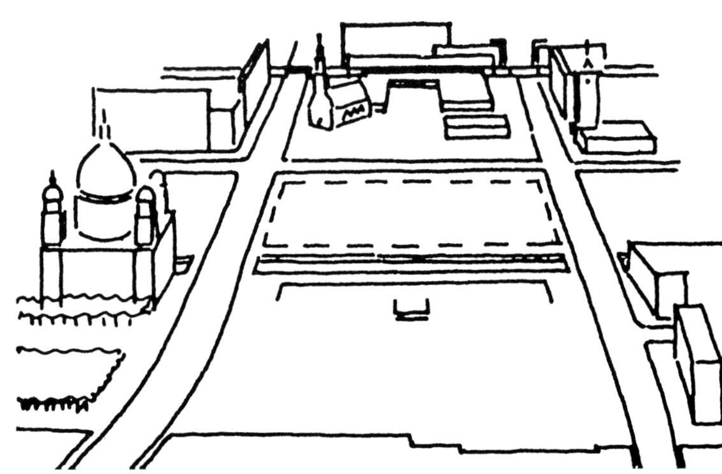

Zentrales Ensemble, Konzeption nach dem bestätigten Bebauungsplan - zunächst ohne Zentrales Gebäude

Vom Marx-Engels-Denkmal war in diesen Jahren kaum noch die Rede. Das wichtigste Ergebnis der städtebaulichen Planung von 1950 bis 1961 zum Aufbau einer neuen sozialistischen Mitte von Berlin waren die Festlegungen zur Herausbildung des sogenannten 'Zentralen Raumes' im mittleren Abschnitt der 'Zentralen Achse', nämlich einer linear strukturierten Folge einzelner Räume zwischen Kupfergraben und Alexanderplatz. Dadurch wurde zum ersten Mal in der Berliner Baugeschichte der Schritt getan (wenn auch unter Verzicht auf eine Rekonstruktion der kriegszerstörten, mittelalterlichen Kernstadt), die von seiner Entstehung her stets nach Westen orientierte, absolutistische Stadt mit Lustgarten, Forum Fridericianum und Straße Unter den Linden nunmehr räumlich großzügig mit dem Osten der Stadt zu verbinden.

Als jedoch nach 1961 die Zeit des Bauens kam, ist dieser 'Zentrale Raum' im einzelnen doch anders besetzt und gestaltet worden. Denn 1964 wurde, für viele überraschend, der Beschluß gefaßt, kein Regierungshochhaus mehr zu bauen, sondern - quasi als Ersatz für die nun fehlende Höhendominante - den ohnehin für Berlin vorgesehenen Fernsehturm in diesen Raum zu delegieren. 1969 stand der Turm, gebaut nach einem Projekt von Fritz Dieter (und Kollektiv).

In relativer Nähe zu ihm entstand zugleich ein Hochhaus für ein Hotel am Alexanderplatz, zu dem es schon 1962 einen Wettbewerb gegeben hatte. 1973 kam es dann zu dem Beschluß, auf dem Marx-Engels-Platz selbst ein Kongreßgebäude zu bauen, das auch den Sitzungssaal der Volkskammer aufnehmen sollte. Das Gebäude wurde nach dem Entwurf von Heinz Graffunder in drei Jahren projektiert und errichtet und als 'Palast der Republik' 1976 eingeweiht.[24] Erst zehn Jahre später, 1986, wurde auf der vom Marx-Engels-Platz abgewandten Seite des Palastes, also nicht, wie zuvor immer wieder vorgesehen, auf dem Platz selbst, ein Marx-Engels-Denkmal aufgestellt.

24 Vgl. Heinz Graffunder, 'Palast der Republik.' In: Architektur der DDR, 1976, Heft 5, S. 265-271. Heinz Graffunder und Karl-Ernst Swora, 'Palast der Republik.' In: Architektur der DDR, 1976, Heft 9, S. 529-547

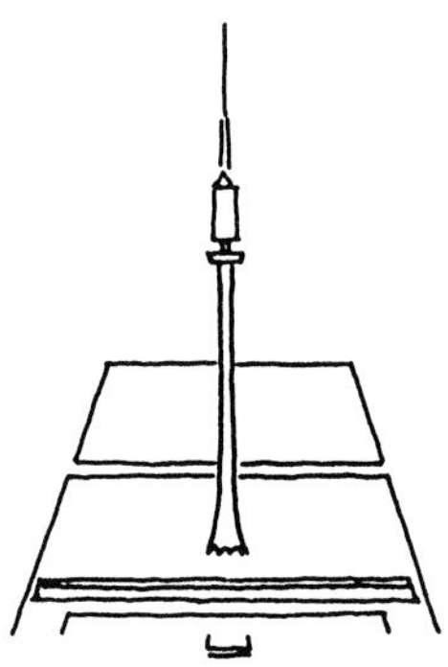
Zentrales Ensemble, erste Konzeption mit Fernsehturm, 1965

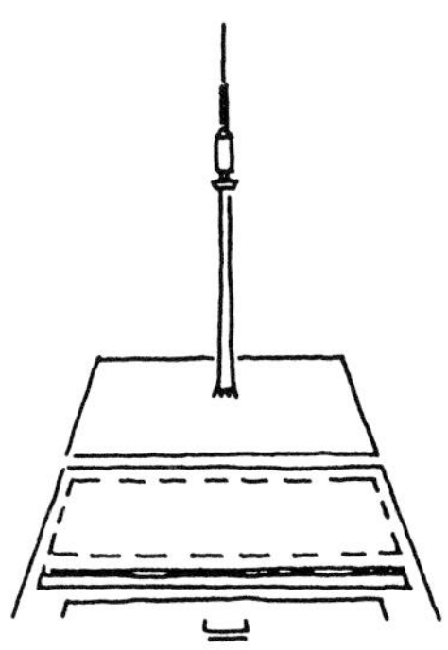
Zentrales Ensemble, zweite Konzeption mit Fernsehturm, 1965

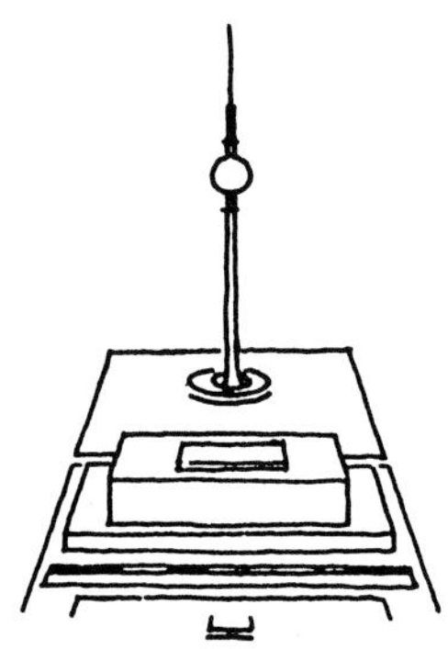
Zentrales Ensemble, Konzeption mit Zentralem Gebäude, 1965

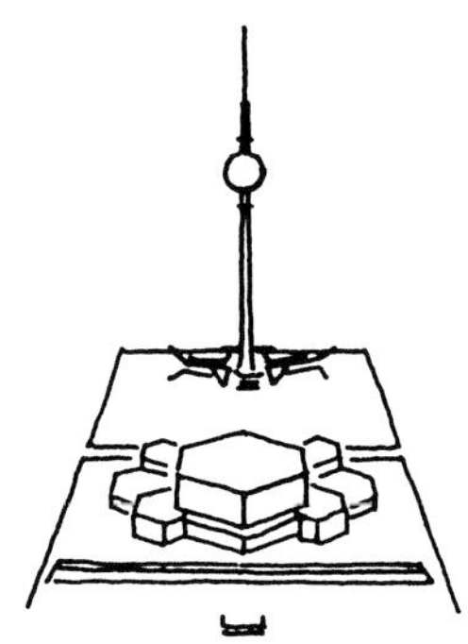
Zentrales Ensemble, Konzeption mit Zentralem Gebäude, 1968

Dieser Konzeptionswandel vollzog sich wie folgt: Schon im Vorfeld der Entscheidung, das Regierungshochhaus nicht mehr zu bauen, wurde dafür Sorge getragen, daß die wichtigsten Institutionen des Staates baulich repräsentativ untergebracht wurden. 1962 zog der Ministerrat in das Alte Stadthaus am Molkenmarkt ein. 1964 wurden am Rand des Marx-Engels-Platzes nach dem Entwurf von Josef Kaiser das Gebäude für das Außenministerium und nach dem Entwurf von Roland Korn das Gebäude für den Staatsrat errichtet. Das ZK der SED war bereits 1959 in das Gebäude der ehemaligen Reichsbank gezogen. Der Fernsehturm sollte 1965 - einem ersten Einfall nach, der angeblich von Walter Ulbricht stammte - unmittelbar am Marx-Engels-Platz errichtet werden. Es gelang, ihm näher am Alexanderplatz einen Standort zu geben.

1. Der Fernsehturm hat sich entgegen den Erwartungen des Auftraggebers als Ersatzdominante für das Regierungshochhaus und damit als Symbol der Staatsmacht nicht bewährt. Vielmehr ist er im Bewußtsein der Bewohner und Besucher von Berlin zum Zeichen für die Stadt - für Berlin - geworden, etwa wie dies beim Eiffelturm in Paris - auch dort entgegen der Absicht seiner Promotoren - geschehen ist.

Das 'Zentrale Gebäude' wurde nun, nachdem es kein Regierungshochhaus mehr zu sein hatte, als Kongreßgebäude - einschließlich seiner Nutzung als Tagungsstätte der Volkskammer - konzipiert, und zwar zunächst am alten Standort östlich der Spree. 1973 rückte das zentrale Kongreßgebäude - zunächst im Plan - von seinem Standort östlich der Spree auf den Marx-Engels-Platz westlich der Spree, also, wenn auch in seiner Lage um 90 Grad gedreht, etwa an den Ort des ehemaligen Schlosses. Das Marx-Engels-Denkmal sollte nun im Dialog mit diesem Gebäude, das 1976 bei seiner Einweihung 'Palast der Republik' getauft wurde, etwa an der Stelle des ehemaligen Nationaldenkmals errichtet werden. Durch diese Konstellation gerieten beide - der 'Palast der Republik' wie das Marx-Engels-Denkmal - konzeptionell zur historischen Negation der Negation zentraler preußisch-deutscher Orte und Symbole - überragt vom Fernsehturm als neu gesetztem Symbol. Aber: realiter hat das alles insgesamt so nicht funktioniert wie ausgedacht, und zwar in dreierlei Hinsicht nicht:

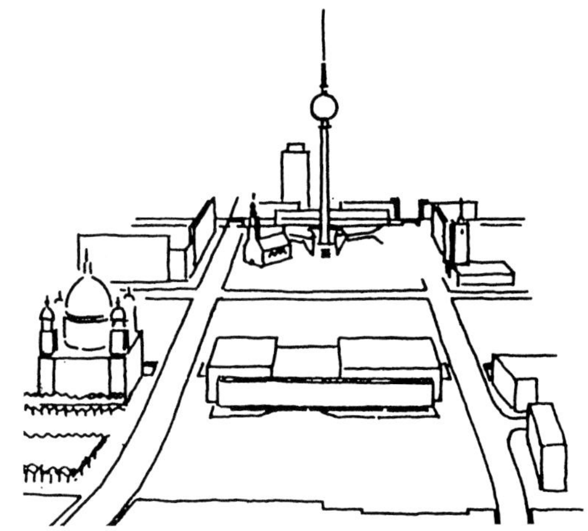

Zentrales Ensemble, Realisierung mit Palast der Republik, 1976

Das Zentrum von Ostberlin

2. Der 'Palast der Republik' ist kein sozialistisches Schloß als Herrschaftsgebäude geworden - wiewohl er in seiner architektonischen Geste so den Anschein gibt. Er fungierte, solange er noch nicht geschlossen war, als ein großes, für jedermann geöffnetes Volkshaus und Kongreßgebäude, als ein Haus für Meetings, Feiern und Feste aller Art. Die Volkskammer, die als Akklamationsparlament in ihrem Staat ohnehin nicht viel zu sagen hatte, stets nur wenige Male im Jahr tagte und deshalb ihren Saal auch für andere Tagungen und Kongresse nutzen ließ, hat dem Gebäude weder von der praktischen Funktion noch von der ideellen Bedeutung her den Stempel aufgedrückt. Das bewirkte auch nicht die Tatsache, daß im Großen Saal des Hauses mit seinen 5000 Plätzen Parteitage der SED und Feiern zu Jahrestagen der DDR stattfanden. Wichtig war vielmehr, daß der 'Palast der Republik' von den Bürgern Ostberlins und der DDR als 'ihr' Haus erlebt und begriffen wurde - wenn auch im Widerspruch eines Volkshauses zwischen ideal gesetztem demokratischen Sozialismus und real existierendem autoritären Staatssozialismus. Den eigentlichen Herrschaftsbau bildete stets das Gebäude des Zentralkomitees der SED am Marx-Engels-Platz um die Ecke. Und als ein solches war es auch im Bewußtsein des Volkes.

3. Die Idee, das Marx-Engels-Denkmal als Widerlegung des preußisch-deutschen Nationaldenkmals zu errichten, ist nicht verwirklicht worden. 1984 wurde das geplante Denkmal in den von Bebauung freigehaltenen Bereich 'hinter' den 'Palast der Republik', auf seine 'stille' Seite also, zwischen Spree und Spandauer Straße delegiert. Dafür gab es zwei Gründe. Zum einen war der inzwischen zum Parkplatz verkommene Marx-Engels-Platz nicht mehr geeignet als Standort für ein Denkmal. Zum anderen erschien dem Auftraggeber - also Partei und Regierung - die von einem Künstlerkollektiv unter Leitung von Ludwig Engelhardt stammende Denkmalanlage weder von der Größe noch von der Konzeption her akzeptabel für den großen Platz, so daß die Idee, das Denkmal in einem Park aufzustellen, befürwortet wurde. Das konnte den Künstlern nur recht sein, da sie ja gerade nicht die Absicht hatten, ein heroisches Monument zu schaffen. Daß dann der parkähnliche Standort des Denkmals noch nachträglich den Namen 'Marx-Engels-Forum' erhielt, zeigt, daß der Auftraggeber das für ihn zu wenig groß geratene Denkmal wenigstens durch einen verbalen Bezeichnungsakt ideologisch aufwerten wollte, obwohl ihm doch klar sein mußte, daß die im Jahre 1958 entwickelte Konzeption eines 'Marx-Engels-Forums' auf diese Weise nicht mehr zum Leben zu erwecken war.

25 Vgl. Bruno Flierl, Berlin - Zentrum Stadtmitte. Beitrag für das Stadtforum Berlin, Berlin 1992 (unveröffentlichtes Manuskript)

Palast der Republik, September 1991

So offenbart also der Prozeß der sozialistischen Umgestaltung der Mitte Berlins eindrucksvoll das Auf und Ab staatssozialistischer Autorität in der DDR - jedenfalls in Hinsicht auf die bauliche Selbstdarstellung der Gesellschaft. Der Vergleich des autoritären Konzepts der fünfziger Jahre mit der entstandenen Realität der achtziger Jahre mag dies verdeutlichen.

Was das 'Zentrale Gebäude' betrifft: Statt eines vom Volk abgeschlossenen Regierungshochhauses entstand ein für alle offenes Haus kultureller Kommunikation.

Was den 'Zentralen Platz' angeht: Statt eines Platzes für Versammlungen, Aufmärsche und Paraden entstand letzten Endes ein zentraler Parkplatz in der Stadtmitte: ohne gesellschaftliche Bedeutung. Paraden und Umzüge sind seit 1977 - also bereits ein Jahr nach Eröffnung des Palastes - an der Karl-Marx-Allee durchgeführt worden.

Was das 'Zentrale Denkmal' betrifft: Statt eines monumentalen Denkmals für Marx und Engels am autoritären Ort des Marx-Engels-Platzes entstand ein eher besinnliches Denkmal an einem durchaus nicht autoritären Ort, am Rande urbaner Aktivität.

Das Ergebnis solcher Entwicklung sollte in seiner Historizität bedacht werden, wenn heute unter gewandelten gesellschaftlichen Bedingungen die Frage nach dem Umgang mit Geschichte an diesem zentralen Ort der Mitte von Berlin aufgeworfen wird und zu beantworten ist.[25] Wichtig dabei ist, mit welcher neuen Zielsetzung hinsichtlich praktischer Funktion und ideeller Sinngebung, historischer Bewußtheit und ästhetischem Anspruch die aus der Vergangenheit überlieferte Mitte von Berlin heute für die Zukunft kritisch angeeignet wird - und zwar in einer dem Ort und seiner Bedeutung angemessenen Dimension. Nicht kurzsichtig als bloße Beseitigung und Ersetzung der gegenständlichen Spuren und Zeichen der DDR-Geschichte, sondern weitsichtig als Weiterbau der Geschichte von Berlin insgesamt - einschließlich der DDR-Geschichte: also prospektiv, nicht retrospektiv.

Palast der Republik,
Sitzungssaal

Gastraum

Alexander Fils

Politische Idealstädte

Das Beispiel Brasilia und andere Neugründungen

Planwirtschaft hat abgedankt. Stadtplanung ist Planwirtschaft, und Idealstädte stellen die Potenzierung aller diktatorischen Stadtplanung dar, nur noch zu übertreffen von einer geplanten Hauptstadt. Die Realisierung einer Idealstadt kann nur unter Zwang erfolgen. Eine für 500.000 Menschen durchgeplante Stadt muß aber zur Fehlkonstruktion werden, wenn sie erheblich mehr oder viel weniger Menschen beherbergt.

Brasilia, Justizministerium.
Architekt: Oscar Niemeyer

Brasilia war für 500.000 Menschen bestimmt - so stand es im Gesetz. Heute hat die Stadt 1.800.000 Einwohner. Es ist angenehmer und einfacher, in Brasilia zu leben als in den meisten brasilianischen Städten. Man flüchtet nicht mehr am Wochenende nach Rio; eher verlegt man umgekehrt seinen Wohnsitz von Rio, Sao Paulo oder dem Nordosten in das ruhige, gesunde und prosperierende Brasilia. Die Stadt lebt. Sie lebt und wächst, weil der Plan zwar eine strenge, funktionelle Gliederung der Stadt verlangte, aber innerhalb der einzelnen Stadtteile eine gewisse Flexibilität erlaubte, und weil die Stadt schon sehr früh über die ursprünglich geplante Fläche hinaus wachsen konnte, was anfangs kritisiert wurde.

Heute besteht Brasilia aus den monumentalen Architekturskulpturen politischer Institutionen entlang der 'Monumentalachse', aus komfortablen Wohnhäusern entlang der Verkehrsachse und den einfacheren Wohnvorstädten mit Entfernungen bis zu 40 km vom Zentrum. Das Zentrum besteht aus einer dreistöckigen Kreuzung von zwei Autobahnen mit einem Busbahnhof, zwei Einkaufszentren, einem Theater, einem Touring-Club-Haus und viel freier Fläche, die für die Kultur reserviert ist. An den Seiten der in Richtung Stausee leicht abfallenden 'Monumentalachse' folgen Büro- und Bankgebäude sowie die Kathedrale, anschließend säumt eine Reihe gleichförmig gestalteter Ministerien die Achse. Den Abschluß bilden zwei aus der Reihe fallende Ministerien: das Außenministerium und gegenüberliegend das Justizministerium.

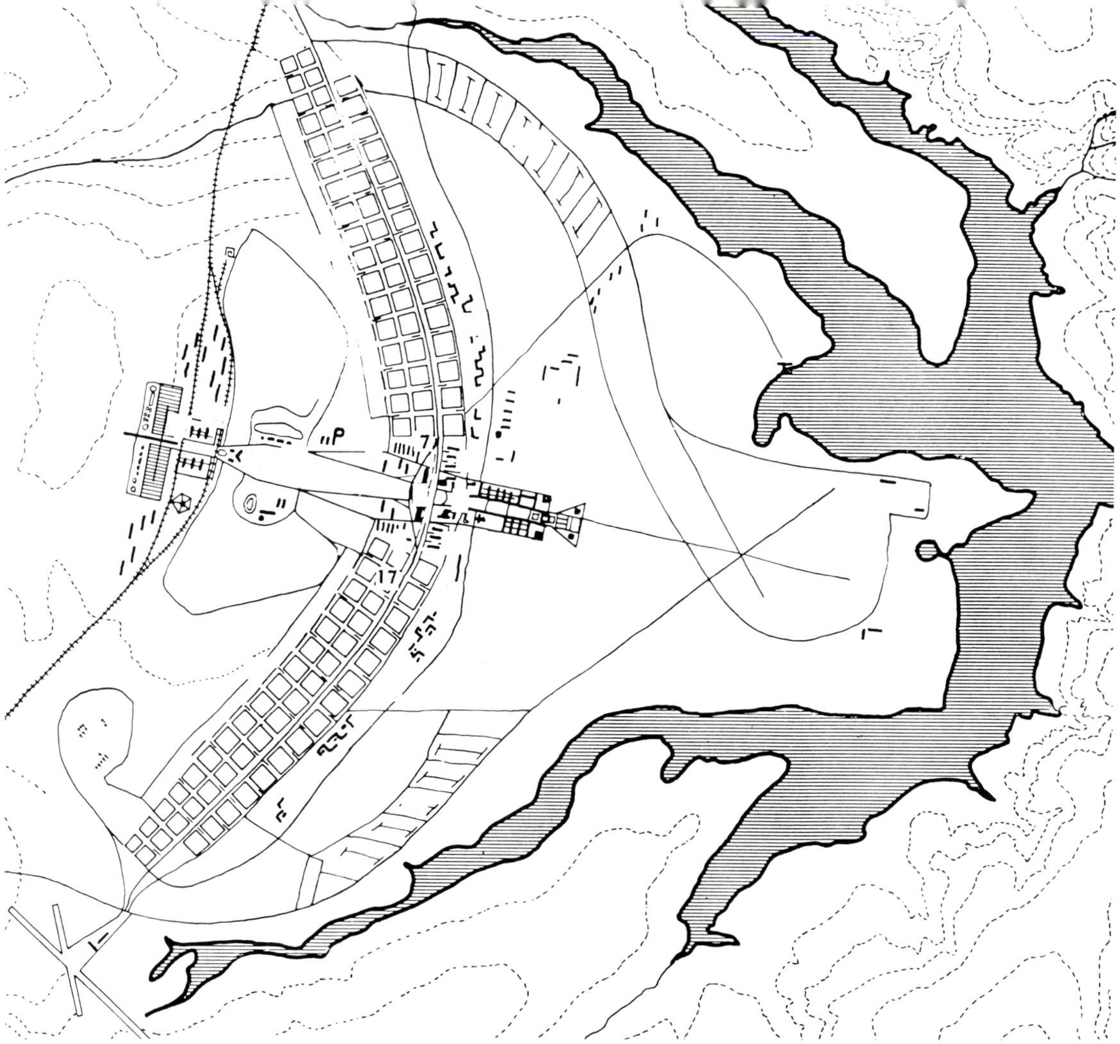

Lucio Costa, Planung von Brasilia in Form eines Flugzeugs, 1961

Außenministerium, Architekt: Oscar Niemeyer

Architekt: Oscar Niemeyer

Brasilia: vorn der zentrale Busbahnhof, hinten die weiß gestrichene Kathedrale

Das Heereshauptquartier

Das Theater

Die südliche Reihe der Standard-Ministerien entlang der Monumentalachse

Am Ende der Achse und somit am Stadtrand liegt der 'Platz der Drei Gewalten'. Ursprünglich als Dreieck geplant, wurde der Platz von Anfang an als langgezogenes Rechteck mit einer offenen Seite zur freien Natur angelegt. An den Seiten erstrecken sich der Amtssitz des Präsidenten und das Oberste Gericht mit Säulenreihen, die inzwischen in Brasilien als Symbol für Demokratie angesehen werden. Entlang der zur Stadt gerichteten Längsseite wurde das Parlament gebaut. Das Gebäude besteht aus den beiden Sälen für den Senat und das Abgeordnetenhaus, deren Lage man an Hand der einmal als Kuppel, einmal als Schlüssel geformten Dächer erkennen kann. Dazwischen liegt das Abgeordnetenhochhaus, dessen beide Scheiben leicht außerhalb der Mittellinie der Achse plaziert wurden. Die Topographie ist so geschickt genutzt, daß man dem Parlament von der leicht erhöht vorbeilaufenden Straße auf das Dach steigen kann; kein Wachbataillon hält neugierige Touristen davon ab. Und selbst die Eingänge in das Parlament oder die Ministerien werden weder durch Zäune noch durch Wachposten gegen Besucher verriegelt. Unabhängig vom jeweils herrschenden politischen Regime (Populismus, Militär, Neue Demokratie) waren und sind die Regierungsgebäude frei zugänglich für alle Bürger.

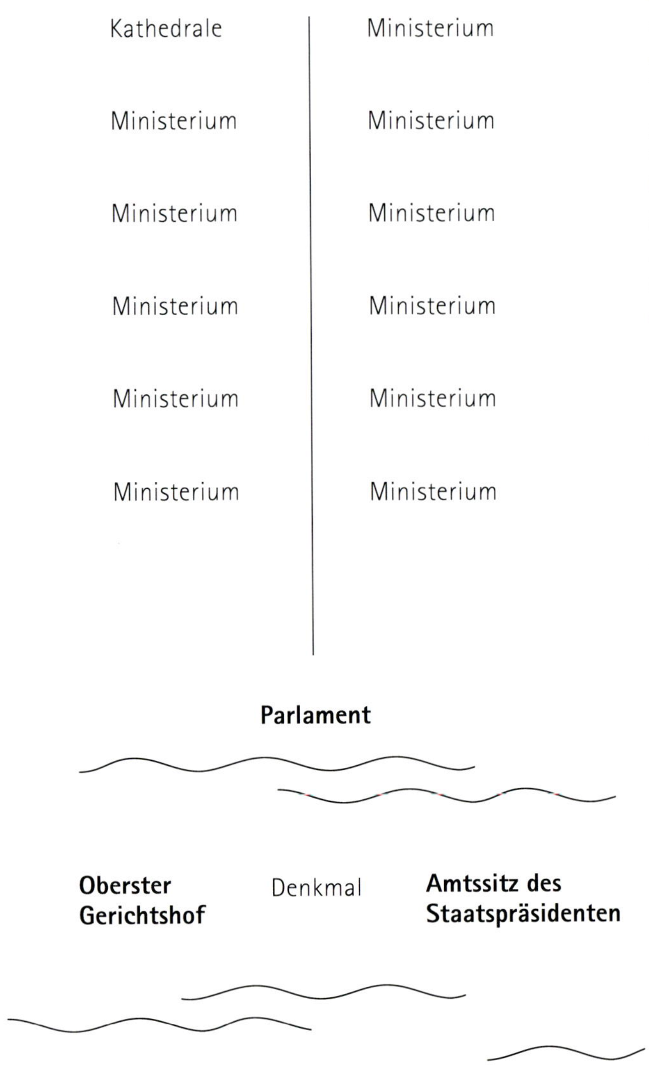

Brasilia, Amtssitz des Präsidenten, 'Planalto Palast' genannt

Das Parlamentsgebäude mit dem Senat (links), dem Abgeordnetenhochhaus und der Nationalversammlung

Oberster Gerichtshof, Architekt: Oscar Niemeyer

Die offene vierte Seite des 'Platzes der Drei Gewalten' verführte öfter dazu, dort architektonische und symbolische Ergänzungen unterbringen zu wollen. Während Oscar Niemeyer, der Architekt fast aller Regierungsgebäude, nur auf Plänen damit spielte, dort eine Kirche zu errichten, ließ der erste in Brasilia vereidigte Präsident, Janio Quadros, einen Taubenschlag in Form einer senkrecht stehenden Wäscheklammer gegen die Öde des Platzes in Beton gießen. Das Militärregime stellte später eine gigantische, alles überragende Flaggenstange daneben. Die Neue Demokratie verewigte sich mit einem den Platz abschließenden Museumsgebäude und Mausoleum für den ersten gewählten Präsidenten dieser Bewegung. Die offizielle Bezeichnung dieser Gebäudeskulptur lautet: Pantheon der Freiheit und der Demokratie Tancredo Neves. Die 1986 erfolgte Einweihung des Pantheons stellt den Abschluß des für die Politik vorgesehenen Stadtteils dar. Außerhalb liegend wurden die Residenzen des Präsidenten und des Vizepräsidenten sowie die Botschaften errichtet.

Über einhundert Jahre vergingen, um von der erstmals 1789 öffentlich diskutierten Idee einer Hauptstadt im Hinterland zu einem Artikel in der Verfassung von 1891 zu gelangen, in dem die Hauptstadtverlagerung als Staatsziel Brasiliens verankert wurde. Es dauerte dann noch bis 1955, ehe das definitive Baugebiet feststand. Das gab Zeit, um mit wissenschaftlicher Genauigkeit das optimale Hauptstadtgelände auszusuchen. Die Kriterien für die Wahl waren:

Günstige klimatische und sanitäre Bedingungen,
gute Möglichkeit der Wasserversorgung,
gute Zugangsmöglichkeiten auf dem Land- und Luftweg,
Produktionsmöglichkeiten elektrische Energie,
vorhandenes Baumaterial,
günstiger Baugrund,
Nähe von kultivierbarem Boden,
landschaftliche Schönheit,
leichte Enteignungsmöglichkeit.[1]

Brasilia, Denkmal der Demokratie und Freiheit mit Memorial 'Trancredo Neves'. Architekt: Oscar Niemeyer

1 Alexander Fils, Brasilia - Moderne Architektur in Brasilien, Düsseldorf 1988
2 Adolf Arndt, Geist der Politik - Reden, Berlin 1965

Brasilia, Tagungspräsidium im Senat. Architekt des gesamten Parlaments: Oscar Niemeyer

Empfangshalle im Präsidentenpalast, Architekt: Oscar Niemeyer

Blick vom Präsidentenpalast zum Abgeordnetenhochhaus

Zu den prämierten Entwürfen im Wettbewerb gehörten die radikalsten Versionen. Das Siegerprojekt von Lucio Costa wurde lediglich in einigen postkartengroßen Zeichnungen präsentiert, auf denen im Groben die kreuzförmige Stadtstruktur mit der Trennung der Funktionen auf einzelne Stadtteile vorgegeben wurde. Die Trennung wurde radikal umgesetzt: ein Bezirk für die Bundesregierung, zwei für Botschaften, je zwei für Banken- und Hotelstadtteile, sogar Stadtbezirke nur für Krankenhäuser; Wohnviertel für Villen, Reihenhäuser und Appartementblocks und zwischen jedem Wohnstadtteil Einkaufsstraßen und Schulen. Industrie war nicht vorgesehen.
Es ist erstaunlich, daß in der Bundesrepublik Deutschland bei der in Eile geführten Debatte Bonn-Berlin solche wissenschaftlichen Argumente zugunsten von Schlagworten verdrängt wurden. In Brasilien ging es nach der Entscheidung für den Standort sehr schnell voran. Der Populist Juscelino Kubitschek (Präsident 1955-61) nahm den Hauptstadtbau in seine Wahlkampfziele mit auf. 1956 wurde ein Stadtplanungswettbewerb ausgeschrieben, 1960 wurde die zu höchstens zehn Prozent fertiggestellte Stadt eingeweiht.

Einen 3. Preis erhielten die Brüder Roberto für ihren Vorschlag, rings um jeweils ein Ministerium einen Wohnstadtteil zu bauen - das hätte natürlich zu Schwierigkeiten geführt, da neue Ministerien nur mit entsprechenden Wohnvierteln und dementsprechend Wohnviertel nur zusammen mit einem Ministerium hätten errichtet werden können. Rino Levi, der ebenfalls einen 3. Preis erhielt, wollte die gesamte Bevölkerung (immerhin eine halbe Million Menschen) in 18 Hochhäusern von jeweils 300 m Höhe und entsprechender Länge unterbringen. Abgesehen von der technischen Unrealisierbarkeit in der damaligen Zeit, hätte die Stadt auf eine sehr kleine Fläche konzentriert werden können.
Idealstadtentwürfe hat es in der Geschichte häufig gegeben. Selbst Hauptstadtneugründungen für mehr oder weniger absolute Monarchien sind dutzendfach nachzuweisen, wie zum Beispiel Memphis als vermutlich erster Fall oder die chinesische Millionenstadt Tschangan. Zu nennen sind außerdem Kioto, La Valetta, St. Petersburg, Mannheim, Karlsruhe und so weiter.

Brasilia, Fatima-Kapelle
in einem Wohnviertel.
Architekt: Oscar Niemeyer

Vereinigte Staaten von
Amerika

Hauptstadt-Neugründungen in Demokratien beginnen mit Washington D. C., wenn man die Antike außer acht läßt.
1791 entwarf der Franzose Charles L'Enfant die Stadt Washington in Anlehnung an Versailles mit einem gitterförmigen Straßennetz, das von den Diagonalen überlagert wird. Das Parlament mit beiden Häusern (Kongreß), der Amtssitz und das Wohnhaus des Präsidenten (heute 'Weißes Haus') und ein Denkmal für George Washington (zur Bauzeit der 1. Präsident der USA) stehen in Form eines Dreiecks in optischer Verbindung zueinander.
Ein Oberster Gerichtshof und einzelne Ministerien waren nicht geplant beziehungsweise wurden nicht extra hervorgehoben. Bei der Architektur setzte sich der Außenminister und spätere Präsident Thomas Jefferson mit seinem von Palladio und dem französischen Klassizismus geprägten Ideal durch.

Washington D.C., Washington Monument in der leicht schräg zum Kongreß zulaufenden Mall. Architekt: Robert Mills, Stadtplanung: Charles L'Enfant

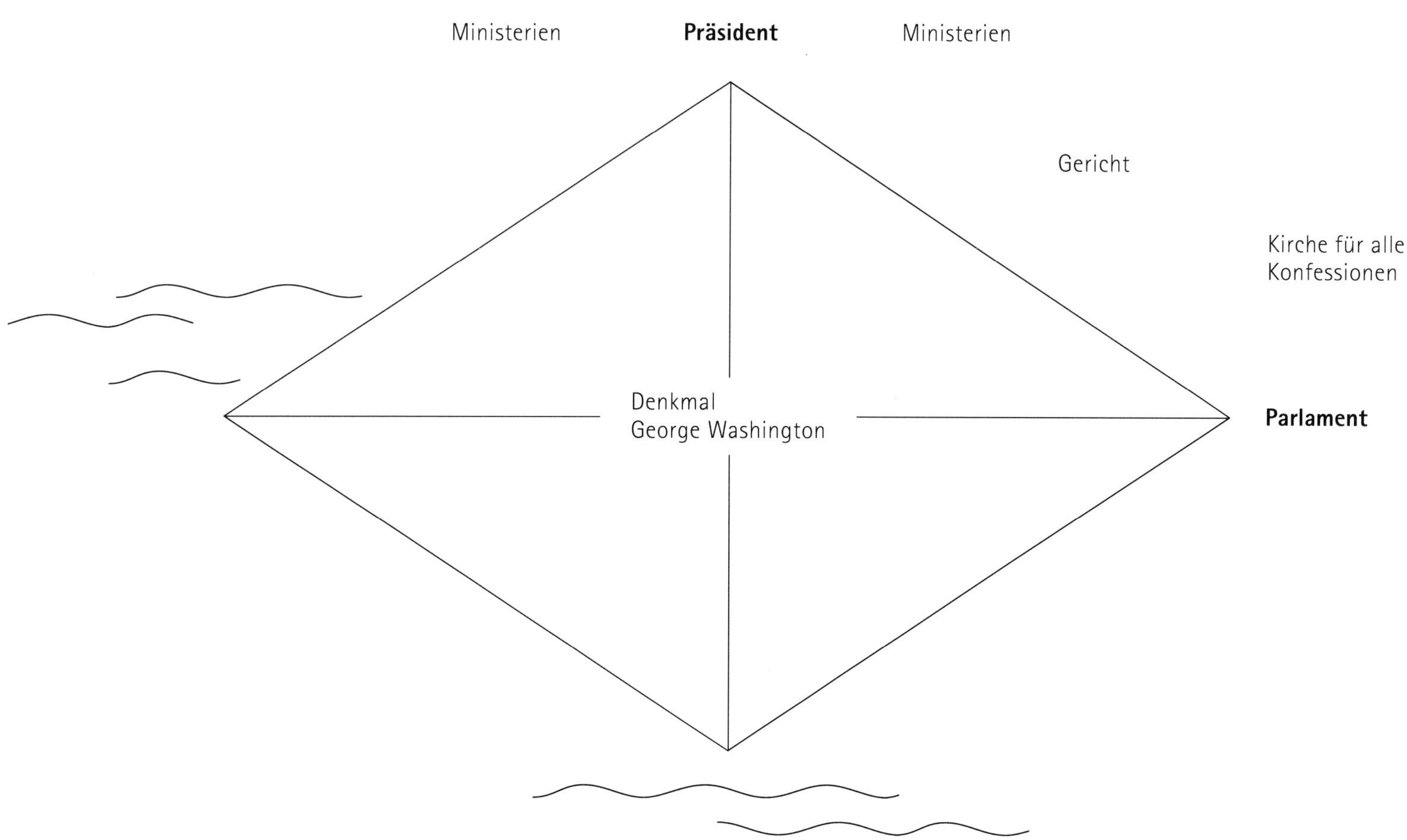

Washington D.C.,
Rückseite des Kongresses
(Parlament)

Washington D.C.,
Oberster Gerichtshof.
Architekt: Cass Gilbert

Washington, Stadtansicht
des Kapitols mit beiden
Kammern. Architekten:
Thomas Jefferson,
William Thornton und
Stephen Hallet

Washington D.C.,
'Das Weiße Haus', Amts-
und Wohnsitz des Präsi-
denten. Architekten:
Thomas Jefferson und
James Hoban

Plan der Gebäude-
gruppierung

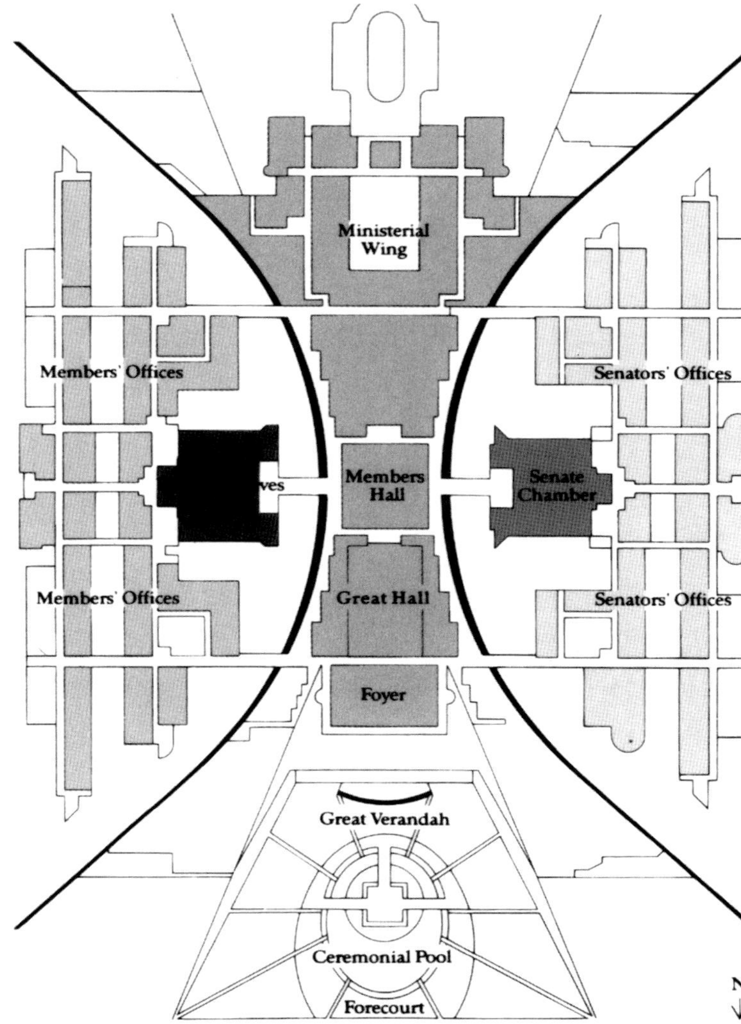

Australien

Gut einhundert Jahre später entstand die nächste Hauptstadt für eine Demokratie. Das 1901 gegründete Australien wurde von zwei mächtigen Bundesstaaten mit deren Hauptstädten (Sidney und Melbourne) dominiert. Man entschied sich, die neue Bundeshauptstadt zwischen den beiden alten Zentren anzulegen. Der städtebauliche Wettbewerb für Canberra wurde 1911 von dem Amerikaner Walter Burley Griffin und seiner Frau Marion Mahony gewonnen. Griffins Stadtplan-Entwurf basierte auf einer Mischung von radialen und zirkularen Systemen. Das Ergebnis war ein geometrisch-ornamentales Spinnennetz mit Orientierung nach topographischen Gegebenheiten. Ausgangspunkte waren für ihn die Berge, die wie Kegel in der unverbauten Landschaft hervorragten, sowie der Fluß Molonglo, den er für zwei Stauseen benutzen wollte.

Die politischen Einrichtungen legte er in ein Straßendreieck hinein, dessen Spitze auf einem Hügel für ein Kapitol reserviert war. Eine solche Institution war in der Verfassung nicht vorgesehen, so daß an dieser Stelle für Jahrzehnte lediglich eine Flaggenstange aufgestellt wurde. Seitlich des Kapitols plante Griffin Häuser für den Premierminister und den Gouverneur der Krone. Innerhalb des Dreiecks lagen die Flächen für die Ministerien und das Parlament. In den achtziger Jahren wurde anstelle der Flaggenstange ein neues Parlamentsgebäude im Kapitolskreis errichtet. Da das Gebäude zum Teil in die Erde hineingebaut wurde, kann man dem australischen Parlament heute, wie dem in Brasilien, 'aufs Dach steigen'. Das Parlament ist von außen fast nur durch eine Flaggenstange zu erkennen, welche die Funktion einer klassischen Kuppel übernimmt.

Es gibt sehr gute parlamentarische Ensembles von Neu-Delhi bis Brasilia. Das populärste können wir nicht nachahmen, nämlich das australische Parlament in Canberra. Für jene Mischung aus Gastronomie, Volkstummelplatz, Kinderspielwiese und Ausstellungsgelände - dies hat zur Popularität dieses Parlaments geführt - ist wahrscheinlich unser Klima nicht geeignet.

Klaus von Beyme

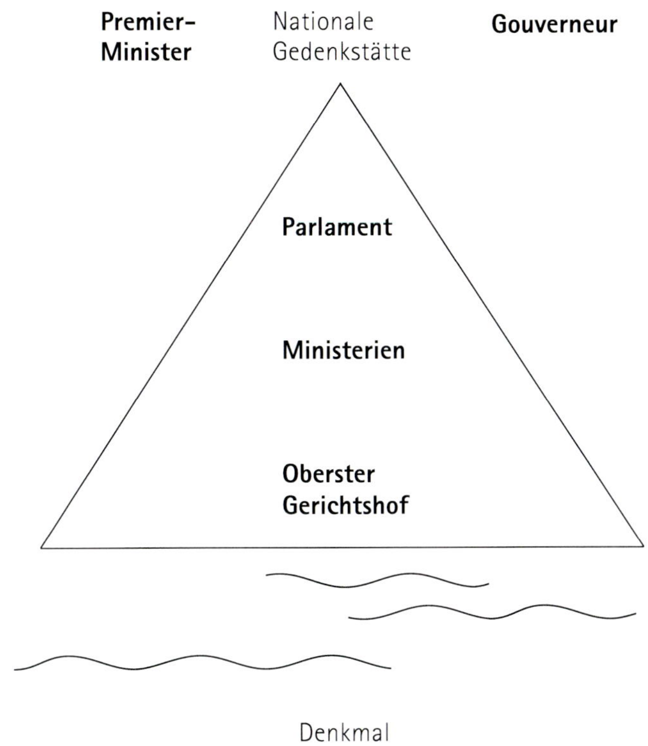

Das australische Parlament in Canberra aus der Luft

Canberra, Schrägansicht von
Parlament und angrenzender
Bebauung

Parlament bei Dämmerung

Großer Sitzungssaal

Senat

Foyer

Indien

Auch Neu-Delhi ist eine neue Hauptstadt. 1911 initiiert, wurde 1913 im Plan von Herbert Baker und Edwin Lutyens das Straßennetz festgelegt. Der Plan weist Ähnlichkeiten mit Washington auf, aber durch die Dominanz des Palastes des Vizekönigs und der Statue des englischen Königs werden unterschiedliche Bewertungen der politischen Einrichtungen deutlich. Die Tatsache, daß für das Parlamentsgebäude erst zu einem späteren Zeitpunkt ein Standort an einem Nebenplatz gefunden wurde, zeigt zwangsweise, daß der Entwurf Neu-Delhis vom Kolonialmachtdenken mehr beeinflußt war als von den Ideen einer parlamentarischen Monarchie. Der Bauplatz in historischer Umgebung, die Einbeziehung von Monumenten aus der Mogulzeit sowie die Anlage von Paradestraßen verweisen auf den Wunsch der englischen Bauherren, sich als Nachfolger der indisch-islamischen Herrscher zu sehen.

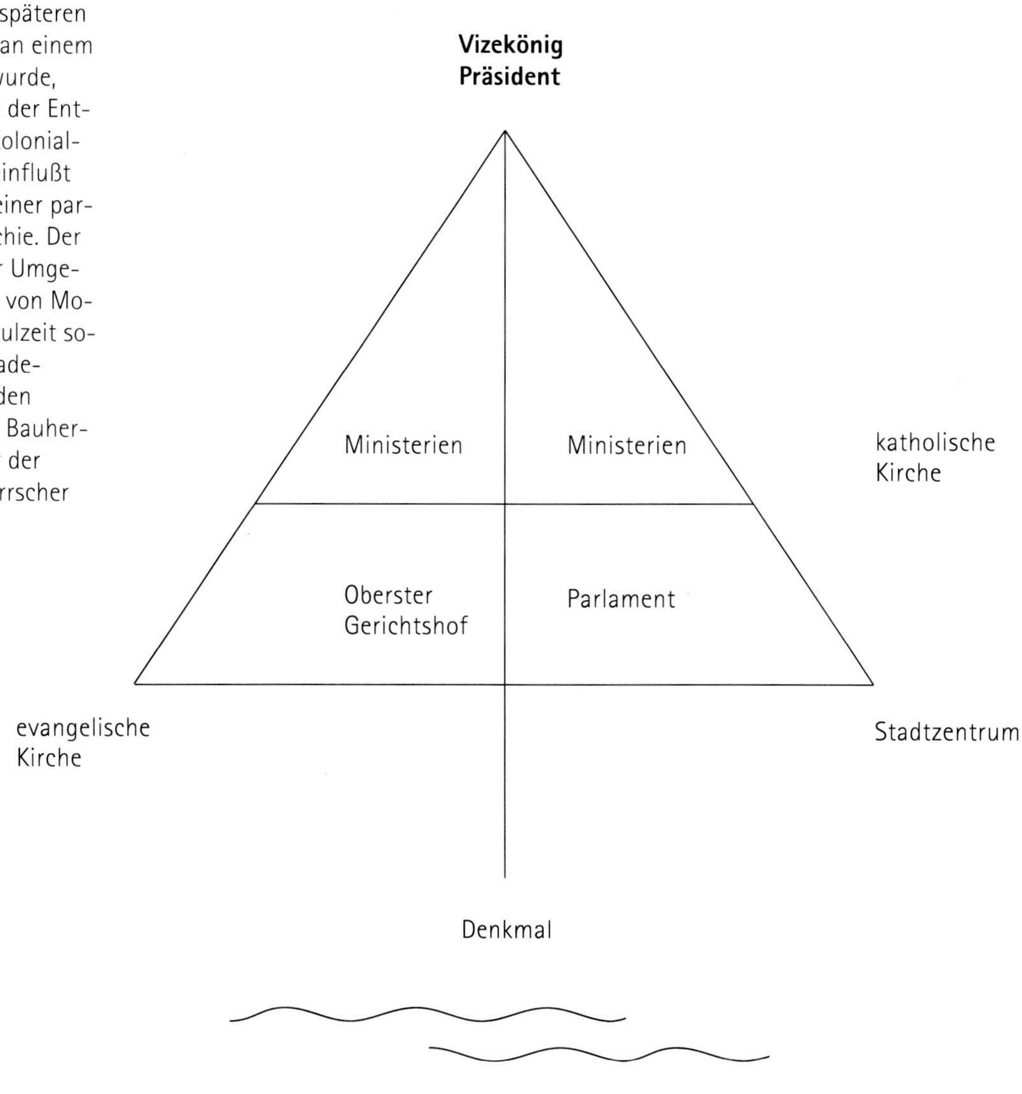

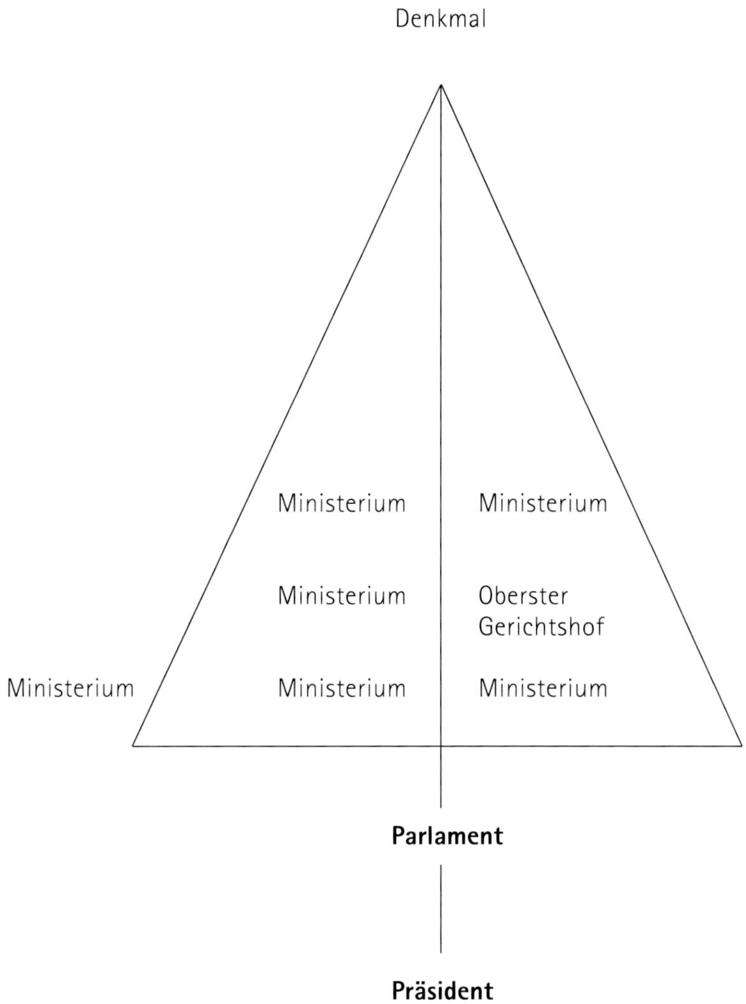

Türkei

Demokratische Gedanken sind doch eher bei der nächsten Hauptstadt-Neugründung in Ankara zu finden. Seit 1920 wurde die Anlage einer neuen türkischen Hauptstadt betrieben. 1924 und 1928 entwarfen die Deutschen Carl Lörcher und Hermann Jansen die entscheidenden Pläne. Jansen schlug eine lockere Gliederung mit geschwungenen Straßen und Grüngürteln vor. Das Regierungsviertel bekam wieder eine Dreiecksform, nur wurde das Parlament nicht auf die Spitze gesetzt, sondern in die Mitte der kurzen Seitenlinie. Der Palast des Staatspräsidenten sollte hinter dem Parlament errichtet werden. Der Austro-Brasilianer Clemens Holzmeister entwarf die Regierungsarchitektur in einem vereinfachten, mit Bauhaus-Elementen versetzen neoklassizistischen Stil.

Philippinen

Auf den Philippinen sollte 1939 eine neue Hauptstadt namens Quezon City angelegt werden. Durch den Zweiten Weltkrieg wurde das Vorhaben gestoppt. Nach dem Krieg wurde ein neuer Versuch gestartet, aber viel mehr als ein großes Straßenquadrat mit einem Diagonalkreuz wurde nicht realisiert. An einer Ecke des Kreuzes war das Kapitol geplant.

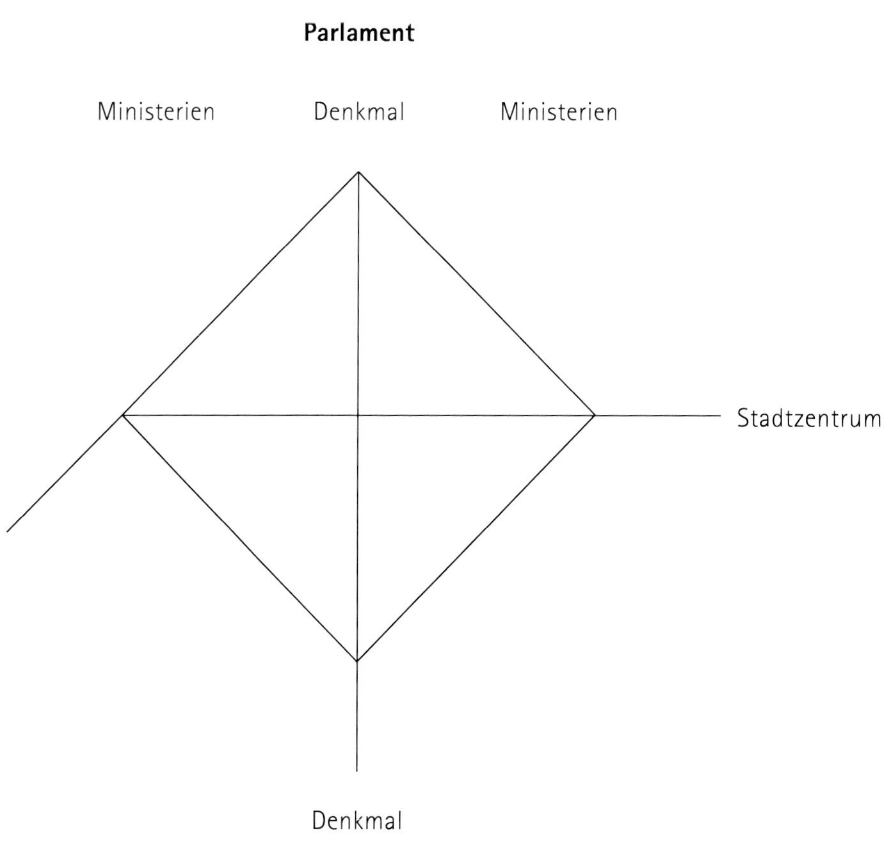

Bei den Stadtplanungen von Washington bis Brasilia handelt es sich jeweils um geometrische Kompositionen mit mindestens einer Achse. Lediglich bei Ankara überwiegt eine lockere, geschwungene, der Topographie angepaßte Straßenführung mit durch Grünzüge voneinander getrennten Stadtteilen; Ansätze für eine Rücksichtnahme auf die Topographie finden sich auch bei Quezon City. Obwohl in den meisten Plänen fast alle Straßen mit dem Lineal gezogen worden sind, kann kein Plan als Schachbrettanlage bezeichnet werden. Es handelt sich vielmehr um kompliziertere geometrische Formen - wie Dreiecke, Sechsecke und Rhomben - und um eine Ausrichtung auf natürliche und künstliche Blickpunkte.
Der politische Bereich bildet fast immer selbst einen 'Point de Vue' und, um dies zu erreichen, sind die politischen Institutionen meist auf leicht erhöhten Standorten plaziert worden. Mit Ausnahme Brasilias gehen Dreistrahle von den Regierungseinrichtungen aus beziehungsweise (bei Ankara) auf sie zu. Wasserflächen - Flußläufe und künstliche Seen - unterstreichen den repräsentativen Charakter der Regierungsviertel. In erstaunlicher Übereinstimmung gehört zu jeder Hauptstadt-Neugründung ein Denkmal an prominenter Stelle, meist im Verlauf der wichtigsten Achse; dies muß als Ausdruck eines staatlich verordneten Personenkults gewertet werden.

Die Wohnviertel sind in der Regel wenig differenziert; lediglich am Stadtrand werden manchmal dünner besiedelte Bezirke ausgewiesen. Industrieviertel sind entweder gar nicht vorgesehen (Washington D. C., Neu-Delhi und Quezon City) oder sie erhalten die Form kleiner, deutlich von der übrigen Stadt getrennter Bezirke, die ausschließlich für den örtlichen Bedarf produzieren sollen, wie in Canberra, Ankara und Brasilia.
Verallgemeinernd kann man alle sechs Stadtpläne als klassizistische beziehungsweise neoklassizistische Entwürfe mit Details und Einflüssen aus dem Barock bezeichnen, wie zum Beispiel Dreistrahl oder Wasserspiegelungen. Bei Ankara und ein wenig auch in Canberra sind Einflüsse der Gartenstadtromantik zu spüren, während bei Brasilia die klassizistische strenge Grundkonzeption den Rahmen für eine Anwendung der Prinzipien Le Corbusiers und der Charta von Athen bildet. Den Plan für die brasilianische Hauptstadt - wie häufig geschehen - barock zu nennen, ist eine Verkennung der Realität; bei den enormen Distanzen lassen sich barocke Raumfolgen in Brasilia nur mit mindestens 100 km/h Autogeschwindigkeit erfahren. Zudem gibt es in Brasilia keine in sich geschlossenen Plätze beziehungsweise Räume.

Wohnen

Wohnen

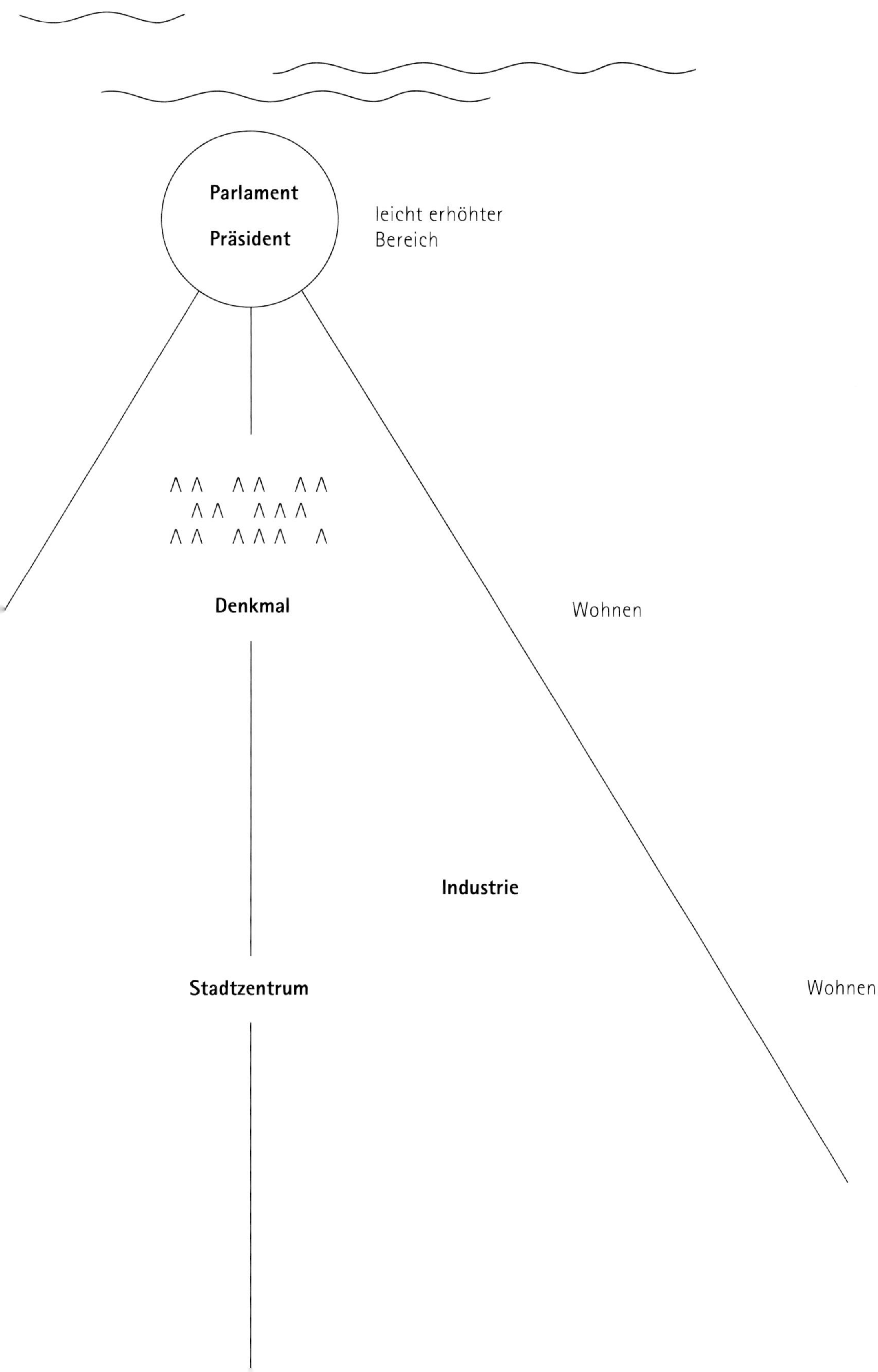

Bei allen sechs Plänen für Hauptstadtneugründungen handelt es sich um eine Umsetzung städtebaulicher Theorien, die mindestens Jahrzehnte vor dem jeweiligen Planentwurf konzipiert worden waren. Zum Beispiel folgte Jansen mit seinem Plan für Ankara einer 20 bis 30 Jahre vorher aufgestellten Theorie, Städte durch Grünzonen zu gliedern; im Planungsjahr 1928 wurde das städtebauliche Modell entwickelt, das zur Charta von Athen führte, deren Prinzipien im Plan für Brasilia 1957 berücksichtigt wurden.
In beiden Fällen - Ankara und Brasilia - liegen wesentlich kürzere Zeiträume zwischen Theorie und Praxis als bei den übrigen vier Plänen für Hauptstadt-Neugründungen. Gerade Ankara und Brasilia zeigen, wie relativ der Begriff 'modern' ist, denn obwohl bei den Plänen nicht die jeweils aktuellsten Städtebaumodelle verfolgt wurden, gehörten beide Orte zu den ersten Beispielen, wo die jeweilige - schon überholte - Städtebautheorie in aller Radikalität in die Praxis umgesetzt wurde.

Obwohl für die Hauptstadt-Neugründungen nach Brasilia eine wissenschaftliche Aufarbeitung fehlt, sei hier der Versuch gewagt, ein Strukturmodell für diese Städte aufzustellen. Das Schema weist prinzipielle Unterschiede zum Modell der ersten sechs realisierten Hauptstadtideale von Demokratien auf.

Nach Brasilia wurden in folgenden Staaten neue Hauptstädte gegründet:
Mauretanien (Nouakchott), Botswana (Gaborone), Pakistan (Islamabad), Belize (Belmopan), Malawi (Lilongwe), Tansania (Dodoma), Nigeria (Abuja), Sri Lanka (Sri Jayawardenapura), Elfenbeinküste (Yamoussoukro) und in den südafrikansichen 'Homelands' Bophuthatswana (Mmabatho), Venda (Thoho ya Ndou), Ciskei (Bisho), Gazankulu (Giyni), Kwazulu (Ulundi) und Lebowa (Lebowakgomo).

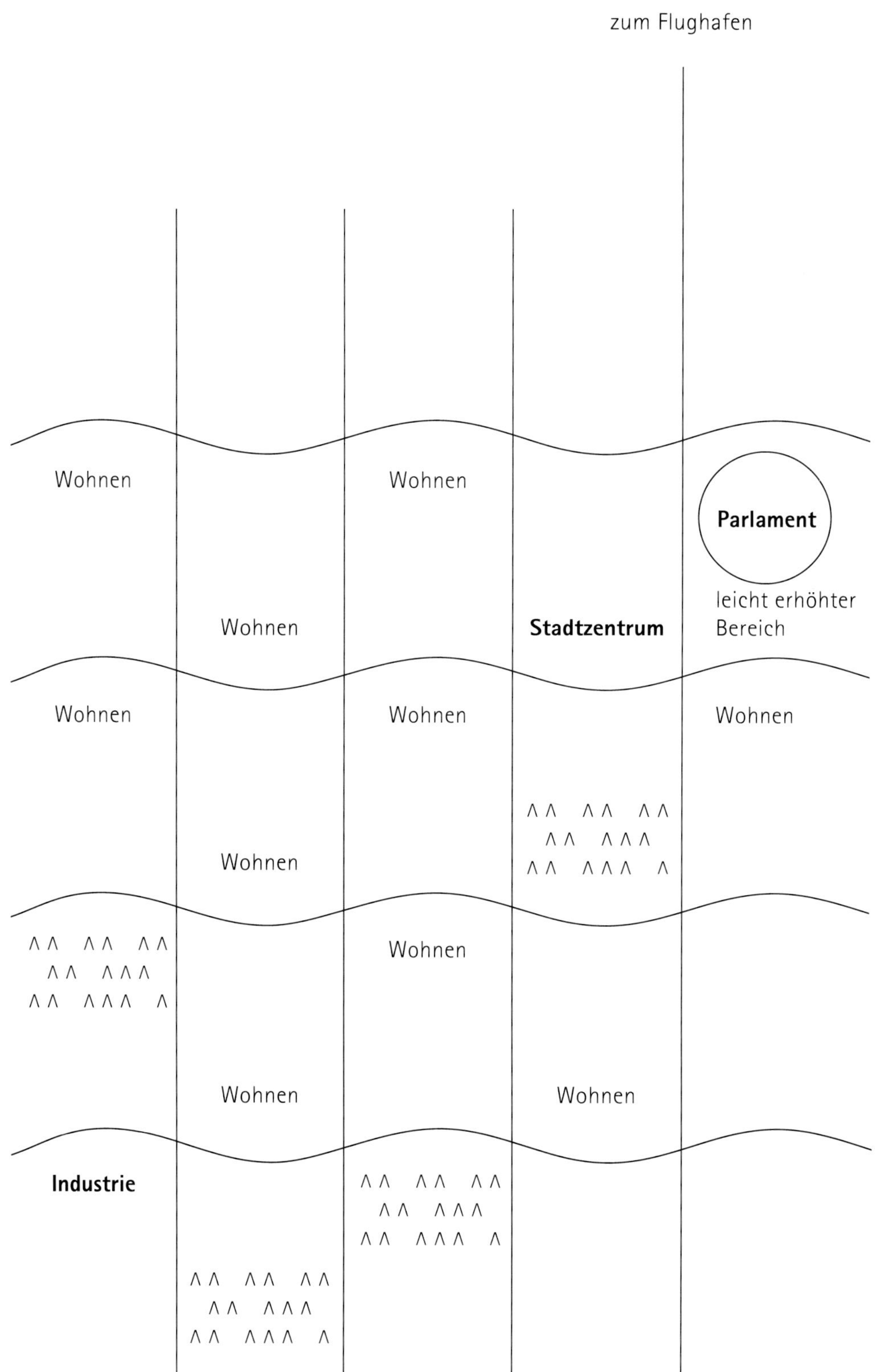

Belmopan, Belize:
Das von Ministerien
eingerahmte Parlament

Anfang 1986 beschloß das argentinische Parlament, eine neue Hauptstadt bei Viedema zu gründen; ob der Bau jemals realisiert wird, ist aber noch fraglich. Die Größe der neuen Hauptstädte variiert von 4000 Einwohnern in Belmopan bis zu einer geplanten Einwohnerzahl von drei bis fünf Millionen im Fall von Abuja. In Pakistan wurde eine trompetenartig weiterwachsende Stadt geplant; in Sri Lanka wurde das Parlament auf eine Insel gesetzt, während sich an der Elfenbeinküste der Präsident von Krokodilen bewachen läßt.

Fast alle Städte nach Brasilia weisen geschwungene Straßenführungen auf und leicht erhöht liegende Parlamentsgebäude, häufig mit einer darauf zuführenden Achse, die aber nie durch die ganze Stadt geführt wird. Deutlich wird der weitgehende Verzicht auf Achsen und Symmetrie: An deren Stelle tritt ein grobmaschiges, unregelmäßiges, der Topographie angepaßtes Gitternetz. Der politische Bereich liegt auf einem leicht erhöhten, aber meist dezentralen Standort. Wasserflächen und Denkmäler nehmen innerhalb der Stadtanlage keine betonten Positionen ein oder fehlen ganz. Eine repräsentative Aufgabe erhält in den meisten Fällen ein gigantischer internationaler Flughafen.

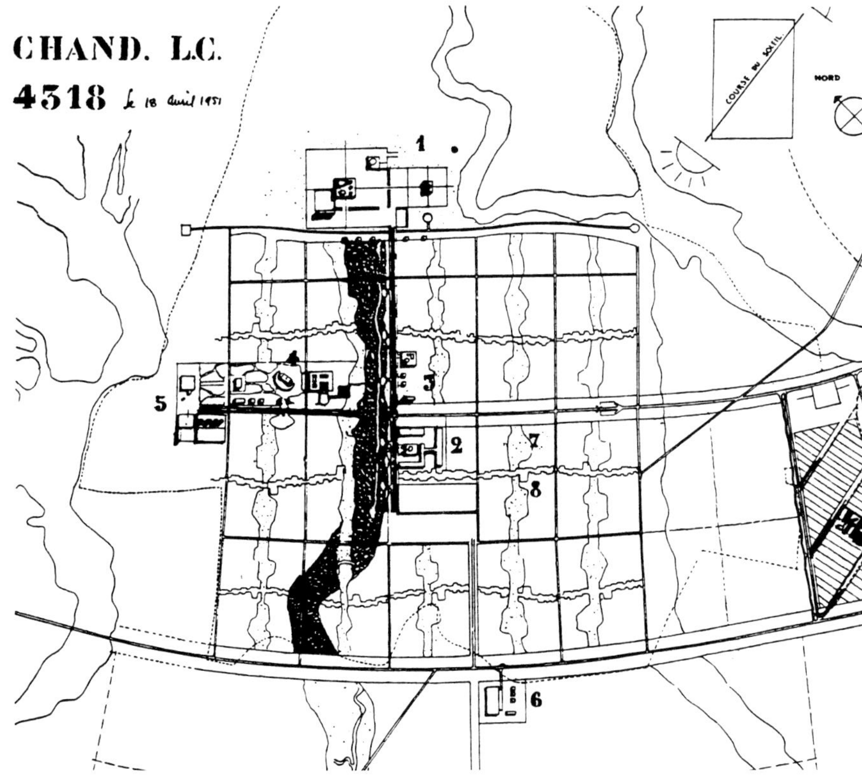

Le Corbusier
Planung von Chandigarh,
der neuen Hauptstadt
des Punjab, 1952-62.
Gesamtplan der Anlage
mit Kapitol (1)

Das Thema, wie sich eine Demokratie selbst darstellen soll, wie öffentliche Gebäude geplant werden sollen, nach welchen Kriterien man für eine Demokratie eine Hauptstadt entwerfen soll, ist in der Literatur bisher kaum behandelt worden. Lediglich in Deutschland nach dem Zweiten Weltkrieg, nach den politischen und baulichen Erfahrungen des Hitler-Regimes, ist das Thema überhaupt aufgeworfen worden. Es sind vor allem die Aufsätze von Adolf Arndt, in denen die Demokratie als Bauherr analysiert wird.
Als undemokratisch bezeichnete Arndt öffentliche Gebäude mit langen Fluren und eintöniger serieller Fassadengestaltung. Er erkannte, daß es einen totalitären Raum gibt, 'der nicht dem Menschen etwas ausrichtet, sondern der, in der Sprache der Unmenschlichkeit zu reden, den Menschen ausrichtet... Die drohende Riesigkeit eines Bauwerks, die Leere eines gewaltigen Aufmarschgeländes, die Ermüdung durch die Eintönigkeit einer endlosen Straße, einer Achse, können den Menschen aus dem Gleichgewicht bringen und sollen es nach dem Willen der Machthaber, die einen im durchbohrenden Gefühl seines Nichts machbaren Menschen brauchen. Der in seinem Gleichgewicht gestörte Mensch wird friedlos; er wird vom umbauten Raum nicht eingefriedet, sondern preisgegeben... und darum ideologisierbar'.[2]

Aus Arndts Forderung nach mehr Öffentlichkeit leitete Heinrich Klotz den Begriff 'Bürgernähe' ab. Am Beispiel der Bundesrepublik Deutschland mußte er sich aber eingestehen, daß Gebäude ohne Sicherheitsmaßnahmen unrealistisch seien: 'Bürgernähe in diesem Sinne wörtlich genommen, kollidiert mit der tatsächlichen Befindlichkeit unserer Gesellschaft, der man nun doch nicht in reiner Bürgernähe gänzlich trauen kann.'[3]
Man kann Politiker und Planer nur warnen, solche Einstellungen zu übernehmen, denn jegliche Form von Gittern, Absperrungen und Polizeiaufgeboten, mit denen Politiker vor der eigenen Bevölkerung geschützt werden müssen, sind schlechte Zeichen für die Arbeitsweise der Demokratie. Wenn man die geringen Sicherheitsmaßnahmen in Washington D. C. und vor allem in Brasilia sieht, kann man zu der Annahme gelangen, daß die meisten installierten 'Schutzmaßnahmen' nicht notwendig sind und im wesentlichen nur der Statuserhöhung der Politiker dienen.

3 Heinrich Klotz, Hauptstadtarchitektur und pluralistische Gesellschaft - Was kann der Bürger von seiner Hauptstadt erwarten?, in: Dieter Haack, Richard Stücklen, u. a., Bauen für die Demokratie. Hrsg. vom Bundesminister für Raumordnung, Bauwesen und Städtebau, Bonn 1980

Klotz erwähnt in seiner Betrachtung von Hauptstadtplanungen positiv das 'Element des Festlichen'. Damit ist eine Wortkette angesprochen, zu der man Würde, Respekt, Pathos und das (von Klotz selbst abgelehnte) Heroische zählen müßte. In Räumen, auf die diese Begriffe zutreffen, wird eine zurückhaltende, respektvolle Haltung von den Nutzern erwartet, aber das widersrpicht dem Gleichheitsideal der Demokratie. Denn erst Respektlosigkeit (hier im Gegensatz zu einem eingeschüchterten Verhalten gemeint) vor staatstragenden Personen und staatlichen Einrichtungen kann zu einem gleichberechtigten Nebeneinander von Mächtigen und Verwalteten, von Staatsapparat und Gesellschaft führen. Um die Bedeutung von festlichen bis hin zu pathetischen Elementen zu veranschaulichen, soll darauf hingewiesen werden, welch eine lächerliche Figur ein Diktator machen würde, hinter dem anstelle eines Staatswappens eine Mickymaus-Figur schwebt. Die Rede eines Diktators wirkt nur im festlichen Gewand. Ein demokratischer Politiker muß aber durch seine Argumente und nicht durch Pathos überzeugen. Eine Demokratie benötigt Gebäude, die den Besucher nicht erschrecken, sondern entkrampfen.

Als umstrittene Kriterien für die bauliche Darstellung einer demokratischen Herrschaft lassen sich nur die Forderungen nach breiter Öffentlichkeit (Entscheidungstransparenz), individueller Gestaltung und intensiver Gliederung ermitteln; allgemein abgelehnt werden inhuman große Räume und axiale Planungen. Bei der Gleichsetzung von axial mit undemokratisch sollte man allerdings äußerst vorsichtig sein. Aus der vielfach angenommenen Bevorzugung axialer Planungen durch autoritäre und totalitäre Regime hat sich zwar die heutige Einschätzung entwickelt, axiale Straßenführungen als undemokratisch anzusehen, aber erstaunlicherweise hat es im 'Dritten Reich' seit 1943 Versuche gegeben, von axialen Planungen wegzukommen und in Umsetzung der 'Blut- und-Boden-Ideologie' kleine, dorfähnliche städtebauliche Einheiten anzulegen. Die gerade Linie beinhaltet eben auch das positiv einzuschätzende Element des kürzesten Weges zwischen zwei Punkten.

Es muß festgestellt werden, daß bei keiner der bisherigen Hauptstadtneugründungen Demokratie repräsentiert wird. Dieses Ergebnis überrascht nicht, da die beteiligten Stadtplaner und Architekten das Thema, wie städtebaulich Demokratie darzustellen sei, überhaupt nicht interessiert hat. Lediglich Lucio Costa beschäftigte sich geringfügig mit dem Problem und interpretierte in Brasilia den 'Platz der Drei Gewalten' als Abbild der Demokratie. Die Diskussionen in Deutschland zum Thema 'Ideale Hauptstadt einer Demokratie' haben sicherlich die Planung des hervorragend gelungenen neuen Plenarsaals beeinflußt.
Der Wähler beziehungsweise der Volkswille als Ausgangspunkt aller Demokratien wurde städtebaulich weder von Costa noch von anderen Planern berücksichtigt. Auch die öffentliche Meinung und die Parteien haben in keinem der sechs Fälle eine städtebauliche Berücksichtigung erhalten.
Wie unterschiedlich die Raumprogramme für Hauptstadtfunktionen sein können, zeigt der Hauptstadtwettbewerb für Berlin, der im gleichen Jahr (1957) wie der brasilianische Wettbewerb durchgeführt wurde. Zu den dabei einzuplanenden politischen Einrichtungen zählten: der Amtssitz des Staatspräsidenten, das Parlamentsgebäude, die Kammer der Länder, der Verfassungsgerichtshof, der Amtssitz des Kanzlers, die Ministerien, die Vertretungen der Bundesländer, die Häuser der politischen Parteien.

Le Corbusier
Justizpalast in Chandigarh, 1953-57

Zusammenfassend kann festgestellt werden, daß es kein allgemein verbindliches Programm für Hauptstadtneugründungen in Demokratien geben kann, da die unterschiedlichen gesellschaftlichen Zustände (Bundesstaat - Zentralstaat, Präsidialsystem - Parlamentarismus, Parteienstaat - Räterepublik) jeweils individuelle Lösungen verlangen. Erwartet werden sollte aber in jedem Fall eine möglichst breite Einbeziehung der Öffentlichkeit. Hauptstadtneugründungen stellen sicherlich immer eine lohnenswerte städtebauliche Aufgabe dar, doch man sollte nicht übersehen, daß die Existenz einer Hauptstadt auf absolutistischen und zentralistischen Ideen basiert, die individueller Freiheit widersprechen. Es muß überlegt werden, ob Demokratien überhaupt eine Hauptstadt brauchen; für die Zukunft muß sogar die Frage aufgeworfen werden, ob nicht neue technische Entwicklungen Hauptstadteinrichtungen überhaupt überflüssig machen. Eine Parlamentsdebatte könnte zum Beispiel in der Form durchgeführt werden, daß die Wortbeiträge der Abgeordneten in deren Wohnungen vom Fernsehen aufgenommen und quergeschaltet werden; über eine Netzschaltung ließen sich sogar Abstimmungen durchführen.

Man könnte diesen Gedankengang weiter fortführen und sich vorstellen, daß in Zukunft Parlamente als Vermittler des Volkswillens überflüssig werden, weil mit fortschreitender Technologie nicht nur die Politiker, sondern alle Bürger Abstimmungen über ein hausinternes Medienzentrum vollziehen könnten; dann wäre es auch Flächenstaaten und Staaten mit einer großen Bevölkerung möglich, zur ursprünglichen direkten Form der Demokratie zurückzukehren und unbeschränkt viele Volksabstimmungen als Basis aller politischen Entscheidungen einzuführen. Dies setzt natürlich voraus, daß eine Art Basisdemokratie überhaupt gewollt wird, ansonsten - und vor allem für Systeme mit einem ausgebauten Wohlfahrtssystem und einer dafür notwendigen umfangreichen Bürokratie - werden weiterhin Hauptstädte eine Existenzberechtigung haben und Hauptstadtneugründungen sinnvoll sein.
Die Bundesrepublik Deutschland bietet heute in vielen Städten Teilbereiche einer Hauptstadt an: Bonn und Berlin den Regierungsapparat und zusätzlich in Berlin die Versicherungsanstalt und die Treuhand, Karlsruhe die Justiz, Frankfurt die Bundesbank, Nürnberg die Bundesanstalt für Arbeit, Köln die Lobbyisten, Düsseldorf den Gewerkschaftsbund, München das Goethe-Institut und Hamburg das Medienzentrum.

Eine Gefahr besteht, nämlich die, daß in Zukunft eine Konzentration verschiedener Bereich in Berlin stattfindet. Wenn der ökonomisch und ökologisch unsinnige, psychologisch jedoch zumindest aus östlicher Sicht für notwendig gehaltene Beschluß zum Umzug der Regierung von Bonn nach Berlin jemals in seinen gewaltigen Ausmaßen realisiert werden sollte, dann kann man der Umsetzung nur die Zeit wünschen, die in Bonn für gute Planung zur Verfügung stand oder die im Fall Brasilia für eine gute Geländeauswahl gesorgt hat. Die schnelle Fixierung städtebaulicher Entscheidungen kann sonst für Jahrhunderte zu statischen Verhältnissen führen.

Die Wirtschaft in der heutigen Zeit muß mit schnellen Veränderungen leben. Stadtplanung muß Freiräume schaffen für neue Entwicklungen, und das Ideal muß immer wieder in Frage gestellt werden - die Fläche, die gestern für eine Autobahn reserviert wurde, ist heute als Grünfläche geschätzt und muß morgen als Wohnbaufläche ausgewiesen werden, damit der Pendlerverkehr reduziert wird. Protest wird und muß es immer geben, Städtebau ist ohne Zwänge nicht machbar. Aber es muß möglich sein, jede Entscheidung zu widerrufen, wenn man zu einer besseren Erkenntnis gelangt. Brüche und Sprünge in Gebäuden, im Stadtbild wie im politischen Ideal zeugen von Geschichte. Sie sind Zeichen der Transparenz und entsprechen dem sich ewig wandelnden menschlichen Leben.

Justizpalast in Chandigarh, Blick in die Halle

Le Corbusier, Entwurf
für den Völkerbundpalast
in Genf, 1927.
Plan der Gesamtanlage

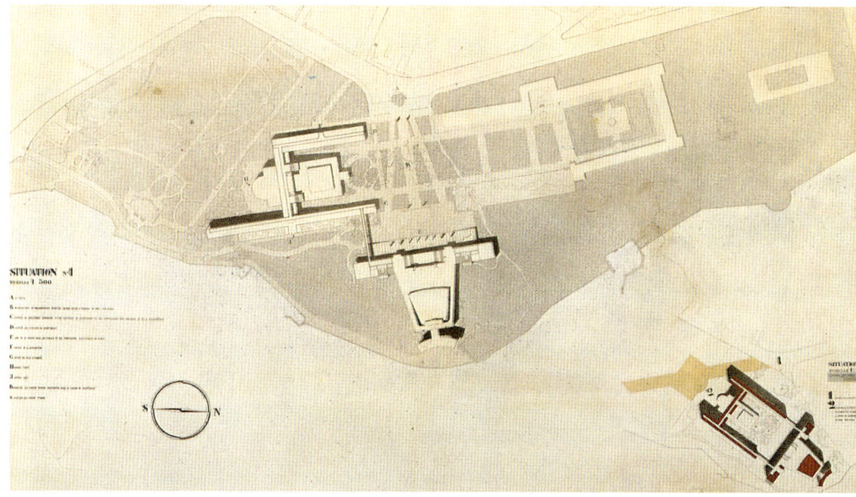

Gert Kähler

Übernationale Repräsentation

Vom Völkerbund zum Europäischen Parlament

'... ein Bauwerk zu schaffen, das schon durch die Reinheit seines Charakters und die Harmonie seiner Formen berufen erscheint, die friedlichen Ideale des 20. Jahrhunderts zu symbolisieren.'

Le Corbusier, Entwurf
für den Völkerbundpalast.
Grundrisse: Sekretariate
1. Obergeschoß und
Großer Saal Erdgeschoß

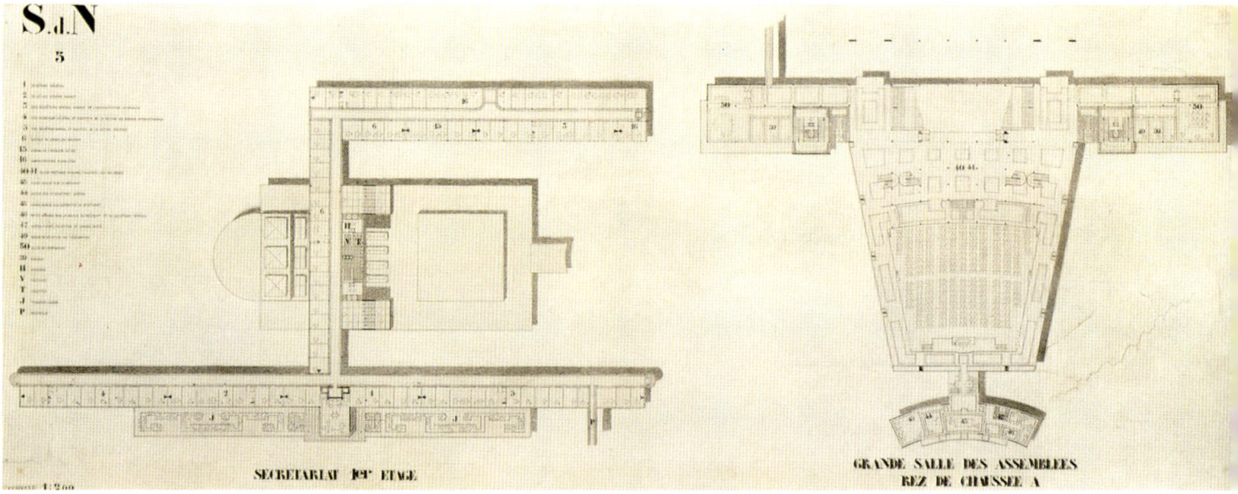

Die Interieurs des UNO-Versammlungsgebäudes bringen den sogenannten Internationalen Stil an den Rand des Bankrotts. Natürlich ist das Gebäude nicht wirklich ein Produkt des 'Internationalen Stils', sondern eher der Hintergrund für einen zweitrangigen Film zum Thema 'Eine einzige Welt' mit Rita Hayworth als Tänzerin auf der Hauptrampe', schrieb der bekannte amerikanische Architekt Paul Rudolph nach Besichtigung des Gebäudes der Vereinten Nationen am East River in New York.
Zum Völkerbundpalast in Genf meinte der Architekturkritiker Stanislaus von Moos trotz der ihn verpflichtenden schweizerischen Neutralität: 'Sein stilistisches Grundkonzept ist von jener Mischung aus Banalität und Konservatismus, die erforderlich zu sein scheint, um die Zustimmung internationaler Gremien zu erobern.' Und beim Anbau aus den Jahren 1967-73 vermeinte er, den 'schwer in der Luft liegenden 'hautgout' von Coiffeursalon zu riechen.'
Die Fertigstellung und Eröffnung des Europa-Palais in Straßburg schließlich, immerhin Sitz des europäischen Parlaments, war den großen Architekturzeitschriften der Bundesrepublik Deutschland nur noch eine kurze Notiz wert, verbunden mit einem Foto, das offenbar jeden architektonisch-kritischen Kommentar ersetzte.

Kein Zweifel, die Bauten der großen, völkerverbindenden Organisationen dieses Jahrhunderts haben keine gute Presse, was ihre Architektur betrifft - was merkwürdig ist, gehört doch der Bau für eine 'Weltregierung' zu den großen Utopien auch der Architekten, die - gerade in diesem Jahrhundert - als Demiurgen die Welt neu gestalten wollten. Andererseits: so merkwürdig ist diese Tatsache auch wieder nicht, zeigt sich doch an der Diskrepanz zwischen den idealen Vorstellungen und dem gebauten Ergebnis, wie sehr der Wunsch der Architekten unerfüllt blieb, diese Welt neu zu gestalten. Sie haben sie nur neu bebaut, und das mit unbefriedigenden Ergebnissen - ich verweise auf die großen repräsentativen Organisationen, die doch gerade exemplarisch den 'großen Wurf' zu verlangen schienen.

Sicherlich hat der eingangs zitierte Kritiker recht, der die Entscheidungen von großen Gremien für mitverantwortlich für das Nicht-Gelingen hielt; dann aber ist es nicht (nur) das Problem der Architekten, sondern eines der Gesellschaft und einer Schein-Demokratisierung, die in und durch Gremien Schein-Gerechtigkeit zu üben meint, statt dessen aber dem Mittelmaß im schlechtesten Sinne zum Durchbruch verhilft. 'A camel is a horse, designed by a committee.' Jede Architektur kann nur so gut sein, wie es die Gesellschaft zuläßt. Wenn die Architektur der repräsentativen 'Weltregierungen' dieses Jahrhunderts allenfalls als mittelmäßig bezeichnet werden kann, so spiegelt das den (nicht lösbaren) Konflikt zwischen dem legitimen Anspruch auf gesellschaftliche Mitwirkung (durch den Bauherrn) einerseits und der Autonomie des Architekten-Künstlers andererseits, der gerade dann gefragt ist, wenn es um bisher unerhörte Bauaufgaben geht. Wer den 'großen Wurf' seitens des Bauherrn aber will, der muß dem Künstler seine Autonomie lassen - mit dem Risiko des grandiosen Scheiterns oder des grandiosen Gelingens. Gewollt wurde jedoch immer das Mittelmaß des Kompromisses.

Le Corbusier, Entwurf
für den Völkerbundpalast.
Auffahrt zum großen
Sitzungssaal.

Fassade zum See

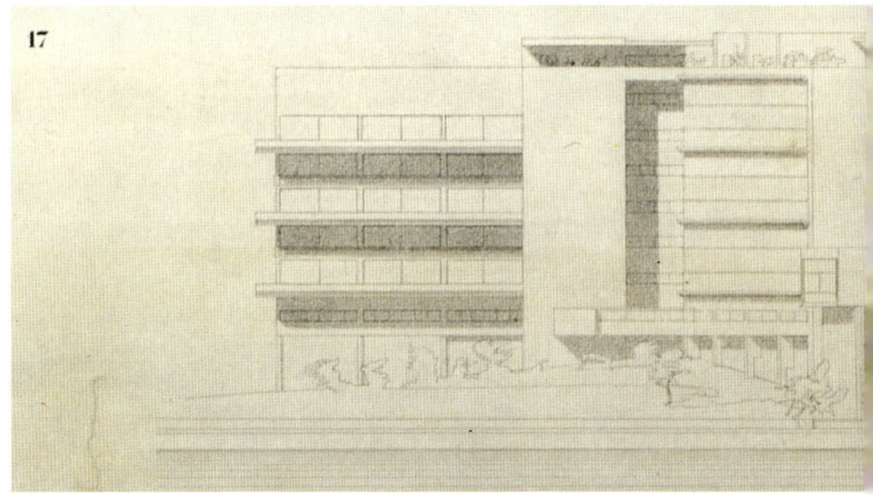

Aber die Geschichte der Bauten weltumspannender Organisationen, wie sie in diesem Jahrhundert zum ersten Mal in der Geschichte als konkrete Bauaufgabe existieren, hat noch eine weitere Komponente, nämlich die Auseinandersetzung von staatlichen (und in diesem Falle sogar überstaatlichen) Instanzen mit der Moderne, das heißt der Architektur der Moderne. Dabei verlaufen die Entwicklungen in beinahe tragischer Weise gegenläufig: Die Auseinandersetzung beginnt mit einem Paukenschlag, einem Geniestreich des Architekten Le Corbusier für den Völkerbundpalast in Genf, der wütend bekämpft und schließlich abgelehnt wird.
Die zunehmende Banalisierung der Moderne, insbesondere nach dem Zweiten Weltkrieg, macht sie offenbar konsumierbarer und weniger provokativ, so daß sie sich als 'Internationaler Stil' immer stärker auch in den Bauten überstaatlicher Repräsentanz durchsetzen kann, zugleich jedoch immer weniger eigenständige, architektonische Kraft besitzt. Wenn man dazu in Beziehung setzt, daß ja auch die supranationalen Bewegungen viel von ihrem idealischen Gesicht verloren haben, dann muß man zu der Erkenntnis kommen, daß zwei Ideenkomplexe, nämlich die der architektonischen Moderne und die einer friedenbringenden Weltregierung, erst zusammenkamen, als beide bereits schwer angeschlagen waren. Die Chance allerdings, aus gegenseitiger Stärke heraus zur Deckung zu kommen, wäre vorhanden gewesen.
Es ist schwerlich Zufall, daß die Auseinandersetzung um die jeweiligen Projekte sich ausgerechnet an Entwürfen Le Corbusiers entzündete. Der bedeutendste Architekt dieses Jahrhunderts war gleichzeitig ein moderner Heiliger Sebastian, der die Pfeile der Kritik auf sich zog wie kein anderer; ein Architekt, der die Brüche und Herausforderungen, das Scheitern und den Neuanfang in seiner Person austrug.
Tragisch ist, daß sein Entwurf für den Völkerbundpalast in Genf ein keineswegs provokantes Gebäude bot, sondern eines, das in vielerlei Hinsicht klassische Züge trug. 'Une maison, une palais' war der Titel des Buches, in dem Le Corbusier seinen Kampf um die Verwirklichung des Projekts dokumentierte; er trifft präzise den Entwurf, um den der Architekt mit den Zügen eines Michael Kohlhaas - auf von vornherein verlorenem Posten - kämpfte.

Im Mai 1926 schrieb der Völkerbundsrat einen internationalen Wettbewerb zur Erlangung von Entwürfen für eine angemessene Unterbringung seiner Institution aus: ein Plenarsaal für 2600 Personen, verschiedene Konferenzräume, ein großes Sekretariat, also ein Verwaltungsgebäude. Aus der ganzen Welt trafen 377 Entwürfe bis zum 25. Januar des folgenden Jahres ein, die in einem Marathon von sechs Wochen, in 64 Sitzungen, von einem international besetzten Preisgericht aus bekannten Architekten beurteilt wurden. Vergleichbare Wettbewerbe würden heute in höchstens einer Woche juriert.
Man muß sich die Größe der Aufgabe vor Augen führen: zum ersten Mal in der Geschichte der Menschheit schien diese vor dem zurückzuschrecken, was sie selbst anrichten konnte, schien die Menschheit aus ihrer Geschichte zu lernen. Ein Bund der Völker mit übernationalen Aufgaben sollte den Frieden bewahren und mögliche Konflikte auf friedlicher Basis lösen. Für diese große Aufgabe sollte eine angemessene bauliche Repräsentanz gefunden werden - eine nie gewesene Aufgabe für die Architekten der Welt, eine Herausforderung gerade für die Architekten der Moderne, die eine neue, bessere Welt auch architektonisch gestalten wollten. Genau das war ja gefordert. So hieß es in der Ausschreibung: 'Der Völkerbund lädt die Architekten zur Beteiligung am Wettbewerb ein und weist diese darauf hin, daß es für die Entwurfsbearbeitung des Völkerbundpalastes nicht allein darauf ankommt, alle Arbeitsvorgänge, die eine zielbewußte Tätigkeit des Völkerbundes sicherstellen können, neuzeitlich und im höchsten Grade praktisch zu organisieren, sondern daß es darauf ankommt, mit dem Völkerbundpalast ein Bauwerk zu schaffen, das schon durch die Reinheit seines Charakters und die Harmonie seiner Formen berufen erscheint, die friedlichen Ideale des 20. Jahrhunderts zu symbolisieren.'
Ein nach heutigen Maßstäben exzellent besetztes Gremium von namhaften Architekten stellte die Jury. Vorsitzender war der Belgier Victor Horta, der Begründer eines wahrhaft revolutionären Jugendstils. Weitere Mitglieder waren unter anderem Hendrik Berlage, der Erbauer der Amsterdamer Börse, und Josef Hoffmann aus Wien.

Aber die edlen Ziele des Völkerbundes zerplatzten an der platten Wirklichkeit kleinlicher Streitereien und an nationalem Prestigedenken. Die Einflußnahme von allen Seiten desavouierte die hehren Ideale. Die Geschichtsschreibung der modernen Architektur sieht die konservativen Preisrichter in der Rolle der Bösewichter: Es hätte nur einer weiteren Stimme bedurft, um den Entwurf Le Corbusiers an die erste Stelle zu bringen, und schließlich habe ein rein formaler Einwand zur Zeichentechnik, erhoben von dem französischen Preisrichter, das Projekt zu Fall gebracht. Tatsächlich aber war der gesamte Entscheidungsprozeß keineswegs so eindeutig. Le Corbusier hat von Beginn an selbst mit höchst unseriösen Mitteln versucht, Einfluß zu nehmen. So hatte er seine Mitarbeiter am Wettbewerb und sich vor den Plänen des Völkerbundpalastes fotografieren lassen, um das Bild dem (ihm durchaus wohlgesonnenen) schweizerischen Preisrichter Karl Moser vor der Entscheidung zuzuspielen. Jedenfalls konnte sich das Preisgericht nicht auf einen ersten Preis einigen, und - wie so oft auch heute noch - fand es den Ausweg, mehrere gleichrangige Preise zu verleihen.

Hannes Meyer und Hans Wittwer, Entwurf für den Völkerbundpalast in Genf, 1927. Modell von Hans Werner Heinrich, 1989: Nordansicht (oben) und Südostansicht

Das Verfahren war allerdings sehr merkwürdig, durfte doch jeder Preisrichter einen ersten Preis und zwei Anerkennungen aussprechen, so daß - bei neun Preisrichtern - insgesamt 27 Auszeichnungen verliehen wurden! Nur eine ging an den Entwurf von Le Corbusier.
Noch viel auffälliger war die 'nationale Brille' vieler Juroren. Wie etwa beim Eiskunstlauf heute zeichnete der Schwede drei Schweden, der Italiener drei Italiener, der Schweizer zwei Schweizer und einen Deutschen aus. Nur der Engländer J. Burnet - britische Fairneß (!) - bestimmte einen Ungarn, einen Niederländer und einen Schweizer. Die weitere Geschichte ist bekannt: Keiner der neun Erstplazierten bekam den alleinigen Auftrag, sondern es wurde eine Projektgemeinschaft aus vier Preisträgern gebildet, die den endgültigen Entwurf ausarbeiteten. Gleichzeitig entfachte Le Corbusier eine mächtige Pressekampagne auf allen Ebenen, mit Bittschriften an den Völkerbund, mit neuen Entwurfsvarianten und der Hinzuziehung möglichst vieler Bundesgenossen, um doch noch den Auftrag zu erhalten - vergeblich.

Die Begleiterscheinungen der Kampagne machen Le Corbusier nicht eben sympathisch. Aber man muß bei aller Kritik an der wenig gelassenen Art dieses Architekten zwei Aspekte berücksichtigen. Zum einen war der Bau eines Völkerbundpalastes die architektonische Aufgabe, mit der sich jeder Architekt, besonders aber Le Corbusier, am stärksten identifizieren konnte. Er legte sozusagen sein Herzblut in den Entwurf: 'Der Stadtplaner und der Architekt sollten den Rahmen des Goldenen Zeitalters wiedererrichten.' Er suchte die 'Einheit von Mensch und Behausung; der Erde und des Gebauten; von Individuum und Gesamtheit; Einheit von Mensch, Natur und All'. Das sind nur einige wenige, aber charakteristische Äußerungen Le Corbusiers aus jener Zeit, die sein Selbstverständnis als 'Weltenbaumeister' widerspiegeln.

Des weiteren kommt eine kritische Untersuchung der eingereichten Wettbewerbsentwürfe zu dem Ergebnis, daß Le Corbusiers Entwurf in der Tat der gelungenste ist. Das mag eine Betrachtung a posteriori sein, nachdem das erschreckend Neue der modernen Architektur für uns zur Gewohnheit geworden ist. Zweifellos war der Ausdruck von Repräsentation in der Öffentlichkeit in den späten zwanziger Jahren noch ganz stark durch die Bauten des Historismus vom Ende des 19. Jahrhunderts geprägt. Andererseits gab es, erwähnt sei das Preisgericht, Architekten, die das Neue für das Angemessene hielten bei einer Aufgabe, die ja ebenfalls durchaus neu und ohne Vorbild war: Signalhaft das noch nie Gebaute zu bauen als Ausdruck einer neu zu bauenden Welt - das wäre sicherlich als starkes Symbol empfunden worden.

Völkerbundpalast in Genf

Es scheint, als hätten die konservativen Architekten im Preisgericht im Entwurf Le Corbusiers die besondere Qualität nicht gesehen, weil ihnen die ganze Richtung nicht paßte: der repräsentative Charakter des vorgeschlagenen Baus. Dabei hätten sie es besser wissen müssen. Es zeigte sich schon 1926, daß modern nicht gleich 'modern' war. Dies zeigte sich überdeutlich am Entwurf von Hannes Meyer und Hans Wittwer im Vergleich zu Le Corbusier. Der Architekturhistoriker Kenneth Frampton hat es auf den Gegensatz zwischen 'Utilitarismus' und 'Idealismus' gebracht. So schreiben Meyer und Wittwer zu ihrem - ebenfalls glänzenden - Entwurf: 'Als übernationaler Organismus ist der Völkerbund eine Neuheit und ohne Vorgänger... Voraussetzung jeder baulichen Verwirklichung ist der Willensdrang zur Wahrheit - wenn die Absichten des Völkerbundes wahrhaft sind, so kann er seine neuartige Gesellschaftseinrichtung nicht in ein Gebäude baulicher Überlieferung quetschen. Keine säulengespickten Empfangsräume für müde Souveräne, sondern hygienische Arbeitsräume für tätige Volksvertreter. Keine Winkelgänge für die Winkelzüge der Diplomaten, sondern offene Glasräume für die öffentlichen Unterhandlungen offener Menschen... Es wird die Gebäudeform bedingt durch Baustatik und die Gebäudestruktur durch Werkstoff... Unser Völkerbundsgebäude symbolisiert nichts... Dieses Gebäude ist nicht schön und nicht häßlich. Es will als konstruktive Erfindung gewertet sein.'
Nun muß man Erläuterungsberichte von Architekten nicht zu wörtlich nehmen; auch dieser ist in sich voller Widersprüche: Die offenen Glasräume als Abbild von Öffentlichkeit sind selbstverständlich symbolisch gemeint. Aber der Entwurf symbolisiert eben nicht 'Repräsentation', sondern 'Funktionieren', und er bildet innerhalb der Architektur der Moderne den Gegensatz zum Entwurf Le Corbusiers.

UNO-Hauptquartier in New York, 1952.
Planung: Le Corbusier
Ausführung: Wallace K. Harrison

Idealismus: Was in den zitierten Sätzen Le Corbusiers bereits anklingt, entspricht seinem Selbstverständnis. Der Architekt ist berufen, eine neue Welt zu bauen, die Menschheit aus dem 'Chaos' des ersten Maschinenzeitalters herauszuführen. Der Entwurf für den Völkerbundpalast symbolisiert das auf subtile Weise, indem zum Beispiel nicht das Abbild der Welt gesucht (wie im römischen Pantheon), sondern indem ein präziser Dialog zwischen den Komponenten der Aufgabe geführt wird: Le Corbusiers Arbeit ist jene, die am stärksten die landschaftlichen Gegebenheiten am Ufer des Genfer Sees berücksichtigt (und die Stellung der Baukörper an der Lage alter Bäume orientiert); die das Janusköpfige der Lage zwischen der Fernwirkung am See und der Eingangsfront zum Park hin versteht und umsetzt; die am eindrücklichsten eine formale Trennung zwischen dem repräsentativen 'Palast' und dem Sekretariat vornimmt, ohne dem letzten dadurch seine eigene Würde, seinen eigenen Ausdruck zu nehmen. Und dieser Entwurf ist es, der bei aller Modernität in einen Dialog mit der Vergangenheit tritt. Die gesamte Eingangsfront des Palastes mit der Treppenanlage ist eine Paraphrase zu Schinkels Altem Museum in Berlin, wie die gesamte Baukörperverteilung Bezüge zu Schinkels Architektur-Utopie der Villa Laurentina herstellt (und über diese zur 'idealen' Villa des Plinius). Das sind Anspielungen, keine Nachbauten, wie es die Entwürfe der konservativen Architekten waren, die einen überlebten Historismus wiederzubeleben suchten. Sie werden konterkariert durch die Modernität der Fassaden, die Aufständerung auf Stützen, die dadurch den freien Blick auf den See ermöglicht, durch das flache Dach und die Materialien. So stellt sich Le Corbusiers Entwurf als derjenige dar, der unter Erfüllung der funktionalen Bedingungen auch die inhaltliche, die symbolische, am eindringlichsten umsetzt: die neue Architektur auf dem Fundament dessen, was von der alten übernommen werden kann; eine Architektur, die sich sensibel mit der Umgebung auseinandersetzt und gleichzeitig monumental ist. Wie könnte man den neuen Völkerbund besser in architektonischen Formen ausdrücken?
Aber, und auch das hat tiefere Bedeutung, der neue Bund und seine Repräsentanten konnten sich noch nicht vom Überkommenen losreißen. Die Idee des Völkerbundes scheiterte nicht zuletzt daran, daß zu viele noch nicht bereit waren, die nationalstaatlichen Verengungen aufzubrechen, wahrhaft kühn und unabhängig zu denken und zu handeln.

UNO-Hauptquartier
in New York, Saal der
Vollversammlung

Die moderne Architektur jedoch wurde populär mit der spektakulären Auseinandersetzung um den Wettbewerb und erlebte gleichzeitig ihre erste Krise. Um 1930 waren es nicht nur die diktatorischen Regime in Deutschland, der UdSSR oder Italien, welche die Moderne als Bedrohung empfanden, sondern der Rückschritt zu einer konservativen Architektur erwies sich als ein gesamteuropäisches Phänomen. Die Moderne kam erst dann wieder zur allgemeinen Geltung, als nach dem Zweiten Weltkrieg alle Werte der Vergangenheit in Trümmern lagen. Es hat etwas Tragisches, daß in dem Augenblick, da sie die allseits begrüßte Chance besaß, eine neue Welt zu bauen, ihre Kraft bereits erlahmt war.
Die 'heroische' Phase der Moderne in den zwanziger Jahren beruhte vielleicht auf Naivität, aber sie brachte Großartiges hervor. In den fünfziger und sechziger Jahren hingegen hatte sie ihre Unschuld verloren - und war gleichzeitig konsumierbar geworden. Jedenfalls bis zu einem gewissen Grad, wie sich am Entwurf für den zweiten Versuch eines 'Weltparlaments' zeigen sollte - und erneut war Le Corbusier Handelnder und Leidtragender zugleich.
1946 sollte eine fünfköpfige Kommission den Ort für den Sitz der neuen Vereinten Nationen festlegen (Le Corbusier nahm als Vertreter Frankreichs teil). Große Pläne für eine ganze Stadt wurden geschmiedet, bis John D. Rockefeller ein Gelände am East River in New York zur Verfügung stellte, wodurch alle anderen Überlegungen hinfällig wurden - auch die Le Corbusiers, der kurz zuvor noch geschrieben hatte: 'Das Hauptquartier der Vereinten Nationen im Schatten der Wolkenkratzer New Yorks anzusiedeln, ist undenkbar.' Jetzt dachte er doch daran, vor allem, da er als Vertreter Frankreichs in einer zehnköpfigen Planungskommission den Bau vorbereiten sollte.
Anders als beim Völkerbundpalast gab es also keinen Wettbewerb. Offenbar erinnerte man sich noch des ersten Versuchs! Es gab aber auch nicht die Entscheidung für einen alleinverantwortlichen Architekten, der 1947 nur Le Corbusier - als international bekanntester Vertreter der modernen Architektur - hätte heißen können. Denn das ist das Besondere an diesem Gremium der zehn: alle waren sie Anhänger der Moderne. Sie hatte sich weltweit durchgesetzt. Ein konservativer Bau, wie der 1937 tatsächlich gebaute Völkerbundpalast, wäre 1947 in New York, gleich nach dem Zweiten Weltkrieg, nicht denkbar gewesen. Zum Wettbewerb aber fehlte den Vereinten Nationen der Mut, zur Bestimmung einer Einzelperson mit einem zweifelhaften Ruf im Hinblick auf Anpassungsfähigkeit und Willfährigkeit offenbar ebenfalls. Deswegen die Entscheidung für ein Komitee, das folgerichtig ein 'Kamel' entwarf, als ein 'Pferd' gesucht wurde.
Nach seinem Selbstverständnis und nach den Erfahrungen beim Völkerbundpalast mußte sich Le Corbusier als 'der' Architekt des Hauptquartiers der Vereinten Nationen verstehen. Als die Mitglieder der Kommission in New York ankamen, hatte er schon zwei Monate lang vor Ort gearbeitet. Der Entwurf war in seinen Augen fertig - seine Antwort auf die Hochhausstadt Manhattan. Tatsächlich wurden im Komitee keine grundlegenden Alternativen bearbeitet, so daß der gebaute Entwurf auf die Ideen Le Corbusiers zurückgeht.

Blick auf das neue Zentrum von Moskau: Links das 'Weiße Haus', in der Mitte das RGW-Gebäude, 1963-70, von Michail Possochin, rechts der Kalininprospekt

Aber was für eine groteske und zynische Wendung, die Durchführung einem amerikanischen Architekten, Wallace K. Harrison, anzuvertrauen, der sicherlich keine schlechte Wahl war, aber kein wirkliches Verständnis für Le Corbusiers Entwurf hatte und nicht bereit war, ihm die Ausführungsplanung zu lassen und nur technische Hilfestellung zu leisten. Das Ergebnis war dergestalt, daß man das Hauptgebäude als den 'Beginn des modernen Hotelstils' bezeichnete (im Gegensatz zum Völkerbundpalast als dem 'Kasino der Nationen').
Dies mag ungerecht sein, ungerecht vor allem gegenüber Harrison, der ein grundsolider und ehrenwerter Architekt war. Aber es war natürlich auch ungerecht gegenüber Le Corbusier, der wiederum - ein moderner Heiliger Sebastian - alle Pfeile auf sich gezielt sah. Sein Zorn ging so weit, daß er sogar den Diebstahl eines Planbüchleins andeutete und Harrison als Gangster bezeichnete; ungerecht, gewiß, aber auch verständlich bei diesem Architekten, der sich zum zweitenmal um den vermeintlichen Lohn seiner Arbeit geprellt sah. Und wie doppelt schmerzlich, die eigenen Ideen von einem anderen schlechter realisiert zu sehen!

EG-Zentrum in Brüssel, 1969, Architekten: Lucien de Vestel, Jean Gilson, André und Jean Polak

UNESCO-Gebäude in Paris, 1955-58, Architekten: Marcel Breuer, Pier Luigi Nervi und Bernard H. Zerfuss

Der Mut zu einer kühnen Entscheidung hatte den Vereinten Nationen gefehlt wie schon den Gründern des Völkerbundes. Der Mut, mit einer kühnen Architektur auch das Selbstverständnis, die Vision der friedlich vereinten Völker, architektonisch darzustellen. 1947 hätte man die Konturen der Architektur verstehen können; die Moderne war nicht mehr das Neue und Erschreckende, das sie 1927 noch gewesen war. Dennoch wählte man den Kompromiß und verspielte seine Chance: Was noch an Größe übriggeblieben war von der Utopie der Moderne - und das war wesentlich in der Architektur von Le Corbusier verwirklicht -, das riskierte man, kleinmütig, nicht zu realisieren. Nicht untypisch auch für das politische Handeln der Vereinten Nationen.

Die Architektur mußte sich dem Durchschnitt, dem Kompromiß als Maxime anpassen - und das tat sie auch, damit den eigentlichen Impetus der Moderne verratend. Der 'Internationale Stil' setzte sich durch, eine Bezeichnung, die bereits die eigene Inhaltslosigkeit impliziert. Das Internationale als entscheidendes Kriterium? 'International' waren doch Gotik, Renaissance oder Klassizismus ebenfalls. 'International' im Hinblick auf die architektonische Moderne bedeutete wohl nur: konsumierbar, ohne eigenständigen Charakter, flexibel bis zur Gesichtslosigkeit. Kein Wunder, wenn sich die Menschen sehr schnell von dieser Moderne enttäuscht fühlten, kein Wunder, wenn die Herrschenden diese Moderne gern für ihre Bauten einsetzten.
Und so schreibt sich das letzte Kapitel des Bauens der staatenübergreifenden Institutionen als trauriger Abgesang auf eine Architektur, die einmal die Kraft und die Vision und den Mut besaß, eine Welt zu gestalten, und die so verkam, daß sie nur noch funktionierte und sonst keine weitere Aussage hatte. Das aber ist für gute Architektur zu wenig.

Gebäude des Europa-Parlaments in Straßburg, 1972-77, von Henry Bernard

Die Erweiterung des Genfer Völkerbundpalastes zu Anfang der siebziger Jahre (E. Beaudouin), das EG-Zentrum in Brüssel, das RGW-Hochhaus in Moskau, das UNESCO-Gebäude in Paris oder schließlich das Haus für das Europäische Parlament in Straßburg - sie alle sind bestenfalls brave Bürohaus-Architektur und verfehlen damit dramatisch das Ziel. Man muß sich doch einmal vorstellen: Da baut eine europäische Gemeinschaft, einer der großen kulturellen und wirtschaftlichen Zusammenschlüsse der Welt, für seine demokratische Vertretung ein Gebäude. Und die wichtigsten Architekturzeitschriften haben darüber nichts zu sagen als: 'Das 'Europa-Palais' in Straßburg wurde am 28. Januar dieses Jahres vom Präsidenten der französischen Republik, Giscard d'Estaing, seiner Bestimmung übergeben. Der Bau wurde 1972 begonnen. Architekt ist Henry Bernard, Paris, Mitglied des Institut de France, Träger des Großen Rom-Preises. Die örtliche Bauleitung hatte der deutsche Architekt Klaus Willmann. Das Gebäude liegt zwischen dem schönsten Park Straßburgs, der Orangerie, und der Iff.' Der Leser weiß somit, welche Preise der Architekt bekommen hat. Über die Architektur des Baus erfährt er allenfalls durch das beigefügte Foto, daß es sich nämlich bei dem Gebäude um die modernisierte Fassung eines Westwall-Bunkers handeln muß.

Blick auf Straßburg, im Vordergrund die Anlage des Europa-Parlaments

Welche der doch immerhin zahlreichen Bauten für die übernationalen Zusammenschlüsse in Ost und West wurden durch einen Wettbewerb entschieden? Welcher von ihnen hatte einen Architekten, dessen Namen man schon einmal gehört hätte oder den man sich über einen großartigen Bau hätte einprägen können?
Und welcher Bau ist wirklich mehr als die funktionierende Umsetzung eines Raumprogramms, welcher bietet das, was gerade bei dieser Bauaufgabe nötig wäre: Architektur als Vision einer besseren Welt?
Die Wirklichkeit der modernen Architektur, wie sie sich um 1970 darstellt, hat die Wirklichkeit der überstaatlichen Organisationen eingeholt. Der Durchschnitt vermählt sich mit dem Kompromiß, das Ängstliche mit dem Mutlosen. Die Kraft der Ideen einer architektonischen Moderne um 1925 einerseits und einer völkerübergreifenden Friedenssehnsucht andererseits ist im Augenblick ihrer (vermeintlichen) Verbindung erloschen.

Ingeborg Flagge

Provisorium als Schicksal

Warum mit der Bonner Staatsarchitektur kein Staat zu machen ist

Ein altes Wasserwerk
wird zum Plenarsaal

'Aber vielleicht ist der lange Weg zur Bundeshauptstadt auch ein Abbild der Gesellschaft, die ihn geht: widersprüchlich in ihren Interessen, bald kleinmütig, bald zu großen Zielen aufgelegt, die sich dann wieder nicht realisieren lassen. Doch immerhin, gezwungen in der Hoffnung, daß es letzten Endes ein guter Kompromiß wird oder mindestens doch ein erträglicher.' (Wolfgang Pehnt)

Der Beschluß, den der Parlamentarische Rat am 10. Mai 1949 mit 33 Stimmen für Bonn als provisorische Hauptstadt und mit 29 dagegen faßte, hat immerhin über vierzig Jahre gehalten. Was als behelfsmäßige und interimistische Wahl, die 'billig und praktisch'[1] sein mußte, begann und dennoch ein Kraftakt gegen Frankfurt, 'die Wiege der Demokratie'[2] war, hat sich in vier Jahrzehnten trotz aller Kritik einigermaßen bewährt. Auch wenn die Stadt nie zu der sprudelnden Metropole geworden ist, die ihre Kritiker immer vermissen, selbst wenn sie im Jahre 1992 immer noch etwas von den 'schläfrigen Reizen' hat, die Heinrich Böll in den sechziger Jahren schon an ihr entdeckte - die Häme, die über Bonn erneut ausgegossen wird, seit die Rückkehr 1992 in die alte wie neue Hauptstadt Berlin auf dem Papier vollzogen wurde, ist nicht gerechtfertigt.

1 Badische Zeitung, 30. Oktober 1948
2 Frankfurter Neue Presse, 28. Oktober 1948

Bonn hat seine Aufgabe vierzig Jahre lang ordentlich wahrgenommen: gewissenhaft, sorgfältig, pflichtbewußt wie ein Beamter. So wie dieser selten Phantasie und unkonventionellen Mut zeigt oder großartige Ideen gebiert, so ist auch in Sachen Architektur in Bonn in vier Jahrzehnten nichts Aufregendes und Einmaliges entstanden.

Daß die Bonner Staatsbauten die Bezeichnung Architektur nicht verdienen, weil alle - auch die, in denen die Regierung sitzt - nichts als bürokratische Manifestationen sind, hängt mit dem Bauherrn Bund zusammen, der in vierzig Jahren kein Konzept entwickelt hat und sich zu keinem integrierten Ausbau bereitfinden konnte. Daß ausgerechnet zu einem Zeitpunkt, zu dem Bonns Hauptstadtfunktion ausgedient hat, Baukunst entsteht - mit der Bundeskunsthalle, die am 17. Juni 1992 eingeweiht wurde, mit dem Plenarsaal, der Ende Oktober 1992 eingeweiht wird, mit dem Haus der Geschichte, das 1993 eröffnet werden soll, mit dem sogenannten 'Schürmann-Bau', der bis zum Keller gediehen ist, ist eine echte Ironie der Geschichte. Da ist es einigen Architekten in Jahren, teilweise Jahrzehnten erbitterten Ringens mit dem Bauherrn Bund gelungen, ihm, der nichts als eine möglichst preiswerte Hülle um Quadratmeter Bürofläche will, große Architektur abzutrotzen, ihm ein Gesicht zu geben, das auch nach internationalen Maßstäben beeindruckend ist, und nun will der Bauherr dieses Gesicht nur noch auf Zeit. Wie lange diese Zeit dauern wird, muß sich zeigen. Planung in Bonn braucht vor allem Zeit. Lange Zeit. Die Bonner Bürger, die anfänglich keineswegs wußten, ob sie die Wahl zur vorläufigen Hauptstadt als Last oder Ehre ansehen sollten, haben sich auch irgendwann mit der der Stadt aufgepfropften Funktion, die das Ende eines Dornröschenschlafes bedeutete, abfinden müssen. Bevor sie sicher wußten, daß sie sich nicht mehr nur als Hauptstadt im Wartestand fühlen durften, vergingen über zwanzig Jahre. Berlin könnte ähnliches bevorstehen.

Bundesministerium
des Innern

Bundeskanzleramt,
1973-1976.
Planungsgruppe
Stieldorf

Bundesministerium für
Raumordnung, Bauwesen
und Städtebau, 1953.
Erweiterung durch die
Bundesbaudirektion

Auswärtiges Amt, 1953–55.
Bundesbaudirektion

Bundeskunsthalle, 1992.
Achitekt: Gustav Peichl

Bundesgeschäftsstelle der FDP

Parteihaus der SPD, 1974-75. Architekten: Novotny und Mähner

Deutsche Hauptstadtsuche

'Wir fürchten uns vor einer Hauptstadt', ist schon in Wilhelm Meisters Wanderjahren nachzulesen. Diese Angst der Deutschen vor einem politisch-geographischen und kulturell-gesellschaftlichen Mittelpunkt durchzieht nach Hermann Brunn[3] die gesamte deutsche Geschichte; Deutschland war bekanntlich keine faßbare Einheit, sondern ein Konglomerat aus Städten und Teilstaaten. Daß Berlin nach 1871 Reichshauptstadt war und zur Weltmetropole aufstieg, hält er für eine 'historische Zwangsläufigkeit', meint jedoch, daß das Provisorium Bonn 'stärker den jahrhundertealten Überlieferungen der deutschen Geschichte entspricht'. So wie heute in der Diskussion um eine deutsche Hauptstadt die Kommentatoren zwischen Metropolisfaszination und Großstadtkritik hin- und herschwanken, so forderte schon Lessing einerseits 'das Vergnügen einer ganzen großen Hauptstadt', und Herder stellte andererseits fest: 'Daß uns eine Hauptstadt fehle, tut unserer Sache (dem 'Bau der Humanität') gewiß nichts.'[4]

Die Wahl für Bonn 1949 hatte 'den Bau der Humanität' nicht zum Ziel. Sie war zum großen Teil das Ergebnis einer Menge Intrigen und eines kleinlichen Interessenspiels, in dem nicht zuletzt Konrad Adenauer kräftig mitmischte.

Willy Helpach sprach damals von einem 'um die künftige Hauptstadt entfesselten Fasching'.[5] Die Wahl war keine politisch-symbolische, eher eine praktische. Daß der bundesdeutsche Staat wie ein bescheidener Untermieter 'bei einer unbescholtenen Familie namens Bonn' unterkroch, hatte nach Ferdinand Stracke auch damit zu tun, daß 'die Stadt weder entnazifiziert werden' mußte noch sonst an die Geschehnisse der jüngsten Vergangenheit' erinnerte. Die Wahl für Bonn war die für eine harmlose Stadt, für eine 'A-polis', wie Carlo Schmid[6] rückdenkend meinte.

Die Nichtstadt Bonn forderte die Entwicklung des förderalen Systems der Bundesrepublik und ließ - politisch - nie den geringsten Zweifel, daß die Rückkehr nach Berlin jederzeit möglich sei. Daß das durch einen wahren Bonner Bauboom in der Ära Adenauer (1949-63) in Frage gestellt wurde, war eine andere Sache. Die 1949 mit 3,8 Millionen DM angesetzten Voranschläge für den Ausbau Bonns, der geschätzte Personalbedarf von 5.187 Beamten und von 52.000 qm Bürofläche waren schon ein Jahr später reine Farce. Nach dem Bau des Finanzministeriums 1951/54 (Meyer/Schissio, Bundesbaudirektion), der Erweiterung des Plenarsaals 1953 (Schwippert), des Postministeriums 1953/54 (Trimborn, Bundesbaudirektion), des Auswärtigen Amtes 1953/55 (Freese, Bundesbaudirektion) und des Presse- und Informationsamtes (Bundesbaudirektion) wurden 'die Provisorien allmählich rar.'[7]

3 Gerhard Brunn, 'Die Deutschen und ihre Hauptstadt', in: Hauptstadt, Zentren, Residenzen, Metropolen in der Deutschen Geschichte. Ausstellungskatalog 1989, S. 19 ff.
4 Ebd., S. 21
5 Allgemeine Zeitung Mainz, 23. Februar 1949
6 Der Spiegel, 13. September 1961
7 Die Freiheit, Mainz, 16. März 1956

Parteihaus der CDU, 1965. Architekten: Meid und Romeick

Bundesministerien für Bildung und Wissenschaft, für Forschung und Technologie und Bundesministerium der Justiz als 'Kreuzbauten', 1969–75. Planungsgruppe Stieldorf

Bundesministerium für Verkehr (vorn), 1986-89, Architekten: Deiß und Bargou. Bundesministerium für Post und Telekommunikation, 1984-87, Architekten: Heinle und Wischer

Landesvertretung
Hamburg

Der Ausbau Bonns hatte zu diesem Zeitpunkt 368 Millionen DM gekostet: Die Bescheidenheit und Sparsamkeit der ersten Zeit, für die der Schwippertsche Plenarsaal stand, war zugunsten einer ungeheuren 'beamteten Bautätigkeit'[8] ad acta gelegt worden. Gegen diese bauboomerische Entwicklung stellte die CDU/CSU am 26. Oktober 1956 den Antrag: 'Berlin ist die deutsche Hauptstadt der Bundesrepublik Deutschland. Es soll mit dem Aufbau eines deutschen Parlamentsgebäudes begonnen werden.' Während bis 1958 im Reichstag Wiederaufbauarbeiten für 84 Millionen DM erstellt wurden,[9] soll Adenauer vom Bötchen auf dem Rhein Luftballons haben steigen lassen, um zu ermitteln, ob das Auswärtige Amt die Landschaft verschandele. Er schien die Rückkehr nach Berlin nicht zu sehen. Ein Jahr nach dem Bau der Berliner Mauer (1961) berief Bonn ein erstes Gutachtergremium (Baumgarten, Giermann, Guther, Hebebrand, Hillebrecht, Ruf), um eine Gesamtkonzeption für die Bundesbauten Bonn zu entwickeln. 'Das Provisorium darf nicht länger billige Ausflucht für das Fehlen von Planung, Voraussicht und Zueinanderordnung sein.'[10] Die Öffentlichkeit blieb bei dieser Planung außen vor. Die Anweisung hieß: Ausschluß der öffentlichen Teilhabe. Schließlich sollte das Provisorium politisch nicht in Frage gestellt werden!

'Bonn - permanently provisional', stellte die New York Herald Tribune[11] 1959 fest. Es ist die Hoch-Zeit für Bonn-Häme und Schelte. Die Politiker schlossen sich der Verächtlichmachung der kleinen Stadt am Rhein an; 'tot wie der Friedhof von Chikago'. Ihre Erklärung dafür, warum die für die Bundesregierung tätige Bundesbaudirektion Million auf Million verbaue, lautete '...wir müssen arbeitsfähig sein.'[12]

Arbeitsstätte und sonst nichts war Bonn für viele Bundestagsabgeordnete. Damals wie heute fliegen die meisten für wenige Tage im Monat ein; das Schönste an Bonn ist für sie nach wie vor der Zug nach Hause oder das Flugzeug. Identifikation mit dem Ort, an dem sie Politik machen, kommt so nicht auf.[13] Kein Wunder, daß wenigstens die hier wohnenden Beamten sich bemühten, gegen die Beziehungslosigkeit und Kontaktschwäche, die das Regierungsviertel beherrschen, Bonn zur Heimat auszubauen.

Dieses Regierungsviertel gibt es gebaut eigentlich nicht. Jedenfalls ist es als solches nicht zu erkennen. Es ist schon in den fünfziger Jahren eine architektonische Null, eine geist- und ordnungslose Ansammlung beliebiger Bauten.

'Jede Form symbolisiert ihre Inhalte. Keine Form ist gänzlich aus ihrem Zweck geschöpft', sagt Adorno. In diesem Sinne steht das Bonner Regierungsviertel von Anfang an für politische Konzeptionslosigkeit und die Ablehnung jeder politischen Repräsentation in Bauten.

8 Vgl. Hauptstadt, a.a.O; S. 414
9 Mannheimer Morgen, 20. April 1958
10 Deutsche Korrespondenz, 13. Januar 1962
11 New Yorker Herald Tribune, 19. August 1959
12 Rascher, CDU/CSU, am 28. Juli 1963
13 Hermann Schreiber, in: Hauptstadt, a.a.O., S. 470
14 Heinrich Klotz, 'Ästhetik des Staates', in: Sonderheft Merkur, S. 762
15 Generalanzeiger, 16. Dezember 1965
16 Sonntagsblatt, 2. Januar 1966

Landesvertretung
Schleswig-Holstein

Landesvertretung
Rheinland-Pfalz

Architektur spiegelt die Beschaffenheit der Verhältnisse

'Architektur ist eine abbildende Kunst. Sie spiegelt den Zustand der Gesellschaft wider. Sie beschreibt und erläutert; sie warnt nicht durch alarmierende Prognosen, sondern durch den Stand der Dinge', heißt es bei Kasimierz Brandys.

Die Bonner Bauten signalisieren keine Bürgerfreundlichkeit, sondern Überheblichkeit im Sinne Hegels, der meinte, daß 'nicht der Staat um der Bürger willen da ist, man könnte sagen, er ist Zweck und sie sind seine Werkzeuge.' Die Bastionen der Verwaltung geißelte Adolf Arndt 1961 als Bauten des 'Bundesrechnungshofes' und fragte: 'Sollte es uns nicht Sorge bereiten, daß einstweilen öffentliche Bauten überwiegend Bauten von Behörden für Behörden sind?' 'Die Behälter- und Kartonagenarchitektur', die Roland Günter 1965 in den Bonner Regierungsbauten erkennt, signalisiert in den Augen vieler Kritiker auch einen typisch deutschen Mangel an Selbstbewußtsein, einen Verlust an Tradition, den Minderwertigkeitskomplex einer Wirtschaftsmacht, die auf dem besten Wege zur wirtschaftlichen Großmacht war, sich aber so nicht in Bauten repräsentieren mochte. Nur nicht auffallen, hieß die Devise. Das Ausrollen des Teppichs bei Staatsempfängen war die einzige symbolische Geste, die sich die Bonner Regierung erlaubte. Der totale Zurückhaltungsgestus in Sachen beeindruckender Architektur, die 'popeligen' Bauten, wurden gar als 'demokratisch' gepriesen.[14]

Die Entwicklung Bonns unter Bundeskanzler Erhard (1963-66), dem Vater des deutschen Wirtschaftswunders, zeigt den Bund als Bonns größten Mieter. Für einen Teil der 218.000 qm Bürofläche, die er inzwischen besetzt hielt, zahlte er 3,4 Millionen DM Miete jährlich. 'Wer Bonn sagt, sagt Berlin', behauptete zwar nach wie vor ein Herr Rossig von der Bundesbaudirektion[15], aber der Bau des 'Langen Eugen', mit dem Egon Eiermann 1966 beauftragt wurde, ließ Zweifel an der 'Aufrichtigkeit und Zielstrebigkeit der deutschen Wiedereinigungspolitik aufkommen'[16]. Immerhin ist dieser Bau ein erster architektonischer Höhepunkt in Bonn. Vergleichbar in seiner Qualität ist nur der Kanzlerbungalow, den sich der modernem Bauen aufgeschlossene Bundeskanzler 1963/64 von Sep Ruf hatte errichten lassen. Seine Nachfolger dagegen lehnten den Bau ab.

1966 fand die letzte Sitzung des Bundestages in Berlin statt. Die Plenarsitzungen dort wurden eingestellt, während das 'Bonner Provisorium in Glas und Stein zementiert'[17] wurde. Aber 'der peinliche Finger', wie der 'Lange Eugen' bezeichnet wird,[18] sollte nicht lange allein in der Gegend stehen bleiben. Der Bund erwarb von der Stadt Bonn die Gronau für 98,5 Millionen, die Planungsgruppe Stieldorf errichtete 1967/68 ein neues Finanzministerium und im März 1968 kam die ausgearbeitete Planung für den ersten Bauabschnitt eines Regierungsviertels einen Kilometer weit entfernt vom alten Bundestag auf den Tisch. Zwei der insgesamt sieben vorgesehenen kreuzförmigen Ministerien auf der grünen Wiese stehen heute noch als Beweis dafür, daß Politiker zum Bauen keinen Mut haben mögen, dieser Mangel aber von einer Baubürokratie jederzeit ersetzt werden kann.

Mit dem 'Langen Eugen' und den beiden Kreuzbauten, diesem 'Konfektionskleid von der Stange'[19], schlitterte der Bund endgültig aus der baulichen Alibi-Bescheidung in die gebaute Großmannssucht. Der so mühevoll aufrecht erhaltene Schein der Bescheidenheit wurde einem ehrlicheren Quantitätsdenken geopfert, das brutalistische Ministerien 'zusammenhangslos, unabhängig von der Stadt, von Kontext und Sinn' (Heinrich Klotz) baute. Warum diese Pläne zu keinem Zeitpunkt öffentlich diskutiert wurden, macht eine Ausführung von Joachim Schürmann deutlich: 'Wir kommen einerseits zu spät, da wir nicht mehr wie in der Stunde Null Kläfterchen auf Kläfterchen bauen konnten... andererseits zu früh, da das Bewußtsein für moderne Verwaltungsstrukturen noch nicht in den Kreis der Nutzer vorgedrungen ist.'[20] Der Nutzer - ein nützlicher Idiot, dessen Unzurechnungsfähigkeit als Erklärung für die Vermeidung öffentlicher Planung herhalten muß.

Die Neubauten genügten dem Bund nicht. 1969 besaß er 58 Mietobjekte mit 65.000 qm Bürofläche und zahlte dafür 7,5 Millionen jährlich an Miete. 1969 ist das Jahr der Wende. Die Kritik an den heimlichen Planungen und an der Unfähigkeit der Bonner Regierung, ein planerisches und politisches Konzept für den Ausbau Bonns und der Bundesbauten zu erstellen, wächst. Es wächst auch das Unbehagen an einer Staatsarchitektur, die Zurückhaltung mit Einfallslosigkeit und langweiliger Unauffälligkeit verwechselt.

Allmählich setzte sich die Erkenntnis durch, daß Demokratie nicht Negation von Form, sondern gerade das Gegenteil ist. 'Demokratie braucht erkennbare und verständliche Hierarchien und Formen, nicht als notwendiges Übel, sondern als Verbindlichkeit. Eine Staatsform, die sich als repräsentative Demokratie versteht, muß keine Angst davor haben, sich auch mit Stolz zu repräsentieren und das bildhaft zu veranschaulichen, was Thornton Wilder in seiner Rede zum Friedenspreis forderte: Den Menschen erhobenen Hauptes. Er sagte: Die Demokratie hat eine große Aufgabe, nämlich neue Bilder zu erschaffen und den Stand der neuen Würde aufzuzeigen, in die der Mensch geraten ist.'[21]

17 Augsburger Allgemeine, 30. Dezember 1967
18 Sonntagsblatt, 2. Januar 1966
19 Generalanzeiger, 25. Mai 1965
20 Die Zeit, 7. November 1969
21 Max Bächer, zitiert nach Wilhelm Kücker, 'Demokratie und Ästhetik, Widerspruch und Anspruch', in: Der Architekt, 1984, Heft 7-8, S. 326

Abgeordnetenhochhaus
'Langer Eugen', 1966–69,
Architekt: Egon Eiermann.
Das obere Bild zeigt
ein Abgeordnetenbüro.

Demokratie als Bauherr

Der demokratische Staatsgedanke ist geprägt von der Überlegung, daß Macht geteilt, zeitlich begrenzt und ablösbar ist. Im Gegensatz zu einer Diktatur vertraut Demokratie auf den Wechsel, sie ermöglicht ihn durch Institutionen, aber sie mißtraut den glatten Lösungen, dem vordergründig Praktischen, den kurzgeschlossenen Systemen, den kurzen Wegen. Sie lebt vom Ausgleich der Interessen und der Gegensätze, sie leistet sich eine Vielfalt der Meinungen, der Überzeugungen, der offenen Diskurse. Sie hält sich an im Konsens gefundene Regeln, die nur gut sind, wenn sie allgemein hinreichend sind.

Dieser Interpretation von Christoph Hackelsberger[22] setzt Vittorio M. Lampugnani[23] den Hinweis hinzu, daß Demokratie Gleichschaltung nicht kenne und auch eine Minderheit ihre Meinung frei artikulieren können müsse.

Doch alle Definitionen liefern keine Aussage darüber, wie folglich der bauliche Ausdruck eines solchen Systems sein müsse oder könne. Eine direkte bauliche Umsetzung ist ohnehin nicht möglich. Klassizistische Säulen signalisieren keine Diktatur, Glas keine Demokratie. Diktaturen können aus heimattümelnder Idylle gelenkt, Demokratie aus Renaissance-Villen gesteuert werden. Die Vorliebe der Bonner Regierung für das barocke Brühler Schloß oder die klassizistische Villa Hammerschmidt des Bundespräsidenten lassen keineswegs die Vermutung zu, hier wäre baulich schon mutiert worden, bevor sich der Gesinnungswechsel auch politisch manifestiert habe.

Daß in Bonn Demokratie allerdings als Synonym für Langwierigkeit, Unentschlossenheit, Verschleppung herhalten muß, kann zu denken geben. Denn wichtiger noch als die Form der Architektur in der Demokratie ist ein transparenter und nachvollziehbarer Entscheidungsprozeß. Der Bürger hat das Recht zu verstehen, wie Entscheidungen zustande kommen, aber auch darauf, daß sie gefällt werden.

22 Christoph Hackelsberger, 'Architektur des Staates - Demokratie als Bauherr', in: Architektur in der Demokratie, hrsg. von Ingeborg Flagge, 1986, S. 23
23 Vittorio Lampugnani, 'Diskussion um eine Chimäre', in: Der Architekt, 1980, Heft 2, S. 80-81

Villa Hammerschmidt, Stand nach dem Umbau 1985

Der neue Petersberg, Gästehaus der Bundesregierung, 1985-90. Architekten: Linde, Kramer, Luz, Witzemann

Das alte Petersberghotel, 1955

Das alte Petersberghotel, 1955

Der neue Petersberg, Gästehaus der Bundesregierung, 1990.

In den Planungen zur Bundeshauptstadt Bonn kam dieser Bürger nicht vor; der Bauherr Bund war öffentlichkeitsfeindlich. Erst mit der Regierungserklärung Willy Brandts vom 29. Oktober 1969 fand der Souverän Bürger eine gewisse Anerkennung. 'Wir wollen mehr Demokratie wagen... wir werden unsere Arbeitsweise öffnen... der Bürger erhält die Möglichkeit, an der Reform von Staat und Gesellschaft mitzuwirken... wir wollen eine Gesellschaft, die mehr Freiheit bietet, und mehr Mitverantwortung fordern.'
Die kommunale Neugliederung Bonns am 1. August 1969 machte den Bebauungsplan für das Retorten-Regierungsviertel ungültig und forderte eine neue Offenlegung der Pläne. Die Bürgerinitiative City-Forum Bonn gründete sich als Front gegen die Beamten-Schubladenplanung und erreichte einen allgemeinen Planungsstopp. 'Außer dem lieben Gott gibt es nichts, was die Beamten so fürchten wie das City-Forum.'[24]

Die sachkundige Bürgerkritik und die lautstarken Proteste durchkreuzten erfolgreich die Alleingänge der Bürokratie. Ein Arbeitskreis Bundesbauten Bonn und ein Expertenkolloquium vom 8. - 25. September 1970 formulierten dann auch die überfälligen Grundlagen einer zukünftigen Hauptstadtplanung. 'Es gibt keinen Grund mehr, daß aus den Steuergeldern nicht das Beste gemacht wird. Der Berlin-Komplex scheint überwunden, vom Provisorium Bonn ist keine Rede mehr.'[25] Zum ersten Mal in der Baugeschichte Deutschlands überhaupt wurden grundsätzliche Überlegungen darüber angestellt, was Bauen in der Demokratie heißen könnte, welche Inhalte, welche Leitbilder sie in welche Formen umsetzen solle.

Die Diskussion ist seither nicht mehr zum Stillstand gekommen. Sie machte zunächst 1972 fest an Münchner Olympiazelten, deren fröhliche Symbolik der Welt das gebaute Image eines 'Swinging Germany' vor Augen führte und so erfolgreich das Bild eines früheren martialischen Staates ersetzte. Hier war es der Demokratie gelungen, ein überzeugendes, leicht verständliches und international verstandenes Architektur-Zeichen zu bauen, ein endgültiges Symbol, eine sinnenhaft erfaßbare Darstellung einer politischen Absicht, nämlich 'fröhliche Spiele' gegen den 'Sportfeld-Klassizismus' Hitlers aus dem Jahre 1936 zu setzen.

24 Generalanzeiger, 24. Februar 1971
25 Generalanzeiger, 13. Februar 1970

Was ist der konkrete Bauausdruck der Demokratie, was kann er sein?

Lampugnani nennt die Diskussion darüber eine Chimäre und den Streit ähnlich absurd wie den über das Geschlecht der Engel. Mangels konkreter Grundlagen könne es keine klare Entscheidung geben.[26]

Das Problem läßt sich infolgedessen nur einkreisen. Leitideen lassen sich formulieren, Anhaltspunkte für das, was Bauen in der Demokratie nicht sein sollte, feststellen. Es sollte nicht übertrieben sein (aber auch nicht ärmlich), es sollte ohne Pathos und Imponiergehabe daherkommen (aber auch nicht unverbindlich sein). Freiheit, Menschlichkeit, Offenheit, Zugänglichkeit - das sind in der Meinung vieler Ziele und Ausdrucksmöglichkeiten des Bauens in der Demokratie, Schlagworte, deren inhaltliche und vor allem formale Konsequenzen divergieren. Hackelsberger[27] verlangt noch Sachlichkeit und Lampugnani Identifikation[28] und 'daß Begegnungen erleichtert werden, menschlicher Umgang gefördert wird - durch entsprechende Raumorganisation und Raumqualitäten.'

Die Bonner Regierungsbauten tun nichts dergleichen. Sie machen keine Angebote an den Bürger. Sie stoßen eher ab. Ihre beliebig-durchschnittliche Architektur transportiert weder Signifikanz noch Würde. So baut jeder x-beliebige Konzern: jeder bauliche Anspruch 'versinkt in der Anonymität einer Behördenmaschinerie.'[29]

Augenfälliger als in den Fünfzigern und am Anfang der sechziger Jahre wird dies bei der neuen Größenordnung Ende der sechziger Jahre. Die Kolosse der Kreuzbauten sprengen jede bisherige Größenordnung Bonns. Bauen wird hier zur Brutalität. Der Größensprung bringt keine Signifikanz mit sich. Auch das niedrige Bundeskanzleramt, für das Kanzleramtsminister Ehmke 1972 einen Wettbewerb vorbei an dem umfassenderen Ideenwettbewerb lancierte, unterscheidet sich, als es 1976 fertig wird, in nichts von einer 'Sparkasse', wie Heinrich Klotz es taufte. 'Muß das Amt des führenden Politikers wie eine belanglose Gewerbeschule aussehen? Müßte ein Kanzler nicht in einem Bau residieren, der die architektonische Phantasie der Besten dieses Standes repräsentiert? Das Schlichte, Zurückhaltende, was mit Fug und Recht gewünscht wird, und das Geistreiche, Originelle, Schöpferische, sind ja schließlich nichts Unvereinbares', lautete der vernichtende Kommentar von Peter M. Bode.[30]

Die neue Pracht der Repräsentation: Rotunde, Rotundenaufgang (links) und Saal im Gästehaus der Bundesregierung

26 Vittorio Lampugnani, a.a.O., S. 80
27 Christoph Hackelsberger, a.a.O., S. 23
28 Vittorio Lampugnani, a.a.O., S. 81
29 Peter M. Bode, 'Vom Bund zur Kapitale betoniert', in: Bonn (Merian), S. 22
30 BDA: Aspekte, Planen in der Demokratie am Beispiel des Regierungsviertels der Bundeshauptstadt Bonn, S. 24

Dabei waren beim Bundeskanzleramt vergleichsweise 'ideale' Planungsgrundlagen im Vergleich zu den anderen Regierungsbauten gegeben: ein alerter, ambitionierter Bauherr in der Figur Horst Ehmkes als Kanzleramtsminister, ein 'Quickborner Team', das die Grundlagen des verhältnismäßig kleinen Wettbewerbs formulierte, ein Bauwettbewerb, ein prominentes Preisgericht. Und dennoch spiegelt das Ergebnis nur das altvertraute Bonner Bild, daß das Maß aller Bonner Regierungsbauten der Durchschnitt ist. Vielleicht haben einige Kritiker so unrecht nicht, wenn sie feststellen, daß ein demokratischer Bauherr ohne Mut zur Repräsentation und ohne ein Bild dessen, wie er sich baulich dargestellt sehen möchte, auf das Bauen ganz verzichten und zur Miete wohnen sollte. Als am 15. Juli 1970 die 'Lex Bonn' zwischen dem Bund, dem Land und der Stadt über 'den Ausbau der Stadt als Sitz der Bundesregierung und den Ausgleich der damit verbundenen Sonderbelastungen' geschlossen und damit endlich für finanzielle Ordnung gesorgt wurde, als das Expertenkolloquium der '18 Weisen'[31] sich über die Inhalte des Bauens in der Demokratie zu verständigen suchte, da hofften viele, daß Bonn nun auf einen hoffnungsvollen baukünstlerischen Weg gebracht werden könne. Die Hoffnung trog, denn das Beratergremium konnte die fehlende Formulierung politischer Zielsetzung nicht ersetzen. Am 18. September 1970 schrieb der BDA in einem Brief an den Abgeordneten Ollesch: 'Es fehlt der politische Bauherr. Dieser kann nur das Bundesparlament sein, das ein fundamentales Interesse daran haben muß, das Wesen unserer Demokratie baulich zu aktualisieren.'

Das Parlament bildeten damals etwa 520 Abgeordnete, die zu Bonn speziell kein Verhältnis hatten und zu repräsentativer Architektur schon gar keines. Sie interessierten vor allem die - meist überzogenen - Quadratmeter Bürofläche, was als Anspruch, darauf einen einprägsamen Regierungsort aufzubauen, zu wenig ist. 'Sinnstiftende Bauwerke entstehen nur, wo Bauherr und Architekt sich auseinandersetzen, ja streiten', wußte Hans Poelzig schon 1931. Vielleicht wird gerade deshalb der Plenarsaal Günter Behnischs ein besonders guter Bau. Der öffentliche Bauherr in der Demokratie ist ein weitgehend unbekanntes Wesen. Auf kommunaler Ebene gibt es ihn eher: als ambitionierten Beigeordneten oder Oberstadtdirektor mit breitem Kreuz. Auf Bundesebene fühlten sich alle - Bundespräsidenten, Bundeskanzler, Minister und Abgeordnete - davon überfordert, eine eindeutige Bauherrenrolle zu übernehmen. Im System der Demokratie, die von Beteiligung lebt, von Vorlage, Anhörung, Kenntnisnahme, Mitzeichnung und Verteilung von Verantwortung fand sich kein Politiker bereit, bauliche Phantasie zu entwickeln, den Mut, sie gegenüber Pfennigfuchserei und formaler Abstinenz durchzusetzen und dies alles über Wahlzeiten hinaus zu seinem Ein und Alles zu machen. Da kein Politiker diese Rolle wahrnahm, füllten Baubeamte das Vakuum. 'Dieser Bauherr Bonn ist keinem Architekten zu gönnen', schloß daraus Wolfgang Pehnt.

Minister Ravens verpflichtet „Hauptstadt-Weisen"

„Ausbau Bonns eine einmalige, wenn nicht geschichtliche städtebauliche Aufgabe"

Mitternachtsgespräch beim Kanzler – Hillebrecht, Laage und Rossow nur Berater des Bundes

1972

Funktionsgerechte Hauptstadt

Für 13 Milliarden Mark soll Bonn ausgebaut werden

Bundesbauminister Vogel lobt Bonn für seine gute Grundstückspolitik

Raumordnungsausschuß diskutierte Hauptstadtneubau

Milliarden für den Ausbau Bonns

Hüter der Staatskasse ziemlich schockiert – Was dem Regierungsviertel blüht

Vision zum 1. April

GIGANTOMANIA BONNENSIS

Entwurf für ein Grusical in fünf Akten

1974: Über 200 Millionen für den Hauptstadtbau

Zustimmung zur Entwicklungsgesellschaft

Meiner Meinung nach

Merkwürdiger Bauherr

Bundestagsneubau ohne Echo

Die Abgeordneten zeigen wenig Interesse für bessere Wirkungsstätte

1974

Parlamentsneubau ohne Mitbestimmung

Bonner Abgeordnete zeigen kaum Interesse für die Entwürfe

Nebel, nichts als Nebel

Bau des Regierungsviertels beginnt nicht vor Ende des Jahres 1976

Unterkommission des Bundestags-Ältestenrates tagte – G.-A.-Interview mit Kai-Uwe von Hassel

Die Präsidentin will Bonns Bürgerinitiativen „abklopfen"

Keine Preisrichter-Honorare für Kommunalbeamte und -parlamentarier?

Hearing am 26. April in der Beethovenhalle

Proteststurm der Bürgerinitiativen gegen Entwicklungsbereich Regierungsviertel?

Juristischer Kleinkrieg angedroht – 500 Unterschriften – Werden Arbeitsplätze gefährdet?

Bodenspekulation soll eingedämmt werden

Grünes Licht für Hauptstadtausbau

Gesellschaft soll Planung vorantreiben – Nur 245 Millionen Mark unrentierliche Kosten

Rechtsverordnung über Entwicklungsgebiet Regierungsviertel kommt in diesem Monat

Vetorecht des Bundesfinanzministers? – 60 Millionen Mark für städtische Grundstücke

Bonn soll „richtige Hauptstadt" werden

Minister Vogel legt Milliarden-Programm für Ausbau des Regierungsviertels vor

Bonn-Vertrag wird unterzeichnet

Ende des Provisoriums

Erste Ausschußsitzung diesen Monat

In Bonn für Bonn an Bonn vorbeigeplant?

In wenigen Monaten soll Entscheidung darüber fallen, wie die Bundesmetropole zukünftig aussehen wird

Drei Zimmer für einen Abgeordneten statt drei Abgeordnete in einem Zimmer

Widerstand gegen die Neubaupläne des Bundestages / Von Volker Diepes

1975

Mit seinen kühnen Bauten für das Münchner Olympiagelände erregte Prof. Günter Behnisch 1972 weltweites Aufsehen. Zur Zeit ist der Architekt mit der Planung für die neuen Bonner Parlamentsgebäude beschäftigt. Wir sprachen mit ihm in seinem Stuttgarter Büro.

Der Zug für Bonn ist abgefahren

Für ein offenes Bauen im Namen der Demokratie

Am Anfang der Arbeit steht die Hoffnung

Bonner Großprojekte vorerst gescheitert

Keine Neubauten für Bundestag und Bundesrat / Architekten wollen nicht zusammenarbeiten

Abgeordnete steuern Gemeinplätze bei

1977

Wird der Adler überleben?

Plenarsaal im neuen Bundeshaus ohne Schreibpulte für die Hinterbänkler?

Von Ostman (SPD): Keine Terminverzögerung – Baubeginn 1975 vorgesehen

Scheels massiver Verriß

Nur 60 Anregungen für das neue Parlamentsgebäude

Fünf-Minuten-Marsch zur Straßenbahn regte Phantasie der meisten an

Notfalls Anrufung des Bundesverfassungsgerichts

Entwicklungsbereich umstritten – Land nimmt Stellung

Die Diatenstelle ist sehr gefragt

Abgeordnete zeigen wenig Interesse an den Parlamentsbauten der Zukunft

Was kann der Bürger von seiner Hauptstadt erwarten?

Kolloquium auf Wunsch von Bundeskanzler Helmut Schmidt

Planung im Bundesdistrikt hängt in der Luft

Wer baut neuen Bundestag in der Gronau? Architekten lehnen Zusammenarbeit ab

Entscheidung im Bundestag sollte im Dezember fallen – Kompromiß war faul

„Aha! Dies ist die Hauptstadt"

Der dreißigjährige Krieg um Bonner Stadtplanung und die Regierungsbauten

‚Hauptstadt-Gipfel" war streng vertraulich

Kompromiß zwischen Bund und Stadt in Sicht

„Laßt den Bund endlich bauen!"

Heute schreibt Heiner Eckoldt (SPD)

„Bundeshauptstadt Bonn – Metropole oder Provinz?" – Podiumsdiskussion mit prominenten Teilnehmern in der Bonner Universität.

Auf der grünen Wiese

Im neuen Parlamentsviertel sollen Freiräume für den Bürger geschaffen werden

Vergebliche Suche nach einem Konzept für die Hauptstadt

Abschluß des Städtebau-Seminars

Bonner Plenarsaal größer als das US-Repräsentantenhaus

Erhebliche Skepsis gegenüber den geplanten Neubauten

Ratsherr Rosorius kritisiert Kollegen:

Ältestenrat entschied:
Grünes Licht für 800-Millionen-Parlamentsbau

„Hauptstadtausbau wird viel zu lasch vorangetrieben!"

Ältestenrat einstimmig für die Fluchttreppe am „Langen Eugen"

Bonner Planer dachten kaum an das Geld

Bundeskabinett legt Baubeginn für das neue Bundeshaus auf 1980 fest

1980

Die Planer sind plötzlich einig und bescheiden

Bitte keine Baracken anflicken!
Eine städtebauliche Todsünde

Für Wolkenkratzer ist Bonn zu klein

Neue Planungen für Bundesbauten
Minister: Zurück zur Stunde Null
Entscheidung erst nach der Wahl

Bauen für die Demokratie
Wie soll die Bundeshauptstadt aussehen? – Ein Kolloquium in Bonn

1983

Die „Grüne Mitte" ist endgültig tot
Oberstadtdirektor: Bund sollte auch auf neuen Plenarsaal verzichten

Neue Kontroverse beim Hauptstadt-Ausbau?
Streit um „Grüne Mitte" geht weiter

Bundeskanzler Schmidt begrüßt Bebauungsplan für Bundesbauten

Haushaltsausschuß: 1981 kein Geld für neues Bundestags-Gebäude

Auch die Opposition sagte nun ja

Parlaments- und Regierungsviertel
Es geht noch einmal von vorne los

Den schwarzen Peter hat der Bund

Einfluß aufs Regierungsviertel

Alles neu: Bauwut in Bonn

Stadt wieder im Ungewissen
Verwaltung soll jetzt die Bauabsichten des Bundes im Regierungsviertel erkunden

Nach der Entscheidung im Deutschen Bundestag:
Sichtliche Erleichterung in der Stadt Bonn

Wieder nur Monotonie aus Glas und Beton?

Neuer Schinkel für Bonn?

Der genierte Staat
Parlamentsbauten in Bonn – entworfen und verschoben

OB: Plenarpläne super

Wird das Bundesbaugesetz mißachtet, wenn es um die Bundesbauten geht?

Carstens informierte sich über die Neubaupläne im Regierungsviertel
„Da muß ich sehr alt werden, um das noch zu erleben"

Leere Kassen – volle Pulte: Neue Räume fürs Parlament

Aus Zuschriften an den General-Anzeiger:
Abriß des Bundespresseamtes?

Im Wasserwerk sollen die Debatten spritziger werden

Plenarsaal und Eingang 1989 fertig
MdB's ziehen ins Wasserwerk

„Schloß Dracula" wird zum neuen Parlamant

Bundestag erhält Asyl im alten Wasserwerk
Kein Neubau in Bonn: Das alte Bundeshaus wird modernisiert

Berlin bleibt Hauptstadt
Aber in Bonn bauen die Bundesbehörden wie noch nie zuvor

„Die Bonner Planungsblamage"
„Leere Kassen bewahren vor großer Unbill"

Daniels: Wende endlich vollzogen

Bonn soll eine Hauptstadt mit Gesicht werden
Wohnungsminister Schneider präsentiert Umbaupläne

Frischer Wind im Regierungsviertel?
Schneider und Daniels für neue Initiativen

Bund baut bald
OB: Haus für Verwaltung und Fraktionen
Architektur mit Herz

Spielstraße am Langen Eugen hat ausgespielt

Großwildwechsel: Vorfahrt für denkende Abgeordnete

Abgeordnete erhalten neue Kantine am Rhein

1985

Barzel warnt: Keine halben Schritte machen

Im März soll die Entscheidung über Plenarsaal-Umbau fallen

„Jeder Tanzsaal ist sicherer als unser Parlament"

RP droht mit der Schließung des Plenarsaales

Gesamtes Bundeshaus soll unter Denkmalschutz gestellt werden

Bundestag will kein Museum sein

Früheres Bundesdorf gewinnt Statur

Bonn soll seine intime Atmosphäre behalten

Das „Haus der Geschichte" ist noch ein Zankapfel

„Größenwahn!
Neuer Bundestag soll 1 Milliarde kosten

Meiner Meinung nach
15 Jahre Planung sind genug

Der Adler wird keine Federn lassen

Cronenberg (FDP) zur Denkmalschutz-Diskussion um den Plenarsaal:
Musterbeispiel deutscher Lahmlegedemokratie

Jenninger: Plenarsaal wird abgerissen

Jenninger gab nach

Präsidium berät Plenarsaal-Abriß
MdB's ziehen in Hotel um

Rechnungshof meldet Kritik bei Jenninger an

Haben wir uns dessen zu schämen?

Stücklen: Zeitplan bleibt

Bund will endlich bauen

Bürger gegen „Grüne Mitte"
537 Einwohner fühlen sich bedroht

Entscheidung im Stadtrat ist gefallen
Jetzt hat der Bund endlich freie Bahn

Neben dem „Langen Eugen" soll sich keine „Dicke Annemarie" breitmachen

Vom Bund Qualität verlangt

Bund verhandelt über Bau eines Kongreßzentrums

Ernüchterung beim Hauptstadtausbau
Vor dem Bahnhof kein Beton sichtbar? – Professor Soengein im Städtebau-Seminar

1979

Im Regierungsgebiet soll die historische Entwicklung seit 1949 erkennbar bleiben

Nach jahrelanger Planung noch immer Ungewißheit:
Appell an die Bürger: „Wo keine Hauptstadt die den Namen verdient, da kein Staat!"

Kahlschlag und Protzentum?

Absurder Plan?
Weniger Abgeordnete – kleinere Neubauten

Der Deutsche Bundestag ist kein Zollamt

Bundeshaus-Architekten fürchten die Engstirnigkeit der Haushaltsvorschriften

Bürgervereine für Parkanlage im Bundesdistrikt

Zerstört das neue Abgeordnetenhaus den „individuellen Zauber der Stadt Bonn"?
Landschaft nicht durch Architektur zu ersetzen – Dreiklang: Gebirge-Strom-Stadt

Ultimatum der Bonner Christdemokraten:
Verfassungsorgane sollen sich bis Montag über ihre Neubauabsichten einig werden

Schon bei den Abgeordneten-Räumen setzt der Ärger ein

Ronger: Immer neue Schwierigkeiten mit den Bundesbauten „nicht mehr begreifbar"

Die Kritik an den Bundesbauten läßt sich nicht einfach vom Tisch wischen

Endgültig: Kein neuer Plenarsaal
Stücklen: Gute Entscheidung

Bundes-Berater entwickeln neues Konzept für Regierungsviertel
Klötzchen sollen Klotz am Rhein ersetzen

Die Würfel sind gefallen

Neues Regierungsviertel so groß wie Bonner City

Planungen für das Parlamentsviertel liegen „auf Eis"

Endlich steht der Rahmenplan

„Ihr Bonner müßt Euch halt opfern"

„Vorwand und Zufall sind die Baumeister der Bundeshauptstadt"

1981

Kaum Bedenken gegen neue Bundesbauten
Offizielle Bürgerbeteiligung im Stadthaus bisher mager

Das Parlament zur Eile angetrieben
Bis Ende 1981 Klarheit über Bundesbauten?

Präsident sprach ein Machtwort
„Klotz am Rhein" soll abspecken

Wie Bonner Regierungsbauten unsere Demokratie spiegeln könnten

Der Plenarsaal ist unser Lagerfeuer

Bonn ist dem Bürger bis heute ein Bauwerk schuldig, 'das jenseits der - in Bonn gängigen - Profitarchitektur eine deutliche Handschrift trägt; ein Bauwerk, das Radikalität mit feinsinniger Reaktionsfähigkeit auf äußere und innere Einflüsse, Monumentalität mit Unfertigkeit, Ordnung mit Freiheit kombiniert; ein Bauwerk, mit dem sich das Volk aufgrund des intellektuellen Anspruchs und der kulturellen Qualität zu identifizieren vermag - auch wenn es damit nicht ganz einverstanden ist. Nicht anders steht es schließlich mit dem demokratischen Staat, dessen Apparat das Haus zu beherbergen hat.'[32] Bonns monumentale Phase seit dem Ende der sechziger Jahre beendet keineswegs das Provisorium; sie macht es nur schwieriger zu entdecken. Diesem Provisorium fehlt nicht nur der starke Bauherr, sondern auch der große Architekt. Der Bund träumte davon, Oscar Niemeyer zum Ideenwettbewerb einzuladen, diesen 'tollen Mann'[33], der Brasilia baute. Der Überarchitekt kam nicht; den ersten Preis im Ideenwettbewerb 'Bund in Bonn' gewinnt das Ehepaar Legge mit einem Monumentalentwurf auf der Basis eines gigantischen Flächenprogramms von 450.000 qm, einer Zuwachsreserve von weiteren fünfzig Prozent und einer gläsernen Fußgängerbrücke über den Rhein.

31 Frankfurter Allgemeine Zeitung, 29. Oktober 1970
32 Vittorio Lampugnani, a.a.O., S. 82
33 Schmidt-Vockenhausen, in: Der Spiegel, 1972, Heft 4, S. 31

Brunnert, Mory,
Osterwalder, Vielmo

Die Legitimation, diesen gigantischen Plan umzusetzen in gebaute Wirklichkeit, gab die Regierungserklärung von Willy Brandt am 18. Januar 1973 mit seinem Bekenntnis zu Bonn in sechs Zeilen; 'sechs Zeilen von Gewicht',[34] die aus der 'verkrüppelten Anzahl von Dörfern'[35] den Kern der zukünftigen legitimen Hauptstadt machen sollten. Der Verdacht, daß aus Brandts dürren Worten mehr als beabsichtigt gelesen wurde, drängte sich schon bald auf. Was als Engagement für eine politische Idee erschien, läßt sich auch als Abfallprodukt eines verstärkten Wettbewerbs gegenüber der DDR sehen, die mit Abschluß des Grundvertrags politisch in das Licht der Weltöffentlichkeit trat und schon länger die Idee der baulichen Realisierung ihrer neuen Würde tatkräftig aufgegriffen hatte.[36]

Nach Brandts neuer Hauptstadtroute legte Bonn seinen Berlin-Komplex ad acta. Es begann eine Dekade der Gutachter, der Weisen, von Plänen und Gegenplänen, von Entscheidungen und Widerrufen, von lauthalsen Bekenntnissen und kleinmütigen Rückzügen. Zunächst versandete der Ideenwettbewerb. Im Bauwettbewerb 1973 für ein neues Parlament und Abgeordnetenbüros werden vier erste Preise vergeben: an Behnisch & Partner, an von Wolff und Schneble, an Hecker, Wolf, Poppe und an Brunnert, Mory, Osterwalder, Vielmo.

Der 'große Wurf' scheint nicht darunter, aber Behnischs schwingender Plenarsaal löst wie die Olympiabauten ein Jahr vorher Entzücken aus. 'Die Staatsarchitektur der Zukunft kennt keine gerade Linie. Wer an die pompösen Fluchten des neuen Ost-Berlins denkt, erlebt hier einen fast tänzerischen Stil... Wer Behnischs Erläuterungen liest, blättert durch das Notenblatt einer heiteren Sonate, wo Abgeordnete sich in einem heiteren Elysium ergehen... und so in eine Heiterkeit des Geistes versetzt werden, als löse Architektur das harte Spiel der Politik auf.'[37] Von vier Teams blieben nach Jahren zwei übrig. Da der Bauherr sich für keinen der zigfach überarbeiteten und verwässerten Entwürfe entscheiden konnte, wurden die beiden Büros zwangsverheiratet und aufgefordert, ihre Pläne einander anzunähern. Die Ehe ging daneben.

34 Bonner Rundschau,
19. Januar 1973
35 Helmut Schmidt,
in: Der Spiegel, 1973,
Heft 5, S. 25
36 Ingeborg Flagge,
in: Baumeister,
1975, Heft 4
37 Eberhard Schulz,
in: Frankfurter Allgemeine
Zeitung, 26. April 1974
38 Peter Conradi,
in: Generalanzeiger,
21. Juni 1974

Die vier ersten Preise
im Wettbewerb
Bundestag und
Bundesrat, 1973

Hecker, Wolf, Poppe

Behnisch & Partner

v. Wolff, Schneble

Auch die Regierung Brandt muß sich den Vorwurf der Kleinkariertheit machen lassen. Die Buchhaltermentalität der verantwortlichen Politiker, die den Ausbau der Hauptstadt von der augenblicklichen Wirtschaftslage abhängig machten, die Bagatellisierung der angemessenen Selbstdarstellung einer der größten Wirtschaftsmächte der Welt, war unabhängig von Parteien. Politiker aller Couleur hatten Angst davor, daß der Steuerzahler sie mit dem blanken Knüppel erschlagen werde, wenn sie den Ausbau Bonns propagierten. Dabei 'kostet ein Neubau den Bruchteil dessen, was etwa ein neues Waffensystem für die Bundeswehr erfordert.'[38] Das Ende der siebziger Jahre brachte das Ende eines Plenarneubaus: Die Abgeordneten entdeckten die Würde des alten Plenarsaals. Am 5. Juni 1981 wird seine Erhaltung beschlossen. Sechs Jahre später wird er abgerissen. Ansonsten: die alten Querelen, die bekannte Einfallslosigkeit, die großen Worte und die traurigen Ergebnisse. Die achtziger Jahre sehen zwei neue Ministerien: das Post- und Fernmeldeministerium und das Verkehrsministerium; Bauten, die an Gefängnisse erinnern und ihre Vorgänger an Phantasielosigkeit noch übertrumpfen.

Bezeichnend für das ästhetische Klima in Bonn ist, daß selbst Parteizentralen, Ländervertretungen und Botschaften ihre Baufreiheit wie eine Vorschrift handhaben und keine Baukunst erstellen. Dort, wo man sich bemüht, wie beim Umbau des Petersberghotels in eine Staatsherberge, signalisiert das Ergebnis modernistischen Pomp und überladene, falsche Pracht.

Ende der achtziger Jahre gibt es in Bonn zwar keine aufregende neue Architektur, aber mehr Probleme mit den Anforderungen des Bundes an die Stadtentwicklung als zuvor: In Bonn ist seit 1945 mehr als doppelt so viel gebaut worden wie in tausend Jahren zuvor. Der Bund beschäftigte 1952 nur 9.200, 1989 schon 50.000 direkte Hauptstadt-Beschäftigte; darin sind die indirekt vom Status der Bundeshauptstadt enthaltenen Einrichtungen nicht gezählt. Bundeseinrichtungen sind in rund 200 Einzelstandorten über das ganze Stadtgebiet verteilt. Es gibt also eine starke räumliche Durchdringung von Stadt und Bund. Die Größe der Bundesliegenschaften entspricht etwa der Grundfläche aller Bonner Schulen und Sportstätten. Die mehr als vierzig Hektar große Fläche, die der Bund in Anspruch nimmt, machen einen beachtlichen Teil der 141 km^2 großen Stadtfläche aus.

Alle diese Zahlen sprechen nicht mehr vom Provisorium Bonn. Dann fällt die Mauer, die beiden Hälften Deutschlands finden wieder zusammen, Berlin wird wieder Hauptstadt. Und Bonn kehrt in den Wartezustand zurück, den es so gut kennt.

Wettbewerb Parlamentsvorzone, 1989.
Erster Preis: Wehberg, Lange, Eppinger, Schmidtke

Erweiterungsbauten am Abgeordnetenhochhaus.
Erster Preis im Wettbewerb 1984: Joachim und Margot Schürmann

Jan Thorn-Prikker

Keine Experimente

Alltägliches am Rande der Staatsarchitektur

Hans Schwippert, Entwurf für die Sitzanordnung im Plenarsaal des Deutschen Bundestages, 1948

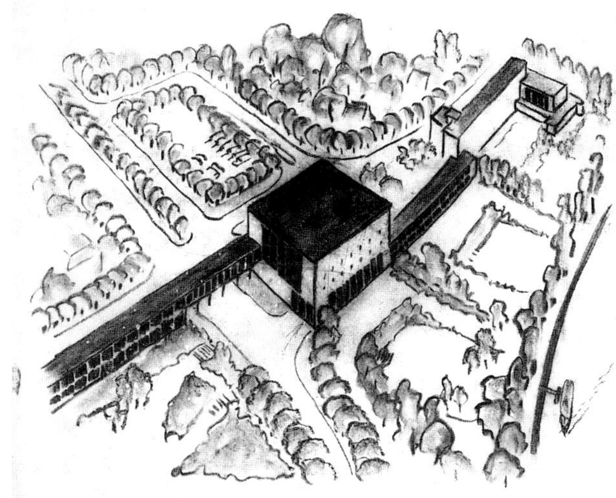

Hans Schwippert, Entwurf für den Bau eines Plenarsaals für den Deutschen Bundestag, Ansicht aus der Vogelperspektive, 1948

Es gibt in Bonn, im Unterschied zu anderen Hauptstädten, kaum zeitgenössische Bauten von Rang. Die wichtigsten nationalen und internationalen Architekten haben an vielen Orten der Bundesrepublik gebaut, aber in der Hauptstadt wird man vergebens nach ihren Gebäuden suchen.
Während die Republik ein Bauboom ergriff, hat die Architektur der Zeit gerade dort am wenigsten Spuren hinterlassen, wo man sie am ehesten hätte erwarten können.
Das gebrochene Verhältnis, besser Nicht-Verhältnis zur zeitgenössischen Architektur kann man exemplarisch an vier Fällen öffentlichen Bauens in Bonn zeigen, die in unterschiedlicher Art auf Defizite im Umgang mit moderner Architektur hinweisen.
Alle Architektur ist sprechende Architektur. Bauten sind Zeitzeugen, die auch ungefragt von der Geschichte Zeugnis ablegen, deren Teil sie sind.

Das Bundeshaus: Hans Schwippert

Die Installation der demokratischen Institutionen in Bonn erfolgte 1948/49 unter großem Zeitdruck. Bauplanung und Bauausführung verliefen teilweise nebeneinander. Die Errichtung des Bundeshauses und des ersten Kanzleramtes im Palais Schaumburg lag in den Händen von Hans Schwippert. Die Wahl war nicht im Sinne einer bewußten politischen Entscheidung auf Schwippert als Repräsentanten einer gemäßigten Moderne gefallen. Der in der Düsseldorfer Staatskanzlei mit Hauptstadtfragen befaßte Hermann Wandersleb hatte ihn als einen pragmatischen, tatkräftigen Architekten kennengelernt, einen Wiederaufbauexperten, den er nach Bonn empfehlen konnte.
Schwipperts Vorschläge, die erst vor kurzem veröffentlicht wurden, sahen viel umfassender aus, als man es bislang wußte. Er hatte einen wuchtigen, kubischen Bau neben dem heutigen Bundeshaus vorgeschlagen. Auf den Fundamentresten eines alten Luftschutzbunkers wollte er einen Baukörper errichten, dessen Gestalt mit Anklängen an Basilikabauten arbeitete, dem man aber in seiner demonstrativen Einfachheit Kriegsnähe angesehen hätte. Ein Bau, wie man ihn wohl nur in den ersten Jahren unmittelbar nach dem Zweiten Weltkrieg vorschlagen konnte. Ein Bau, der ein Plädoyer für einen Neuanfang im Bewußtsein des Vergangenen gewesen wäre.

Hans Schwippert,
Einrichtung eines
Abgeordnetenbüros im
Bundeshaus, Bonn
1949

Hans Schwippert,
Einrichtung eines Büros
im Bundeshaus, Bonn
1949

Schwippert suchte die einfache, klare, schnörkellose Form, ohne jeden Pomp. Seine ersten Entwürfe wurden schnell auf das 'provisorische' Bonner Maß verkleinert. Sie wurden so verändert, daß man sogleich nach der Fertigstellung mit An- und Umbauten beginnen mußte. Man entschied sich gegen den Geist seiner Vorschläge und für das Durchwursteln als Baupolitik der Hauptstadt Bonn.
Zudem war damals keineswegs geklärt, wer als Bauherr fungierte. Eine Bundesbaudirektion als bauleitende Behörde gab es noch nicht. Schwippert verhandelte mit wechselnden Personen. Zunächst mit dem Kanzler Adenauer selber, später mit seinem Staatssekretär Hans Globke. Überraschend ist, wie sehr sich der Kanzler, gerade in dieser Zeit, selbst um die Bauentwicklung und Bauausführung kümmerte. Er schaltete sich bis hin zu Details in die Arbeit ein. Was der Architekt an formalem Neuanfang zum Ausdruck bringen wollte, kollidierte mit Adenauers Wunsch, Traditionslinien der Vorkriegszeit aufzugreifen und damit die zwölf Jahre der Diktatur zu relativieren. Adenauer lag viel mehr an der Restauration der von Diktatur und Krieg zerschlagenen Autorität und Macht. Er wollte den Wiederaufbau, wo Schwippert den Neuanfang suchte. Der Kanzler wollte den jungen Staat, dessen Souveränität zu Beginn der fünfziger Jahre ja noch nicht wieder voll hergestellt war, auch als ernst zu nehmende Größe ausgestattet sehen. Er suchte dazu eine bauliche Repräsentation, welche die politische Schwäche des jungen Staatsgebildes nicht zu deutlich erkennen ließ.

Der Briefwechsel zwischen Adenauer und Schwippert ist ein einziger, sich immer mehr steigernder Streit um das Verständnis der Bauaufgabe. Er endete als 'Fall Schwippert' vor Gericht. Der erste und lange Zeit einzige freie Architekt, der im Auftrag des Staates arbeitete, machte sofort schlechte Erfahrungen mit dem Staat als Bauherrn. Später warf man dem Architekten gerade die Mängel und Halbheiten vor, zu denen ihn die Politiker gezwungen hatten.
Zwei Baudetails sollen pars pro toto zitiert werden. Der Architekt war auch mit der Innenausstattung der Gebäude befaßt. Er wollte eine Einheit von Detail und Ganzem, die man als Stilgeste sofort 'demokratisch' lesen können sollte. Er hatte eine Art Baukastenprinzip der Möblierung vorgesehen. Die Zimmer sollten nach Größe und Möblierung alle aus gleichen Elementen bestehen. Nur durch die Addition von Elementen sollten Repräsentanz und Hierarchie ausgedrückt werden. Die Betonung lag auf der Gleichheit aller hier Arbeitenden als 'Staatsdiener'.

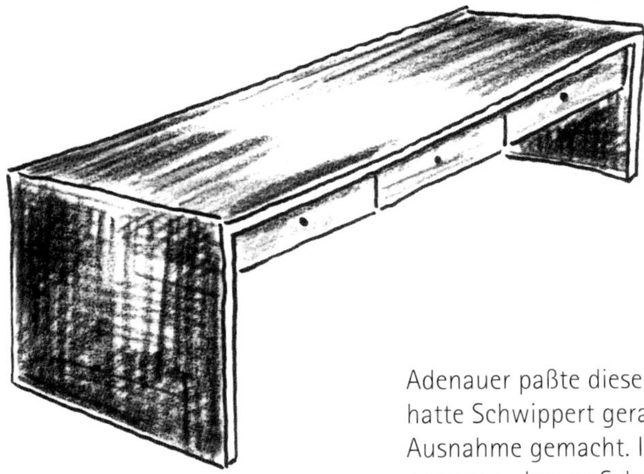

Hans Schwippert, Schreibtischentwurf für das Arbeitszimmer von Konrad Adenauer

Adenauer paßte diese Haltung nicht. Dabei hatte Schwippert gerade beim Kanzler eine Ausnahme gemacht. Ihm hatte er einen eigenen modernen Schreibtisch entworfen. Er war größer und eleganter als die anderen Möbel und aus wertvollerem Material gearbeitet. In seiner Leichtigkeit und Materialität entsprach aber auch dieses Möbelstück durchaus der Stilgeste einer spartanischen Eleganz. Adenauer war damit nicht einverstanden. Er bestellte bei seinem Rhöndorfer Hausschreiner Walkembach ein von ihm selbst mitentworfenes Möbelstück von fragwürdiger Stilechtheit. Chippendale, wie der Chef es sich passend für Chefs dachte. Ein Tisch, der wenigstens nach Tradition aussah, auch wenn es sich nur um eine erschlichene Tradition handelte.
Wichtiger als dieses Detail ist aber der Streit um die Form des Plenarsaals. Schwippert hatte Adenauer zahlreiche Entwürfe für einen Saal in Kreisform vorgelegt. Er wollte Regierung und Opposition in einem parlamentarischen Rund vereint sehen. Ohne Mikrophone sollte man zueinander und miteinander sprechen können. Es war sozusagen die vorweggenommene Idee der Politik des 'runden Tisches', die er damals anstrebte. Adenauer setzte gegen den Architekten eine Sitzordnung durch, die als Vortragsordnung an Schulzimmer erinnerte und der Regierung zudem eine herausgehobene, übergeordnete Stellung gab. Eine Saalordnung voller sprechender Ordnungssymbolik, von hierarchischem Unterscheidungsbewußtsein. Der Streit um die Form des Plenarsaals zeugte von einem grundsätzlich unterschiedlichen Verständnis von Demokratie bei Architekt und Auftraggeber.

Später hat man dem Architekten die autoritative Form des Plenarsaals zum Vorwurf gemacht. Der Parlamentspräsident Gerstenmaier kritisierte Schwippert 1962 in einem Zeitungsinterview: 'Der Mann hat nicht die geringste Ahnung von Parlamentarismus. Der Bundestag ist ein Vortragssaal und nicht eine parlamentarische Kammer.' Nur Loyalität hinderte Schwippert daran, sich öffentlich zu verteidigen. Es wäre ihm ein leichtes gewesen, mit seinen Entwürfen die verantwortlichen Politiker bloßzustellen. Seine Entwürfe waren ja als hohler Modernismus, als Ausdruck falsch verstandener Egalität damals abgelehnt worden.
Die Kreisform des neuen Parlaments gibt dem Architekten lange nach seinem Tod recht und ist Ausdruck eines gewandelten Architektur- und Demokratieverständnisses. Als Konsequenz aus diesem Konflikt schlug Adenauer die Gründung der Bundesbaudirektion vor. Von einer staatlichen Baubeamtenschaft versprach er sich eine leichtere Beeinflußbarkeit im Sinne der politischen Auftraggeber. Wie das Ergebnis dieser Entscheidung in Bonn ausfiel, kann man heute an den Staatsbauten in der Stadt sehen. Keine eigene Handschrift, nichts Herausragendes oder Vorbildliches, kaum zeitgemäße moderne Architektur, sondern bauliches Mittelmaß und erzwungene Kompromisse.

Arbeitszimmer
von Konrad Adenauer im
Palais Schaumburg

Eßzimmer im Wohnhaus
von Konrad Adenauer in
Rhöndorf bei Bonn

Sterbezimmer im
Wohnhaus von Konrad
Adenauer

Ludwig Erhard war der überaus erfolgreiche Wirtschaftsminister der Nachkriegszeit. Er ist als 'Vater des Wirtschaftswunders' im öffentlichen Bewußtsein fest verankert. Aber der erfolgreiche Minister war ein erfolgloser Kanzler. Auch während seiner Kanzlerschaft geschah in Bonn baulich nicht viel. Es war die Zeit des Baustopps. Doch ist dem Modernisierer der westdeutschen Ökonomie eines der wenigen Beispiele moderner Architektur in Bonn zu verdanken. Das ist um so erstaunlicher, als gerade dieser Kanzler mit konservativer Behaglichkeit verbunden wird. Ludwig Erhard, privat Nachbar des renommierten Architekten Sep Ruf, hatte die Idee, sich von ihm im Park des Palais Schaumburg seine Dienstwohnung bauen zu lassen. Anstelle einer alten Bürgervilla mit 'Tradition' wählte er die zeitgemäßere Form des Bungalows.

Sep Ruf, Wohn- und Empfangsgebäude des Bundeskanzlers (Kanzlerbungalow) in Bonn, 1963/64, Blick auf den Eingang

Kanzlerbungalow in Bonn,
Blick über die Terrasse

Bundeskanzler Ludwig
Erhard am Eingang des
Bungalows

Kanzlerbungalow in Bonn, Sitzgruppe am Kamin mit Blick in einen Innenhof

Speiseraum mit Blick in den Empfangsbereich

Kanzlerbungalow in Bonn, Übersicht der Innenräume vor dem Umbau

1 Eingang
2 Empfangsraum
3 Bibliothek
4 Großer Empfangsraum und Kamindiele
5 Musikzimmer
6 Speiseraum
7 Speisezimmer Familie
8 Küche
9 Atrium
10 Kamin
11 Schlafzimmer
12 Arbeitsraum
13 Wasserbecken

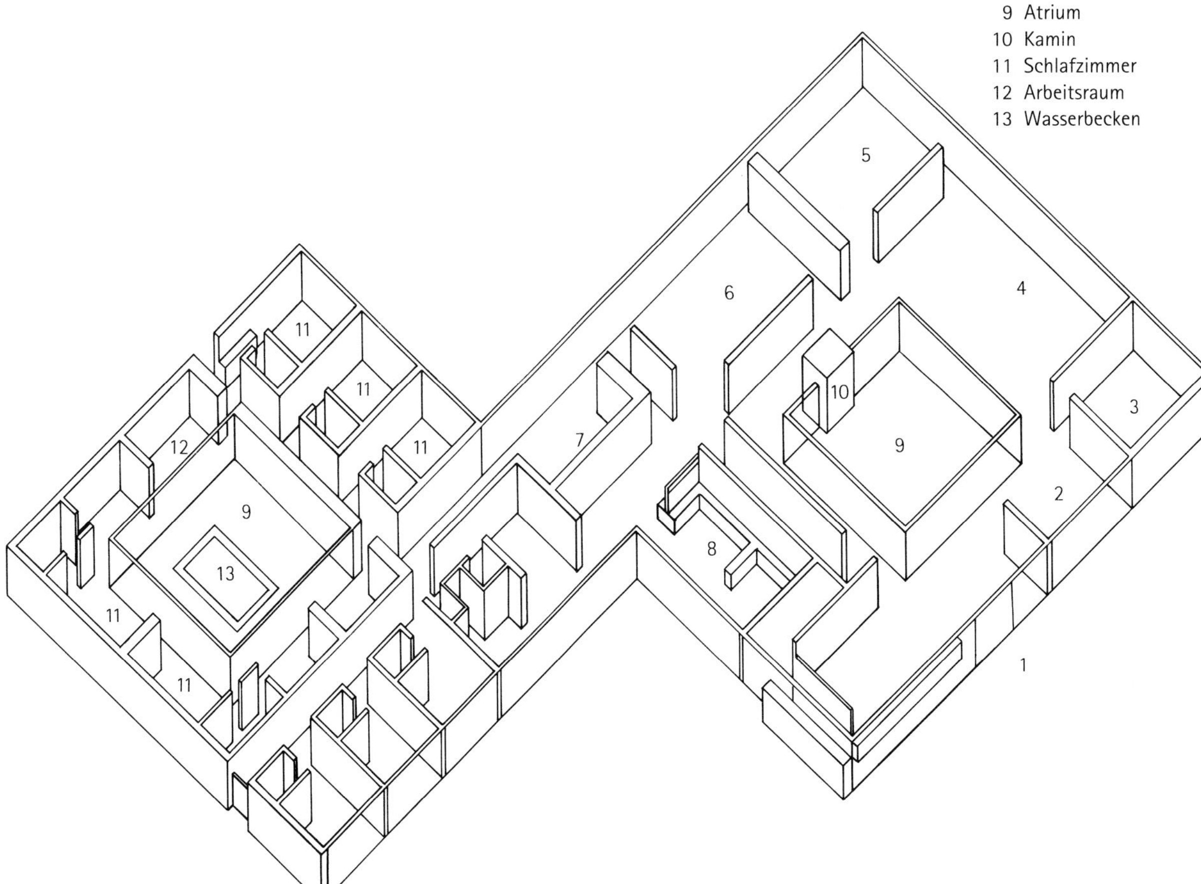

Es ist bezeichnend, daß dieses kleine Stück baulicher Moderne ein 'öffentlicher' Privatbau ist, der noch dazu versteckt im Park des Palais Schaumburg liegt. Modern durfte man als Konservativer nur privat sein. Der Kanzler der Parole 'Keine Experimente' hat für seine Entscheidung viel Kritik einstecken müssen. Fast alle Ressentiments, die ein fragwürdiger Populismus gegen die Moderne in Kunst und Baukunst zu mobilisieren weiß, hat man ihm entgegengehalten. Wieder war es Kanzler Adenauer, der das Niveau mit seiner Bemerkung 'Dat Ding brennt nich' mal' denkbar tief ansetzte. Kanzler Kiesinger bewies auch nicht gerade Sachverstand oder auch nur Toleranz, als er den Bungalow, den Mies van der Rohe als elegantes Bauwerk der Moderne gelobt hatte, mit einem Eisenbahnwaggon verglich. Ein Vergleich, der den Feinheiten des Grundrisses Hohn spricht. Auch der folgende Kanzler Brandt schloß sich dem Negativurteil an, er zog erst gar nicht ein. Modernes Bauen war nur Anlaß für Polemik und Spott der Politiker. Auch der zweite Versuch, Modernität zu wagen, war fehlgegangen. Noch einmal war ein guter Architekt mit guter Arbeit in seinem Ruf geschädigt worden.

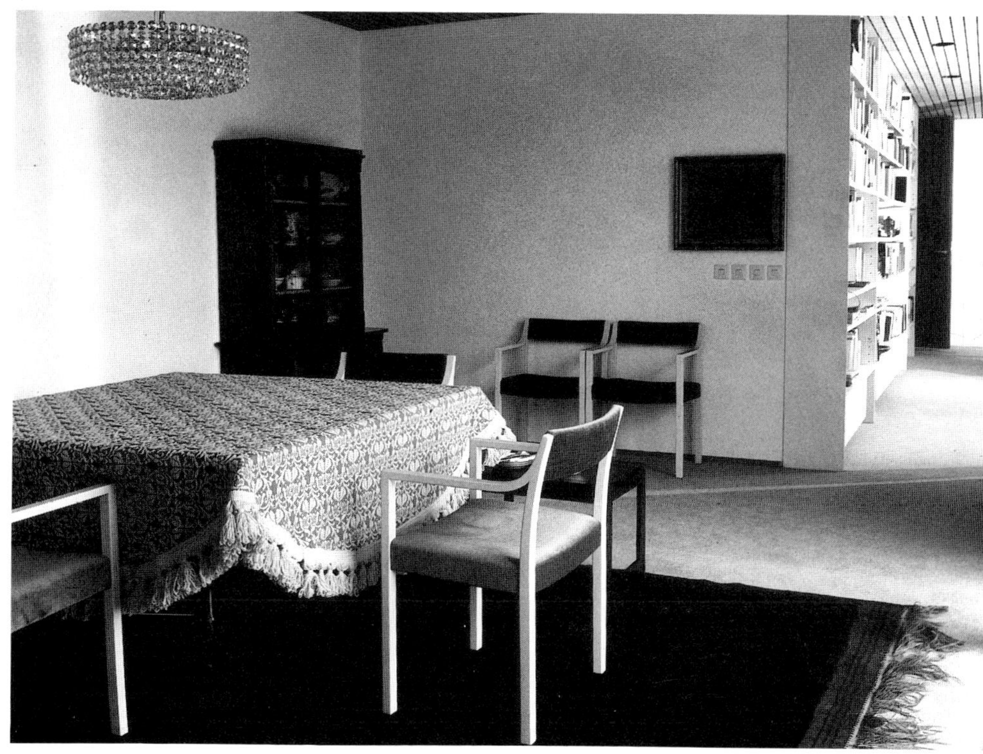

Kanzlerbungalow nach dem Umbau, 1967

Es gibt in Bonn nur zwei die Stadtkulisse überragende Gebäude. Das gigantomanische 'Stadthaus' verweist auf den Sitz der Stadtverwaltung. Das Abgeordnetenhochhaus zeigt wie ein Finger auf das Regierungsviertel. Im Volksmund wird es nach dem Parlamentspräsidenten, in dessen Amtszeit der Bau fiel, 'Langer Eugen' genannt. Baulich ist dieses Hochhaus wie auch das Stadthaus ein Verstoß gegen die sich im Rheinbogen entfaltende Bonner Stadtlandschaft.
Man vergißt in der Stadtgeschichtsschreibung, daß der 'Lange Eugen' vor allem ein Torso ist. Geplant waren ursprünglich ein Parlamentsneubau, ein Bundesratsneubau sowie ein Abgeordnetengebäude, die der zunehmenden Platznot ein Ende setzen sollten. Als Architekt hatte man Egon Eiermann gewählt. Anfang der sechziger Jahre richtete man sich schon auf ein länger dauerndes Provisorium ein und wollte die Gebäude den funktionellen Anforderungen des Alltags anpassen. Daß die Pläne von Egon Eiermann nicht realisiert werden konnten, lag daran, daß man sie in der Presse vehement als 'Verrat an Berlin' angriff. Es waren die Jahre des demonstrativen Bekenntnisses zur geteilten Stadt.

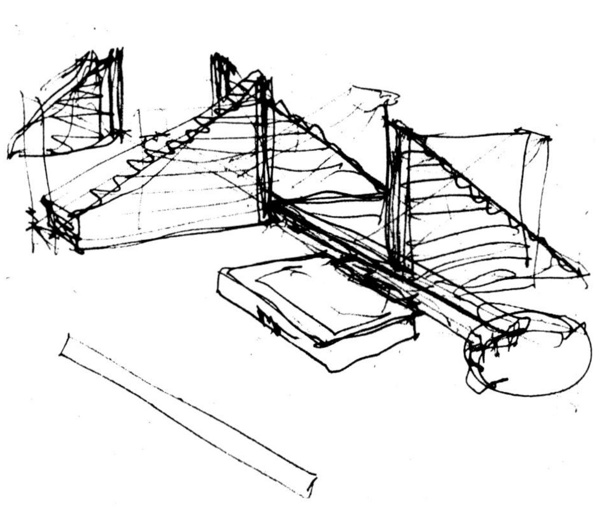

Das Abgeordnetenhochhaus ist Ausdruck eines gescheiterten Gesamtplans, der eine Neustrukturierung der politischen Bauten der Hauptstadt vorsah. Zudem hat der Bau eine geradezu verwaltungsmäßig erzwungene Bauform. In der Auseinandersetzung mit der Stadt nahm man so viel Rücksicht auf vorhandene Gegebenheiten, daß der Bau jede eigene Form verlor. Egon Eiermann hatte darauf vertraut, daß man diesem herausragenden Bauprojekt auf einer noch nicht bebauten Fläche ein besonderes Gewicht geben würde. Er hatte mit Rücksicht auf die landschaftliche Einbettung mehrere niedrig gehaltene Gebäude vorgeschlagen. An ein Hochhaus hatte er zunächst noch nicht gedacht. Aber es mußten Rücksichten genommen werden, welche die Bauform immer mehr bestimmten und deformierten. Eine Sportanlage durfte nicht verlegt werden. Ein Bauservitut mußte beachtet werden, wonach einer Reihe von Villen die Rheinsicht nicht verbaut werden durfte. Der Denkmalschutz forderte sein Recht. So kam es, daß die Bauauflagen dem Architekten jede Freiheit nahmen. Das riesige Bauvolumen mußte auf minimalem Platz untergebracht werden. Heute ist der 'Lange Eugen' das einzige Gebäude der Stadt, bei dem Grundstücksgrenze und Bauwerksgrenze zusammenfallen. Zuletzt blieb dem Architekten nichts anderes übrig, als die Baumasse senkrecht zu stapeln und die Fassade zu gliedern. Es entstand ein Erweiterungsbau, der seine eigene Erweiterung von Beginn an selbst zwingend nötig machte, da ihm wieder die Enge eingebaut war. 1992 sind diese Erweiterungen des einstigen Erweiterungsbaus, am Rande des Umzugs nach Berlin, gerade im Bau.

Egon Eiermann, Hochhaus des Deutschen Bundestags in Bonn, 1966-69, Modell von der Rheinseite

Egon Eiermann, Drei Skizzen zum Abgeordnetenhochhaus, um 1966

Egon Eiermann, erster Entwurf für eine Einladungskarte zum Richtfest des Abgeordnetenhochhauses in Bonn, 1968

Egon Eiermann, zweiter Entwurf der Einladungskarte

Egon Eiermann hat sich zur Gebäudeplanung mehrfach kritisch geäußert. 'Wenn wir ehrlich sind, bedrückt uns seit Beginn der ganzen Planung 'Bundestag' dieses nunmehr 28 Geschosse hohe Haus. Wir haben das alles bisher geschluckt, weil wir nach so vielen vorangegangenen Versuchen glaubten, auch in Anbetracht der entsetzlichen Beengung des Grundstücks, keine andere Lösung finden zu können. Es war deshalb nach meiner jetzt erfolgten Beauftragung, mich um dieses Projekt zu kümmern, meine erste Sorge, den letzten Versuch zu machen, zu dem Hochhaus von 100 Metern eine echte Alternative zu geben.' Dies gelang nicht. Egon Eiermann wurde Opfer einer Strategie, mit der man in Bonn fast alles zerreden kann. Er wurde mit Sachzwang-Argumenten in seinen Vorschlägen sabotiert.
Als Eiermann von der Bundesbaudirektion um eine Handskizze für die Einladungskarte zur Eröffnungsfeier seines Baus gebeten wurde, zeichnete er eine Rheinlandschaft, an deren Ufer sich ein Hochhaus befindet, das in der Höhe der unteren Stockwerke vom Kartenrand einfach abgeschnitten wurde. Selbstverständlich wurde er um einen anderen Entwurf gebeten, der dann tatsächlich auf einem Hochformat stand und bei dem man nichts mehr von der unglücklichen Plazierung in der Landschaft sehen kann.

Wozu ein verengter Begriff von Architektur führen kann, sieht man am Beispiel eines wichtigen städtischen Platzes in Bonn, der im öffentlichen Urteil nicht zur 'Hauptstadtarchitektur' gezählt wird, obwohl ihm im Kontext einer demokratischen Kapitale große Bedeutung zukommen müßte.
Gemeint ist die Bonner Hofgartenwiese. Sie liegt direkt hinter der Universität in unmittelbarer Nähe des Stadtkerns. Alle wesentlichen außerparlamentarischen Aktionen der letzten Jahrzehnte, von Vertriebenentreffen über Gewerkschaftsdemonstrationen bis hin zu Festivitäten, fanden hier statt. Hier endete der Sternmarsch der Gegner der Notstandsgesetze. Hier gab es Studentendemonstrationen. Hier traf sich die Friedensbewegung der achtziger Jahre. Dieser Ort erinnert daran, daß es in der Demokratie eine Öffentlichkeit gibt, die von den parlamentarischen Vertretern nicht oder nur unbefriedigend repräsentiert wird. Der Platz erfüllt so eine wesentliche Rolle im politischen Leben der Hauptstadt. Dabei ist wichtig, daß er sich im Stadtzentrum befindet, in unmittelbarer Nähe zum Regierungsviertel, am Rand der Bannmeile, sozusagen in Sichtweite des Parlaments.
Der Kanzler der Universität kämpft, im Verbund mit städtischen Kaufleuten, seit Jahren hartnäckig gegen die Nutzung der Hofgartenwiese zu Demonstrationszwecken. Man stört sich an den riesigen Besuchermassen, an der Unruhe und den Gewinneinbußen, die so viele Demonstrationsteilnehmer als angereiste Fremde verursachen. Immer wieder haben dagegen Gerichte das übergeordnete Interesse der Gesellschaft an solch einem zentralen Ort anerkannt.

Den Bürgern blieb nichts anderes übrig, als sich stets neue Gründe einfallen zu lassen. Mal war es die mit perfekter ökologischer Heuchelei vorgetragene Sorge um zertretene Rasenflächen, mal war es die Warnung vor einem Verkehrschaos.
Als 'Alternative' schlug man Versammlungsorte an der äußersten Peripherie der Stadt vor. Zu guter Letzt verfiel man auf die Idee, die Hofgartenwiese durch die Bepflanzung mit Rosen für die politische Nutzung unbrauchbar machen zu wollen. Es wurden Pläne ausgegraben, die einen angeblichen alten Rosengarten am historischen Ort des Hofgartens zeigten, der tatsächlich aber nie existierte. Eine Umfrage in der Lokalzeitung erbrachte natürlich das gewünschte Ergebnis, daß die Bürger Rosen schöner fanden als Demonstranten. Selten dürfte Blumenliebe durchsichtiger zu Zwecken der Zensur des politischen Gegners instrumentalisiert worden sein. Die Farce um die Nutzung der Hofgartenwiese, bei der allein ein liberaler Polizeipräsident das Recht auf Demonstrationen verteidigte, zeigt deutlich, wie man in Bonn über die Hauptstadtfunktion denkt. Man will die Reputation, die Zuschüsse, den Fernsehruhm und das Geschäft, aber den Preis demokratischer Freiheit möchte man nicht zahlen.
Vielleicht ist es kein Zufall, daß die großen politischen Parteien, gegen die sich der Protest der außerparlamentarischen Opposition auf dieser Wiese oft richtete, nicht unter den Verteidigern dieses wichtigen öffentlichen Platzes zu finden waren. Auch ein 'Platz der Republik' als Aufgabe der Hauptstadtarchitektur ist ihrem Verständnis von Bauen und Politik fremd geblieben.

Konstituierende Sitzung des 1. Deutschen Bundestages im Plenarsaal von Hans Schwippert am 7. Dezember 1949.

Die Rückwand war mit den Wappen der Länder geschmückt.

Werner Strodthoff

Der alte Plenarsaal

Eine zerstörte Erinnerung

'Er hat sich um das Vaterland verdient gemacht.' So klingt es jeweils pathetisch, wenn und wo ein Bürger, in der Regel ein homo politicus, von Bord des Staatsschiffes geht. Und für verdiente oder auch weniger verdiente Diener des Staates wird, sobald sie das Zeitliche gesegnet haben, landesweite Trauer angeordnet, für Hoch- und Höchstrangige, versteht sich.

Der Abschied von Gebäuden, die ebenfalls ihre 'Verdienste' und, als Raum und Chiffre, zu Bild und Verständnis des Ganzen mitunter nicht unwesentlich beigetragen haben, wird indessen kaum von Staatsakten begleitet. Und so wurde das 'alte' Bundeshaus in Bonn durch geschäftsmäßige Stimmabgabe, nach längerem Gezerre um sein Schicksal, mehr schlecht als recht und danach dann per Abrißbombe und Bagger 'unter die Erde' gebracht. Nicht eben eine Geste politischen Charmes gegenüber einem solch geschichtsträchtigen Gehäuse.

Der alte Plenarsaal des Bundestags wird abgerissen, Oktober 1987

Blick auf das Bundeshaus in Bonn von der Beueler Rheinseite, 1952, in der Mitte der Plenarsaal

Fünf Jahre sind es her, daß im Herbst 1987 eine Mehrheit der Abgeordneten des Deutschen Bundestages im ehemaligen Bonner Wasserwerk am Rhein den totalen Abriß des benachbarten, 1949 vom Architekten Hans Schwippert in tatsächlich großer Eile errichteten Bundeshauses beschloß. Das Votum korrigierte eine Entschließung des Bundestages von 1981, derzufolge der vorhandene Bau renoviert werden sollte, da ein Neubau nebenan zu teuer sei. Nichts deutet heute wohl mehr als jener Abrißbeschluß von 1987 darauf hin, daß zur bald danach sich vollziehenden Deutschland- und europapolitischen Wende keinerlei Vorahnungen in den Köpfen unserer Volksvertreter keimten: Das freundliche weiße Gebäude über dem Rhein wäre ansonsten zweifellos das beste 'Haus der Geschichte der Bundesrepublik Deutschland' gewesen, das man sich in der 'alten' Bundesrepublik zur authentischen Dokumentation ihrer mehr als 40jährigen Entwicklung hätte wünschen können.

Die Abrißentscheidung der Parlamentarier erfolgte übrigens gegen ein energisches Rettungsplädoyer des rheinischen Landeskonservators und ebenso gegen den zunächst tapferen, später hinhaltenden, zuletzt bröckelnden Widerstand des damals obersten nordrhein-westfälischen Denkmalschützers, Minister Christoph Zöpel. War doch das Bundeshaus längst, seit es ein Denkmalschutzgesetz in Nordrhein-Westfalen gibt, also seit 1980, als ein erstklassiges Objekt in die Denkmälerliste eingetragen worden.

Wie auch anders? 'Denkmäler sind Sachen, Mehrheiten von Sachen und Teile von Sachen, an deren Erhaltung und Nutzung ein öffentliches Interesse besteht', heißt es auf Amtsdeutsch im nordrhein-westfälischen Denkmalschutzgesetz. Die Abgeordneten des Bundes aber entschieden - als ganz praktisch betroffene Nutzer des Hauses - 'in eigener Sache', in ihrer 'Hoheit' angesichts des danach zersägten und in Einzelteilen ins Depot geschafften Bundesadlers durchaus bewußt. In Bonn interpretierte man jenes 'öffentliche Interesse' vornehmlich mit der vorhandenen Nutzungsqualität des Gebäudes und setzte sich dergestalt 'souverän' übers Landesgesetz hinweg. Der Kölner Stadt-Anzeiger kommentierte die Abrißentscheidung seinerzeit mit den Worten: Er bedeute 'die mutwillige Vernichtung eines authentischen Geschichtszeugnisses ersten Ranges'.

Erinnern wir uns noch einmal der zur Abstimmung ins Feld geführten Pro- und Contra-Argumente.

Pro:
Das 1949 ja ohnehin nur 'provisorisch' errichtete und all die Jahre während der Teilung auch so betrachtete Gebäude sei, hieß es vor allem, längst 'baufällig'. Unbestritten war in der Tat, daß das Bundestagszentrum bautechnisch beträchtliche Mängel aufwies, welche die Sicherheit der Parlamentarier mittlerweile gefährdeten. So war das Tragwerk des Daches nach neueren Vorschriften ebensowenig feuerbeständig ausgebildet wie der Fußboden, die Tribünenstützen oder die Umfassungsmauern. Der Stuttgarter Architekt Günter Behnisch, Architekt des nun fertigen Neubaus am Rhein, nannte den Zustand seinerzeit, vermutlich zu Recht, 'katastrophal'. Unbestritten war ferner, daß der Schwippert-Bau den veränderten Betriebsansprüchen eines modernen Parlaments kaum mehr genügte. Die Volksvertreter beklagten denn auch empfindliche Raumnot, der nun, anders als noch zu Anfang des Jahrzehnts, nur mit Hilfe eines Neubaus abgeholfen werden könne. Im übrigen gleiche der Plenarsaal einem 'heruntergekommenen Stall', weshalb sich 'Staat' mit und in ihm schon längst nicht mehr machen ließe. Schließlich wünschten sich nicht wenige Abgeordnete, unter ihnen vor allem Peter Conradi, vehement eine andere, 'demokratische' und mithin runde oder wenigstens halbrunde Sitzordnung. Jenes Schulstubenambiente, mit Musterschülern auf Musterbänken, wie es seit Adenauer die Raum- und Sitzordnung des Plenarsaals bestimmt und dessen Atmosphäre beeinflußt habe, sei allemal überholt und zur Repräsentation einer modern verfaßten Gesellschaft gänzlich untauglich.

Contra:
Abrißgegner bezichtigten die 'Abreißler', Erinnerungslosigkeit Vorschub zu leisten, ziehen sie insofern des Banausentums und prangerten den Bund an, in Sachen Denkmalschutz mit ausgesprochen schlechtem Beispiel voranzugehen. (Der Fall des Petersberghotels, wo zwecks 'Umbau' kein historischer Stein mehr auf dem anderen geblieben war, hatte zuvor bereits bedenkliches Anschauungsmaterial hierzu geliefert.) Richtig ist, daß auch Landeskonservator Udo Mainzer im Falle einer Erhaltung des Schwippertschen Bundeshauses von einem etwa vierzigprozentigen Verlust der Originalsubstanz infolge Altersschwäche ausgegangen war - und daher ebenfalls eine durchgreifende Restaurierung für angemessen hielt.
Dennoch hätte sich seiner Meinung nach genügend vom historischen Bestand retten lassen, um dem Denkmal die für eine solche Bezeichnung notwendige Authentizität zu bewahren. Mainzer im Mai 1987: Die Geschichte der Republik könne nicht losgelöst von der 'anfaßbaren Materie, der Architektur' betrachtet und erlebt werden. Beim Plenarsaal im Bonner Bundeshaus handle es sich um einen 'heiligen Ort dieser Bundesrepublik, an dem seit 1949 diskutiert, beraten und entschieden' worden sei. Und: Sollte ein Neubau aus der Sicht der Abgeordneten zur Aufrechterhaltung eines modernen Parlamentsbetriebes tatsächlich unumgänglich sein, so sollte man ihn an anderer Stelle errichten. 'In diesem Fall', so Mainzer damals, 'könnte ich mir im alten Plenarsaal nichts Sinnvolleres vorstellen als ein Geschichtsmuseum'.

Und Günter Behnisch, der durchaus um den historischen Wert des Schwippertschen Hauses wußte, befand realistisch und pragmatisch: 'Die Entscheidung ist eine rein politische. Wenn man den Bundestag als Denkmal erhalten will, so läßt sich in ihm kein moderner Parlamentsbetrieb aufrechterhalten und umgekehrt. Will man den Bundestag als Denkmal - vielleicht zum Zweck historischer Ausstellungen -, dann muß man mit einem Neubau in die Nähe des 'Langen Eugen' gehen. Das wäre dann die Lösung, die bereits vor fünf Jahren auf dem Tisch lag. Die Alternativen sind insofern für jedermann sichtbar vorhanden. Ein Neubau nebenan wäre nicht teurer.'
Der Neubau kam zustande, nicht aber 'nebenan', vielmehr anstelle. Dadurch sind die Spuren, anders als etwa im Fall des Ost-Berliner 'Palastes der Republik', ein für allemal getilgt. Ein Haus kann man nur einmal abreißen, und die Steine dieses Denkmals reden nicht mehr. Nicht von jenen großen Redeschlachten etwa der Wiederbewaffnungsdebatte inmitten des 'Kalten Krieges', nicht von den heftigen Debatten um die Notstandsgesetzgebung, von den Auseinandersetzungen um die 'Spiegel'-Affäre oder später dann um die Ost-Verträge, nicht von den ungemein dramatischen Stunden, in denen die Regierung Brandt gestürzt werden sollte – tabula rasa. Mit dem ersten Haus der Republik, dem 'Hohen Hause', versank, so scheint es, auch die Aura einer ganzen Epoche.

Eingangsbereich des Bundeshauses, 1952

Des Kaisers aufwärts gezwirbelter Bart hatte einst der Nation naßforsch signalisiert: Es ist erreicht. Entsprechend schwelgend in Gestalt und Zierat war am Rande des Berliner Tiergartens der Wallotsche Reichstagsbau ausgefallen, das 'Reichsheim', wie ihn damals manche nannten. Säulenschweres Pathos, neureiches Gehabe, ein ungefüger Riesenkoloß mehr denn ein einladendes Parlamentsgebäude. 'Dem Deutschen Volke' gewidmet, später, bereits im Ersten Weltkrieg. Und als wiederum einige Jahre darauf, 1933, aus der Kuppel dieses Monumentalbaus die Flammen schlugen, da ließ das schaurige Bild wohl nicht wenige ahnen, daß solch hinterhältigem Zündeln zu Beginn des 'Tausendjährigen Reiches' schließlich nur das Inferno, die Katastrophe folgen würde. Vier Jahre nach Ende von Diktatur und Terror fanden sich 1949 die demokratisch gewählten Volksvertreter (West) der einst 'verspäteten' und nun zertrümmerten und überdies geteilten Nation andernorts, im kleinen beschaulichen Bonn am Rhein, zu ihrer ersten parlamentarischen Nagelprobe in freiheitlichem, republikanischem Geist zusammen.

Als Ort der Handlung wählten sie mit Bedacht jene Pädagogische Akademie, die der Regierungsbaumeister Martin Witte am Saum der Bonner Rheinaue zwischen 1930 und 1933 errichtet hatte: eine ganz im klaren, knappen, von den Nazis stets bekämpften Bauhausstil gehaltene Anlage. Ein intimer Kenner der Baugeschichte des Bonner Bundeshauses, Gisbert Knopp vom Rheinischen Denkmalamt, schrieb in dem zusammen mit Angela Schumacher 1984 herausgebrachten Sonderdruck der Bonner Geschichtsblätter: 'Das Akademiegebäude ist vollständig erhalten und in dem Gesamtkomplex 'Bundeshaus' aufgegangen. Dieser Kernbau ist bis 1953 in drei Phasen erweitert worden. In der ersten und wichtigsten Bauphase wurde 1949 durch den Architekten Hans Schwippert nach Norden und Süden je ein Büroflügel angebaut und der Hauptflügel durch einen Anbau für das Restaurant verbreitert. An die Turnhalle im Süden wurde der Plenarsaal angefügt. Der alte Hauptflügel übernahm nun Bürohausfunktion; die Aula wurde Sitzungssaal des Bundesrates, die ehemalige Turnhalle die Wandelhalle, die 'Lobby' des Bundestags. In einer zweiten Phase entstand 1951 als südlicher Anbau das ehemalige Abgeordnetenhaus. In der dritten Phase wurden schließlich der Fraktionsbau und die Erweiterung des Plenarsaaltraktes mit dem Ministerflügel ausgeführt.'

Schwippert war ein Vertreter der kurz zuvor unter den Nazis so verfemten architektonischen Moderne - schließlich war er einmal Mitarbeiter von Erich Mendelsohn und Mies van der Rohe gewesen. Seine Aufgabe bestand nun darin, den Neubau in der bauhäuslerischen Sprache der vorhandenen Gebäude zu errichten. Und Gisbert Knopp befand Mitte der achtziger Jahre in seinem Plädoyer für die Erhaltung des Gebäudes zu Recht: Es könne 'in Konzept und Gestaltung als architektonisches Zeugnis des demokratischen Neubeginns in Deutschland nach dem Ende des NS-Regimes angesehen werden.'

Wir wissen im übrigen, daß sich dafür einst auch schon Schwippert einen kreisrunden Plenarsaal gewünscht hatte, und auch, daß Konrad Adenauer dies 1949 nicht wollte. Adolf Arndt hat sich später, im Januar 1963, in einem Brief an den damaligen Bundestagspräsidenten Eugen Gerstenmaier, zu dieser Frage noch einmal geäußert: 'Der Präsident des Parlamentarischen Rats (eben Adenauer, Verf.) machte den Einwand, daß eine Neuerung so radikaler Art keinen guten Wiederanfang der parlamentarischen Arbeit bedeuten würde und hierzulande nicht zumutbar sei.'

Doch auch ohne die Kreisform erreichte Schwippert mit seinem weißen und an den Seiten so transparenten Gebäude, daß dieses sogleich als ein Manifest demokratischer Willensbildung und damit ebenso als vollkommene Abkehr auch vom Monumentalismus der Nationalsozialisten verstanden wurde. Schwippert hat uns in einer Rückschau, nicht ohne dabei auf 'sparsamsten Kostenaufwand' und die zum Bau zur Verfügung stehende 'unwahrscheinliche Kürze' hinzuweisen, seine Grundgedanken für das Bundeshaus überliefert.

Darin heißt es: 'Ich habe gewünscht, daß das deutsche Land der parlamentarischen Arbeit zuschaut. So bekam der Saal zwei Fensterwände (später durch Balkoneinbauten und Tribünen leider zerteilt, Verf.), jede 20 Meter lang, vom Boden bis zur Decke ausgedehnt. Man sieht durch sie den Rhein, das gegenseitige Ufer, man betritt durch ihre Fenstertüren die nördliche und die südliche Gartenterrasse. Der Saal mußte 1000 Quadratmeter groß werden, die Tribüne 400 Menschen (für Presse und Publikum) fassen. Daß ein Raum solcher Größe nicht 'unmenschlich' wurde, gelang durch den quadratischen Grundriß, die begrenzte Höhe von neun Metern.' Und gegen Schluß dann noch einmal: 'Ich wollte ein Haus der Offenheit, eine Architektur der Begegnung und des Gesprächs. Ich fürchtete, nicht verstanden zu werden. Ich wurde verstanden... Der Bau ist fertig, seine Einrichtung vollständig. Doch der Klang dieser Räume braucht noch jene Aussagen der freien und angewandten Künste, welche, von Künstlern unserer Tage gemacht, auf Geist und Herz in gleicher Weise wie diese Architektur wirken.'

Ansicht des Bundeshauses von der Rheinseite, 1952

Der Klang dieser Räume ist verklungen. Nahezu vierzig Jahre, nachdem das Bundeshaus in Eile errichtet worden war, verschwand es, ebenso eilig, 1987 wieder von der Bildfläche. Im vierzigsten Jahr der (alten) Bundesrepublik, so schien es, wurde man nicht mehr gern an die Hungerjahre, an den 'Aufbau' erinnert, auch nicht ans 'Provisorium'. Der Abriß: So betrachtet, mag in ihm auch ein Akt der Verdrängung, der Verweigerung, sich zu erinnern und erinnert zu werden, gesteckt haben. Die Deutschen, sie waren ja noch nie sehr seßhaft und traditionsverbunden, wenn es um die Orte ihrer politischen Willensbildung ging.

Doch um nach alledem nicht mißverstanden zu werden: Dieser Nekrolog auf ein bedeutendes, auf das wichtigste Haus der ersten Jahrzehnte der zweiten deutschen Republik, endet nicht ohne Prolog. Kein Zweifel, daß Günter Behnisch - einer der hervorragendsten Architekten unserer Zeit -, ein Verwandter Schwipperts im Geiste und mißtrauisch gegenüber den 'Herrschenden', einen neuen Plenarsaal, ein neues Bundeshaus anstelle des alten in Bonn errichtet hat, das ebensowenig wie der Vorgängerbau von falschem Pathos bestimmt ist. Behnisch hat die deutsche Moderne am Rhein beispielhaft fortgebaut. Und es bleibt schon eine bemerkenswerte Tatsache, daß dieselben Volksvertreter, die dem Altbau an den Kragen gingen, seinerzeit einem Neubau zustimmten, dessen besonders zivile Gestalt und weises 'Understatement' dem Land und der Welt ein außerordentliches Beispiel an republikanisch-politischer Kultur gibt. Wer, wie die Bundesrepublik vor der Wende, den Gipfel wirtschaftlicher Macht und Prosperität erklommen hatte, bedarf - so diese Botschaft - des Auftrumpfens mit falscher architektonischer Geste nicht. Und nach der Wende, so möchte man mit Blick auf die neue, alte Hauptstadt Berlin hinzufügen, schon gar nicht.

Blick vom Abgeordnetenhochhaus auf den Altbaukomplex des Bundeshauses, 1987

Nach Aufhebung der Blockade am 12. Mai 1949 drängen sich Berlinerinnen vor gefüllten Schaufenstern

Eröffnung des Parlamentarischen Rates im Museum Koenig in Bonn, 1. September 1948, Auffahrt zum Staatsakt

Der SPD-Vorsitzende Kurt Schumacher, gestützt auf Herbert Wehner, während des Bundestagswahlkampfs 1949

Konstituierende Sitzung des Parlamentarischen Rates am 1. September 1948 in der Alten Aula der früheren Pädagogischen Akademie in Bonn, die 1949 zum Bundeshaus umgebaut wurde.

Die 'Mütter des Grundgesetzes': Elisabeth Selbert, Frieda Nadig, Helene Weber und Helene Wessel, 1949

Die letzten Straßenarbeiten vor dem Bundeshaus in der Nacht vor der konstituierenden Sitzung des 1. Deutschen Bundestages am 7. September 1948

Provisorische Tribüne vor dem großen Fenster des Plenarsaals für Zuschauer der konstituierenden Sitzung

Bundeskanzler Konrad Adenauer bei seiner Vereidigung durch Bundestagspräsident Erich Köhler am 15. September 1949

Der SPD-Vorsitzende
und Oppositionsführer
Erich Ollenhauer spricht
im Bundestag während
einer außenpolitischen
Debatte, 1957

Empfang des Schahs
auf dem Petersberg
für Bundespräsident
Theodor Heuss, 1955

Bundeskanzler Konrad
Adenauer verläßt das
Hotel Petersberg bei
Bonn, den Sitz der Alli-
ierten Hohen Kommission,
nach seinem Antrittsbe-
such am 21. September
1949

Der erste Fernseh-
apparat, 1960

Party während der
Wirtschaftswunder-
jahre

Blick auf die Regie-
rungsbank, Ende der
fünfziger Jahre

'Goggomobil-Tournee' am Ende der fünfziger Jahre

Blick auf die Terrasse des Bundeshausrestaurants vor dem Plenarsaal, 1962

Willy Brandt als Regierender Bürgermeister von Berlin am Tag des Mauerbaus, 13. August 1961, vor dem Brandenburger Tor

Der amerikanische Präsident John F. Kennedy mit Bundeskanzler Konrad Adenauer auf der Fahrt zum Bonner Marktplatz, 1963

Vietnam-Demonstration auf dem Kurfürstendamm in Berlin, 1968

Demonstration gegen den Rechtsradikalismus in Kassel anläßlich des Treffens von Bundeskanzler Willy Brandt mit Willi Stoph, dem Vorsitzenden des Ministerrates der DDR, 1970

Der Zeitungskiosk vor
dem Eingang I des
Bundeshauses, 1975

Außenminister Walter
Scheel bei der 2. Lesung
der Ostverträge am
10. Mai 1972

Bauern-Demonstration
in Bonn, 1971

Wolfgang Jean Stock

Ein Stück gebaute Verfassung

Der neue Plenarbereich des Bonner Bundeshauses in der Tradition demokratischen Bauens

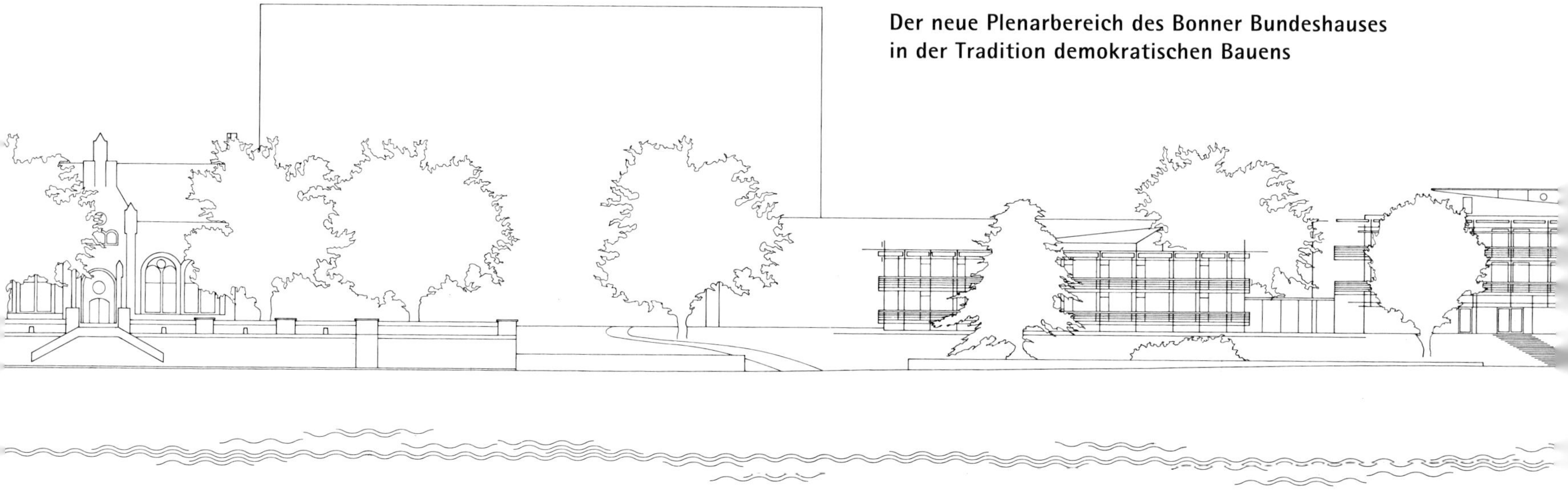

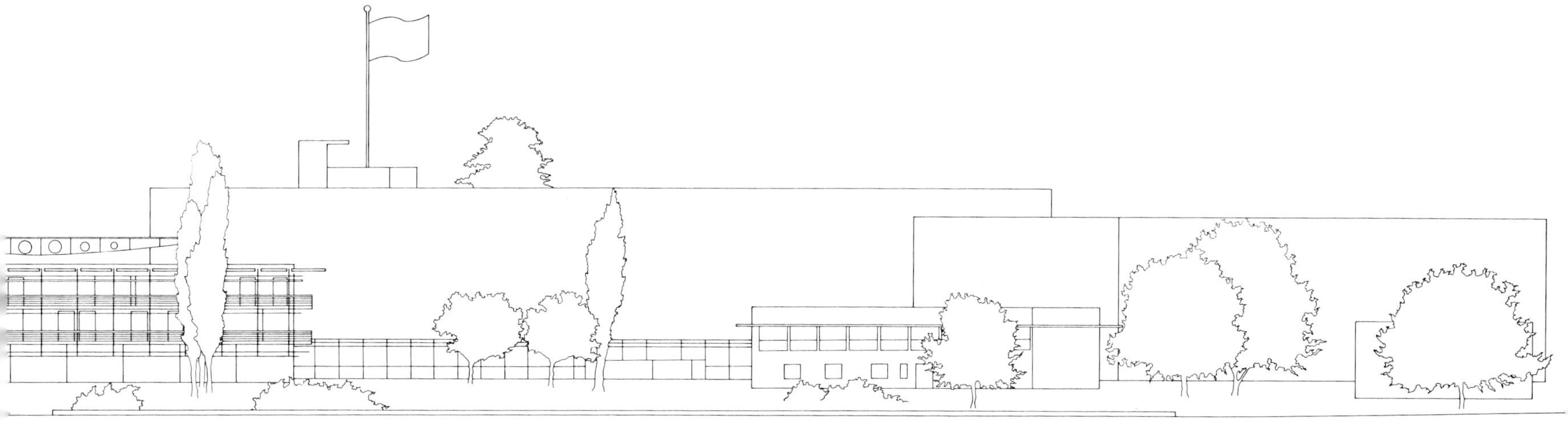

Ist es denn wirklich so wenig greifbar, das 'Demokratische' in der Architektur, kann man es gar eine 'Chimäre'[1] nennen, ein Pfropfwesen also? Eher möchte man Peter Conradi zustimmen, dem die Diskussion über demokratisches Bauen bislang 'ziemlich steril vorgekommen' ist.[2] Viel mehr als das, was Adolf Arndt in seinem 1960 gehaltenen Vortrag über 'Demokratie als Bauherr'[3] geäußert hat, in einem philosophisch und historisch weiten Umgriff, läßt sich zum Thema allgemein wohl gar nicht sagen. Die seit den späten siebziger Jahren auf Kongressen und in Zeitschriften mehrfach aktualisierte Debatte zeichnet sich aber nicht nur durch ein weithin unfruchtbares Kreisen um wenige Grundthesen aus. Zu fragen ist auch, ob sie nicht unter einigen falschen Vorzeichen geführt wird. Beispielsweise wird immer wieder darauf hingewiesen, daß sich Parlamente oder andere demokratische Institutionen einstmals in Paläste eingenistet hätten, ohne daß die herrschaftlichen Gemäuer ein Hindernis für demokratische Praxis gewesen seien.

Über die bloße Tatsache hinaus, daß es nicht nur auf kulturellem Gebiet, wo etwa fürstliche Kunstkammern zu öffentlichen Museen wurden, sondern auch im Bereich des Politischen einen vielfachen Funktionswandel von Bauten gegeben hat, tragen solche Hinweise zur Bestimmung des Verhältnisses von Architektur und Demokratie wenig bei. Was die 'Besetzung' bestehender Gebäude für neue, gar konträre Zwecke anlangt, kann man tatsächlich von einer gewissen Autonomie sprechen, und zwar in doppeltem Sinn: von der Eigenständigkeit der Architektur gegenüber neuem Gebrauch wie von der inneren Distanz des Nutzers zum historisch überkommenen Bauwerk. Beispiele dafür ziehen sich durch die ganze Geschichte. Ein besonders markanter, doch weitgehend unbekannter Fall aus jüngerer Zeit ist die Indienstnahme des Dessauer Bauhauses durch die Nazis, die in ihm unter anderem eine 'Gauführerschule' einrichteten.[4]

1 So Vittorio Magnago Lampugnani: 'Die Diskussion um die Chimäre. Fragmente zur Architektur in der Demokratie', in: Der Architekt, 1980, Heft 2, S. 80 ff.
2 Peter Conradi: 'Architektur und Politik', in: Der Architekt, 1989, Heft 10, S. 502 ff.
3 Adolf Arndt: Demokratie als Bauherr, Berlin 1984 (Architextbook Nr.1)
4 Winfried Nerdinger: Walter Gropius, Berlin 1985, S. 74

Architektur und Macht: Neubau der Bayerischen Staatskanzlei am Hofgarten in München, Fertigstellung 1993, Architekt: Diethard Siegert.
Zentrum der zweihundert Meter langen, symmetrischen Anlage ist der restaurierte Kuppelbau des ehemaligen Armeemuseums.

Bei der Frage nach den Zielen, Aufgaben und Möglichkeiten der 'Demokratie als Bauherr' geht es im Kern nicht um ihr Verhältnis zum architektonischen Erbe, so wichtig das zuweilen auch sein mag, etwa beim anstehenden Umbau des Berliner Reichstagsgebäudes. Vielmehr muß sie sich befragen lassen, ob sie willens und fähig ist, sich in neuen, eigenen Bauten angemessen darzustellen. Da aber eine freiheitliche Ordnung wie die der Bundesrepublik auf dem friedlichen Wettstreit unterschiedlicher bis widersprüchlicher Interessen beruht, gibt es im öffentlichen Bauen kein Regelwerk mit eindeutigen Hierarchien, mit Gebäudetypen und kanonisierten Materialien. Viele bedauern das, auch manche Architekten, die im Blick auf die früher so 'großen Aufgaben' ins Schwärmen geraten können. Doch anstelle von Denkmälern für Politik, Verwaltung und Kultur verlangt der 'Bauherr Demokratie' Phantasie für den gemeinen Alltag, anstelle großer Gesten erwartet er gebrauchstüchtige, zurückhaltende und zugleich anspruchsvolle Architektur - so sollte es zumindest sein.

Wie solche Bauten beschaffen sein könnten, hat Walter Jens 1977 auf dem Deutschen Architektentag in einem provozierenden Plädoyer umrissen: 'Architektur, die nicht Macht zeigen will - die Macht des Feudalherrn, der herrschenden Bourgeoisie oder der allein regierenden Partei, sondern Gleichheit ausdrückt, aber auch Individualität, und auf diese Weise, repräsentativ, doch nicht monumental, Demokratie realisiert, Skepsis und Vernunft, Kompromiß und Balance... republikanische Architektur also: Seltsam, wie wenig man, allein aufs schlechte Wirkliche starrend, die Not und den Notbehelf, darüber nachgedacht hat, seit dem Ende des Krieges: auf realisierbare Utopien verzichtend.'[5] Verblüffend, wie sehr diese vor fünfzehn Jahren gesprochenen Sätze den Charakter jenes Hauses treffen, das der demokratische Souverän nun endlich beziehen wird - den neuen Plenarbereich im Bonner Bundeshaus nach dem Entwurf des Büros Behnisch & Partner.

Neubau der Bayerischen Staatskanzlei, Obergeschosse des südlichen Eckrisaliten

Eine unterbrochene Tradition

Wie kein zweiter Architekt hat sich Günter Behnisch seit vielen Jahren zum Bauen in der Demokratie geäußert.[6] Da Adolf Arndts Vortrag einer breiteren Öffentlichkeit lange unbekannt blieb und das Thema auch keineswegs eine 'Modewerdung seit Anfang der sechziger Jahre'[7] erfahren hatte, konnte der Eindruck entstehen, die Diskussion sei neuartig. Dies freilich war die Folge eines kurzen Gedächtnisses, denn im ersten Jahrzehnt der zweiten deutschen Republik hatte das Bemühen um demokratisches Bauen durchaus eine Rolle gespielt. Zwei solcher Projekte, die bereits während der Gründungsphase der Bundesrepublik ausgeführt wurden, behandelt dieses Buch an anderer Stelle: den für das künftige Parlament geplanten Rundbau von Gerhard Weber in Frankfurt am Main[8] und die konfliktreiche Erweiterung der Pädagogischen Akademie in Bonn zum Bundeshaus durch Hans Schwippert.[9] Die großen Fensterwände des Plenarsaals begründete Schwippert mit seinem Wunsch, 'daß das deutsche Land der parlamentarischen Arbeit zuschaut.'[10] Diese Haltung, mit öffentlichen Bauten demokratische Offenheit zu bezeugen, wurde im damaligen Klima auch baulicher Restauration von keiner Mehrheit getragen. Architekten mit solchem Eigenanspruch galten als schwierige Zeitgenossen, ihre Werke waren entsprechend umstritten.

Im Rückblick erweist sich ja die westdeutsche Architektur der fünfziger Jahre als eine eigentümliche Mischung aus regionaler Bodenständigkeit, deutlichen NS-Reminiszenzen und einer gemäßigten, an Skandinavien und der Schweiz orientierten Moderne, die sich allerdings zunehmend in einen Modernismus amerikanischer Prägung wandelte.[11] Nur wenige Architekten knüpften an das sozialreformerische 'Neue Bauen' als deutsches Erbe der zwanziger Jahre an. Trotz mancher Widerstände gelang es ihnen, diese Tradition für ein knappes Jahrzehnt fortzuführen, ehe dann die Baukonjunktur des 'Wirtschaftswunders' solche Ansätze vollends begrub. Drei Beispiele sollen im folgenden an die authentische deutsche Moderne der fünfziger Jahre erinnern. Jedes der drei Projekte war mit der Hoffnung verbunden, den demokratischen Geist der neuen deutschen Republik sichtbar zu machen - einer Hoffnung, die viele Jahre später wieder die Architektur von Günter Behnisch prägen sollte.

5 Walter Jens: 'Plädoyer für eine republikanische Architektur', in: Vorwärts, 24. November 1977, S. 10
6 Siehe etwa Günter Behnisch: 'Der Architekt und Bauen in der Demokratie', in: Der Architekt, 1989, Heft 10, S. 497 ff.
7 So Reiner Pommerin: 'Die Architektur der zweiten deutschen Republik: Ausdruck eines demokratischen Staatswesens?', in: Der Architekt, 1989, Heft 10, S. 487
8 Siehe dazu den Beitrag von Dieter Bartetzko, S. 108 ff.
9 Siehe dazu die Beiträge von Jan Thorn-Prikker, S. 246 ff., und Werner Strodthoff, S. 260 ff.
10 Hans Schwippert: Denken, Lehren, Bauen. Düsseldorf 1982, S. 179
11 Zur Einführung siehe Winfried Nerdinger: 'Materialästhetik und Rasterbauweise - zum Charakter der Architektur der fünfziger Jahre', in: Architektur und Städtebau der fünfziger Jahre, Schriftenreihe des Deutschen Nationalkomitees für Denkmalschutz, Band 41, Bonn 1990, S. 38 ff.

Eingang der Frankfurter Universität nach dem Umbau durch Ferdinand Kramer, 1952/53

Hans und Wassili Luckhardt, Landesversorgungsamt Bayern in München, 1954-58, abgerissen im Sommer 1989

Eingang der Frankfurter Universität vor dem Umbau

Beispiel 1: Ferdinand Kramer, bis 1930 einer der engsten Mitarbeiter von Ernst May beim Aufbau des 'Neuen Frankfurt', kehrte 1952 aus dem amerikanischen Exil in seine Heimatstadt zurück. Max Horkheimer, damals Rektor der Frankfurter Universität, hatte ihn gebeten, das Amt des Universitätsbaumeisters zu übernehmen. Seine erste Tat war ein Eingriff in das Hauptgebäude: Anstelle des alten und von Anfang an viel zu engen Portals aus Mainsandstein ließ er einen sieben Meter breiten, voll verglasten Eingang in die neobarocke Fassade schneiden. Damit wollte Kramer ein Zeichen setzen für 'Transparenz und Offenheit der neuen demokratischen Universität, geöffnet für alle Schichten der Bevölkerung.'[12] Das trug Kramer nicht nur Anerkennung ein - konservative Kreise schalten ihn einen 'Barbaren'.

Beispiel 2: Zwischen 1954 und 1958 entstand in München das Landesversorgungsamt Bayern. Architekten des gestreckten Gebäudes mit einem fein rhythmisierten Längstrakt über vier Flachbauten waren die Brüder Hans und Wassili Luckhardt, die den Wettbewerb gewonnen hatten. Bemerkenswert waren sowohl der einladende, voll verglaste Eingang als auch die kurzen Wege für die überwiegend gehbehinderten Besucher. Im Erläuterungsbericht der Planer hieß es: 'Grundgedanke ist, den Minderbemittelten, die hier ihren Lebensunterhalt empfangen, eine menschlich angenehme Atmosphäre zu bieten. Aus diesem Grunde ist die zentrale Halle mit großen Scheiben verglast, von denen aus man in die parkartige Landschaft hineinsieht.'[13] Dieses erste konsequent moderne Gebäude der Münchner Nachkriegszeit wurde auch im Ausland als vorbildlicher Verwaltungsbau gewürdigt, im Bayerischen Landtag dagegen als 'hypermoderner Glaspalast' angeprangert. Nach jahrelanger Vernachlässigung wurde der Bau, obwohl inzwischen unter Denkmalschutz, im Sommer 1989 trotz öffentlicher Proteste abgerissen.[14]

12 Lore Kramer: Zu Ferdinand Kramers Arbeiten - Intentionen und Realität, unveröffentlichtes Vortragsmanuskript, Frankfurt am Main 1992, S. 16

13 Wassili Luckhardt: 'Neubau des Versorgungsamts Bayern in München', in: Bauwelt, 1956, Heft 1, S. 9

14 Siehe dazu Wolfgang Jean Stock: 'Vandalismus von oben. Das Landesversorgungsamt Bayern in München zwischen Wettbewerb und Abriß - eine Fallstudie', in: Brüder Luckhardt und Alfons Anker, Berliner Architekten der Moderne. Schriftenreihe der Akademie der Künste, Berlin 1990, S. 82 ff.

Egon Eiermann und Sep Ruf, Deutsche Pavillongruppe auf der Weltausstellung 1958 in Brüssel, Blick aus der Weinstube und Innenhof mit Restaurant (oben)

Beispiel 3: Noch zwölf Jahre nach dem Ende des Zweiten Weltkriegs betrachtete das Ausland die Deutschen mit Skepsis, wenn nicht mit Mißtrauen. Jede Selbstdarstellung der Bonner Demokratie wurde aufmerksam verfolgt. Als die Bundesrepublik zur Weltausstellung 1958 in Brüssel eingeladen wurde, war den meisten nicht Mies van der Rohes eleganter Barcelona-Pavillon von 1929 im Gedächtnis, sondern das martialische Bauwerk von Albert Speer auf der Weltausstellung 1937 in Paris. Um so größer die Überraschung, als sich die Westdeutschen in Brüssel mit einer eher zarten Pavillongruppe aus Stahl und Glas vorstellten, die sich der Hanglage anschmiegte. Ebenso positiv wirkte, daß anstelle einer Leistungsschau das wirtschaftliche, soziale und kulturelle Leben in der Bundesrepublik dokumentiert wurde.

Sep Ruf, Gebäude der Landesvertretung Bayern in Bonn, 1955-57

Die ausländische Presse sparte denn auch nicht mit Lob, während in deutschen Zeitungen teilweise heftig vom Leder gezogen wurde: die zurückhaltende Architektur von Egon Eiermann und Sep Ruf wie die sachlichen Ausstellungen wurden sogar als 'Katastrophe von Brüssel' bezeichnet.[15]

Dem deutschen Zeitgeist jener Jahre, von Norbert Muhlen, einem längst in die USA emigrierten Journalisten, treffend 'Neon-Biedermeier' genannt, kamen die Brüsseler Pavillons wahrhaftig nicht entgegen. Eine glückliche Konstellation, wobei der seinerzeit noch einflußreiche Werkbund keine unmaßgebliche Rolle spielte, hatte es ermöglicht, daß sich das neue Deutschland einmal unverkrampft und heiter präsentieren konnte. Es war ein kleines Wunder, denn gerade bei der politischen Klasse war das Empfinden für Baukultur nicht sehr ausgeprägt. Zu den Ausnahmen zählte auch hier der erste Bundespräsident Theodor Heuss. Während beispielsweise Kanzler Adenauer 1956 in Köln öffentlich forderte, das noch im Bau befindliche Wallraf-Richartz-Museum wieder abzubrechen, weil es von außen 'wie eine Fabrik' aussähe,[16] trat Heuss ein Jahr zuvor auf dem Deutschen Städtetag für zeitgenössische Architektur ein: 'Wo eine Stadt zu bauen hat, soll sie den Mut zu unserer Gegenwart besitzen. Bei der Restaurierung von gotischem Fachwerk ist noch nie etwas Gescheites herausgekommen. Wir wollen uns nicht in eine gekünstelte Romantik verlaufen.'[17] Heuss scheute sich auch nicht, zur Einweihung des biederen Hauses der baden-württembergischen Landesvertretung in Bonn zu bemerken, man sei wohl in alten Vorstellungen 'hockengeblieben'.[18] Die gleichzeitig entstandene, von Sep Ruf entworfene Landesvertretung Bayerns galt dagegen als beispielhaft - leider wurde der nobel-sachliche Bau dann durch mehrere Erweiterungen sehr entstellt.

15 Die Pressestimmen sind dokumentiert in: Deutschlands Beitrag zur Weltausstellung Brüssel 1958. Ein Bericht, hrsg. vom Generalkommissar der Bundesrepublik Deutschland, Düsseldorf o. J. (1960), S. 95 ff.
16 Zitiert nach: Werk und Zeit, 1956, Nr. 2, S. 1
17 Zitiert nach: Werk und Zeit, 1955, Nr. 6, S. 1
18 Zitiert nach: Werk und Zeit, 1956, Nr. 5, S. 5

Bauen als Prozeß

Doch gerade von Bonn waren Anstöße für demokratisches Bauen nicht zu erwarten. Zwanzig Jahre lang befand sich die Hauptstadt im Wartestand des Provisoriums. Das immer wieder bekräftigte Bekenntnis zu Berlin verhinderte jede übergreifende Planung.[19] Besonders betroffen von der architektonischen Flickschusterei waren die Gebäude des Deutschen Bundestags. Trotz mehrerer Erweiterungen des Bundeshauses reichten die Räume zu keiner Zeit aus. Ende der fünfziger Jahre war ein arbeitshemmendes Labyrinth entstanden, das Adolf Arndt zu der zornigen Feststellung veranlaßte: 'In den Anbauten und Umbauten des Bonner Bundeshauses durch die Bundesbaudirektion sehe ich das Elendeste, was man sich nach 1945 leistete.'[20] Als einziger wirklicher Neubau wurde das Abgeordnetenhochhaus von Egon Eiermann errichtet, das bei seiner Fertigstellung 1969 aber wiederum nur den nötigsten Raumbedarf abdecken konnte.

Erst im gleichen Jahr, das durch den Regierungswechsel zur sozialliberalen Koalition eine erste politische Zäsur in der bundesdeutschen Geschichte markiert, beschloß der Bundestag, sich auf absehbare Dauer in Bonn einzurichten. Die sich abzeichnende Normalisierung in den Beziehungen zu den osteuropäischen Ländern und schließlich zur DDR machte Berlin mehr denn je zur nominellen Hauptstadt. Bonn wurde sozusagen volljährig. Als erster Schritt wurde 1971 ein städtebaulicher Wettbewerb für die 'Bauten des Bundes und ihre Integration in die Stadt Bonn' veranstaltet, bei dem ein derart monumentaler Entwurf obsiegte, daß man vom 'Bollwerk am Rhein' sprach. Glücklicherweise wurde die ganze Planung aufgegeben. Ein Jahr später folgte ein Architektenwettbewerb für Neubauten von Bundestag und Bundesrat, der 1973 entschieden wurde. Ausdrücklich war gewünscht, daß diese Bauten zu beiden Seiten des Abgeordnetenhochhauses 'Demokratie repräsentieren' sollten. Trotz der nur 36 Teilnehmer vergab die Jury allein vier erste Preise, einen davon an das Büro Behnisch & Partner. Diese Streuung zeigte, daß kein Entwurf voll überzeugen konnte. Auch in der Öffentlichkeit war man vom Ergebnis des Wettbewerbs enttäuscht.[21]

Für das Büro Behnisch & Partner aber begann 'eine lange Geschichte'.[22] Nicht nur die Dauer von genau zwanzig Jahren, sondern auch die mehrfach geänderten Bedingungen ließen die Bonner Planung zu einem einzigartigen Fall der bundesdeutschen Baugeschichte werden. 1974 traten die vier Gewinner des Wettbewerbes zu einer neuen Konkurrenz an, die Behnisch & Partner und die Konstanzer Arbeitsgemeinschaft von Wolff und Schneble gleichrangig für sich entschieden. 1976 wurde die Aufgabe unter den beiden Büros geteilt, doch die angestrebte 'Architektenehe' kam nicht zustande. 1978 gab es einen städtebaulichen Wettbewerb, für den Behnisch & Partner die Konzeption einer 'Grünen Mitte' zwischen der Adenauerallee und dem Rhein entwickelten, eines Raumes, 'in dem das Volk, von dem verfassungsgemäß ja alle Macht ausgeht, sich versammeln und artikulieren könnte'.[23] 1981 beschloß der Bundestag unter Verzicht auf seine Neubaupläne die Sanierung und Ergänzung der bestehenden Gebäude, worauf Behnisch & Partner mit Erweiterungsbauten am Hochhaus beauftragt wurden.[24]

Behnisch & Partner,
neuer Plenarbereich,
Schnitt West-Ost
durch die zweigeschossige
Eingangshalle

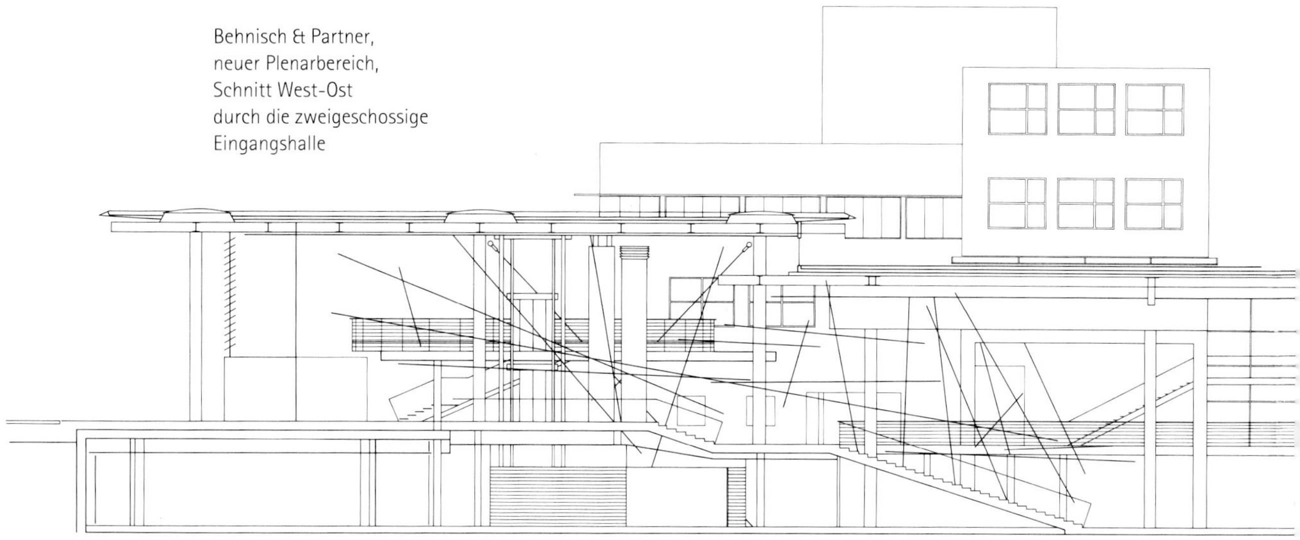

Am 5. Juni 1987 faßte dann der Bundestag den letztlich entscheidenden Beschluß. Mit knapper Mehrheit sprachen sich die Abgeordneten für eine künftig kreisrunde Sitzordnung aus. Damit war das Schicksal von Schwipperts Plenarsaal besiegelt. Der ohnehin technisch veraltete und funktional mangelhafte Raum hätte ein solches Parlament nicht aufnehmen können. Zwar gab es harsche Proteste gegen den Abriß des Plenarsaals, der zweifellos ein bedeutendes Denkmal der zweiten deutschen Demokratie darstellte, doch konnte andererseits über seinen Verlust hinwegtrösten, daß er durch An- und Einbauten seinen Charakter weitgehend verloren hatte. Günter Behnisch: 'Ich meine, wir haben Schwippert einen Gefallen getan, daß er jetzt in Erinnerung ist als Architekt des ursprünglichen Saals und nicht einer verballhornten Ruine.'[25]

Fünfzehn Jahre waren also vergangen, ehe auf solider Grundlage geplant werden konnte. Zweifellos gehört das 'Bauen als Prozeß' zu den Vorzügen demokratischer Planung. Doch fragt man sich, ob die zahlreichen Umwege und Seitenpfade mit dem Verschleiß an Ideen wirklich notwendig waren. Trotz des Hin und Her, das auch mit Angriffen und Enttäuschungen verbunden war, neigt Behnisch im Rückblick zur Sanftmut: 'Diese Holperigkeit, mit der wir zu dem Ergebnis gekommen sind, betrachte ich als eine Qualität, die im Prinzip Demokratie verankert ist. Daß es nicht so schnell geht wie woanders, daß alles vielfältig bedacht wird und dadurch auch die Chance besteht, unsere Welt unter verschiedenen Einflüssen zu sehen. Die Schwierigkeiten bringen uns ja auch dazu, die Aufgabe sorgfältig zu beachten. Uns persönlich hat die Bonner Aufgabe architektonisch weitergebracht. Wenn man einen ersten Entwurf realisieren müßte, wäre das ja schrecklich. Da könnte sich ja nichts entwickeln.'

19 Siehe dazu und zur weiteren staatlichen Bautätigkeit in Bonn den Beitrag von Ingeborg Flagge in diesem Buch, S. 224 ff.
20 Adolf Arndt, a.a.O. (Anm. 3), S. 26
21 Siehe z.B. Peter M. Bode: 'Bauen für die Spitze der Demokratie', in: Süddeutsche Zeitung, 15./16. Dezember 1973
22 Günter Behnisch in: Behnisch & Partner, Bauten 1952-1992, Stuttgart 1992, S. 105
23 Günter Behnisch, ebd.
24 Die Stufen des Verfahrens sind dokumentiert in: Architekten Behnisch & Partner, Arbeiten aus den Jahren 1952-1987, Stuttgart 1987, S. 64 ff., S. 70 ff., S. 110 ff., S. 146 ff.
25 Dieses und alle folgenden Zitate aus einem Gespräch zwischen Günter Behnisch und dem Autor, 15. Juli 1992

Behnisch & Partner, Zentralbibliothek der Universität Eichstätt, 1987, Ecksituation

Werkhalle der Demokratie

Wer sich jetzt dem neuen Plenarbereich des Bundeshauses nähert, wird nicht erkennen können, daß die Aufgabe Stück für Stück an die Architekten herangetragen wurde. Auf Wunsch der Stadt Bonn war zunächst ein Eingangsbauwerk zu planen, damit sich das Bundeshaus mehr der Stadt zuwenden würde. Darauf wurde beschlossen, das Restaurant zu ersetzen sowie die Altbauten zu sanieren und für neue Zwecke herzurichten. So folgte, oft in großen Zeitabständen, ein Teilauftrag auf den anderen. Daß daraus kein Stückwerk wurde, sondern ein Ensemble mit eigenem Charakter, hängt auch damit zusammen, daß Behnisch & Partner die seinerzeit überzeugenden Kernpunkte ihres Wettbewerbsentwurfs von 1973 auf die neue Situation übertragen konnten: die Einbettung der Bauten in die Rheinaue; ihre flache, gegliederte Gestalt; die Ausbildung des Plenarsaals als Mulde; die Betonung der Übergänge zwischen innen und außen.

Doch gab es einen großen Unterschied. Während es sich beim Wettbewerb um freistehende Gebäude handelte, mußte der jetztige Neubaukomplex nach Abriß des alten Plenarsaals in den Bestand eingepaßt werden. 'Bauen in der Lücke' war aber im Werk der Architekten bisher nicht vorgekommen, auch wenn Günter Behnisch meint: 'Wir haben immer im Zusammenhang mit dem Kontext gebaut und da ist es ziemlich gleichgültig, ob ein Baum danebensteht oder ein Gebäude. Man muß darauf antworten, man muß dies berücksichtigen.' Bei der Einfügung der vier neuen Bauteile fielen die Antworten freilich sehr verschieden aus. Eingangshalle, Lobby und Restaurant sind nämlich mit dem Akademiebau von Martin Witte eng verzahnt, zum 1949 von Hans Schwippert entworfenen Südflügel dagegen hält der Neubau durch eine verglaste Zwischenzone deutlichen Abstand. Wo Behnisch & Partner Qualitäten sahen, entschlossen sie sich zur Nahtstelle, wo nicht, kam es zum Schnitt. Ebenso differenziert antwortet die neue Architektur auf die topographische Situation, auf den dreifach terrassierten Hang.

Blick von oben auf das Bonner Bundeshaus, in der Mitte der neue Plenarbereich. Von links: Eingangshalle, Lobby, Plenarsaal, Präsidialanbau

Auf der obersten Terrasse an der Görresstraße erstreckt sich als Kopfbau die Eingangshalle, in deren breiter Glasfront die getrennten Zugänge für Abgeordnete und Besucher liegen. Von der zweigeschossigen Halle aus wird das ganze Gebäude durch drei Wege übersichtlich erschlossen: In der Mitte führt eine breite Treppe zur Lobby und zum Plenarsaal auf der mittleren Terrasse hinab, während links der Weg zu den Einrichtungen des Besucherdienstes und rechts der Steg zum rheinseitigen Präsidialbereich den Plenarsaal auf Galerien umschließen. Funktional sind die Bereiche getrennt, nicht zuletzt aus Gründen der Sicherheit, optisch aber sind sie durch den weitgehend transparenten Innenausbau und die Sichtbeziehungen über mehrere Ebenen miteinander verbunden. Für alle zugänglich ist das neue, 400 Personen fassende Restaurant, von dem aus der Blick durch den vorgelagerten Wintergarten auf den Park und das Rheinufer geht.

Herzstück des neuen Bauwerks ist der Plenarsaal als 'Mulde' mit der kreisförmigen, nach außen leicht ansteigenden Sitzordnung. Abgeordnete, Bundesregierung und Bundesrat sitzen sich nicht mehr frontal gegenüber, sondern bilden ein die Kommunikation hoffentlich förderndes Rund, in dem Regierung, Opposition und Ländervertreter als dialektische Einheit wirken. Diese Konzeption verkörpert die gemeinsame Verantwortung für den Bundesstaat trotz gegensätzlicher Rollen, sie ist ein Stück gebaute Verfassung. Presse, Besucher, Diplomaten und Ehrengäste können die Debatten auf breiten Tribünen verfolgen, die auf drei Seiten in den Saal hineinragen. Sowohl die Baustruktur als auch die dezenten Materialien unterstreichen den Gedanken nobler Sachlichkeit: das Tragwerk aus Stahl, die Blauskala der Sitzbezüge, die Warmtöne von Eichen- und Ahornholz. Der Plenarsaal sollte kein feierliches Gehäuse werden, sondern eine 'Werkhalle der Demokratie' mit zeitgemäßer Würde. Deshalb öffnet er sich nicht nur nach den Seiten zur Umgebung, sondern durch eine Tageslichtdecke über der Mulde auch nach oben.

Der neue Plenarbereich am Bonner Rheinufer, in dieser als 'typisch deutsch' betrachteten Landschaft, ist so weit wie möglich mit dem Alltag verknüpft. Schon darin zeigt sich seine Qualität als demokratisches Bauwerk. Nicht die modernen Materialien, die ja allerorten verwendet werden, sondern seine auf Zugänglichkeit, Durchlässigkeit und den Dialog zwischen innen und außen angelegte Struktur haben eine Architektur entstehen lassen, die der Mensch besetzen kann, die nicht von ihm Besitz ergreift. Behnisch & Partner haben eine freundliche Hülle für demokratisches Leben geschaffen und damit in der Tat die Münchner Olympiabauten 'weitergeschrieben und in permanente Bauten übersetzt'. Adolf Arndt hätte den Plenarbereich als Bestätigung dafür empfunden, daß die Demokratie doch fähig sein kann, 'im Bauen ihr Ethos sichtbar zu machen'.[26] Sein Lob würde beiden gelten, dem vielköpfigen Bauherrn wie den Architekten.

26 Adolf Arndt, a.a.O. (Anm. 3), S. 11

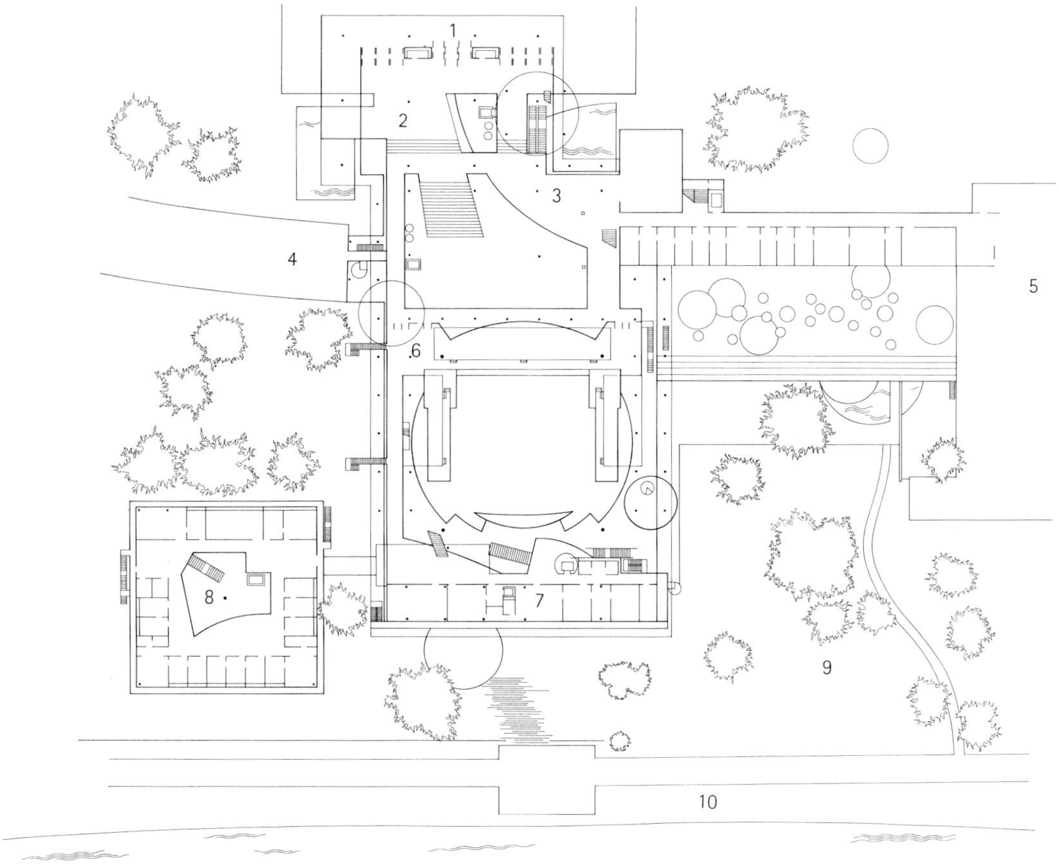

Grundriß Eingangsebene

1 Haupteingang
2 Halle: Bereich Abgeordnete
3 Halle: Bereich Besucher
4 Altbau Südflügel
5 Altbau Akademie
6 Steg zum Präsidialbereich
7 Präsidialbereich: Büros
8 Präsidialanbau
9 Park
10 Rheinufer
11 Besucherdienst
12 Lobby
13 Plenarsaal
14 Restaurant
15 Ausstellungsebene
16 Tribünen
17 Adlerwand
18 Präsidialbereich: Empfangsräume

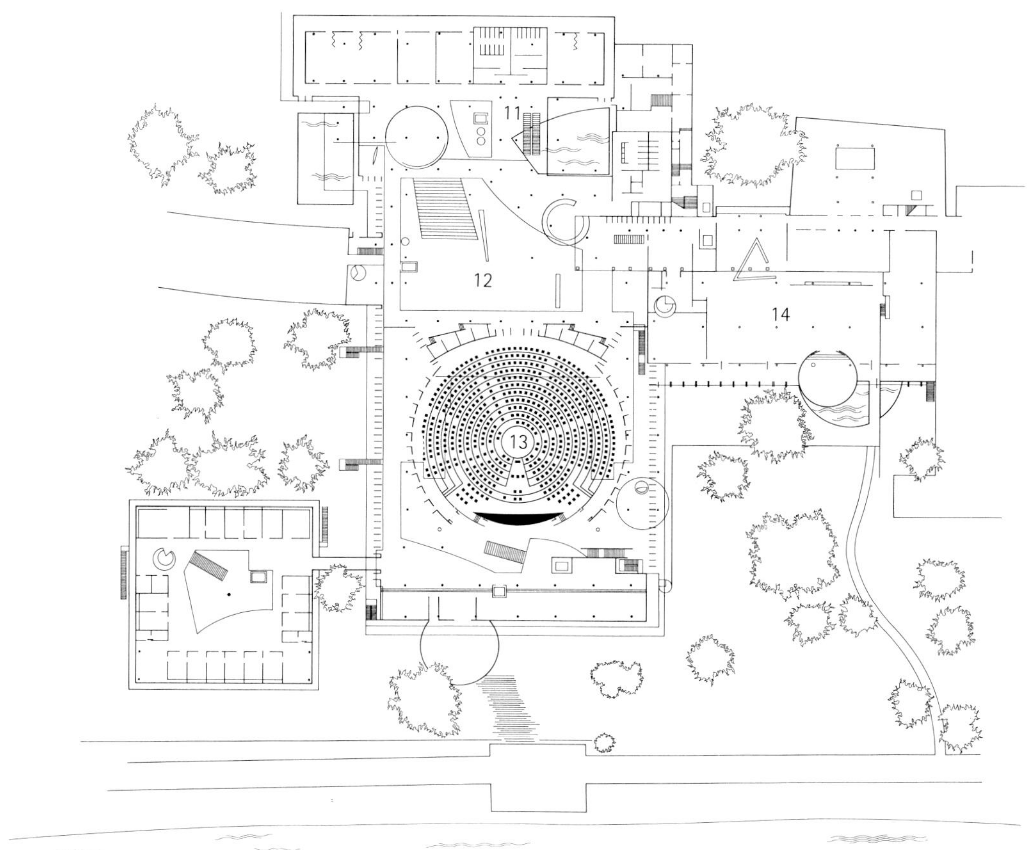

Grundriß Saalebene

Der neue Plenarbereich
als Baustelle. Von links:
Blick auf die Treppe zum
Eingang, Galerie über der
Lobby, Plenarsaal

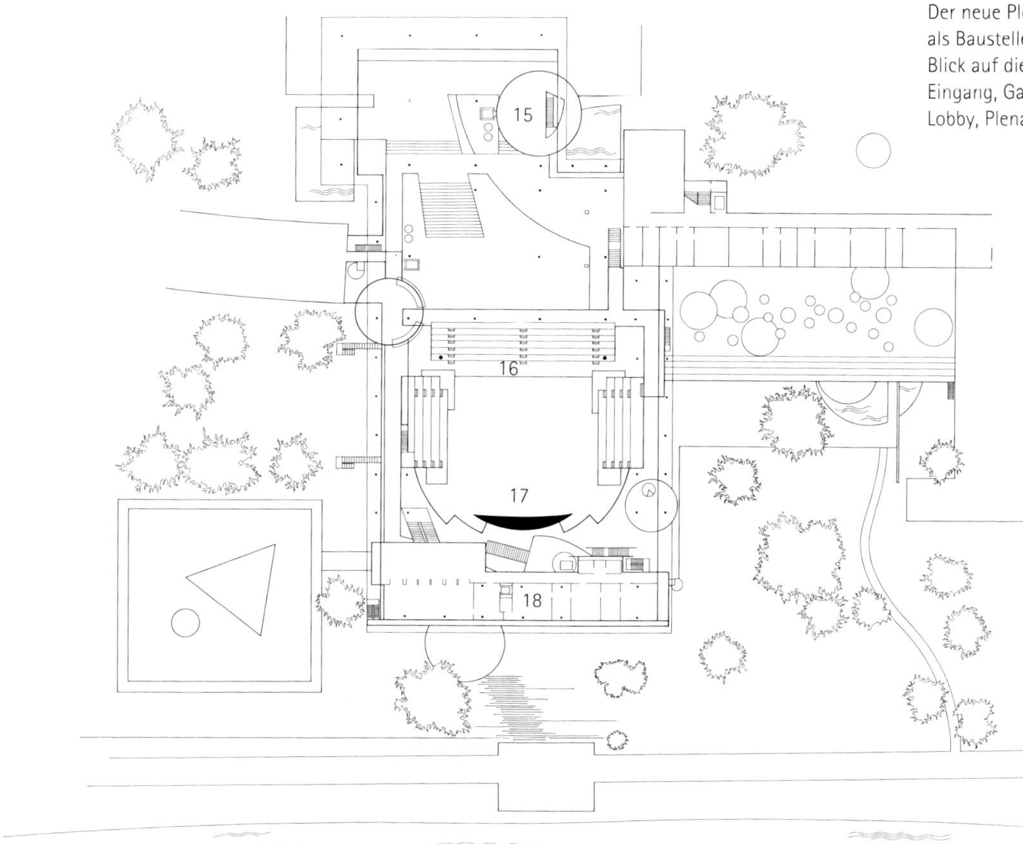

Grundriß Tribünenebene

Schnitt West-Ost
durch Plenarsaal
und Präsidialbereich

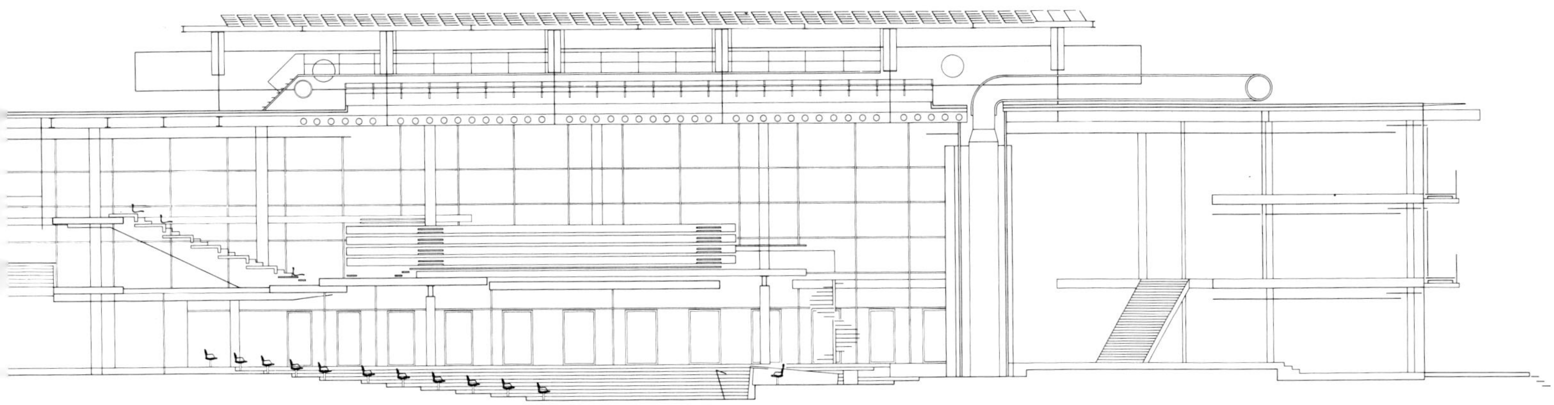

Aus dem Zwischenbericht der Architekten, Mai 1991

Der Plenarsaal wird 'in der Rheinaue' liegen. Hier ist das Zentrum des gesamten Bereiches. Und der Saal selbst wird allseitig umschlossen von Hallen (Lobby und Umgänge). In diesen Hallen werden Sitzgelegenheiten sein für persönliche Gespräche und kleinere Konferenzen. Die Umgänge sind über große Glaswände verbunden mit der Rheinlandschaft.
Der Deutsche Bundestag wünschte sich einen neuen Plenarsaal. Die mit Tageslicht ausgeleuchteten Sitze sollen kreisförmig und nach außen ansteigend angeordnet sein. Abgeordnete, Regierungsmitglieder und Mitglieder des Bundesrates sitzen so auf gleichen Ebenen. Es bildet sich eine leicht ansteigende kreisförmige Mulde. Der Platz der Präsidentin ist etwas erhöht.
Zunächst war vorgesehen, daß alle Abgeordneten gleiche Plätze haben werden, also Tischplatz mit Sessel. Im Zuge der Vereinigung im vergangenen Jahre erhöhte sich dann die Zahl der Abgeordneten im Deutschen Bundestag von 519 auf 662. In dieser Situation bot sich eine Lösung für den Plenarsaal an, bei der die Plätze der inneren Reihen des Kreises Tische und Sessel haben, während für die Plätze in den äußeren Reihen Sessel ohne Tische vorgesehen sind. Diese Art der Ausstattung entspricht wohl weitgehend auch der Art der Arbeit des Parlaments.
Man meint, daß die kreisförmige Anordnung der Plätze im Saal dazu führen könnte, daß im Parlament stärker und lebendiger als bisher diskutiert wird. Kurze Beiträge sollen vom Sitzplatz aus gesprochen werden können. Platzmikrofone und Lautsprecher in großer Zahl sind hierfür geplant.

Blick aus dem Park auf das neue Restaurant mit Wintergarten

Blick auf den neuen Plenarsaal von Süd-westen

Im Plenarsaal sind an drei Seiten Tribünen für Zuschauer, Diplomaten, Ehrengäste und für Journalisten. Diese Tribünen ordnen sich nicht dem Kreis der Sitze im Saal unter. Sie sind rechtwinklig zueinander angeordnet. So lösen die Zuschauerplätze sich etwas vom Zentrum des Geschehens. Es sind eben Plätze für Zuschauer, und diese sind nicht gleichwertig den Plätzen der Mitglieder des Bundestages. Im hinteren Bereich des Plenarsaales liegt auf der oberen Ebene der Tribüne ein abgeschlossener Raum für Journalisten. Von hier aus kann das Geschehen im Plenarsaal und in der Eingangshalle eingesehen werden.
Das große Oberlicht im Dach und die verglasten Seitenwände werden dafür sorgen, daß der Saal gut mit Tageslicht ausgeleuchtet wird.

Behnisch & Partner

Zu den Autoren

Adolf Arndt
Dr. jur., geboren 1904 in Königsberg, gestorben 1974 in Kassel. Studium der Rechtswissenschaft, Nationalökonomie und Philosophie in Marburg und Berlin. 1929 Assessor, 1930-32 Strafrichter, 1932 Landrichter. 1933 aus 'rassischen Gründen' aus dem Staatsdienst entlassen, bis 1944 als Rechtsanwalt tätig, dann Verhaftung und Zwangsarbeit. 1945 Oberstaatsanwalt in Marburg, im gleichen Jahr Ministerialrat im hessischen Justizministerium. 1949-69 Mitglied des Deutschen Bundestags, 1949-61 Geschäftsführer der SPD-Fraktion. 1963-64 Berliner Senator für Kunst und Wissenschaft. Werke: Der Einzelne und der Staat (1965), Landesverrat (1966).

Dieter Bartetzko
Dr. phil., geboren 1949. Studium der Kunstgeschichte, Soziologie und Germanistik in Frankfurt am Main und Marburg. Promotion zum Thema Staatsarchitektur des 'Dritten Reiches'. Architekturkritiker und freier Journalist, vorwiegend für die Frankfurter Rundschau und den Hessischen Rundfunk. Veröffentlichungen u. a.: Zwischen Zucht und Ekstase (1986), Verbaute Geschichte. Stadterneuerung vor der Katastrophe (1988), 'Franckfurth ist ein kurioser Ort', Streifzüge durch städtische Szenerien (1991).

Günter Behnisch
Prof. Dipl.-Ing., geboren 1922 in Lockwitz, jetzt Dresden. Studium der Architektur an der TH Stuttgart. Ab 1952 eigenes Büro, seit 1966 Behnisch & Partner in unterschiedlicher Zusammensetzung. 1967 o. Professor für Entwerfen, Industriebau und Baugestaltung an der TH Darmstadt. Zahlreiche Ehrungen und Auszeichnungen.

Klaus von Beyme
Prof. Dr., geboren 1934. Verlagsbuchhändlerlehre. Studium der Geschichte, Sozialwissenschaften und Kunstgeschichte in Heidelberg, München, Paris, Moskau und Harvard. 1967 Professor für Politikwissenschaft in Tübingen, seit 1974 in Heidelberg. 1982-85 Präsident der International Political Science Association. Buchveröffentlichtungen zum Thema: Der Wiederaufbau. Architektur und Städtebaupolitik in beiden deutschen Staaten (1987). Hauptstadtsuche (1991), Neue Städte aus Ruinen., hrsg. mit W. Durth u. a. (1992).

Ulrich Conrads
Dr. phil., Dr.-Ing. h.c., geboren 1923 in Bielefeld. Studium der Kunstgeschichte, Archäologie, und vgl. Literaturwissenschaften in Marburg. 1952 Redakteur bei 'Baukunst und Werkform,' von 1957-1988 Redaktionsleiter der 'Bauwelt'. 1964 Mitbegründer der 'Stadtbauwelt'. Herausgeber der 'Bauwelt Fundamente', mit demnächst 100 Bänden. 1981 Gründung von 'Daidalos'. Bücher u. a.: Phantastische Architektur (1960), Spielraum für Leben. Ein Schnellkurs für Stadtbewohner (1972).

Michael S. Cullen
M. A., geboren 1939 in New York City. Historiker und freier Journalist. Projektleiter für Christos 'Wrapped Reichstag'. Veröffentlichungen v. a. zu Parlamentsbau, Reichstag und Berliner Baugeschichte. Bücher u. a.: Der deutsche Reichstag, mit U. Kieling (1992), Der Platz der Republik (1992).

Alexander Fils
Dr. phil., geboren 1955 in Düsseldorf. Studium der Raumplanung, Kunstgeschichte, Technik und Wirtschaftsgeschichte in Dortmund und Bochum. Promotion über 'Hauptstadtneugründungen von Demokratien'. Zahlreiche Veröffentlichungen zur Architektur- und Kunstgeschichte. Ausstellungen zum Thema Stadtplanung und Stadtgeschichte.

Ingeborg Flagge
Dr. phil., geboren 1942 in Oelde, Westfalen. Studium von Archäologie, Ägyptologie und Alter Geschichte in Köln und London. Seit 1972 Chefredakteurin von 'Der Architekt'. Bis 1984 Bundesgeschäftsführerin des BDA, seither freie Journalistin und Publizistin. Reportagen und Filme. Bücher u.a.: Wohnen. Eine wissenschaftliche Studie des Deutschen Institutes für Fernstudien (1982), Architektur-Licht-Architektur (1991), 6 Bände der Reihe 'Architektur in der Demokratie'. Katalog zur Ausstellung 'Bauen und Planen in der Bundesrepublik Deutschland nach 1945' für das BMBau und das AA (1990).

Bruno Flierl
Prof. Dr.-Ing., Dr. sc. phil., geboren 1927 in Bunzlau. Studium der Architektur an der Hochschule für Bildende Künste Berlin, 1953 Diplom in Weimar. 1952-61 und 1965-79 Wissenschaftlicher Mitarbeiter für Theorie und Geschichte der Architektur der Bauakademie in Berlin-Ost. 1962-64 Chefredakteur von 'Deutsche Architektur'. 1978 Habilitation, 1980-84 Dozent für Architektur und Stadtentwicklung an der Humboldt-Universität Berlin. Seither Architekturkritiker und Bauhistoriker. Publikationen u.a.: Zur sozialistischen Architekturentwicklung in der DDR (1979).

Falk Jaeger
Dipl.-Ing. (arch), geboren 1950 in Ottweiler/Saar. Studium von Architektur und Kunstgeschichte in Braunschweig, Stuttgart und Tübingen. Freier Architekturkritiker und Bauhistoriker für Zeitungen, Zeitschriften, Rundfunk- und Fernsehanstalten. Zahlreiche Veröffentlichungen und Fernsehfilme zu Themen der zeitgenössischen Architektur, der Geschichte und Theorie der Architektur und der Denkmalpflege. Buchveröffentlichungen u. a.: Bauen in Deutschland - ein Führer durch die Architektur des 20. Jahrhunderts in der Bundesrepublik und West-Berlin (1985), Zurück zu den Stilen (1991).

Gert Kähler
Prof. Dr.-Ing., geboren 1942 in Hamburg, Studium der Architektur an der TU Berlin. 1969-76 in verschiedenen Architekturbüros tätig, danach Universität Hannover. 1981 Promotion, 1985 Habilitation. Gastprofessuren in Braunschweig und Berlin. Architekturhistoriker und -kritiker, derzeit freier Journalist. Zahlreiche Veröffentlichungen in Fachpresse, Rundfunk und Fernsehen. Bücher u.a.: Architektur als Symbolverfall (1981), Wohnung und Stadt (1985).

Winfried Nerdinger
Prof. Dr. phil., geboren 1944 in Augsburg. Studium der Architektur an der TU München. 1971 Dipl.-Ing., 1979 Promotion in Kunstgeschichte. 1980 und 1981 Gastprofessor an der Harvard University. Seit 1986 Professor für Architekturgeschichte und Direktor des Architekturmuseums der TU München. Wichtige Buchveröffentlichungen: Rudolf Belling (1981), Richard Riemerschmid (1982), Romantik und Restauration. Architektur zur Zeit Ludwigs I. (1987), Theodor Fischer (1989).

Wolfgang Jean Stock
Geboren 1948 in Aschaffenburg. Studium von Politischer Wissenschaft, Neuerer Geschichte und Soziologie in Frankfurt am Main und Erlangen. 1976-77 Verlagsredakteur, 1978-85 Leiter des Kunstvereins München, seitdem freier Architektur- und Kunstkritiker in München. Schwerpunkte der Veröffentlichungen: Architektur der Moderne, Wohnungsbau, Denkmalpflege, Stadtgeschichte, Kunst im öffentlichen Raum.

Werner Strodthoff
Dr. phil., geboren 1947 in Hannover. Studium von Germanistik, Kunstgeschichte und Philosophie in Köln, Marburg und Bonn. 1976 Promotion über 'Zivilisationskritik und Eskapismus im Werk Stefan Georges'. Seit 1980 Feuilletonredakteur beim Kölner Stadt-Anzeiger für Architektur, Städtebau und Denkmalpflege. Veröffentlichungen auch in Fachzeitschriften wie 'Bauwelt', 'Der Architekt' und 'domus'. 1981 Deutscher Denkmalschutzprcis, 1986 AIV-Plakette 'für Verdienste um unsere gebaute Umwelt', 1992 Literaturpreis des DAI.

Jan Thorn-Prikker
Dr. phil., geboren 1949. Redakteur der von Inter Nationes herausgegebenen Zeitschrift 'Kulturchronik'. Herausgeber mehrerer Fotobände: Hermann Claasen 'Das Ende. Kriegszerstörungen in Köln' (1983), Gerhard Gäbler 'Ostbad' (1991).

Bildnachweis

2 3 6 8 9
Baumann & Baumann

32 33 36
Archiv für Kunst und Geschichte, Berlin

39 40 41
VG Bild-Kunst, Bonn 1992, und Fondation Le Corbusier, Paris

49
D. Brandt

50
Martin Munkasci

52
Bundesbildstelle, Bonn

76 77 78 80
Landesbildstelle Württemberg

82
Bauverwaltung Hannover

83
oben:
Dieter Oesterlen
unten: Gerhard Dierssen, Hannover

85 87
Heidersberger, Schloß Wolfsburg

89 90 96
Landesbildstelle Bremen; unten: Tomas Riehle

97 98
Landesbildstelle NRW

100 101
Bundesbildstelle, Bonn

102
Tomas Riehle, Köln

103
Falk Stephan, Dresden

106 107
Tomas Riehle, Köln

126 127
Bundesbildstelle, Bonn

148
Landesbildstelle Berlin

152 153
Ullstein Bilderdienst, Berlin

156
Landesbildstelle Berlin

158
Bildarchiv Preußischer Kulturbesitz, Berlin

159 160
unten: Landesbildstelle Berlin

161
rechts oben, unten: Landesbildstelle Berlin

164
links, Mitte: Bundesbildstelle, Bonn
oben: Landesbildstelle Berlin

166
Mitte, unten: Landesbildstelle Berlin

167
Bildagentur Zenit, Berlin

168
links, rechts: Parlamentsarchiv Deutscher Bundestag

170
Archiv für Kunst und Geschichte, Berlin

171 172 173
174 175 184
Archiv für Kunst und Geschichte

185
Gerhard Murza, Berlin

190 195 199
202 203 204
205 206
Baumann & Baumann

208 210 211
VG Bild-Kunst, Bonn 1992, und Fondation Le Corbusier, Paris

217 218 219
Deutsche Presse-Agentur

220
Ullstein Bilderdienst

221
links: Moldvay
rechts: Deutsche Presse-Agentur

224 225 226
Bundesbildstelle, Bonn

227
oben: Bundesbildstelle, Bonn
unten: Peter Oszvald

228 229 230
231 233 234
235 236 237
238 239 245
Bundesbildstelle, Bonn

246 247
Architekturmuseum der TU München

248 249
Archiv des Centralverbandes Deutscher Photographen

250
links: Architekturmuseum der TU München
rechts: Bundesbildstelle, Bonn

251
Mitte, unten: Verlag Carl Kayser, Bonn

252 253 254 255
Bundesbildstelle, Bonn

255
Baumann & Baumann

256 257 258
Universität Karlsruhe, Institut für Baugeschichte

260 261 262
264 266 267
Bundesbildstelle, Bonn

268
oben: Landesbildstelle Berlin
unten links: Bilderdienst Süddeutscher Verlag
unten rechts: Archiv Stock

269
oben: Bundesbildstelle, Bonn
unten: Bilderdienst Süddeutscher Verlag

270
oben: Parlamentsarchiv Deutscher Bundestag
Mitte, unten: Bundesbildstelle, Bonn

271 272
oben: Bilderdienst Süddeutscher Verlag
Mitte, unten: Bundesbildstelle, Bonn

273
rechts oben: Presse- und Informationsstelle Deutscher Bundestag
links Mitte: Alfred Strobel, München
rechts unten: Bilderdienst Süddeutscher Verlag

274 275
Mitte, unten: Bundesbildstelle, Bonn

276 277
Baumann & Baumann

278 279
Atelier Kinold, München

280
oben: Archiv Stock
unten: Akademie der Künste, Sammlung Baukunst, Berlin

281
Archiv Stock

282
Universität Karlsruhe, Institut für Baugeschichte

283
Archiv Stock

285
Baumann & Baumann

286
Atelier Kinold, München

287
Behnisch & Partner
Christian Kandzia

288 289
Baumann & Baumann

289
Behnisch & Partner
Christian Kandzia

290
Baumann & Baumann

291
Behnisch & Partner
Christian Kandzia